中国经济文库·应用经济学精品系列（二）

叶剑平◎著

城市建设用地空间拓展理论与方法研究：以海西地区为例

The Theory and Method of Spatical Expansion of Urban Construction Land: A Case Study of Haixi Region

中国经济出版社
CHINA ECONOMIC PUBLISHING HOUSE
北 京

图书在版编目(CIP)数据

城市建设用地空间拓展理论与方法研究:以海西地区为例/叶剑平著. --北京:中国经济出版社,2020.7

ISBN 978-7-5136-6195-9

Ⅰ.①城… Ⅱ.①叶… Ⅲ.①城市土地-土地利用-研究-福建 Ⅳ.①F299.275.7

中国版本图书馆 CIP 数据核字(2020)第 101076 号

责任编辑 姜 静 赵立颖
责任印制 马小宾
封面设计 华子图文

出版发行 中国经济出版社
印 刷 者 北京九州迅驰传媒文化有限公司
经 销 者 各地新华书店
开　　本 710mm×1000mm 1/16
印　　张 22
字　　数 337 千字
版　　次 2020 年 7 月第 1 版
印　　次 2020 年 7 月第 1 次
定　　价 78.00 元
广告经营许可证 京西工商广字第 8179 号

中国经济出版社 **网址** www.economyph.com **社址** 北京市东城区安定门外大街 58 号 **邮编** 100011
本版图书如存在印装质量问题,请与本社销售中心联系调换(联系电话:010-57512564)

序　言

诺贝尔经济学奖获得者 Joseph E. Stiglitz 曾经指出,21 世纪初,对世界影响最大的两件事将是中国的城镇化和美国的新技术革命。由此可见,中国现阶段的城镇化建设已经受到世界广泛关注。改革开放以来,我国城镇化建设取得显著成绩,党的十八大以来,城镇化率年均提高 1.2 个百分点。随着国家新型城镇化规划的颁布,城镇化已经成为现阶段我国经济社会发展的紧要任务和重要目标,城镇化的推进有利于激发内生动力,增强经济辐射带动作用,是现代化的必由之路。在新型城镇化深入推进时期,需要进一步完善土地利用机制,拓展我国城市建设用地空间,营造“开发”与“保护”的双赢局面,实现生产、生活、生态空间协调可持续发展。

党的十九大报告指出,我们要建设的现代化是人与自然和谐共生的现代化,更加强调绿色发展机制。生产、生活、生态空间协调发展的目标要求逐步探寻城市建设绿色发展机制,进行城市建设用地空间拓展,使城市建设用地既能满足当前城市经济社会发展的需求,又能兼顾生态环境保护的要求。目前土地利用中的供需矛盾和深层次问题进一步显现,统筹城乡和区域土地利用难度加大,保障发展任务更加艰巨,如何统筹土地资源的开发、利用与保护,协调和处理好发展与保护的关系,提高土地资源对海西地区经济社会发展的持续保障能力,合理配置有限资源,拓展发展空间,是当前亟须研究和解决的问题。

本书从理论出发,对我国城市建设用地空间拓展的内涵及研究进展进行分析,并深入分析国内外城市建设用地空间拓展典型案例,为我国现阶段城市建设用地空间拓展提供经验借鉴。同时,从理论和实践的角度,基于供需视角和协调发展视角对我国城市建设用地空间拓展理论与方法进行理论和实证分析,为我国城市建设空间拓展满足经济社会发展需求提供依据,也为城市建设用地空间拓展与经济社会生态协调发展提供理论和方法基础,从而指导我国现阶段城市建设用地空间拓展方向。

本书选取海西地区作为研究对象,海西地区泛指台湾海峡西岸,以福建省为主体,包括浙江南部、江西部分地区和广东东部部分城市,与珠三角和长三角两个经济区衔接。作为“一带一路”倡议的重要节点,海西地区经济社会发展对建设用地需求十分紧迫,然而由于自然资源条件限制,海西地区许多城市正面临空间资源瓶颈制约,对海西地区的协调可持续发展造成一定阻碍,亟须探索一套适合当地经济社会发展需求的城市建设用地空间拓展理论与方法体系,走出一条符合当地实际的城市建设用地空间拓展路径。

本书在结构上分为四个主要部分,即第1篇:综合部分;第2篇:基于供需视角的城市建设用地空间拓展理论与方法;第3篇:协调发展视角下城市建设用地空间拓展理论与方法;第4篇:城市建设用地空间拓展实现路径。在综合部分,对城市建设用地空间拓展内涵进行了剖析并总结了目前关于城市建设用地空间拓展的研究进展,同时,还分析了国内外城市建设用地空间拓展典型案例,如德国、美国、日本、中国台湾等典型城市案例,总结案例城市建设用地空间拓展的经验。在基于供需视角的城市建设用地空间拓展理论与方法篇章,从建设用地供需视角对城市建设用地需求预测理论与方法进行了理论与实证分析,同时对城市建设用地空间拓展潜力进行了理论与实证研究,并提出了基于供需视角的城市建设用地空间拓展途径与方法。在协调发展视角下城市建设用地空间拓展理论与方法篇章,从城市建设用地空间拓展与人口、经济、生态协调发展三个视角对城市建设用地空间拓展进行了理论构建与实证研究。在城市建设用地空间拓展实现路径篇章中,重点介绍了城市建设用地空间拓展的政策手段。

本书基于原国土资源部公益性行业科研项目“海峡西岸建设用地空间拓展关键技术研究”子课题“海峡西岸建设用地空间认识论深化与方法研究”的总结提炼,结合土地管理相关理论和作者的工作实践,同时参考国内外关于城市建设用地空间拓展大量的理论和实践研究成果。子课题“海峡西岸建设用地空间认识论深化与方法研究”共分为“建设用地空间拓展模式与理论研究”“海峡西岸建设用地可拓展空间潜力分析”“海峡西岸建设用地空间拓展途径及方法研究”三个部分,课题前两部分分别由张正峰老师、施昱年老师负责。在本书的编写过程中,得到了福建省国土资源勘测规划院李相一、肖金华、林恒萍等领导专家,北京师范大学资源学院岳建伟、官阿都老师,中科院遥感与数字地球研究所数字地球重点实验室张丽老师,中国矿业大学(北京)地球科学与测绘工程学院蒋金豹老师,中国人民大学公共管理学院张正峰、施昱年老师的悉心指导和建议,在此表示衷心的感谢。在本书的编写过程中,高峰、宁子昂参与了第1章,王佳、张艺璇参与了第2章,王洁参与了第3章,冯丽娜参与了第4章,庄凯融、吴彬参与了第5章,高峰参与了第6章、第7章、第8章,梁迪、郎昱参与了第9章内容的撰写。另外,罗慧盈、王琳、王瑶、付众灵、张振垚参与了大量的文字校对工作,在此表示感谢。此外,福建省有关政府部门,晋江市、邵武市有关政府部门还为本书提供了大量的基础数据支撑。因此,本书是集体创作的结晶。由于篇幅限制,书中只列出了主要的参考文献,在此向书中列出参考文献的作者和未列出参考文献的作者以及为本书提供基础数据的福建省各政府部门致以特别的敬意和由衷的感谢。

本书既可以作为土地资源管理专业或相关专业学生的参考书,也可以为地理学、管理学、社会学等相关学科的科研人员和决策人员提供参考。城市建设用地空间拓展是我国现阶段城市发展过程中遇到的一个十分迫切的问题,本书为解决这一问题进行了相关理论与方法的探索,但由于问题的复杂性,书中可能存在一些错漏和不足之处,诚请各位专家学者和读者批评指正,以便更好地完善此书,谢谢!

编　者

2020 年 3 月

目　录

第1篇　综合部分

第2篇　基于供需视角的城市建设用地空间拓展理论与方法

第3篇 协调发展视角下城市建设用地空间拓展理论与方法

第4篇　城市建设用地空间拓展实现路径

第1篇　综合部分

中国现阶段的城镇化建设已经受到世界广泛关注，我国城镇化规模之大，速度之快，在世界来说都属罕见。随着国家新型城镇化规划的颁布，城镇化已经成为现阶段我国经济社会发展的紧要任务和重要目标。走新型城镇化道路，健康、可持续拓展我国城市建设用地空间已经成为我国城镇化进程顺利推进的重要保障。现阶段我国城市建设用地空间拓展面临的背景主要有以下几个方面：

(1)我国正处于城镇化、工业化加速发展期，城市建设用地需求依然旺盛。

据国家统计局国民经济和社会发展统计公报显示，2018 年底我国总人口数达到 13.95 亿，其中城镇常住人口 8.3 亿，占总人口比重(常住人口城镇化率)的 59.50% 。根据美国城市地理学家 Ray. M. Northam 提出的城市化进程的“倒 S 形曲线”划分标准(25% ≤城镇化率≤75% 为城市化加速发展阶段)，目前我国正处于城镇化加速发展阶段，我国城镇化进程将面临大规模农村人口进城的压力。而这些人口从“农民身份”转变为“市民身份”的过程中，将需要建设大规模基础设施，以满足进城人口生产和生活需求，也意味着需要投入大量城市建设用地。可见，当前我国城镇化快速发展进程对城市建设用地的需求依然十分旺盛。

(2)我国城市建设用地规模急剧扩张，土地城镇化和人口城镇化不协调。

我国经历了十几年外延扩张式发展,大部分城市出现了土地城镇化与人口城镇化不协调现象,人口城镇化速度一般要滞后于土地城镇化速度。特别是20世纪80年代初以来,我国初期阶段的城镇化主要是通过新区开发为主,旧城改造为辅的方式完成的,这种以空间改造为主要目的的城镇化引发了严重社会问题,交通拥堵、环境污染等问题层出不穷。如果按照发改委提出的城镇人均建设用地为100平方米的标准,那么我国许多城市还可以承载更多的城市人口,土地城镇化和人口城镇化不协调的问题亟须得到有效改善。

(3)传统建设用地拓展方式不可持续,亟须探索新的建设用地空间拓展模式。

根据《全国土地利用总体规划纲要(2006—2020年)》,到2020年我国新增建设用地总量为585万公顷,而规划前五年我国新增建设用地面积已经接近新增总量的一半,可见到2020年我国新增建设用地数量十分有限。同时,我国城市工业用地却粗放利用、低效利用、闲置严重,土地产出率远远低于发达国家平均水平。传统政府主导、依托经济、产业驱动的粗放外延式土地城镇化模式,对资源和生态环境构成严重威胁。随着我国经济新常态的到来,国民经济和社会发展面临转型,如何实现自然、社会、经济的全面协调可持续发展,是我国能否成功跨越"中等收入陷阱"的关键。土地作为承载经济社会发展的重要载体,随着我国可供开发利用土地的日益稀缺,土地开发利用模式也面临着转型,从数量型增长向质量型提升转变,从粗放型外延扩张向集约型内涵挖潜转变,已经成为我国现阶段城市建设用地空间拓展的重要趋势。

(4)土地财政难以为继,转变城市建设融资方式迫在眉睫。

传统城镇化进程中,地方政府主要依靠出让土地收益来进行城市基础设施建设,土地财政成为地方政府的主要收入来源。1999年我国国有土地出让收入仅为514亿元,2013年达到43745亿元,2018年达到65096亿元。1999年土地出让收入占地方财政收入的比例仅为9.2%,而2010年跃升到

67.62%,2018年为41.32%。这种以地方政府征地—出让土地为主导的城市建设筹资模式中,土地城镇化产生的地租收益往往被地方政府获取,农民难以分享。此外,地方政府还通过融资平台筹集资金,进行城市基础设施建设。截止到2018年底我国地方债务总规模达到18.39万亿元,而当年GDP总额为90.03万亿元,地方债务总额占GDP比重达到20%。因此,在新型城镇化背景下,如何在拓展城市建设用地空间过程中实现土地开发建设融资方式转型,也是现阶段我国城市建设发展亟须解决的一个重要问题。

海西地区泛指台湾海峡西岸,以福建省为主体,包括浙江南部、江西部分地区和广东东部部分城市,与珠三角和长三角两个经济区衔接。作为"一带一路"倡议的重要节点,海西地区经济社会发展对建设用地需求十分紧迫,然而由于自然资源条件限制,海西地区许多城市正面临空间资源瓶颈制约,这对海西地区的协调可持续发展造成一定阻碍,海西地区亟须探索一套适合当地经济社会发展需求的城市建设用地空间拓展理论与方法体系,走出一条符合当地实际的城市建设用地空间拓展路径。本书以海西地区单个城市、海西城市群、福建省为不同研究尺度,对新型城镇化时期海西地区城市建设用地空间拓展问题进行探讨,提出适用于其他城市和地区的建设用地空间拓展理论与方法,并构建调控机制,为我国城市管理和土地政策制定提供参考。

第1章 城市建设用地空间拓展内涵剖析及研究进展

伴随着城镇化进程的加快,城市建设用地的需求日益增加,如何在有限的城市土地中拓展建设用地用途、丰富建设用地内涵成为不同领域学者研究的焦点。为全面而系统地把握城市用地空间拓展内涵,本章在梳理已有研究的基础上,从地理学视角、系统学视角、经济学视角、城市规划学视角和建筑设计学视角等不同学科视角对城市建设用地、城市建设用地空间拓展等核心概念进行深度剖析,并从城市建设用地空间拓展程度、经济要素特征、不同城市化进程阶段、要素竞争与增长推动力的历史演变形式四个视角对城市建设用地空间扩展进行进一步划分。最后,从城市空间扩展演变模式、城市空间扩展驱动机制、城市空间扩展模拟预测、城市空间扩展优化调控等四个方面,对城市建设用地空间拓展的国内外研究进展和发展趋势进行归纳与总结,以期丰富海西建设用地空间扩展研究的研究方法、研究内容和研究视角,并为其提供理论借鉴和实践指导。

1.1 城市建设用地空间拓展相关概念及其内涵辨析

1.1.1 建设用地

依据《中华人民共和国土地管理法》第四条,国家实行土地用途管制制度,按照土地用途将土地分为农用地、建设用地和未利用地。其中,农用地是指直接用于农业生产的土地,包括耕地、林地、草地、农田水利用地、养殖水面等;建设用地是指建造建筑物、构筑物的土地,包括城乡住宅和公共设施用地、工矿用地、交通水利设施用地、旅游用地、军事设施用地等;未利用地是指农用地和建设用地以外的土地。使用土地的单位和个人必须严格按照土地利用总体规划确定的用途使用土地①。

① 《中华人民共和国土地管理法(2004 修正)》。

建设用地通过利用土地承载力，将土地作为生产基地、生活场所，而不是以取得生物产品为主要目的。相比于其他类型的用地而言，建设用地主要具有高度集约型、逆转的困难性、持续扩张性、再生性、位置特殊性、非生态利用性、空间性与实体性等特征。在土地管理实际工作中，依据土地的利用方式、用途、经营特点和覆盖特征等因素，对建设用地进行进一步细分。如因其土地权属和利用主体的不同，可以分为国家建设用地、乡（镇）建设用地、外商投资企业用地和其他建设用地；因其土地利用性质的不同，分为农业建设用地和非农业建设用地；因其用地投资规模的不同，又分为大型建设项目用地、中型建设项目用地和小型建设项目用地。我国建设用地依据来源不同，分为两类：一是增量供应，是指在一级市场上，通过农用地转为建设用地供应；二是存量供应，是指在二级市场上，通过土地使用者变更的交易供应。

1.1.2　城市建设用地空间拓展

（1）地理学视角。

从地理学视角对城市建设用地空间拓展进行解释，又可分为自然地理学视角和人文地理学视角，两者侧重点有所差异。从自然地理学视角看，城市建设用地空间拓展是不断侵占城乡接合部土地资源的过程，同时将这些地区的自然生态环境转变为人类物质环境的过程。对城市建设用地空间拓展主体而言，既想要城市土地能够承载的自然生态因子满足城市建设需求，又希望建造时花费的费用总和最少。如果从资源合理利用与保护视角出发，那么城市建设用地空间拓展应追求的目标则是：一方面妥善保留生态良好的自然资源，以发挥最大生态环境效益；另一方面则是使占用的自然资源所引发的生态风险整体最小。人文地理学认为，城市建设用地空间扩展是特定历史背景、特定社会发展阶段、特定自然地理环境综合作用下的产物。城市建设用地空间拓展过程是一个人类活动与自然因素相互作用的动力学过程，因此，在对不同类型、不同发展阶段的城市建设用地空间扩展的动力机制进行分析时，需要综合考虑经济、社会、文化等多种因素，因地制宜，采用多种研究方法有针对性地分析。

（2）系统论视角。

基于系统论视角，城市建设用地空间扩展是一个动态的、非均衡的过程。城市功能与结构会随着城市空间要素、社会经济发展水平而不断变化，从而实现城市空间系统的拓展与重构①。耗散系统理论认为，城市空间重构的过程是一个开放的、非平衡的、有序的耗散系统，换言之，城市空间系统具有自我组织和调整的能力，不断形成远离平衡态却又有序的耗散结构②。因此，在城市区域内外不同力量的作用下，城市空间拓展表现为城市功能不断更新和调整的过程，以适应社会经济发展的需要。

（3）经济学视角。

从政治经济学视角看，中国改革开放后，政治经济体制发生了重构，城市建设用地空间的演化进程在此过程中受到了城市发展的外部条件、内部驱动力、发展方式以及地方政府角色和行为模式的影响，对此，学术界给予了广泛的关注。其中，Cartier（2001）针对中国城市发展过程中带来的问题进行了研究，研究内容涉及中国农村与城市（农用地与城市用地）、农户与政府（失地农户与政府管制）以及各类社会现象见房地产投机行为、全国性开发区建设等，分析指出中国的空间重构过程实质上是一个政府权力在不同地理尺度变化和重新分配的过程③。古典经济学研究更多地强调工业化是促进城市化的引擎，Muth（1969）建立的单中心城市空间结构模型认为城市空间规模取决于一系列外生变量（见图 1 - 1），城市规模扩张是城市土地和农业土地效率的市场均衡过程，城市产业集聚和产业结构演变是城市空间扩张的直接动力④。韦伯的工业区位理论将集聚作用分成规模经济和集聚经济，然而无论是集聚经济还是规模经济，超过一定的饱和状态后，都会转化

① 李雪英，孔令龙．当代城市空间拓展机制与规划对策研究［J］．现代城市研究，2005（1）：35 - 38.

② 泉心．“耗散结构论”与“非平衡系统经济学”［J］．发展论坛，1995（1）：62 - 63.

③ Cartier C. ‘Zone Fever’, the Arable Land Debate, and Real Estate Speculation: China’s Evolving Land Use Regime and Its Geographical Contradictions[J]. Journal of Contemporary China, 2001, 28(10): 445 - 469.

④ Muth R. Cities and Housing: The Spatial Pattern of Urban Residential Land Use[M]. Chicago: University of Chicago Press, 1969.

成不经济，企业向城市边缘和外部迁移，这种分散会逐渐形成新的集中，从而使城市的空间规模不断扩张。

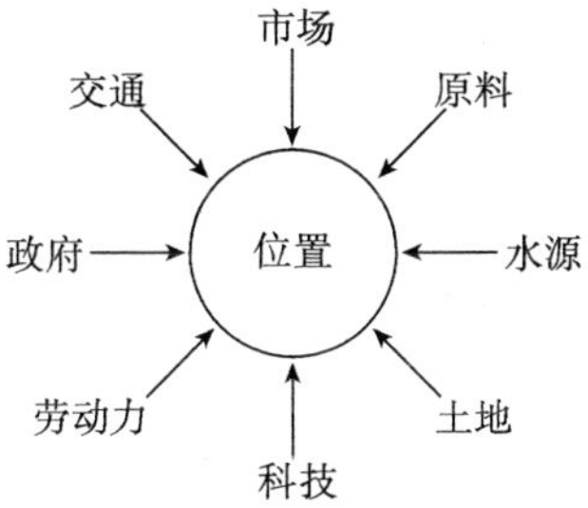

图1-1　城市空间规模的外生变量

资料来源：Muth R. Cities and Housing: The Spatial Pattern of Urban Residential Land Use[M]. Chicago: University of Chicago Press, 1969.

（4）城市规划学视角。

地理学、系统学、政治经济学和古典经济学均注重挖掘城市空间发展的社会、经济、自然、政治等方面的深层次驱动因素，可以用来解释城市空间拓展和结构演变的内在动力机制，而城市规划设计学视角则是从城市建设用地空间外在形态变化来进行研究。城市规划设计学是与“城市空间”紧密相连的学科，其主要研究任务在于通过合理安排和科学配置城市空间，为城市建设用地空间拓展提供一定的指引。城市规划对城市建设用地空间拓展的理论探索，最早可以追溯到20世纪Howard的田园城市（见图1-2）、Le Corbusier的光明城市（见图1-3）、Eliel Saarinen的有机疏散理论（见图1-4）、Frank Lloyd Wright的广亩城市（见图1-5）。随着对城市和大都市区认识的不断升华，学者们一直在探索城市建设用地空间拓展的理想模式。从空想社会主义开始，近现代城市规划在实践方面做出了很多实例，如堪培拉规划、大伦敦规划、巴利里亚规划等，随着新城开发建设的广泛推进，都成为城市规划影响城市建设用地空间拓展的实际例证。

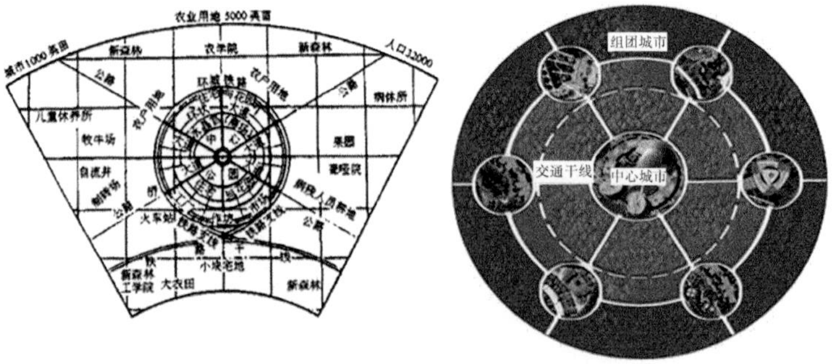

图 1－2　田园城市

资料来源:埃比尼泽·霍华德. 明日的田园城市[M]. 北京:商务印书馆,1902.

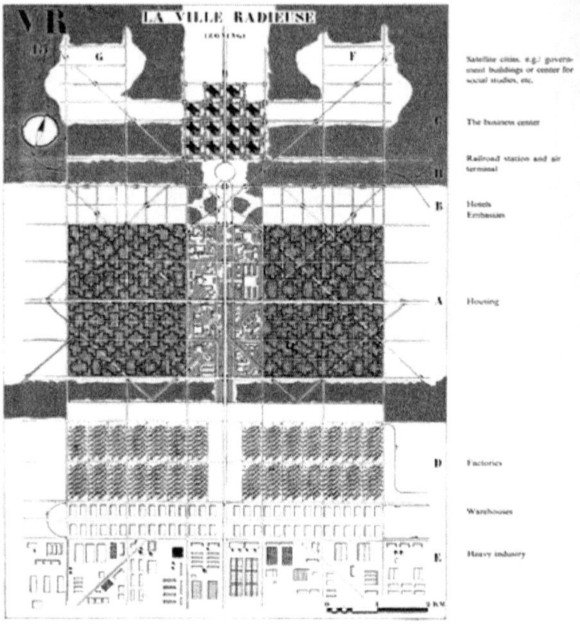

图 1－3　光明城市

资料来源:勒·柯布西耶. 光明城市[Z]. 1933.

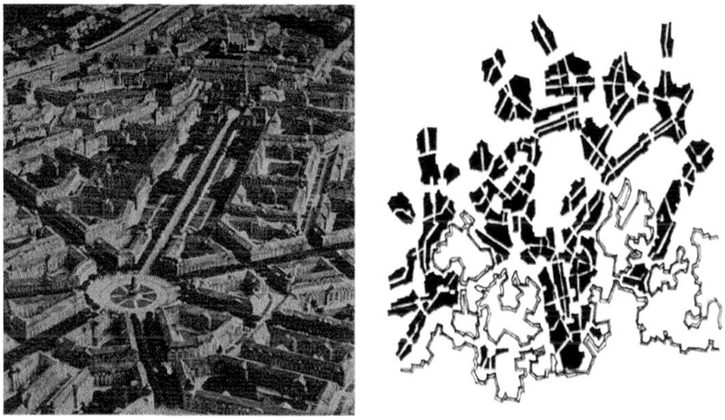

图1-4　有机疏散理论

资料来源:伊利尔·沙里宁．大赫尔辛基规划[Z].1918.

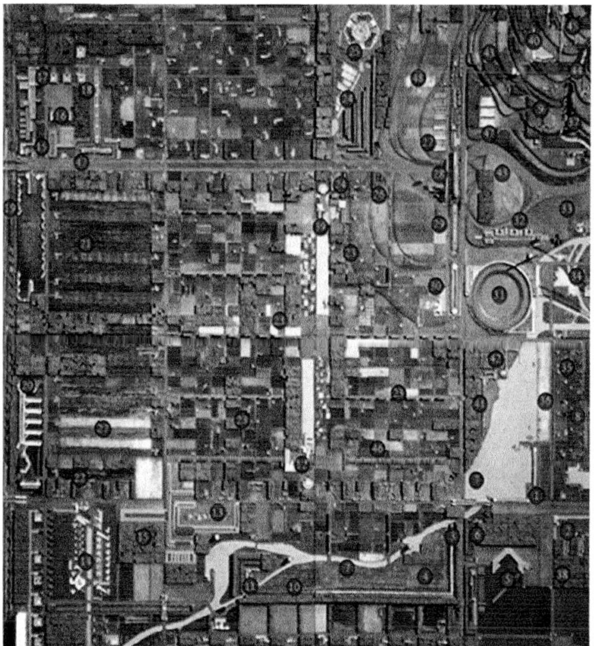

图1-5　广亩城市

资料来源:The Frank Lloyd Wright Foundation Archives.

(5)建筑设计学视角。

与城市规划角度的城市建设用地空间拓展含义不同,建筑设计学视角主要关注城市作为建筑实体所发生的物质组合变化,倾向于分析具体的城市形态构成要素,注重空间组织的逻辑性以及城市形态的可操作性。著名建筑设计学者 Aldo · Rossi 曾提出:“当我们在描述一座城市时,首先浮现在脑海的便是城市造型,其为具体经验反映出的实质形体,巴黎、罗马、雅典的城市造型便是主要由建筑形成,因此,从城市建筑设计角度入手探讨错综复杂的城市问题将是研究城市空间问题的另外一个视角。”他于 1982 年发表《城市建筑学》一书,从建筑类型学的角度对城市空间形态进行了研究,从城市建筑设计视角对城市建设用地空间拓展进行研究①。

1.1.3 相关概念辨析

(1)土地非农化。

随着我国经济发展快速推进,工业化进程不断加剧,土地非农化成为我国城镇化过程中的必经阶段,这也是生产力发展的本质要求。张宏斌和贾生华(2001)对我国农用地进行了分类,他们认为用于农业生产的土地即为农用地,依据生产类型和利用方式又可分为两种:一是直接农用地,如耕地、园地、林地、牧草地、养殖水面等;二是间接农用地,主要指生产型建(构)筑物占用的土地,如排灌沟渠、田间道路、晒谷场、温室、畜舍等。在此基础上,又对“土地非农化”进行界定,认为农用地转变为建设用地即为“土地非农化”的过程,如农用地转变为工矿仓储、商服、住宅、公共基础设施用地。而土地非农化机制则是指推动和约束土地非农化的各种力量的总称,土地非农化的推动力量包括人口增加、城市化、经济发展、基础设施建设等;土地非农化的约束力量则包括土地资源总量、国家生态安全与粮食安全、资源配置效率与区域经济稳定等②。薛宝贵和何炼成(2007)认为在经济活动中,作为理性经济人,为了实现利益最大化,都会有由农业向其他产业转变,实现土

① 阿尔多 · 罗西. 城市建筑学[M]. 北京:中国建筑工业出版社, 2006.

② 张宏斌,贾生华. 土地非农化调控机制分析[J]. 经济研究,2001(12):50 - 54.

地非农化的冲动[①]。梁爽(2009)则从城市化视角对土地非农化概念进行了界定,他认为在城市化推进过程中,城市主要表现为人口和空间上的转变,人口体现在由农业向非农业转化,而城市空间上则表现为土地非农化,即由农业用地向城市建设用地转化,因此,土地非农化是城市化过程顺利推进的空间保障,是土地资源配置的过程,也是土地增值的过程[②]。

(2)城市蔓延。

城市蔓延一词始于西方,是20世纪西方国家在城市化发展过程中遭遇的重大现象。城市蔓延主要表现为城市空间无序、低密度、跳跃式扩张,并随之产生一系列社会、经济和生态环境负面效应,例如,土地资源浪费、交通堵塞、生态破坏、环境污染、人类健康受到威胁、贫富分化严重等问题。在我国,城市蔓延则是指城市建设用地以低效、高速形式向城市周边蔓延,城市建设用地增加速度超过城市人口增长速度的现象[③]。城市蔓延在时间上形成由农村土地利用方式向城市土地利用方式转型的时期,在空间上则是作用于农村和城市之间。城市蔓延一词始于西方,早在1937年美国规划师厄尔．德雷珀在一次演讲中谈到,“扩散”(Diffusion)一词似乎太友善了,边界屡遭破坏的事实使得城市更像是在蔓延(Sprawl)。这种无序的、低密度的、蛙跃式的、沿干道带状式向外围区域扩张的城市蔓延并非人们喜闻乐见。已有研究表明,无论是在保护开阔空间等自然环境方面,还是在人体健康、社区交流等社会人文方面,城市蔓延都产生了负面效应。城市蔓延在空间和时间上具有共同的特点,通常发生在土地利用方式由农村向城市转变的过渡时期,作用于城市和农村之间的过渡地带[④]。

---

① 薛宝贵,何炼成．土地非农化的经济学分析[J]．西安邮电大学学报,2007,12(6):60-63.

② 梁爽．土地非农化过程中的收益分配及其合理性评价——以河北省涿州市为例[J]．中国土地科学,2009,23(1):4-8.

③ 王家庭,张俊韬．我国城市蔓延测度:基于35个大中城市面板数据的实证研究[J]．经济学家,2010(10):56-63.

④ 张景齐,娄成武．中美城市蔓延特征差异对比及对中国蔓延治理的启示[J]．资源科学,2014,36(10):2131-2139.

1.2 城市建设用地空间拓展形式和类型

1.2.1 依据城市建设用地空间拓展程度划分

根据城市建设用地空间拓展的程度特征划分，不同程度城市建设用地空间拓展形式可以划分为表1－1所示三种类型。

表1－1 根据拓展程度划分城市建设用地空间拓展类型

划分类型	类型描述
粗放拓展	对土地低度投入或土地闲置、浪费
过度拓展	对土地过度投入，造成土地报酬递减或者土地利用的外部不经济，如通风、采光、日照、视觉通廊、原有环境尺度和文脉的破坏、局部交通拥挤和环境污染等，导致土地利用综合效益下降
适度拓展	对土地利用程度适宜，既达到了规模效益，又达到结构和强度的合理性，实现城市土地最佳投入产出和综合效益的最大化，充分挖掘了土地利用的潜力

1.2.2 依据经济要素的特征划分

根据经济要素形式的特征划分，不同城市化阶段，城市建设用地空间拓展形式可以划分为表1－2所示四个阶段。

表1－2 根据经济要素形式划分城市建设用地空间拓展类型①

划分类型	类型描述
劳动资本型拓展	在城市发展的初始阶段，对土地的投入主要以劳动力和资本为主
资本技术型拓展	在城市发展成熟阶段，对土地的投入主要表现在资本和技术的投入
结构型拓展	在城市化发展的后期阶段，城市土地利用结构通过不断调整，日趋合理
生态型拓展	在城市发展的最高阶段，城市用地结构、利用强度配置合理，既达到经济效益的最佳，又实现了生态效益

1.2.3 不同城市化进程阶段不同区域城市建设用地拓展特征

总体而言，城市化进程分为四个阶段，发展模式表现为由向心到离心的过程，土地利用状态上呈现出分散地粗放利用到集中地集约发展的变化。

① 曲福田．土地经济学[M]．北京：中国农业出版社，2011.

具体而言，城市化初期，由于工业化发展的需要，大力发展生产力，城市土地利用效率低下，持续呈现粗放利用的状态。这样的过度开发一直持续到集中城市化阶段，产业和人口纷纷由郊区涌向城市中心，城市规模无序扩张，这时为获得可持续的经济效益，以主城区为主的土地重视集约利用。而到了城市化后期，土地利用与开发的重点由主城区转为城市边缘区，城市内部土地趋向于结构型集约，通过合理分工优化土地利用格局，而城市边缘区则加强开发与改造，形成新的产业集聚。随着城市化进程的不断发展，主城区和城市边缘区的土地利用都将趋于效率最佳的利用，同时也更加关注城市化前期仅追求经济发展而忽略的生态、社会问题。总体而言，伴随城市化的进程，不同城市化进程阶段城市建设用地空间拓展规律可表述为：粗放利用—低水平集约利用—过度利用—集约利用（见表1－3）。

表1－3　不同城市化进程阶段不同城市区域建设用地拓展形式

城市化进程	主城区	边缘区	城市演替主要形式
前工业化阶段	粗放	粗放	缓慢城市
集中城市化阶段	趋向过度集约	粗放	城市规模摊大饼式扩张
城市郊区化阶段	趋向结构型集约	集约度提高	旧城改造与新城开发
逆城市化阶段与再城市化阶段	趋向生态型集约	郊区中心城镇增大集约度	新城建设与中心城复兴

1.2.4　基于要素竞争和增长推动力历史演变视角的城市建设用地空间拓展模式

基于美国哈佛大学迈克尔·波特教授对经济增长阶段的划分，即要素推动、投资推动、创新推动和财富推动，结合城市扩张中要素流动模式，将城市建设用地空间拓展模式划分为两大类/四小类，即密集型拓展（过度型和高密集型）和非密集型拓展模式（低密集型和一般密集型）（见表1－4）。

1.2.4.1　低密集型模式

低密集型城市建设用地空间拓展模式主要呈现出高人均占地、低建筑密度、低容积率、低建筑层数的特点。在低密集型模式下，城市建设用地空间拓展主要呈现三种演化路径，分别是粗放型、蔓延型、生态型。

表 1-4　基于要素竞争和增长推动力历史演变视角的城市建设用地空间拓展模式

按人口和建筑密集程度	按经济增长方式和发展阶段进一步划分		
建设用地空间拓展一级模式	建设用地空间拓展二级模式		特征
非密集型模式	低密集型	粗放型	要素推动式经济增长
		生态型	创新或财富推动式经济增长
		蔓延型	创新或财富推动式经济增长
	一般密集型		资本推动式经济增长
密集型模式	过度型		资本或财富推动式经济增长
	高密集型		创新或财富推动式经济增长

(1)粗放型。

粗放型发展模式常见于城市发展初期,城市发展水平较低,经济发展依赖于生产力的发展以及生产要素的推动。此时,城市发展多处于向心集聚的阶段,以盲目扩张、大量侵占土地为主,土地利用方式极为粗放,发展范围以城市中心为主。该类型的土地利用模式在我国数量仍较多(见图 1-6)。

(2)蔓延型。

蔓延型城市发展模式常见于城市化加速时期,此时,城市的发展速度最快,需要通过大量的要素生产、技术革命、创新推动才能实现财富的快速积累,保持经济的高速增长。因此,在该模式下,城市将无限制地扩大其规模,由城市中心向郊区,无中心、无固定形式、无边界地离心式扩展,从而造成对大量土地的占用,对生态环境的破坏。同时,在这种四处蔓延模式下,郊区居民的生活保障存在较大威胁,社会问题频发。该模式在经济、社会、生态方面的弊端已受到诸多学者和民众的质疑。

(3)生态型。

生态型城市发展模式(见图 1-7)常见于经济发展水平较高的地区。此时,城市不再只追求经济效益,转而寻求更好的环境适宜性城市的建设,追求城市环境和人口的可持续性。这些城市通常拥有较为丰富的自然资源,城市建设密度较低,绿化覆盖率较高,常见于地广人稀的美国和欧洲的城镇。

图1－6　粗放型城市发展模式：中国工业化

资料来源：从工业化到城市化的蜕变[EB/OL]. https://dp. pconline. com. cn/photo/list_406246. html.

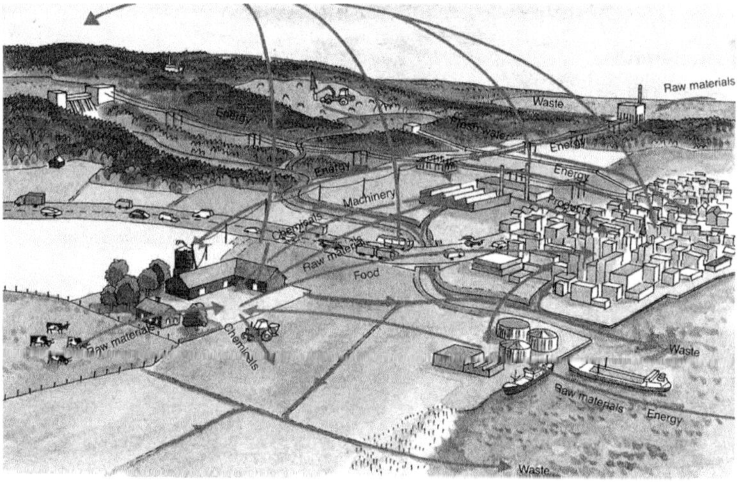

图1－7　生态型城市发展模式

资料来源：人与生态网，amuseum. cdstm. cn.

1.2.4.2　一般密集型模式

一般密集型模式是指城市的建筑密度、建筑容积率和建筑层数已经达到一定强度，人均占地指标处于中等水平。该模式下，城市经济增长基本处于向资本推动型发展的阶段。这时的城市发展同时有向心和离心以及用地填空和用地扩张的双重过程。“二战”后欧洲的城市建设基本上沿着两种不同的方式发展：一种是1944年Aber Crombie提出的著名的大伦敦规划模式（见图1－8），即由中心区、环状放射形道路、封闭绿带以及卫星城组成城市结构；另一种是以哥本哈根著名的指状发展规划（见图1－9）为代表的北欧模式，城市沿着不同的发展轴向外延伸①。

事实上，经过半个多世纪的时间，证明大伦敦规划提出的城市增长方式对于高速发展中的城市发展是无效的，所有限制城市增长的理想都失败了。尽管城市被加上一个个箍，城市依然无情地扩张。外围的卫星城在被膨胀的母城吞没前，没有一个表现出成长的活力。环状道路不是将城市膨胀的能量扩散出去，而是像一道道水坝一样，试图将城市的蔓延截住，外溢的城市功能撞到这些大坝上反弹回去，给城市中心造成更大的压力，直至越过这道“水坝”，于是，人们又开始下一个水坝的建设。此即所谓“外溢—回波”城市扩展模式。

可以说外溢—回波模式是一般城市发展的普遍模式，在这种模式下，城市建设用地空间拓展也呈现出独特的规律。在城市扩张区域，由于先期的城市波能量小，水力不足，淹没范围小，强度弱，城市土地利用零散而随意，农业土地与建设用地呈插花状态，城市用地呈现相对粗放的用地方式，并且往往存在土地闲置、浪费。当城市波不断增强，但又无力溢出水坝时，该水坝淹没深度逐渐升高，土地价值不断增值，土地填充式和补充式发展，土地利用率不断提高，土地利用强度逐渐提升，并且回波至老城区，继续强化对老城区土地利用，提升老城区的土地利用集约度。城市波继续涨潮，水满溢出水坝时，坝外土地又遭到新一轮的扩张，土地集约利用度又进行新一轮的调整。

① 赵燕菁．高速发展条件下的城市增长模式［J］．国际城市规划，2001（1）：27－33.

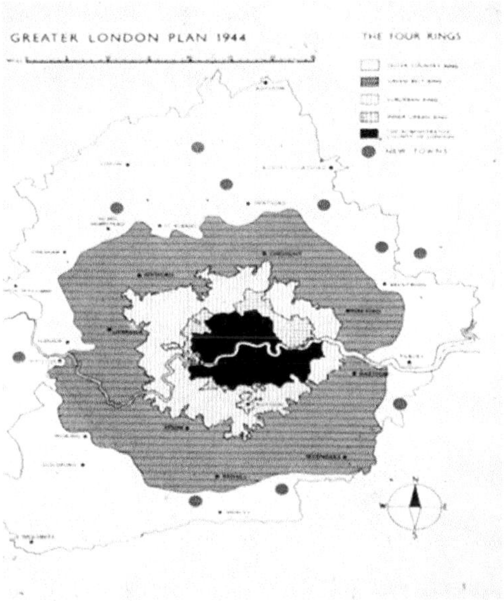

图1－8　Aber Crombie 大伦敦规划模式

资料来源:Aber Crombie. 大伦敦规划[Z].1944.

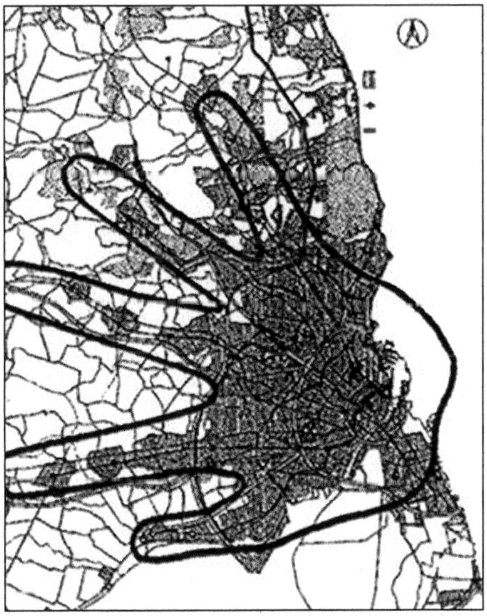

图1－9　哥本哈根"指状发展"规划

资料来源:哥本哈根"指状发展"规划,首都地区规划建议[Z].1947.

1.2.4.3 密集型模式

密集型模式主要发生在城市化后期，此时经济增长依赖于技术创新和资本投资，城市已经摆脱了盲目扩展、低效利用时期。此时，建设用地空间扩展主要呈现高密度的集约利用，通过空间高强度开发、土地利用效率的提高实现土地最佳使用。这种精明增长的模式以高建筑层数、高建筑密度、高容积率、低用地指标为特征（见图1－10）。但当城市不对这种向心密集式发展加以控制，将会导致城市空间的过度利用，反而引起城市问题。

图1－10 高密度型城市发展模式（中国香港）

资料来源：新土地规划人．控制论背景下构建城市有机体的城市设计策略[EB/OL]．dy.163.com/v2/article/detail/DUBJ0C1D0521C7DD.html.

1.3 城市建设用地空间拓展研究进展

1.3.1 国外研究进展

20世纪中叶以来，各国在城市化进程中都经历着城市空间的大规模扩张，主要表现形式是随着时间的推移，市中心与新增建设用地之间的距离越来越远①。通常情况下，城市人口的增长以及经济社会发展的需求使得建设用地空间需要进一步扩展，而城市中盲目的土地开发和不合理的用地规划

① Ottensmann，Urban Sprawl，Land Values and the Density of Development. Land Economics，1977，53(4)：389－400.

将会导致建设用地的过度拓展①。城市建设用地空间的过度拓展将会导致一系列问题,如优质农田大量非农化、城市交通拥堵、城市环境污染、城市居民的生活环境受到严重影响。对于城市空间扩张,国外学者从不同视角进行了探讨,研究主要集中在如下几个方面:

(1)城市空间扩展演变模式。

19 世纪末,城市地理学中对于城市空间形态结构的探讨开启了国外学者对城市空间扩展演变模式研究的序幕。最早的研究来自芝加哥学派,其后的代表人物 H. Hoyt (1939)②、E. W. Burgess (1925)③、C. D. Harris (1945)④,应用生态学原理,以比拟法则为理论基础,提出了城市发展过程中土地利用的三大模式,即同心圆模式、扇形模式与多核心模式。此外,不同学者从不同视角对城市空间形态进行研究和归纳。Marquez 和 Smith (1999)⑤等从景观生态学视角,认为廊道、边缘、紧凑是城市空间扩张的主要类型。J. L. Berr(1971)⑥则基于实证分析,认为城市空间最为理想的发展模式为"圆形模式",此外,他还指出城市空间扩张模式具有多样性,扇形扩张、同心圆式扩张、多核心式扩张以及沿轴扩张等都广泛存在于城市中。

(2)城市空间扩展驱动机制。

城市空间扩张受城市规模、土地制度、政治背景、经济发展水平等因素

---

① Brueckner J. K. , Mills E. , Kremer M. Urban Sprawl:Lessons from Urban Economics. In:Burtless G. , Pack J. R. , eds. Brookings – Wharton Papers on Urban Affairs[M]. Washington DC:Brookings Institution Press,2001:65 – 97.

② Hoyt H. The Structure and Growth of Residential Neighborhoods in American Cities [M]. Washington,DC:Federal Housing Administration,1939.

③ Burgess E. W. The Growth of the City[C]//Park R. E. ,E. W. Burgess R. D. Mckenzie(eds) The city. Chicago:University of Chicago Press,1925:47 – 62.

④ Harries C. D. ,E. Ulman. The Nature of Cities[J]. American Academy of Political and Social Science,1945,242(3):7 – 17.

⑤ Marquez L. O. , Smith N. C. A Framework for Linking Urban form and Air Quality[J]. Environmental Modelling & Software,1999,14(6):541 – 548.

⑥ Berry J. L. Internal Structure of the City. In:Larry S. Bourne, eds. Internal Structure of the City [M]. New York:Oxford University Press,1971.

的影响，学者们从不同理论视角，如从土地资源配置的视角（Ding，2004①）、自然地理学科理论视角（Frenkel，2008②），对城市扩张驱动力进行了分析。此外，还有学者从研究方法上进行了创新。如 Hasse 和 Richard（2003）③为使研究结果更具有说服力和科学性，研究并制定出了一套土地资源开发指标体系，并将其运用于美国新泽西城市的空间扩张研究中。Besussi 和 Chin（2003）④则通过质性研究，针对伦敦城市扩张问题，探寻其背后的城市规划制度原因以及政府管理人员主观性因素。

（3）城市空间扩展模拟预测。

在城市空间扩展的模拟和预测方面，国外学者研究重点聚焦于方法的创新性和科学性，建立了多种数学模型和空间模型，从交叉学科视角，运用地理学、城市生态学、计算机科学等学科知识，进行了广泛而有深度的研究。其中，应用最为广泛的即为 CA 模型，它是由 Tobler（1970）⑤提出并运用于实际案例中，成功模拟美国底特律城市未来的空间扩展模式，此后该方法得到不断发展，逐步成为地理学研究中的重要手段。Waddell（2002）⑥对该模型进行了修正，加入多主体因素，构建了新预测模型，使城市仿真学科更进一步。Deal 等（2005）⑦、Clarke 等（1997）⑧也对此进行了创新研究，基于城市发展的历史数据（交通现状、地形条件、环境影响等），分别提出了 LEAM 模

---

① Ding C. Urban Spatial Development in the Land Policy Reform Era: Evidence from Beijing [J]. Urban Studies, 2004, 41(10): 1889 - 1907.

② Frenkel A., Maya A. Measuring Urban Sprawl: How Can we Deal With It? Environ Plan B Plan Design, 2008(35): 56.

③ Hasse J. E., Richard G. L. Land Resource Impact Indicators of Urban Sprawl. Appl Geogr, 2003 (23): 159 - 175.

④ Besussi E., Chin N. Identifying and Measuring Urban Sprawl. In: Longley P. A., Batty M., eds. Advanced Spatial Analysis: The CASA Book of GIS. Redlands, CA: ESRI Press, 2003: 109 - 128.

⑤ W. R. Tobler. A Computer Movie Simulating Urban Growth in the Detroit Region [Z]. Economic Geography, 1970, 46(Supp 1): 234 - 240.

⑥ Weddell P. Urbansim: Modeling Urban Development for Land Use, Transportation, and Environment Planning [J]. Joumal of American Planning Association, 2002, 68(3): 297 - 313.

⑦ Deal, B. C. Farello, et al. A Dynamic Model of the Spatial Spared of An Infectious Disease: The Case of fox Rabies in Illiniois [J]. Environment Modeling and Assessment, 2005(5): 47 - 62.

⑧ Clarke K. C, Hoppen S., Gaydos L. J. A Self - modifying Cellular Automaton Model of Historical Urbanization in the San Francisco Bay Area [J]. Envvironment and Planning B, 1997, 24(2): 247 - 261.

型、SLEUTH 模型,用于对城市土地利用模式的评估。此外,Natty(1992)①等结合分形理论和元胞自动机模型、Sutton(2003)②基于夜间卫星成像,运用规模调整法对城市空间扩张进行了细致的模拟和研究。

(4)城市空间扩展优化调控。

城市空间扩展的过程中,不可避免地带来诸如社会、环境等问题,对此,学者们针对城市扩张驱动因素及城市现存问题提出不同的城市发展理论。最早的城市优化调控理念来自英国社会活动家霍华德(Edbenezer Howard)③,他提出重塑城市空间结构需要通过对城市发展要素的限制,如人口、面积、住宅密度等,在限制城市扩张的同时建立城市内部的动态平衡,该理论称为"田园城市"理论。随后,"光明城"(Le Corbusier,1925)④、"紧凑城市"〔欧洲社区委员会(CEC),1989〕、"精明增长"(PN. G Lendening,1997)⑤等理论相继提出。"光明城"主张通过城市空间的全新规划、建筑设计以集中改造城市形态,反对通过分散主义的方式来改善城市问题。而随着工业化和城市化的快速发展,城市蔓延带来的负面效应引发了学者们对于经济、社会和环境可持续发展的思考,"紧凑城市""精明增长"等理念应运而生。其核心思想是通过对城市建设区域的限制,划定城市功能分区,设定城市增长边界,保护自然保护区、生态维护区等,构建一种集中、高效的紧凑发展模式。这种有限的城市扩张而达到精明增长的理念正越来越被国外学者所接受,其核心内容也日益丰富。

1.3.2　国内研究进展

关于城市建设用地空间扩展规律的研究,国内学者大多以 TM 遥感影像

---

① Natty M. Urban Modeling in Computer - Graphic and Geoographical Information Systems Environment[J]. Environment and Planning B,1992,19(4):663 -685.

② Sutton P. C. A Scale-adjusted Measure of "Urban Sprawl" Using Nighttime Satellite Imagery [J]. Remote Sens Environ,2003(86):353 -369.

③ 埃比尼泽·霍华德. 明日的田园城市[M]. 金经元,译. 北京:商务印书馆,2000.

④ W. 博奥席耶,O. 斯通诺霍. 勒·柯布西耶全集[M]. 牛燕芳,程超,译. 北京:中国建筑工业出版社,2005.

⑤ 段德罡,芦守义,田涛. 城市空间增长边界(UGB)体系构建初探[J]. 城市规划学刊,2009,(2):38 -43.

为依据获取城市用地扩展规律研究的基础矢量数据，利用 RS、GIS 等空间分析技术研究城市建设用地的扩展方向、扩展速度、扩展强度、扩展模式及扩展形态等时空分异特征，并采用一定的数学统计模型对城市未来的建设用地扩展趋势进行模拟预测，从而为制定有关土地利用优化调控政策提供参考，为城市规划和城市管理决策等提供科学依据。国内对城市建设用地空间扩展研究主要集中在以下几个方面：

1.3.2.1 城市建设用地扩展特征、时空分布及模式研究

国内对城市建设用地空间拓展特征、时空分布及模式研究主要从全国尺度、城市群尺度、地区尺度、省级尺度以及城市尺度展开。

在国家尺度，谈明洪等(2004)对全国 145 个城市进行了研究，城市建设用地空间拓展区域差异明显，其中，东部地区建设用地扩展最快，中部地区扩展最慢，并且出现城市人均建设用地大幅度下降的现象①；张利等(2011)利用位序—规模法则和分形理论分析 1997—2007 年中国城市建设用地扩张整体趋势②；姜海等(2013)采用空间自相关系数，揭示了中国近年建设用地扩张的空间特征③；李树枝等(2015)运用回归分析和弹性系数分析等方法，对改革开放以来我国城市用地扩张和城镇化发展的相关性进行了分析④；针对目前在城市用地空间扩展类型的划分与识别方面存在的问题，卓莉等(2006)首次提出了基于夜间灯光图像像元灯光强度的时间变化特征对城市用地空间扩展类型进行分类、识别的方法，揭示了 1992—1998 年中国城市用地空间扩展的一些主要特征⑤。

---

① 谈明洪，李秀彬，吕昌河．20 世纪 90 年代中国大中城市建设用地扩张及其对耕地的占用[J]．中国科学，2004，34(12)：1157 - 1165.

② 张利，雷军，李雪梅，等．1997—2007 年中国城市用地扩张特征及其影响因素分析[J]．地理科学进展，2011，30(5)：607 - 614.

③ 姜海，王博，李成瑞，等．近 10 年中国建设用地扩张空间特征——基于与固定资本和二三产业就业人数的比较分析[J]．中国土地科学，2013，27(5)：63 - 70.

④ 李树枝，郭瑞雪，马也．我国城镇化发展与城市用地扩张情况分析[J]．国土资源情报，2015(8)：28 - 33.

⑤ 卓莉，李强，史培军，等．基于夜间灯光数据的中国城市用地扩展类型[J]．地理学报，2006，61(2)：169 - 178.

在城市群尺度,以城市群为单元研究城市建设用地空间扩张特征及内部分异规律,是提高城市化质量、实现城市群协调可持续发展的关键。王翠平等(2012)采用1992年、1995年、2000年、2005年、2009年5期的夜间灯光影像数据提取了京津冀、长江三角洲和珠江三角洲城市群的城市像元,并从空间扩张强度、扩张类型以及方向性空间扩张特征3个方面对三大城市群城市用地的空间扩张特征进行了分析①;关兴良等(2012)分析了武汉城市群地区城镇用地扩展的时空格局、过程及其驱动力②;曾馨漫等(2015)分析了京津冀城市群1990—2010年城市用地扩张的空间格局、区域分异及空间俱乐部收敛等特征。作为现代经济增长理论的重要内容,收敛理论业已突破了仅仅研究区域经济增长的收敛性问题,用于研究城市扩张区域差异变化是收敛理论的一个新视角③。

在地区尺度,李会等(2016)以东北地区37个地级市为研究样本④,姚士谋等(1993)以东南沿海几个城市为对象⑤,李加林等(2007)提取了长江三角洲地区5个时相城市用地信息⑥,卢艳等(2008)以中部地市及以上城市建成区为研究对象⑦,周翔等(2014)以苏锡常地区为例,通过综合运用位序—规模法则和分形理论、建成区扩展速度、扩展系数等对上述地区的城市建设用地空间扩展速度、扩展强度、空间结构等进行了分析与研究⑧。

---

① 王翠平,王伟豪,李春明,等. 基于DMSP/OLS影像的我国主要城市群空间扩张特征分析[J]. 生态学报,2012,32(3):943-954.

② 关兴良,方创琳,周敏,等. 武汉城市群城镇用地空间扩展时空特征分析[J]. 自然资源学报,2012,27(9):1447-1459.

③ 曾馨漫,刘慧,刘卫东. 京津冀城市群城市用地扩张的空间特征及俱乐部收敛分析[J]. 自然资源学报,2015,30(12):2045-2055.

④ 李会,王利,任启龙,等. 东北地区城市用地扩张特征及驱动因子分析[J]. 地理空间信息,2016,14(4):84-89.

⑤ 姚士谋,郑路,周建华. 我国东南沿海城市用地扩展趋势[J]. 城市土地,1993:36-39.

⑥ 李加林,徐继琴,李伟芳,等. 长江三角洲地区城市建设用地增长的时空特征分析[J]. 地理学报,2007,62(4):437-446.

⑦ 卢艳,崔燕平,程淑红. 中部地级及以上城市用地扩张的时空演变[J]. 地域研究与开发,2008,27(4):99-103.

⑧ 周翔,陈亮,象伟宁. 苏锡常地区建设用地扩张过程的定量分析[J]. 应用生态学报,2014,25(5):1422-1430.

省级尺度也是建设用地空间拓展特征、时空分布及模式研究的一个尺度。章剑龙等（2007）对安徽省[①]、吴建寨等（2011）对山东省[②]、王丽萍和周寅康（2007）对江苏省[③]、李王鸣等（2005）对浙江省[④]城市建设用地空间拓展的时间特征、形态特征、结构特征等情况进行了分析，揭示了基于省级尺度的城市建设用地空间拓展规律。

以城市尺度作为研究尺度的研究成果最为丰富，其中姜广辉等（2006）[⑤]、赵立军等（2005）[⑥]、谈明洪等（2007）[⑦]、朴研和马克明（2007）[⑧]基于不同研究方法和视角研究了北京市城市建设用地时空拓展特征及空间分异规律；陈江龙等（2014）分析了不同时期南京市区扩展的趋势、模式及驱动力[⑨]；李建伟等（2015）以西安为例，通过城市空间扩张与新区形成时机的耦合分析，对设立城市新区时机进行了理论探讨[⑩]；还有许多学者对杭州[⑪]、哈

---

① 章剑龙，吕春莲，齐亚鸣．安徽省城市用地扩张及城市化特征研究［J］．资源开发与市场，2007，23（8）：731－733.

② 吴建寨，彭涛，徐海燕，等．山东省建设用地扩展时空动态及驱动力分析［J］．中国人口·资源与环境，2011，21（8）：164－168.

③ 王丽萍，周寅康．江苏省城市用地扩张特征及驱动力研究［J］．淮阴师范学院学报（自然科学版），2007，6（1）：77－81.

④ 李王鸣，李玮，祁巍华，等．城市建设用地增长特征分析［J］．城市问题，2005（2）：41－43.

⑤ 姜广辉，张凤荣，等．北京市山区建设用地扩展空间分异分析［J］．地理研究，2006，25（5）.

⑥ 赵立军，陈焕伟，洪敏，等．基于缓冲区分析的北京城市用地扩展研究［J］．山东农业大学学报（自然科学版），2005，36（4）：564－568.

⑦ 谈明洪，朱会义，刘林山，等．北京周围建设用地空间分布格局及解释［J］．地理学报，2007，62（8）：861－869.

⑧ 朴研，马克明．不同规模城镇的扩展过程分析——以北京为例［J］．生态学报，2007，27（5）：2136－2144.

⑨ 陈江龙，高金龙，徐梦月，等．南京大都市区建设用地扩张特征与机理［J］．地理研究，2014，33（3）：427－438.

⑩ 李建伟，刘科伟，刘林．城市空间扩张转型与新区形成时机——西安实证分析与讨论［J］．城市规划，2015，39（4）：58－64.

⑪ 岳文泽，汪锐良，范蓓蕾．城市扩张的空间模式研究——以杭州市为例［J］．浙江大学学报（理学版），2013，40（5）：596－605.

尔滨①、绵阳②、绥化③、上海④、深圳⑤、常熟⑥、天水⑦、乌鲁木齐⑧、无锡⑨、银川⑩、重庆⑪⑫、珠海⑬、滁州⑭、芜湖⑮、兴平⑯、包头⑰、保定⑱、济南⑲等城市建设用地空间拓展的时空变化总结了特征和规律。

---

① 李静，张平宇，郭蒙，等．哈尔滨市城市建设用地扩展时空特征及驱动机制分析[J]．城市环境与城市生态，2010，23(6)：1－4.

② 董廷旭，秦其明，王建华．近 30 年来绵阳市城市用地扩展模式研究[J]．地理研究，2011，30(4)：667－675.

③ 周利军．农业地区城市扩展过程分析——以黑龙江省绥化市为例[J]．中国农学通报，2011，27(2)：276－280.

④ 胡瀚文，魏本胜，沈兴华，等．上海市中心城区城市用地扩展的时空特征[J]．应用生态学报，2013，24(12)：3439－3445.

⑤ 王二红，冯长春，张爱华．深圳市建设用地扩展分析[J]．城市规划，2015，38(7)：38－44.

⑥ 周锐，李月辉，胡远满，等．苏南地区典型城镇建设用地拓展的时空分异[J]．应用生态学报，2011，22(3)：577－584.

⑦ 张修芳，牛叔文，冯骁，等．天水城市扩张的时空特征及动因分析[J]．地理研究，2013，32(12)：2312－2322.

⑧ 董雯，张小雷，王斌，等．乌鲁木齐城市用地扩展及其空间分异特征[J]．中国科学，2006(36)：148－156.

⑨ 薛东前，王传胜．无锡城市用地扩展的时空特征与趋势分析[J]．资源科学，2003，25(1)：9－14.

⑩ 刘翔未．银川市城市用地扩展的特征与问题研究[J]．陕西农业科学，2011(3)：213－236.

⑪ 张星星，刘勇，杨朝现．重庆山地城市空间拓展形态的定量研究[J]．西南大学学报(自然科学版)，2015，37(10)：119－123.

⑫ 嵇涛，杨华，何太蓉．重庆主城区建设用地扩展的时空特征及驱动因子分析[J]．长江流域资源与环境，2014，23(1)：60－66.

⑬ 吴大放，刘艳艳，董玉祥，等．珠海市建设用地变化时空特征及其驱动力分析[J]．经济地理，2010，30(2)：226－232.

⑭ 蔡爱民，查良松．安徽省中小型城市用地扩展研究——以滁州市为例[J]．资源开发与市场，2008，24(3)：194－198.

⑮ 金宝石，查良松，陈明星．基于 GIS 的芜湖市城市用地扩展规律[J]．资源开发与市场，2005，21(2)：146－147.

⑯ 王荣，刘晓曼，刘世峰．基于 GIS 的兴平市城市用地扩展时空特征分析[J]．天水师范学院学报，2015，35(2)：15－20.

⑰ 邢海峰．包头市近 10 年城市用地扩展的特点、问题及其对策[J]．城市发展研究，2006，13(6)：70－73.

⑱ 曾磊，宗勇，鲁奇，等．保定市城市用地扩展的时空演变分析[J]．资源科学，2004，26(4)：96－103.

⑲ 刘涛．基于信息熵的济南市城市用地演化和人文驱动分析[J]．山东社会科学，2011(8)：163－165.

1.3.2.2 城市建设用地扩展驱动机制研究

城市建设用地空间拓展驱动因素主要包括自然条件、经济发展和产业结构、城市人口、交通等因素。赵可等(2011)①、王婷婷等(2015)②、孙雁等(2011)③、朴妍和马克明(2006)④、张占录(2009)⑤、杨传俊等(2010)⑥、宋娟(2005)⑦、崔雪竹和王要武(2012)⑧、贾鹏和杨钢桥(2006)⑨、蒙吉军和严汾(2008)⑩、彭月等(2011)⑪、冷智花和付畅俭(2016)⑫、王丽萍等(2005)⑬、段

---

① 赵可，张安录，等．城市建设用地扩张的驱动力——基于面板数据的分析[J]．自然资源学报，2011，26(8)：1323-1331.

② 王婷婷，王运动，杨强，等．1988—2014年莆田市城市扩展及其驱动力分析[J]．遥感信息，2015，30(6)：111-115.

③ 孙雁，刘志强，王秋兵，等．百年沈阳城市土地利用空间扩展及其驱动力分析[J]．资源科学，2011，33(11)：2022-2028.

④ 朴妍，马克明．北京城市建成区扩张的经济驱动：1978—2002[J]．技术经济研究，2006(7)：34-37.

⑤ 张占录．北京市城市用地扩张驱动力分析[J]．经济地理，2009，29(7)：1182-1185.

⑥ 杨传俊，邓南荣，刘秀华，等．城市建设用地扩展因子分析——以河南省平顶山市区为例[J]．西南农业大学学报(社会科学版)，2010，8(4)：12-14.

⑦ 宋娟．城市扩张的内在动因——一个新古典分析框架[J]．工业技术经济，2005，24(3)：120-121.

⑧ 崔雪竹，王要武．城市用地扩张的社会人文驱动机制——以上海市为例的实证研究[J]．土木工程学报，2012，45(2)：302-310.

⑨ 贾鹏，杨钢桥．城市用地扩张驱动力分析——以湖北省为例[J]．城市用地扩张驱动力分析，2006，13(2)：182-185.

⑩ 蒙吉军，严汾．大城市边缘区LUCC驱动力的时空分异研究——以北京昌平区为例[J]．北京大学学报(自然科学版)，2008(3)：137-144.

⑪ 彭月，何丙辉，黄世友，等．大都市卫星城镇用地扩张及其驱动力分析——以重庆市北碚区为例[J]．资源科学，2011，33(4)：704-711.

⑫ 冷智花，付畅俭．工业化促进了城市扩张吗？[J]．经济学家，2016(1)：50-56.

⑬ 王丽萍，周寅康，薛俊菲．江苏省城市用地扩张及驱动机制研究[J]．中国土地科学，2005，19(6)：26-29.

彦伟等(2010)[①]、施益强等(2010)[②]、唐菊华等(2009)[③]、唐礼智(2007)[④]、谈明洪等(2003)[⑤]、段祖亮等(2009)[⑥]、车前进等(2008)[⑦]、邓胜华等(2010)[⑧]、刘涛(2011)[⑨]等通过对不同城市和地区城市驱动因素的分析，验证了自然条件、经济发展和产业结构、城市人口、交通等因素是影响城市建设用地空间拓展的主要因素。城市建设用地空间拓展受自然环境、人口、城市规划、交通等政策的综合作用，这些因素对城市建设用地空间拓展都有正向影响效果，但影响程度存在差异。由于区域差异的存在，不同城市在不同阶段主导城市扩张的因素也会有所不同。制度因素也是影响城市建设用地空间拓展的一个重要因素，孙怡文和王琦(2015)通过建立模型，从反面论证了城市在自组织扩张中存在的问题，从而明确制度在城市规模扩张中的重要作用[⑩]；在中国式财政分权制度背景下，地方政府通过土地融资进行城市基础设施建设、城市扩张"标尺竞争"，形成了"财政分权—土地融资—城市扩张"的发展模式。孙建飞和袁奕(2014)研究表明，在财权上收、事权下放的财政分权制度下，地方政府为履行事权面临融资约束而转向土地融资，作为经营城市

---

① 段彦玮，文倩，彭昕，等．近十年长株潭区域城市用地扩展及驱动力分析[J]．湖南农业科学，2010(3)：144－146.

② 施益强，朱晓铃，张辰臣．厦门市城市扩展遥感动态监测及其驱动力分析[J]．集美大学学报(自然科学版)，2010，14(2)：70－75.

③ 唐菊华，吕昌河，杨续超．苏锡常地区1995年至2005年城市用地扩展的驱动力分析[J]．资源科学，2009，31(5)：801－806.

④ 唐礼智．我国城市建设用地扩展影响因素的实证研究——以长江三角洲和珠江三角洲为比较分析对象[J]．厦门大学学报(哲学社会科学版)，2007(7)：90－96.

⑤ 谈明洪，李秀彬，吕昌河．我国城市用地扩张的驱动力分析[J]．经济地理，2003，23(5)：635－540.

⑥ 段祖亮，张小雷，雷军，等．新疆建设用地变化及驱动力研究[J]．水土保持学报，2009，23(1)：193－197.

⑦ 车前进，马晓东，梁美玉．徐州城市用地扩展特征及影响因素分析(1949—2007年)[J]．亚热带资源与环境学报，2008，3(3)：87－93.

⑧ 邓胜华，梅昀，陈曲，等．基于对应分析的城市建设用地扩张研究——以武汉市为例[J]．资源科学，2010，32(9)：1746－1751.

⑨ 刘涛．基于信息熵的济南市城市用地演化和人文驱动分析[J]．山东社会科学，2011(8)：163－165.

⑩ 孙怡文，王琦．基于制度主导的城市规模扩张分析[J]．宏观经济，2015(1)：15－17.

土地的主体，地方政府之间展开竞争，导致了我国城市空间的高速扩张①；刘琼等（2014）②、李涛等（2015）③、李勇刚和王猛（2016）④、踪家峰和杨琦（2012）⑤、王健等（2016）⑥等则从土地财政视角研究表明，我国城市快速扩张的主导因素是“中国式”财政分权，而现有的财政转移制度并没有在根本上解决这一问题，因此，推动政府治理体制和财政体制改革是逆转城市快速扩张的根本方法。傅利平和李永辉（2015）在微观层面上分析了地方政府官员的晋升竞争、个人特征对城市扩张的影响。研究发现，地方政府官员的晋升竞争可以显著促进城市扩张，地方政府官员的任期、年龄均与城市扩张之间呈现显著负相关关系，同时，发现官员晋升竞争对城市扩张的影响因地理条件而异，由上级政府部门下派的官员推进城市扩张的积极性较低，而本地晋升的政府官员比外地晋升的政府官员的积极性更高⑦。王健等（2015）分析了广东省地方政府竞争对城市用地扩张的传导机制，认为固定资产投资增加、经济增长、人口集聚、商住用地出让金增加等溢出效应是城市用地扩张的表层原因，根本原因是迫使地方政府进行竞争的制度因素⑧。

贾雁岭等（2016）分析了房地产税和土地出让金对城市扩张的影响，结果显示，土地出让金较强的促进作用和房地产税较弱的抑制作用在一定程度上造成了城市规模的扩张，且房地产税和土地出让金对城市扩张的影响

---

① 孙建飞，袁奕．财政分权、土地融资与中国的城市扩张——基于联立方程组计量模型的实证分析[J]．上海财经研究，2014（12）：50－59.

② 刘琼，欧名豪，盛业旭，等．不同类型土地财政收入与城市扩张关系分析[J]．中国人口·资源与环境，2014，24（12）：32－37.

③ 李涛，邹一南，谷继建．城市用地扩张中地方政府的土地财政行为选择与制度优化——基于土地收益与供求的分析[J]．中国行政管理，2015（2）：114－119.

④ 李勇刚，王猛．土地财政对中国城市空间扩张影响效应的实证检验[J]．统计与决策，2016（2）：132－138.

⑤ 踪家峰，杨琦．中国城市扩张的财政激励——基于1998—2009年我国省级面板数据的实证分析[J]．城市发展研究，2012，19（8）：89－95.

⑥ 王健，汪应宏，彭山桂．中国城市用地扩张的诱因[J]．城市问题，2016（1）：7－10.

⑦ 傅利平，李永辉．地方政府官员晋升、个人特征对城市扩张的影响——基于全国地级市面板数据的实证分析[J]．城市问题，2015（1）：27－33.

⑧ 王健，汪应宏，陈晨等．地方政府竞争对城市用地扩张的传导机制研究——以广东省为例[J]．资源科学，2015，37（2）：237－246.

存在着明显的地区性差异①;陈宇琼和钟太洋(2016)根据协整理论构建向量误差修正模型,研究发现耕地占用税和国有土地使用权有偿出让授予与城市建设用地扩张具有长期均衡关系,土地租税收入具有促进城市建设用地扩张的作用②。

彭山桂和黄朝明(2015)则从地方政府土地供给行为的视角对城市扩张进行了考察,并依据城市扩张的驱动因素及对经济的作用方式,将其分为两类,一是受到经济、人口等因素驱动的合理的城市扩张,二是由于财税、政绩考核体系等制度因素影响的不合理的城市扩张。调控城市扩张应以保证土地—资本配置关系处于合理区间为原则,以财税及官员晋升考核制度改革为手段③;刘志玲和李江风(2009)以武汉市为例,研究表明土地供应市场化对城市用地扩展具有推力和拉力双重作用④;李菁和赵毅(2016)采用对比分析法、线性回归模型,研究我国30个城市土地市场发育程度与城市扩张之间的关系,发现大部分城市土地市场与城市扩张正相关⑤。

邓凌云和喻定权(2006)⑥、王成龙等(2016)⑦则从城市化政策、区域发展政策、产业发展政策、城市经营、城市规划控制、行政边界的角度分析了这些因素对城市用地空间拓展的驱动效应。

1.3.2.3　城市建设用地扩展效应研究

(1)城市建设用地扩展经济效应。

自1978年改革开放以来,我国经济发展迅速,GDP以年均9%以上的速

---

① 贾雁岭,童锦治,黄克珑. 房地产税、土地出让金对城市扩张的影响——以中国35个大中型城市为例[J]. 城市问题,2016(2):41－49.

② 陈宇琼,钟太洋. 中国地方政府土地租税收入变化对城市建设用地扩张的影响[J]. 中国土地科学,2016,30(2):41－49.

③ 彭山桂,黄朝明. 中国城市扩张的合理性分析及驱动力分类[J]. 城市问题,2015(9):4－12.

④ 刘志玲,李江风. 土地供应市场化对城市用地扩展的影响——以武汉市为例[J]. 国土资源科技管理,2009,26(2):11－14.

⑤ 李菁,赵毅. 土地市场发育对城市扩张的Kuznets曲线效应验证——基于2004—2013年面板数据的实证研究[J]. 土地市场,2016(3):9－17.

⑥ 邓凌云,喻定权. 长沙市城市扩张的影响因素分析[J]. 现代城市研究,2006(10):22－29.

⑦ 王成龙,刘慧,张梦天. 行政边界对城市群城市用地空间扩张的影响——基于京津冀城市群的实证研究[J]. 地理研究,2016,35(1):173－183.

度增加，在中国经济转型增长的特殊时期，土地这一必需的生产要素成为重要的推动力。中国的发展特征介于 Hansen 和 Prescott 提出的两种经济增长类型（“马尔萨斯增长”和“索洛增长”）之间。杜官印和蔡运龙（2010）应用数据包络分析面向投入的 CCR 模型，测算得到了 1997—2007 年 28 个省份的资本、劳动和建设用地投入对 GDP 产出的效率①；邹薇和刘红艺（2014）考察了城市扩张对于经济增长、产业集聚和结构升级的作用机制，发现我国目前的城市规模扩张并没有与经济增长、产业集聚相匹配，城市扩张中的不同因素对各产业结构的变化产生了不同效应②；李小浩（2015）从规模和结构两个角度对重庆市城镇建设用地变化进行分析，研究发现人均地区生产总值每增加 1 元，城镇建设用地增加 0. 0537 平方千米；非农产业增加值占比每增加 1 个百分点，城镇建设用地增加 64. 2499 平方千米，城镇建设用地结构信息熵值减少 0. 0173③；张虹鸥等（2008）研究发现，建设用地增长对经济增长的贡献是明显的，但有一定的滞后效应，平均滞后期为 3 ~ 4 年，同时广东建设用地增长与经济增长均呈现明显的区域差异性，珠三角地区是建设用地增长与经济增长的高值区域④；白忠菊等（2013）利用 2000—2010 年重庆市 40 个区县的建成区面积增加率、常住人口城镇化率、人均 GDP 和第三、第二产业比值的历史数据，对城市扩张速度的时空演变规律与特征及其与区域经济发展的相互关系进行了脱钩研究⑤；狄剑光和武康平（2013）通过研究发现，我国 28 个省单位建设用地面积扩大在 2003—2008 年对非农经济增长平均贡献率为 2. 88%，而代表土地利用强度的相对容积率的增长对经济增长

---

① 杜官印，蔡运龙. 1997—2007 年中国建设用地在经济增长中的利用效率［J］. 地理科学进展，2010，29（6）.

② 邹薇，刘红艺. 城市扩张对产业结构与经济增长的空间效应——基于空间面板模型的研究［J］. 中国地质大学学报（社会科学版），2014，14（3）：1 – 12.

③ 李小浩. 城镇建设用地变化与经济发展的关系［J］. 城市学刊，2015，36（4）：31 – 36.

④ 张虹鸥，叶玉瑶，杨丽娟，等. 广东 30 年建设用地增长对经济发展的贡献［J］. 经济地理，2008，28（6）：904 – 907.

⑤ 白忠菊，藏波，杨庆媛. 基于脱钩理论的城市扩张速度与经济发展的时空耦合研究——以重庆市为例［J］. 经济地理，2013，33（8）：52 – 60.

的贡献率为8.79%，建设用地对非农经济增长的总贡献为11.81%[①]；李鑫等（2011）研究表明，中国省际建设用地第二、第三产业产出弹性存在全局自相关现象，自身及相邻省份的建设用地第二、第三产业贡献水平高于平均数的区域主要分布在长江三角洲地区，与此相反的区域则主要分布在西北内陆地区[②]；瞿理铜（2015）将建设用地纳入C－D生产函数，验证了湖南省建设用地投入对城市经济增长的影响，回应地方政府官员“建设用地指标制约论”[③]；叶浩等（2012）研究表明，30个省建设用地面积、GDP、总人口和城市化率都有显著的空间相关特征，一个区域社会经济的发展不仅驱动自身区域建设用地的扩张，而且会带动邻近区域的建设用地的增长。传统上只从时间维度出发的研究思路，忽视空间维度的相关性和异质性，低估了区域社会经济发展对建设用地增长的作用，必须在普通面板线性回归模型中引入空间变量进行修正[④]。

（2）城市建设用地扩张碳排放效应。

城市扩展占用耕地不仅引起粮食安全问题，而且会导致土地生态服务功能以及美学价值（开敞空间）的损失，作为城市化发展相对落后的地区，新兴经济体在经济快速增长的带动下，城市化的规模和速度正以前所未有的速度向前推进，造成的耕地损失和环境问题已经影响了地区的可持续发展能力[⑤]。张乐勤等（2013）对安徽省1997—2011年建设用地与碳排放动态变化特征进行了分析[⑥]；张润森等（2012）基于无锡市1996—2008年的土地利

---

① 狄剑光，武康平．建设用地的扩张对我国非农经济增长贡献研究［J］．数理统计与管理，2013，32（3）：414－425.

② 李鑫，张瑞平，欧名豪，等．建设用地二三产业增长贡献及空间相关性研究［J］．中国人口·资源与环境，2011，21（9）：64－68.

③ 瞿理铜．建设用地投入对城市经济增长的影响——以湖南省13个主要城市为例［J］．求索，2015（12）：24－27.

④ 叶浩，张鹏，濮励杰．中国建设用地与区域社会经济发展关系的空间计量研究［J］．地理科学，2012，32（2）：149－154.

⑤ 吕昌河，谈明洪，于伯华．我国城镇化过程中城市用地扩张及其资源与环境问题［J］．环境科学，2010（3）：129－130.

⑥ 张乐勤，陈素平，王文琴，等．安徽省近15年建设用地变化对碳排放效应测度及趋势预测——基于STIRPAT模型［J］．环境科学学报，2013，33（3）：950－958.

用和能源消耗数据，构建了建设用地比例与碳排放强度之间的库兹涅茨曲线模型，验证了库兹涅茨曲线在建设用地扩张与碳排放强度之间的存在性①；陈强等（2009）以快速城市化地区南京市栖霞区为例，通过对城市用地扩展系数和生态系统服务价值的相关性进行分析，发现“绿色栖霞”的实施对栖霞区生态服务价值的减少起到了很好的抑制作用②；李养兵等（2012）根据可持续发展理论，研究发现滁州市城市用地的综合效益总体上呈逐年上升趋势，与用地扩展的速度总体上保持了一致，土地利用日趋合理③；卢祖丹（2014）认为短期内，城市转型与碳排放之间存在双向因果关系；碳排放与城市扩张联合形成了城市转型的长、短期格兰杰原因；长期中，碳排放与城市转型联合形成了城市扩张的格兰杰原因；城市扩张与城市转型仅仅能在短期内联合构成了碳排放增加的格兰杰原因，并不能产生长久稳定的格局④；张苗等（2016）计算了中国30个省份2003年、2006年、2009年和2012年的建设用地开发强度，然后基于松弛测度模型估算了建设用地开发强度的碳排放总效率、技术效率和规模效率⑤；碳排放是一个受多因素综合影响的过程，受人类影响活动较大的建设用地是因素之一，毛熙彦等（2011）通过分析中国1996—2007年建设用地与碳排放的变化，发现建设用地对碳排放增长存在正向影响，且省际差异突出，影响较为显著的地区集中在东部、南部沿海地区⑥；邢忠和朱钊（2015）在研究分析重庆中心城区空间拓展方式的基础上，量化阐释了中心城区空间拓展过程中的生态效应，最后提出基于全局的

① 张润森，濮励杰，文继群，等．建设用地扩张与碳排放效应的库兹涅茨曲线假说及验证[J]．自然资源学报，2012，27(5)：723－731.

② 陈强，濮励杰，梁华石，等．快速城市化地区城市用地扩展的生态环境效应评价[J]．江西农业大学学报，2009，31(4)：750－755.

③ 李养兵，王丽，李伟涛．快速城市化地区城市用地扩展的效益评价——以安徽省滁州市为例[J]．安徽农业科学，2012，40(4)：2336－2338.

④ 卢祖丹．我国城市扩张、城市转型与碳排放的关系[J]．地域研究与开发，2014，33(5)：121－126.

⑤ 张苗，甘臣林，陈银蓉，等．中国城市建设用地开发强度的碳排放效率分析与低碳优化[J]．资源科学，2016，38(2)：265－275.

⑥ 毛熙彦，林坚，蒙吉军．中国建设用地增长对碳排放的影响[J]．中国人口·资源与环境，2011，21(12)：34－39.

区域拓展格局是山地城市空间拓展的关键[①]。

1.3.2.4　城市建设用地开发适宜性评价

在城市建设用地空间扩展过程中，进行开发适宜性评价是一项重要的基础工作。张洪和陈凤娇（2016）依据可持续发展和景观生态学的相关理论，利用GIS技术，在生态适宜性评价的基础上，对富民县哨箐区块低丘缓坡山地建设开发景观生态规划进行了研究[②]；温晓金等（2016）针对人类—环境耦合系统的脆弱性评价存在时空精度较粗、目标过于含糊的问题，以秦岭山地的商洛市为例，基于主体功能区划方案设置不同适应目标，构建了山地城市社会—生态系统脆弱性评价体系，采用的多适应目标情景设置可以作为区域社会发展评价研究的一种新思路[③]；党丽娟等（2014）在建立后备适宜建设用地潜力多要素分布式算法及技术流程的基础之上，测算和评价了广西西江沿岸20平方千米范围内及沿江主要城市周边后备适宜建设用地的数量、等级和空间分布特征[④]；黄丽明和陈健飞（2014）从降低城市化过程中因建设用地扩展所致生态不利影响出发，以最小累积阻力（MCR）模型为基础，在生成的MCR面上，划分建设用地适宜性分区，并利用Hydrology扩展模块提取建设用地适宜扩展路径、生态隔离带和生态关键点，可以为城市生态建设规划和景观格局优化提供决策支持[⑤]；申依薇等（2016）基于GIS对高安市低丘缓坡开发为建设用地的适宜性进行了评价[⑥]；尹海伟等（2013）以济南市

---

① 邢忠，朱钊．重庆中心城区空间拓展及其生态环境效应探析[J]．中国名城，2015（12）：59－63.

② 张洪，陈凤娇．低丘缓坡山地建设开发景观生态规划研究——以云南省富民县哨箐区块为例[J]．城市资源与环境，2016（4）：156－165.

③ 温晓金，杨新军，王子侨．多适应目标下的山地城市社会——生态系统脆弱性评价[J]．地理研究，2016，35（2）：299－312.

④ 党丽娟，徐勇，汤青，等．广西西江沿岸后备适宜建设用地潜力及空间分布[J]．自然资源学报，2014，29（3）：387－396.

⑤ 黄丽明，陈健飞．广州市花都区城镇建设用地适宜性评价研究——基于MCR面特征提取[J]．资源科学，2014，36（7）：1347－1355.

⑥ 申依薇，吴荣华，芮亚松．基于GIS的低丘缓坡开发为建设用地适宜性评价[J]．江西测绘，2016（1）：54－56.

为例,对济南市2004年城市建设用地的适宜性进行了评价和等级划分①;牛叔文等(2014)以甘肃省天水市为例,应用ARCGIS和DEM模型分析海拔高度、坡度和地表破碎度3个地形因子综合的地形复杂度,建立了基于地形复杂度的建设用地适宜性评价模型②;孙云华等(2016)运用基于行为聚类的方法,将净增加的地类合并或净减少的地类合并,定义了6种聚类行为,以云南省土地利用分类体系为例,从面积变化和强度变化两个角度阐述了行为聚类方法的可行性和优势性③;杨子生(2016)针对山区城镇建设的特殊性,构建山区建设用地评价指标体系,采用"极限条件法"与"适宜性指数法"相结合的技术方法,分析和评定了云南德宏州山区每一评价单元图斑的城镇建设用地适宜性及其适宜等级,该评价体系和方法为云南省乃至国内外类似山区加强优质耕地保护、合理建设山地城镇发展模式提供了理论和技术支撑④。

1.3.2.5 城市建设用地空间优化配置研究

人多地少的基本国情和快速工业化、城市化不断加大中国土地资源管理的压力,通过国家和地方规划引导土地的部门间再配置(建设用地扩张)具有重要意义。王博等(2014)基于经济发展、粮食安全、生态安全,构建建设用地总量控制的多情景分析框架,分析预测了不同情境下2020年中国建设用地总量的变化数量及影响⑤;翟腾腾等(2015)从区域社会经济发展需求和资源禀赋供给约束两个方面,兼顾效率和公平,构建基于基尼系数的建设用地总量分配模型,以综合基尼系数最小为目标函数,建立多约束的线性规

---

① 尹海伟,张琳琳,孔繁花,等. 基于层次分析和移动窗口方法的济南市建设用地适宜性评价[J]. 资源科学,2013,35(3):530-535.

② 牛叔文,李景满,李升红,等. 基于地形复杂度的建设用地适宜性评价——以甘肃省天水市为例[J]. 资源科学,2014,36(10):2092-2102.

③ 孙云华,郭涛,崔希民,等. 基于行为聚类算法的土地利用聚类适宜性分析研究[J]. 地球信息科学学报,2016,18(3):396-405

④ 杨子生. 山区城镇建设用地适宜性评价方法及应用——以云南省德宏州为例[J]. 自然资源学报,2016,31(1):64-71.

⑤ 王博,姜海,冯淑怡,等. 基于多情景分析的中国建设用地总量控制目标选择[J]. 中国人口·资源与环境,2014,24(3):69-75.

划求解方程，得到江苏省2020年建设用地总量分配方案①；肖长江等（2015）综合运用景观生态学方法与经济学原理，从“生态—经济”比较优势视角对建设用地指标进行空间优化配置②；段学军等（2009）把自然生态和社会经济要素纳入一个统筹分析框架，建立建设用地配置适宜性评价指标体系，采用蒙特卡洛法构建优化模型，对2030年泰州市建设用地分布进行了优化模拟③；黄迎春等（2016）集成多目标优化模型的目标决策功能和元胞自动机—马尔科夫链模型的空间布局特点，对北京市2020年、2030年的土地利用进行数量结构优化和空间布局模拟④；王晓青等（2010）运用Jeffry模型和逐步回归法对我国各省份的建设用地配置效率及其影响因素进行了定量研究，发现我国31个省份建设用地配置效率差异显著且有5个显著影响因素⑤；刘琼等（2013）在界定建设用地总量区域差别化配置内涵的基础上，建立了由地区生产总值、总人口、建设用地容量、农村建设用地整理潜力4项指标构成的指标体系，采用信息熵求和最大化方法对江苏省13个地级市2020年建设用地总量的区域差别化配置方案进行了测算⑥；王博等（2016）通过对建设用地扩张的空间最优配置特征进行理论分析，构建相应模型测度贵州省2005—2013年建设用地扩张所存在的空间配置效率损失⑦；陈逸等（2012）基于空间均衡原理，肯定了建设用地开发空间均衡的重要性，并对我国各省

① 翟腾腾，郭杰，欧名豪．基于基尼系数的江苏省建设用地总量分配研究［J］．中国人口·资源与环境，2015，25（4）：84－89.

② 肖长江，欧名豪，李鑫．基于生态—经济比较优势视角的建设用地空间优化配置研究——以扬州市为例［J］．生态学报，2015，35（3）：696－708.

③ 段学军，秦贤宏，陈江龙．基于生态—经济导向的泰州市建设用地优化配置［J］．自然资源学报，2009，24（7）：1181－1190.

④ 黄迎春，杨伯钢，张飞舟，等．基于同类城市建设目标的北京市土地利用结构优化［J］．农业工程学报，2016，32（4）：217－227.

⑤ 王晓青，李建强．建设用地配置效率及其影响因素研究——以31个省份为例［J］．资源与产业，2010，12（4）：25－28.

⑥ 刘琼，欧名豪，盛业旭，等．建设用地总量的区域差别化配置研究——以江苏省为例［J］．中国人口·资源与环境，2013，23（12）：119－124.

⑦ 王博，陈笑筑，何晓波．省级以下建设用地空间配置效率测度及优化探讨［J］．中国人口·资源与环境，2016，26（1）：89－96.

份建设用地空间配置情况进行了评价①;李效顺等(2009)以中国建设用地增量配置面临的选择"困境"为研究起点和主线,探讨了土地资源优化配置的理论基础,提出了走出"困境"的土地资源两步配置(土地资源的部门间配置和时空配置)②。

1.3.2.6 城市空间扩展模拟预测

20世纪90年代,受到国际研究的推动,国内有关城市空间扩展预测的研究也逐步展开,城市地理学领域首先开始了探索,虽然研究与应用的起步较晚,但也取得了较为丰富的成果,研究内容主要聚焦于预测模型的构建,尤其是基于CA模型的修正。黎夏和叶嘉安(1999)将CA模型与主成分分析、神经网络技术结合,构建约束性自动演化模型,并运用于对东莞市的城市空间扩展模拟中③;周成虎等(1999)将两个CA模型耦合,创建GeoCA-Urban模型,以直接面向对象,实现随机性④。此外,国内学者还创新性地将元胞自动机与多智能体模型结合,尝试构建集成一体化研究,并将模型应用于中国各类型城市空间扩展的模拟和预测中。

1.3.2.7 城市空间扩展优化调控

我国由于城市化起步较晚,对城市空间扩展带来的诸多影响关注较少,因此,学术界对此的研究也较为迟缓。直到21世纪初,随着生态环境问题的日益严重,国内学者才开始借鉴"精明增长"理论,将其与我国的城市发展现状相结合,提出适用于我国的城市空间扩展优化模式。如李王鸣和潘蓉(2006)⑤、李雪梅和张志斌(2008)⑥等分别以我国浙江省和兰州市为研究对

① 陈逸,黄贤金,陈志刚,等. 中国各省域建设用地开发空间均衡度评价研究[J]. 地理科学,2012,32(12):1425-1429.

② 李效顺,曲福田,郧文聚. 中国建设用地增量时空配置分析——基于耕地资源损失计量反演下的考察[J]. 中国农村经济,2009(4):4-16.

③ 黎夏,叶嘉安. 约束性单元自动演化CA模型及可持续城市发展形态的模拟[J]. 地理学报,1999,54(4):159-166.

④ 周成虎,孙战利,谢一春. 地理元胞自动机研究[M]. 北京:科学出版社,1999.

⑤ 李王鸣,潘蓉. 精明增长对浙江省城镇空间发展的启示[J]. 经济地理,2006,26(2):230-232.

⑥ 李雪梅,张志斌. 基于"精明增长"的城市空间扩展——以兰州市为例[J]. 干旱区资源与环境,2008,22(11):108-113.

象，结合“精明增长”的理论内涵，指出当前特定城市发展困境，提出科学的城市发展模式并制定出适合我国城市发展的精明增长策略。此外，也有学者系统介绍了国外的城市扩展优化理念，如陈雯(2001)介绍了“精明增长”理论的发展历程，从提出背景、核心思想、实践应用等方面进行阐述，并将其与我国“城市蔓延”概念作对比，总结归纳各自特点，并提出应借鉴国外的“精明增长”战略解决我国空间的“城市蔓延”问题，在此基础上，建议制定更为科学合理的城市规划理论①。

1.3.3 国内外建设用地空间拓展研究展望

通过文献检索，总结和归纳出国内外城市建设用地空间拓展研究主要区别和联系，如表1-5所示。

表1-5 国内外城市建设用地空间拓展研究比较

研究视角	国外	国内
研究尺度	从单一城市→区域→全球过渡，研究尺度不仅仅局限于单一城市，而是向城市群、城市带、都市区等更宏观尺度发展	以单一城市空间扩展演变规律研究为主，中观或者宏观视角的研究成果较缺乏，不能满足我国现阶段城镇化发展有效需求
研究内容	从单一城市内部空间扩展结构演变与形成机制→城市与城市、城市与区域之间城市建设用地空间扩展模式与互动关联机制研究→全球化跨国跨区域城市体系研究，研究内容涵盖不同尺度不同层次，体系完善	主要集中在单一城市建设用地空间扩张时空演变特征、拓展模式、动力机制、模拟预测及优化调控等内容，大多数研究主要从地理学视角进行，对城市建设用地空间扩张的机理及动力机制剖析方面不够深入
研究视角	从定性描述→定量分析，从单个城市→城市集群研究，从单学科→多学科，研究方法处于不断创新中，研究视角全面、前沿	从定性描述→定量研究，从单学科→多学科，开始借鉴生态学、物理学、社会学、经济学学科等理论，结合GIS分析手段

从国内外现有研究来看，国外城市建设用地空间拓展研究尺度体系更完善，现阶段更偏向于中观和宏观尺度的研究，研究内容更加完整、全面，研究方法也在不断创新和发展之中。而我国城市建设用地空间拓展则主要呈

① 陈雯. 美国的“精明增长”发展计划[J]. 现代城市研究，2001(5)：19-22.

现出以下特征:

(1)从研究尺度来看,国内研究在近期才开始向宏观和中观方向发展,以往更多以单个城市作为主要研究对象,研究成果十分丰富。但是到目前为止,宏观和中观尺度的研究成果依然偏少,我国幅员辽阔,自然资源禀赋差异较大,其研究成果尚无法覆盖各种不同情境,尤其以城市群为尺度的研究依然比较匮乏,已有研究缺乏宏观、中观、微观层次系统化的综合研究。

(2)从研究方法来看,国内城市建设用地扩展度量方法有所突破,GIS 等技术的成熟,使得空间分析手段不断完善。城市建设用地空间扩展速度指标、强度指标、分形维度指标、景观指数等指标被广泛使用于测度城市建设用地空间拓展状态、特征及时空变化趋势,元胞自动机模型、系统动力学模型与相关数学统计方法的混合使用对城市建设用地空间拓展进行模拟预测。我国关于城市建设用地空间扩展定量研究成果较多,研究范围覆盖单个城市、城市群体、省级尺度、地区尺度、全国尺度,但这些研究往往偏重定量分析与描述,对于城市建设用地空间拓展是否合理缺乏评价,对于城市建设用地空间拓展与城市社会、经济、生态之间存在怎样的关系及二者之间是否协调发展等问题缺少定性研究。

(3)从研究视角来看,国内更多是针对某一区域从某一学科视角进行研究,比如,地理学侧重于对城市建设用地空间拓展现象进行描述,经济学侧重于对城市建设用地空间拓展机制进行解释,社会学侧重于研究城市建设用地空间拓展所引发的各种社会问题探讨,城市规划则侧重于通过规划设计手段来抑制城市建设用地空间拓展,已有研究成果缺乏系统化多学科的综合研究。同时,已有的交叉学科的研究成果多集中于定性研究,通过理论与实证相结合,研究城市建设用地空间拓展与其他系统之间的关系及影响机制略显薄弱,对城市与城市之间建设用地空间拓展的演进规律研究还不够完善,其研究广度和深度还需要进一步强化。

(4)从研究内容来看,各学科往往从本学科特定视角出发,城市建设用地空间拓展模式识别一般偏向于定性研究,研究内容存在分散性,不具有系统性与普适性,城市建设用地优化调控策略研究未达成共识,仍处于讨论与借鉴当中。同时,现有研究缺乏针对我国新型城镇化特殊背景下的城市建设用地空间拓展理论与方法的系统分析。因此,有必要对各学科领域城市建设用地空间拓展研究内容与方法进行有机整合,用系统性眼光,将城市建设用地空间拓展现象、机理、时空特征、控制策略等方面的内容结合起来,才能对城市建设用地空间拓展有系统全面的认识。

1.4　本章小结

首先,本章对城市建设用地空间拓展的内涵进行了剖析,分别从地理学视角、系统学视角、经济学视角、城市规划学视角和建筑设计学视角等不同学科视角对城市建设用地空间拓展内涵进行了系统总结与归纳,并对相关概念土地非农化和城市蔓延进行辨析,从而使人们对城市建设用地空间拓展内涵有系统而全面的认识。

其次,本章对城市建设用地空间拓展形式和类型进行了划分,根据城市建设用地空间拓展程度将城市建设用地空间拓展划分为粗放拓展、过度拓展和适当拓展三种类型,根据经济要素的特征将城市建设用地空间拓展划分为劳动资本型拓展、资本技术型拓展、结构型拓展和生态型拓展,根据不同城市化进程阶段不同区域城市建设用地拓展特征划分为:粗放利用、低水平集约利用、过度利用、集约利用,根据要素竞争和增长推动力历史演变视角将城市建设用地空间拓展划分为密集型拓展和非密集型拓展模式。

最后,本章梳理了城市建设用地空间拓展的国内外研究进展情况。国外城市建设用地空间拓展研究主要集中在四个方面:城市空间扩展演变模式、城市空间扩展驱动机制、城市空间扩展模拟预测、城市空间扩展优化调控。国内城市建设用地空间拓展研究主要集中在:城市建设用地扩展特征、时空分布及模式研究,城市建设用地扩展驱动机制研究,城市建设用地扩展效应研究,城市建设用地开发适宜性评价,城市建设用地空间优化配置研究,城市空间扩展模拟预测,城市空间扩展优化调控。从国内外现有研究来看,国外城市建设用地空间拓展研究尺度体系更完善,现阶段更偏向于中观和宏观尺度的研究,研究内容更加完整、全面,研究方法也在不断创新和发展之中。而国内在研究尺度、研究方法、研究内容和研究视角方面仍需进一步完善。

参考文献

[1]中华人民共和国土地管理法(2004 修正)[Z].

[2]城市用地分类与规划建设用地标准(GB50137 - 2011)[S].

[3]杨培峰. 城市空间拓展动力机制及生态模型[J]. 重庆大学学报,2004(3):138 - 143.

[4]李雪英,孔令龙. 当代城市空间拓展机制与规划对策研究[J]. 现代城市研究,2005(1):35 - 38.

[5]泉心."耗散结构论"与"非平衡系统经济学"[J]. 发展论坛,1995(1):62 - 63.

[6]Cartier C. 'Zone Fever', the Arable Land Debate, and Real Estate Speculation: China's Evolving Land Use Regime and Its Geographical Contradictions[J]. Journal of Contemporary China, 2001,28(10): 445 - 469.

[7]Muth R. F. Cities and Housing: The Spatial Pattern of Urban Residential Land Use [M]. Chicago: University of Chicago Press, 1969.

[8]阿尔多·罗西. 城市建筑学[M]. 北京:中国建筑工业出版社, 2006.

[9]张宏斌,贾生华. 土地非农化调控机制分析[J]. 经济研究,2001(12):50 - 54.

[10]薛宝贵,何炼成. 土地非农化的经济学分析[J]. 西安邮电大学学报,2007,12(6):60 - 63.

[11]梁爽. 土地非农化过程中的收益分配及其合理性评价——以河北省涿州市为例[J]. 中国土地科学,2009,23(1):4 - 8.

[12]王家庭,张俊韬. 我国城市蔓延测度:基于35个大中城市面板数据的实证研究[J]. 经济学家,2010(10):56 - 63.

[13]张景齐,娄成武. 中美城市蔓延特征差异对比及对中国蔓延治理的启示[J]. 资源科学,2014,36(10):2131 - 2139.

[14]曲福田. 土地经济学[M]. 北京:中国农业出版社,2011.

[15]赵燕菁. 高速发展条件下的城市增长模式[J]. 国际城市规划, 2001(1):27 - 33.

[16]Ottensmann, Urban Sprawl, Land Values and the Density of Development. Land Economics,1977,53(4):389 - 400.

[17]Brueckner J. K., Mills E., Kremer M. Urban Sprawl: Lessons from Urban Economics. In: Burtless G., Pack J. R., eds. Brookings - Wharton Papers on Urban Affairs[M]. Washington DC: Brookings Institution Press,2001:65 - 97.

[18] Hoyt H. The Structure and Growth of Residential Neighborhoods in American Cities [M]. Washington, DC: Federal Housing Administration, 1939.

[19] Burgess E. W. The Growth of The City[C]//Park R. E., Burgess E. W. Mckenzie R. D. (eds). The City. Chicago: University of Chicago Press, 1925:47 - 62.

[20] Harries C. D., Ullman E. L. The Nature of Cities[J]. American Academy of Political and Social Science, 1945, 242(3):7 - 17.

[21] Leorey O. M., Nariida C. S. A Framework for Linking Urban form and Air Quality [J]. Environmental Modeling & Software, 1999(14):541 - 548.

[22] Berry J. L. Internal Structure of the City. In: Larry S. Bourne, eds. Internal Structure of the City[M]. New York: Oxford University Press, 1971.

[23] Ding C. Urban Spatial Development in the Land Policy Reform Era: Evidence from Beijing[J]. Urban Studies, 2004, 41(10):1889 - 1907.

[24] Frenkel A., Maya A. Measuring Urban Sprawl: How Can we Deal with it? Environ Plan B Plan Design, 2008(35):56.

[25] Hasse J. E., Richard G. L. Land Resource Impact Indicators of Urban Sprawl[J]. Applied Geography, 2003(23):159 - 175.

[26] Besussi E., Chin N. Identifying and Measuring Urban Sprawl. In: Longley P. A., Batty M., eds. Advanced Spatial Analysis: The CASA Book of GIS. Redlands, CA: ESRI Press, 2003:109 - 128.

[27] W. R. Tobler A. Computer Movie Simulating Urban Growth in the Detroit Region [J]. Economic Geography, 1970, 46(Supp 1):234 - 240.

[28] Weddell P. UrbanSim: Modeling Urban Development for Land Use, Transportation, and Environment Planning[J]. Journal of American Planning Association, 2002, 68(3):297 - 313.

[29] Deal, B. C. Farello, et al. A Dynamic Model of the Spatial Spared of an Infectious Disease: The Case of Fox Rabies in Illiniois[J]. Environment Modeling and Assessment, 2005 (5):47 - 62.

[30] Clarke K. C., Hoppen S., Gaydos L. J. A Self-modifying Cellular Automaton Model of Historical Urbanization in the San Francisco Bay Area [J]. Environment and Planning B, 1997, 24(2):247 - 261.

[31] Natty M. Urban Modeling in Computer - Graphic and Geographical Information Systems Environment[J]. Environment and Planning B, 1992, 19(4):663 - 685.

[32] Sutton P. C. A Scale-adjusted Measure of "Urban Sprawl" Using Nighttime Satellite Imagery[J]. Remote Sens Environ2003(86):353 - 369.

[33] 埃比尼泽·霍华德. 明日的田园城市[M]. 金经元,译. 北京:商务印书馆,2000.

[34]W. 博奥席耶,O. 斯通诺霍. 勒·柯布西耶全集[M]. 牛燕芳,程超,译. 北京:中国建筑工业出版社,2005.

[35]段德罡,芦守义,田涛. 城市空间增长边界(UGB)体系构建初探[J]. 城市规划学刊,2009(2):38-43.

[36]谈明洪,李秀彬,吕昌河. 20 世纪 90 年代中国大中城市建设用地扩张及其对耕地的占用[J]. 中国科学,2004,34(12):1157-1165.

[37]张利,雷军,李雪梅,等. 1997—2007 年中国城市用地扩张特征及其影响因素分析[J]. 地理科学进展,2011,30(5):607-614.

[38]姜海,王博,李成瑞,等. 近 10 年中国建设用地扩张空间特征——基于与固定资本和二三产业就业人数的比较分析[J]. 中国土地科学,2013,27(5):63-70.

[39]李树枝,郭瑞雪,马也. 我国城镇化发展与城市用地扩张情况分析[J]. 国土资源情报,2015(8):28-33.

[40]卓莉,李强,史培军,等. 基于夜间灯光数据的中国城市用地扩展类型[J]. 地理学报,2006,61(2):169-178.

[41]王翠平,王伟豪,李春明,等. 基于 DMSP/OLS 影像的我国主要城市群空间扩张特征分析[J]. 生态学报,2012,32(3):943-954.

[42]关兴良,方创琳,周敏,等. 武汉城市群城镇用地空间扩展时空特征分析[J]. 自然资源学报,2012,27(9): 1447-1459.

[43]曾馨漫,刘慧,刘卫东. 京津冀城市群城市用地扩张的空间特征及俱乐部收敛分析[J]. 自然资源学报,2015,30(12):2045-2055.

[44]李会,王利,任启龙,等. 东北地区城市用地扩张特征及驱动因子分析[J]. 地理空间信息,2016,14(4):84-89.

[45]姚士谋,郑路,周建华. 我国东南沿海城市用地扩展趋势[J]. 城市土地,1993:36-39.

[46]李加林,徐继琴,李伟芳,等. 长江三角洲地区城市建设用地增长的时空特征分析[J]. 地理学报,2007,62(4):437-446.

[47]卢艳,崔燕平,程淑红. 中部地级及以上城市用地扩张的时空演变[J]. 地域研究与开发,2008,27(4):99-103.

[48]周翔,陈亮,象伟宁. 苏锡常地区建设用地扩张过程的定量分析[J]. 应用生态学报,2014,25(5):1422-1430.

[49]章剑龙,吕春莲,齐亚鸣. 安徽省城市用地扩张及城市化特征研究[J]. 资源开发与市场,2007,23(8):731-733.

[50]吴建寨,彭涛,徐海燕,等. 山东省建设用地扩展时空动态及驱动力分析[J]. 中国人口·资源与环境,2011,21(8):164-168.

[51]王丽萍,周寅康. 江苏省城市用地扩张特征及驱动力研究[J]. 淮阴师范学院学报(自然科学版),2007,6(1):77-81.

[52]李王鸣,李玮,祁巍华,等．城市建设用地增长特征分析[J]．城市问题,2005(2):41－43.

[53]姜广辉,张凤荣,等．北京市山区建设用地扩展空间分异分析[J]．地理研究,2006,25(5).

[54]赵立军,陈焕伟,洪敏,等．基于缓冲区分析的北京城市用地扩展研究[J]．山东农业大学学报(自然科学版),2005,36(4):564－568.

[55]谈明洪,朱会义,刘林山,等．北京周围建设用地空间分布格局及解释[J]．地理学报,2007,62(8):861－869.

[56]朴研,马克明．不同规模城镇的扩展过程分析——以北京为例[J]．生态学报,2007,27(5):2136－2144.

[57]陈江龙,高金龙,徐梦月,等．南京大都市区建设用地扩张特征与机理[J]．地理研究,2014,33(3):427－438.

[58]李建伟,刘科伟,刘林．城市空间扩张转型与新区形成时机——西安实证分析与讨论[J]．城市规划,2015,39(4):58－64.

[59]岳文泽,汪锐良,范蓓蕾．城市扩张的空间模式研究——以杭州市为例[J]．浙江大学学报(理学版),2013,40(5):596－605.

[60]李静,张平宇,郭蒙,等．哈尔滨市城市建设用地扩展时空特征及驱动机制分析[J]．城市环境与城市生态,2010,23(6):1－4.

[61]董廷旭,秦其明,王建华．近30年来绵阳市城市用地扩展模式研究[J]．地理研究,2011,30(4):667－675.

[62]周利军．农业地区城市扩展过程分析——以黑龙江省绥化市为例[J]．中国农学通报,2011,27(2):276－280.

[63]胡瀚文,魏本胜,沈兴华,等．上海市中心城区城市用地扩展的时空特征[J]．应用生态学报,2013,24(12):3439－3445.

[64]王二红,冯长春,张爱华．深圳市建设用地扩展分析[J]．城市规划,2015,38(7):38－44.

[65]周锐,李月辉,胡远满,等．苏南地区典型城镇建设用地拓展的时空分异[J]．应用生态学报,2011,22(3):577－584.

[66]张修芳,牛叔文,冯骁,等．天水城市扩张的时空特征及动因分析[J]．地理研究,2013,32(12):2312－2322.

[67]董雯,张小雷,王斌,等．乌鲁木齐城市用地扩展及其空间分异特征[J]．中国科学,2006(36):148－156.

[68]薛东前,王传胜．无锡城市用地扩展的时空特征与趋势分析[J]．资源科学,2003,25(1):9－14.

[69]刘翔未．银川市城市用地扩展的特征与问题研究[J]．陕西农业科学,2011(3):213－236.

[70]张星星,刘勇,杨朝现. 重庆山地城市空间拓展形态的定量研究[J]. 西南大学学报(自然科学版),2015,37(10):119-123.

[71]嵇涛,杨华,何太蓉. 重庆主城区建设用地扩展的时空特征及驱动因子分析[J]. 长江流域资源与环境,2014,23(1):60-66.

[72]吴大放,刘艳艳,董玉祥,等. 珠海市建设用地变化时空特征及其驱动力分析[J]. 经济地理,2010,30(2):226-232.

[73]蔡爱民,查良松. 安徽省中小型城市用地扩展研究——以滁州市为例[J]. 资源开发与市场,2008,24(3):194-198.

[74]金宝石,查良松,陈明星. 基于GIS的芜湖市城市用地扩展规律[J]. 资源开发与市场,2005,21(2):146-147.

[75]王荣,刘晓曼,刘世峰. 基于GIS的兴平市城市用地扩展时空特征分析[J]. 天水师范学院学报,2015,35(2):15-20.

[76]邢海峰. 包头市近10年城市用地扩展的特点、问题及其对策[J]. 城市发展研究,2006,13(6):70-73.

[77]曾磊,宗勇,鲁奇,等. 保定市城市用地扩展的时空演变分析[J]. 资源科学,2004,26(4):96-103.

[78]刘涛. 基于信息熵的济南市城市用地演化和人文驱动分析[J]. 山东社会科学,2011(8):163-165.

[79]赵可,张安录,等. 城市建设用地扩张的驱动力——基于面板数据的分析[J]. 自然资源学报,2011,26(8):1323-1331.

[80]王婷婷,王运动,杨强,等. 1988—2014年莆田市城市扩展及其驱动力分析[J]. 遥感信息,2015,30(6):111-115.

[81]孙雁,刘志强,王秋兵,等. 百年沈阳城市土地利用空间扩展及其驱动力分析[J]. 资源科学,2011,33(11):2022-2028.

[82]朴妍,马克明. 北京城市建成区扩张的经济驱动:1978—2002[J]. 技术经济研究,2006(7):34-37.

[83]张占录. 北京市城市用地扩张驱动力分析[J]. 经济地理,2009,29(7):1182-1185.

[84]杨传俊,邓南荣,刘秀华,等. 城市建设用地扩展因子分析——以河南省平顶山市区为例[J]. 西南农业大学学报(社会科学版),2010,8(4):12-14.

[85]宋娟. 城市扩张的内在动因——一个新古典分析框架[J]. 工业技术经济,2005,24(3):120-121.

[86]崔雪竹,王要武. 城市用地扩张的社会人文驱动机制——以上海市为例的实证研究[J]. 土木工程学报,2012,45(2):302-310.

[87]贾鹏,杨钢桥. 城市用地扩张驱动力分析——以湖北省为例[J]. 城市用地扩张驱动力分析,2006,13(2):182-185.

[88]蒙吉军,严汾．大城市边缘区 LUCC 驱动力的时空分异研究——以北京昌平区为例[J]．北京大学学报(自然科学版),2008(3):137－144.

[89]彭月,何丙辉,黄世友,等．大都市卫星城镇用地扩张及其驱动力分析——以重庆市北碚区为例[J]．资源科学,2011,33(4):704－711.

[90]冷智花,付畅俭．工业化促进了城市扩张吗？[J]．经济学家,2016(1):50－56.

[91]王丽萍,周寅康,薛俊菲．江苏省城市用地扩张及驱动机制研究[J]．中国土地科学,2005,19(6):26－29.

[92]段彦玮,文倩,彭昕,等．近十年长株潭区域城市用地扩展及驱动力分析[J]．湖南农业科学,2010(3):144－146.

[93]施益强,朱晓铃,张辰臣．厦门市城市扩展遥感动态监测及其驱动力分析[J]．集美大学学报(自然科学版),2010,14(2):70－75.

[94]唐菊华,吕昌河,杨续超．苏锡常地区 1995 年至 2005 年城市用地扩展的驱动力分析[J]．资源科学,2009,31(5):801－806.

[95]唐礼智．我国城市建设用地扩展影响因素的实证研究——以长江三角洲和珠江三角洲为比较分析对象[J]．厦门大学学报(哲学社会科学版),2007(7):90－96.

[96]谈明洪,李秀彬,吕昌河．我国城市用地扩张的驱动力分析[J]．经济地理,2003,23(5):635－540.

[97]段祖亮,张小雷,雷军,等．新疆建设用地变化及驱动力研究[J]．水土保持学报,2009,23(1):193－197

[98]车前进,马晓东,梁美玉．徐州城市用地扩展特征及影响因素分析(1949—2007年)[J]．亚热带资源与环境学报,2008,3(3):87－93.

[99]邓胖华,梅昀,陈曲,等．基于对应分析的城市建设用地扩张研究——以武汉市为例[J]．资源科学,2010,32(9):1746－1751.

[100]刘涛．基于信息熵的济南市城市用地演化和人文驱动分析[J]．山东社会科学,2011(8):163－165.

[101]孙怡文,王琦．基于制度主导的城市规模扩张分析[J]．宏观经济,2015(1):15－17.

[102]孙建飞,袁奕．财政分权、土地融资与中国的城市扩张——基于联立方程组计量模型的实证分析[J]．上海财经研究,2014(12):50－59.

[103]刘琼,欧名豪,盛业旭,等．不同类型土地财政收入与城市扩张关系分析——基于省际面板数据的协整分析[J]．中国人口・资源与环境,2014,24(12):32－37.

[104]李涛,邹一南,谷继建．城市用地扩张中地方政府的土地财政行为选择与制度优化——基于土地收益与供求的分析[J]．中国行政管理,2015(2):114－119.

[105]李勇刚,王猛．土地财政对中国城市空间扩张影响效应的实证检验[J]．统计与决策,2016(2):132－138.

[106]踪家峰,杨琦. 中国城市扩张的财政激励——基于1998—2009年我国省级面板数据的实证分析[J]. 城市发展研究,2012,19(8):89-95.

[107]王健,汪应宏,彭山桂. 中国城市用地扩张的诱因[J]. 城市问题,2016(1):7-10.

[108]傅利平,李永辉. 地方政府官员晋升、个人特征对城市扩张的影响——基于全国地级市面板数据的实证分析[J]. 城市问题,2015(1):27-33.

[109]王健,汪应宏,陈晨,等. 地方政府竞争对城市用地扩张的传导机制研究——以广东省为例[J]. 资源科学,2015,37(2):237-246.

[110]贾雁岭,童锦治,黄克珑. 房地产税、土地出让金对城市扩张的影响——以中国35个大中型城市为例[J]. 城市问题,2016(2):41-49.

[111]陈宇琼,钟太洋. 中国地方政府土地租税收入变化对城市建设用地扩张的影响[J]. 中国土地科学,2016,30(2):41-49.

[112]彭山桂,黄朝明. 中国城市扩张的合理性分析及驱动力分类[J]. 城市问题,2015(9):4-12.

[113]刘志玲,李江风. 土地供应市场化对城市用地扩展的影响——以武汉市为例[J]. 国土资源科技管理,2009,26(2):11-14.

[114]李菁,赵毅. 土地市场发育对城市扩张的Kuznets曲线效应验证——基于2004—2013年面板数据的实证研究[J]. 土地市场,2016(3):9-17.

[115]邓凌云,喻定权. 长沙市城市扩张的影响因素分析[J]. 现代城市研究,2006(10):22-29.

[116]王成龙,刘慧,张梦天. 行政边界对城市群城市用地空间扩张的影响——基于京津冀城市群的实证研究[J]. 地理研究,2016,35(1):173-183.

[117]杜官印,蔡运龙. 1997—2007年中国建设用地在经济增长中的利用效率[J]. 地理科学进展,2010,29(6).

[118]邹薇,刘红艺. 城市扩张对产业结构与经济增长的空间效应——基于空间面板模型的研究[J]. 中国地质大学学报(社会科学版),2014,14(3):1-12.

[119]李小浩. 城镇建设用地变化与经济发展的关系——以重庆市为例[J]. 城市学刊,2015,36(4):31-36.

[120]张虹鸥,叶玉瑶,杨丽娟,等. 广东30年建设用地增长对经济发展的贡献[J]. 经济地理,2008,28(6):904-907.

[121]白忠菊,藏波,杨庆媛. 基于脱钩理论的城市扩张速度与经济发展的时空耦合研究——以重庆市为例[J]. 经济地理,2013,33(8):52-60.

[122]狄剑光,武康平. 建设用地的扩张对我国非农经济增长贡献研究[J]. 数理统计与管理,2013,32(3):414-425.

[123]李鑫,张瑞平,欧名豪,等. 建设用地二三产业增长贡献及空间相关性研究[J]. 中国人口·资源与环境,2011,21(9):64-68.

[124]瞿理铜．建设用地投入对城市经济增长的影响——以湖南省13个主要城市为例[J]．求索,2015(12):24－27.

[125]叶浩,张鹏,濮励杰．中国建设用地与区域社会经济发展关系的空间计量研究[J]．地理科学,2012,32(2):149－154.

[126]吕昌河,谈明洪,于伯华．我国城镇化过程中城市用地扩张及其资源与环境问题[J]．环境科学,2010(3):129－130.

[127]张乐勤,陈素平,王文琴,等．安徽省近15年建设用地变化对碳排放效应测度及趋势预测——基于STIRPAT模型[J]．环境科学学报,2013,33(3):950－958.

[128]张润森,濮励杰,文继群,等．建设用地扩张与碳排放效应的库兹涅茨曲线假说及验证[J]．自然资源学报,2012,27(5):723－731.

[129]陈强,濮励杰,梁华石,等．快速城市化地区城市用地扩展的生态环境效应评价[J]．江西农业大学学报,2009,31(4):750－755.

[130]李养兵,王丽,李伟涛．快速城市化地区城市用地扩展的效益评价——以安徽省滁州市为例[J]．安徽农业科学,2012,40(4):2336－2338.

[131]卢祖丹．我国城市扩张、城市转型与碳排放的关系[J]．地域研究与开发,2014,33(5):121－126.

[132]张苗,甘臣林,陈银蓉,等．中国城市建设用地开发强度的碳排放效率分析与低碳优化[J]．资源科学,2016,38(2):265－275.

[133]毛熙彦,林坚,蒙吉军．中国建设用地增长对碳排放的影响[J]．中国人口·资源与环境,2011,21(12):34－39.

[134]邢忠,朱钊．重庆中心城区空间拓展及其生态环境效应探析[J]．中国名城,2015(12):59－63.

[135]张洪,陈凤娇．低丘缓坡山地建设开发景观生态规划研究——以云南省富民县哨箐区块为例[J]．城市资源与环境,2016(4):156－165.

[136]温晓金,杨新军,王子侨．多适应目标下的山地城市社会—生态系统脆弱性评价[J]．地理研究,2016,35(2):299－312.

[137]党丽娟,徐勇,汤青,等．广西西江沿岸后备适宜建设用地潜力及空间分布[J]．自然资源学报,2014,29(3):387－396.

[138]黄丽明,陈健飞．广州市花都区城镇建设用地适宜性评价研究——基于MCR面特征提取[J]．资源科学,2014,36(7):1347－1355.

[139]申依薇,吴荣华,芮亚松．基于GIS的低丘缓坡开发为建设用地适宜性评价[J]．江西测绘,2016(1):54－56.

[140]尹海伟,张琳琳,孔繁花,等．基于层次分析和移动窗口方法的济南市建设用地适宜性评价[J]．资源科学,2013,35(3):530－535.

[141]牛叔文,李景满,李升红,等．基于地形复杂度的建设用地适宜性评价——以甘肃省天水市为例[J]．资源科学,2014,36(10):2092－2102.

[142]孙云华,郭涛,崔希民,等. 基于行为聚类算法的土地利用聚类适宜性分析研究[J]. 地球信息科学学报,2016,18(3):396-405.

[143]杨子生. 山区城镇建设用地适宜性评价方法及应用——以云南省德宏州为例[J]. 自然资源学报,2016,31(1):64-71.

[144]王博,姜海,冯淑怡,等. 基于多情景分析的中国建设用地总量控制目标选择[J]. 中国人口·资源与环境,2014,24(3):69-75.

[145]翟腾腾,郭杰,欧名豪. 基于基尼系数的江苏省建设用地总量分配研究[J]. 中国人口·资源与环境,2015,25(4):84-89.

[146]肖长江,欧名豪,李鑫. 基于生态—经济比较优势视角的建设用地空间优化配置研究——以扬州市为例[J]. 生态学报,2015,35(3):696-708.

[147]段学军,秦贤宏,陈江龙. 基于生态—经济导向的泰州市建设用地优化配置[J]. 自然资源学报,2009,24(7):1181-1190.

[148]黄迎春,杨伯钢,张飞舟,等. 基于同类城市建设目标的北京市土地利用结构优化[J]. 农业工程学报,2016,32(4):217-227.

[149]王晓青,李建强. 建设用地配置效率及其影响因素研究——以31个省份为例[J]. 资源与产业,2010,12(4):25-28.

[150]刘琼,欧名豪,盛业旭,等. 建设用地总量的区域差别化配置研究——以江苏省为例[J]. 中国人口·资源与环境,2013,23(12):119-124.

[151]王博, 陈笑筑, 何晓波. 省级以下建设用地空间配置效率测度及优化探讨[J]. 中国人口·资源与环境, 2016, 26(1):89-96.

[152]陈逸,黄贤金,陈志刚,等. 中国各省域建设用地开发空间均衡度评价研究[J]. 地理科学,2012,32(12):1425-1429.

[153]李效顺,曲福田,郧文聚. 中国建设用地增量时空配置分析——基于耕地资源损失计量反演下的考察[J]. 中国农村经济,2009(4):4-16.

[154]黎夏,叶嘉安. 约束性单元自动演化CA模型及可持续城市发展形态的模拟[J]. 地理学报,1999,54(4):159-166.

[155]周成虎,孙战利,谢一春. 地理元胞自动机研究[M]. 北京:科学出版社,1999.

[156]李王鸣,潘蓉. 精明增长对浙江省城镇空间发展的启示[J]. 经济地理,2006,26(2):230-232.

[157]李雪梅,张志斌. 基于"精明增长"的城市空间扩展——以兰州市为例[J]. 干旱区资源与环境,2008,22(11):108-113.

[158]陈雯. 美国的"精明增长"发展计划[J]. 现代城市研究,2001(5):19-22.

第2章　国内外城市建设用地空间拓展典型案例分析

建设用地空间合理、有效的扩展是提高土地利用效率，更新和改善城市中心功能，实现城市高效、有序、绿色发展的重要途径。国外很多国家都在积极探索城市建设用地空间拓展形式，并积累了诸多成功经验与可复制的实践模式。本章选取德国法兰克福、美国纽约哈林区、日本和中国台湾四个地区，对其建设用地空间拓展类型的特点进行全面、系统的梳理。基于四个地区建设用地空间拓展的先进理念与模式特征，结合海峡西岸建设用地的实际情况，总结归纳出适宜于海西建设用地空间扩展的开发模式、发展目标及注意事项。

2.1　德国

2.1.1　德国规划体系

回顾欧洲城市的发展模式，欧洲城市存在其特有的物理特征和历史特点。不同城市大多数都有自己的历史，城市生活让居民形成了独特的道德观以及创新思维。

2.1.1.1　欧洲城市土地利用概念的转变

欧洲城市的主要特征：①不管是在物质形态上还是在城市功能方面，城市中心到城市边缘都展现出来不同的特征，这是最核心的特征之一；②城市和农村中间有一个明显的隔离带；③欧洲的土地利用功能与社会群体融合，主要表现为混合并排的住房、商店、工艺品店和咖啡厅等，另外，同一个地区的整个社会群体也表现出融合，富人区和穷人区交叉，中年、青年和老年人混合居住等。

法兰克福在20世纪初的工业化时期，既有城市工业和住宅的发展主要是伯吉斯的同心圆模式。同时，中心功能（如贸易、文化和住房）扩张，但这一时期由于人口流动性存在限制，新的副中心或者市中心因而出现，后来随着时间的推移,到了20世纪60年代,随着人口流动性的增加,欧洲城市的特点消失,北美模式成为法兰克福的发展方向,郊区化进程明显加快。

在这种模式发展下,工业化和城市化水平迅速提高。后来,在发展的过程中,人们逐渐意识到了可持续发展的重要性,在发展工业的过程中,必须节约使用有限的自然资源,关注气候变暖,治理和修复被破坏的自然生态环境,考虑人与自然和谐共处。现为满足如今社会的新的环境需求,通过采用节约能源和减少污染的措施对城市进行规划,要点如下:①多层次多中心的城市发展;②协同发展;③改进可步行和骑车的距离;④土地资源节约集约利用;⑤土地交叉统筹利用;⑥合并与提升城市区域内的中小企业;⑦缩短生产区域与销售区域的距离;⑧节约资源,减少运输和建筑部门的能源消耗。

这些因素在直接与间接的强化节约集约用地的同时与可持续发展和绿色城市发展的原则兼容。法兰克福的土地利用目标遵循这些原则并加以实施。

2.1.1.2　德国城市发展与土地利用概念

德国空间发展是下放给基层政府执行决策,每一处居住区可以构成一个自给自足的市,德国的城市土地利用主要理念有以下几点:

(1)实现城市网络。区域发展政策目的是要发展、维护、支持和促进多中心空间和聚落结构的发展。通过实施多中心发展等重要政策可以实现城市网络的建立,公平的发展布局。

(2)节约土地,保护环境。保护和改善环境是重要性日益增加的一项政策,包括保护大自然、动植物和生物多样性,减少土地耗费,减少因污染、过度使用土地、土地利用冲突等对环境的影响。

(3)紧凑城市发展。地方或城市层面的政策强调要实现二氧化碳的减排,由此说明了一些关于“绿色城市”的标准,例如,降低个人机动化交通的使用、改善公共交通及运输方式划分的规定、发展城市中心的可步行性(紧密都市或短距都市)、对建设用地进行再利用。

(4)城市景观保护。不允许高密度土地利用,城市空间必须符合通风和采光的相关规定。

2.1.2　案例研究

2.1.2.1　法兰克福市早期发展

从19世纪中期开始,直到1945年,在工业化的进程中,法兰克福发展成为一个重要的工业和金融中心。“二战”期间,法兰克福被大面积摧毁,余留了较多的历史建筑。而现在,法兰克福因其土地面积有限,对周边城市产生了溢出效应,形成了商业、服务业等经济活跃、发展良好的集聚区,有效地解决了环法兰克福周围地区工业问题。因此,法兰克福为满足物质、社会和经济需求,承担了高昂的成本,提供了诸如教育、文化、卫生服务、交通等基础设施。

早期的法兰克福主要的土地特征,在于建设用地稀缺,而这被认为是法兰克福成功的因素之一,这迫使土地利用朝向高效且节约集约的土地利用方式,且对城市功能和活动进行紧凑布局,使得其土地总量与经济发展不成比例,即使是中等城市也可以实现可观的经济影响力,是欧洲仅次于伦敦的最大的贸易和金融中心之一。

2.1.2.2　社会经济概况

法兰克福位于德国东南部的黑森州,是德国第五大城市,德国乃至欧洲重要工商业、金融和交通中心,位于德国西部的黑森州境内,处在莱茵河中部支流美因河的下游。

(1)人口。

其目前有约70万名居民,其中39.5万人为就业人口,抚养比1.77,平均家庭规模为1.83人(黑森州是2.06;德国在2013年平均是2.02人/户)。在法兰克福,1人家庭的比例为54.2%,高于德国整体标准(平均40.5%),这是因为大量居民从事金融服务业。从2005年至2012年,法兰克福的人口一直处于平稳上升的趋势,人口接近70万。

全市总面积约284平方千米,相当于约2800人/平方千米的人口毛密度,这个密度在德国主要城市中处于较高的水平。高人口密度的城市主要有慕尼黑4700人/平方千米,柏林3800人/平方千米。其他大中型城市的范围在1600~3000人/平方千米。为了使密度具有更高的可比性,应扣除非城市地区，例如农业用地、森林用地、休闲用地以及水域用地。据此，法兰克福的城市密度就增大到了约 4700 人/平方千米，慕尼黑约 6000 人/平方千米，柏林约 5500 人/平方千米。

（2）产业。

早期的法兰克福在发展的过程中，制造业在逐渐衰退，而服务业处于增长态势，这在整个莱茵河流域也是一样的。2013 年，总共有 4.3 万个已登记的经济实体，平均每个经济实体有 11～12 名员工。

法兰克福有四大经济支柱，第一是银行业和保险业，约有 7.4 万名员工；第二是会展中心，2013 年约有 210 万名游客；第三是国际机场，可承载 6000 万名乘客，210 万吨货物空运和 47 万架次飞行；第四是高档零售。城市旅游业兴盛。271 个酒店提供了约 4.2 万张床，可容纳 440 万名客人，其中 43%～44%是国外游客，带动了 740 万人次的住宿，这包括每年约 6.9 万次会议带来的 420 万次住宿。

城市中上班族的数量接近法兰克福城市居民的数量，给区域和城市间的交通造成了很大的压力，需要对其进行全面的运输管理，因此，法兰克福修建了一条地下轻轨，并于 1968 年投入运营。从那时起，地铁网络就在不断地、高效地扩大。市区内的轻轨和公交网络以及密集的郊区铁路网大力支持了地下铁路网络的建设。

在过去的十年中，人口的迁移又呈现了从乡村到城市的趋势，与此对应，城市房地产市场的压力不断增加。到 2030 年，预计法兰克福仍存在 3 万套的住房需求。由于建设用地和财政资源的有限性，存在着进一步郊区化的趋势，将进一步导致人口流动、城市规模加大、城市污染加重、城市交通基础设施完善。

为了保持国际竞争力，城市必须要不断更新其办公空间基础设施，提供新的空间以满足日益增长的需求。新的城市政策也提出了“短距城市”的概念，这不仅意味着城市结构的紧密化，而且也意味着对人和货物运输的优化和减少，以持续吸引先进的经济实体。从文化特征和行为的角度来看，过高的密度会使社会环境变得恶劣，降低健康标准和生活质量。荷兰、法国以及德国不得不扩建或拆除高密度的多层住宅楼，因为太高的密度会产生负面影响。尽管联邦建筑规范确定了土地的最大使用限度，但部分高密度土地使用仍以个案方式通过审核。

2.1.2.3　建设用地拓展思路——以规范土地利用率与促进原市区高密度发展为手段的土地拓展模式

案例：法兰克福绿带——绿带法保障下多部门协同管理①

（1）发展历程。为应对城市大规模扩展，保护尼达河（Nidda）及其周边地区的生态平衡，1925年始，由恩斯特·麦（Ernst May）——时任建设议员的规划师，克斯·布鲁姆（Max Bromme）——城市园林景观总设计师倡议，在城市内部，尤其规划住宅用地之间建设城市绿带，作为城市独特的绿色开放空间。此后，法兰克福绿带建设不断发展。1978年，建筑师和城市规划师蒂尔·贝伦斯（Till Behrens）制定了城市绿带总图；1989年市政府正式启动绿带项目；1991年正式颁布绿带法；绿带建设至此逐渐完善。

（2）空间形态。

第一，基本形态完整，功能分片明确。

法兰克福绿带主要由三个部分构成，即尼达河谷（Niddatal）片区、吕肯山丘（Berger Ruecken）片区以及城市森林（Stadtwald）片区。在近25年的管理部门和政府人员的变动中，法兰克福绿带依然维持着完整的空间结构，保持着恩斯特·麦时期的规划形态。

尼达河谷（Niddatal）片区位于法兰克福北部，紧邻尼达河，是附近居民出行、休闲的首选之地。绿地、河流、村落的紧凑布局构成了该片区开放空间的主要形态。

---

① 柴舟跃，谢晓萍，尤利安·韦克尔．德国大都市绿带规划建设与管理研究——以科隆与法兰克福为例[J]．城市规划，2016，40（5）：99－104.

位于法兰克福的东部和东北部的吕肯山丘(Berger Ruecken)片区以蔬果种植业闻名,农地、丘陵、田野等自然景观为主,分布广泛。

城市森林(Stadtwald)片区拥有丰富的森林资源,其空间联通度和景观连续性较高。在各方规划和努力下,法兰克福南部的该片区生态环境得以充分保护。

第二,区域绿地体系的网络化。

随着法兰克福—莱茵—美茵都市区域公园的发展,法兰克福绿地体系网络化路径逐渐清晰:以基础设施较为完善的绿带核心区为中心,并通过道路交通枢纽与外界相连,成为对外辐射和物质能量运输的通道(见图2-1)。

图2-1 美茵河畔的自行车道

资料来源:法兰克福:绿带让城市更美好[EB/OL]. 澎湃新闻,www. thepaper. cn/newsDetail_forward_128057.

2.2 美国

2.2.1 规划系统和背景

作为一个移民国家,美国的城市发展历史很短,其系统的城市规划学科和专业发展至今仅有100多年的时间。直至1776年美国政治独立,美国的城市规划都主要由地方政府负责，主要源于其对欧洲中世纪以来自由镇和宪章城市的沿袭。随着美国向西扩张，逐步摈弃原有的城镇规划传统，进入发展的低潮。但美国本土“未开垦的西部”概念背后则隐含着巨大的和几乎无穷尽的土地和资源。1850年末期开始，美国城市美化运动拉开序幕。1893年哥伦比亚世界博览会（the World Columbian Exhibition）在芝加哥举办，标志着美国现代城市规划学的诞生。1898年，美国城市规划理论相继提出。为控制中心城市的扩张规模，埃比尼泽·霍华德提出田园城市理论，主张建立自给自足的田园城市，并通过城市绿带将田园城市与中心城市隔离。该理论也得到了当时美国规划界的普遍认可，至此，美国城市美化运动达到顶峰①。

20世纪初，伴随着以大机器工业为基础的快速工业化的发展，美国的城市化也进入了鼎盛时期，工业城市逐渐占据了主导地位②。与此同时，大规模的汽车生产制造技术已经非常成熟，土地利用上增加了汽车所需的基础设施。太平洋战争期间（1942—1945年），美国的城市规划基本停顿，取而代之的是美国战争规划。“二战”之后，美国经济发展迅速，汽车产业和交通运输行业对经济复苏起了至关重要的作用，与此同时，美国的现代主义提出了以汽车为中心的规划类型，城市的人口因大规模高速公路建设、个人汽车和大众运输而不断迁移。

随着汽车行业的繁荣，人们越来越多地选择逃离拥挤的市中心，向空气良好、环境优质的郊区迁移，与此同时带来了城市无序地扩张和蔓延，土地利用开始朝向紧凑、宜居城市理念。美国城市规划也朝着精明增长、可持续发展与智能城市的方向靠拢，也更加注重城市的绿色发展问题（见图2-2）。2008年次贷危机之后，美国更加注重土地的再利用，着重于对建筑和空间再利用的机制与设计，包括工厂、荒废的工业土地以及郊区住宅。

---

① 陈雪明．美国城市规划的历史沿革和未来发展趋势[J]．国际城市规划，2003(4)：31-36.

② 郑明媚，黎韶光，荣西武，文辉，白玮，吴斌．美国城市发展与规划历程对我国的借鉴与启示[J]．城市发展研究，2010，17(10)：67-71.

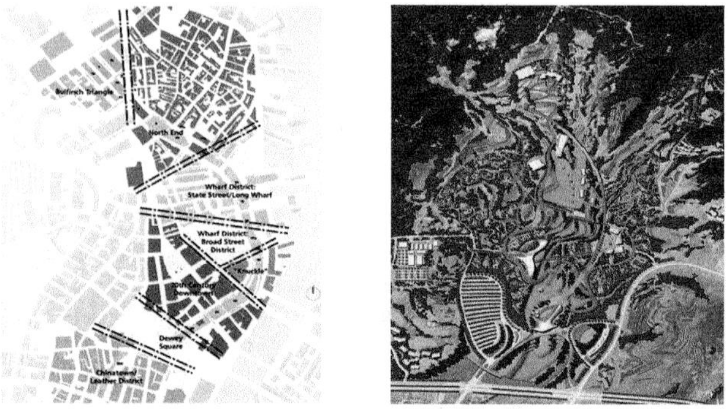

图 2-2 美国城市规划图示例

资料来源:Krieger. 美国城市发展报告[R]. 2006.

2.2.2 案例研究

选择的研究案例是美国纽约市的哈林区(见图 2-3)。纽约市(City of New York,NYC),位于美国纽约州东南部大西洋沿岸,是美国第一大城市及第一大港口,世界第四大城市。纽约作为美国人口最多的城市,拥有来自 97 个不同国家和地区的移民,其文化多元,多族裔聚集,仅语言使用就高达 800 多种。截至 2014 年,纽约市大约有 849 万人,居住在 789 平方千米的土地上。

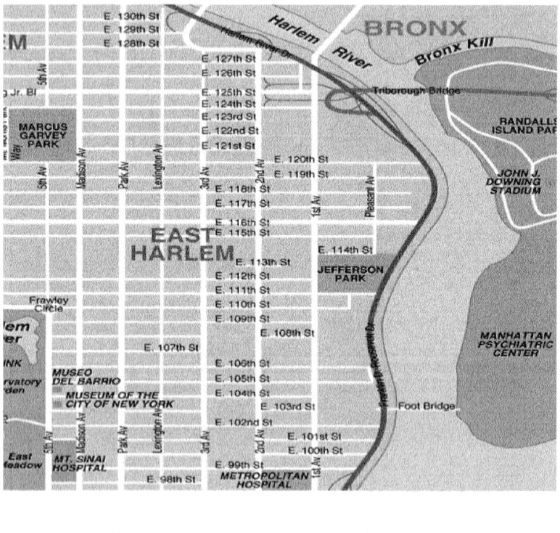

图 2-3 哈林区规划图示例

资料来源:新浪博客,blog. sina. com. cn/s/blog_c2c035670102wlfn. html.

2.2.2.1　概况

哈林区(Harlem)是当时纽约市的黑人集聚区,环境脏乱,土地利用无序,相当于我国的城中村。20世纪80年代末期,Michael Porter(1995)提出城市衰败地区土地区位良好,但现况居民收入低、产业低端,因此发展城市产业应当优先挖潜城市内部地区(inner city),通过土地高端利用带动居民收入,促进产业发展,提升城市竞争优势。这项研究推动了美国许多城市的城市内部发展计划。

2.2.2.2　建设用地拓展模式——以城市内部挖潜创造都市空间、以高端商业开发扩张发展区的土地拓展模式

哈林区近似于我国的城中村,基础设施不足,低端人群与城市人口相邻,但彼此隔离,空间割裂。

(1)通过增加容积率提高城市土地利用效率。哈林区通过引入社会资本的方式,对居民进行征地拆迁,提高土地容积,以适合商业发展,并引进企业发展大型购物中心。哈林区以商业用地开发作为内部挖潜手段是由于考虑到纽约作为全球城市的区位特色,大量的流动人口、旅客及内部消费市场需要充足及高端的零售业、餐饮业、休闲娱乐空间。

(2)以紧凑城市发展的理念发展多元产业空间。哈林区的大型购物中心也体现了紧凑城市发展的理念,购物中心内设有零售商店、餐饮、主题餐厅、大型电影院(见图2-4)、运动场地、类似北京798的艺术产品工作室、会展中心。原来低端的城中村迅速成为纽约的核心区域,大型购物中心的设立改变了城市经济活动区位,促进产业多样化发展,提升了纽约哈林区的居民收入与产业等级,也成功地刺激了当地的旅游相关基础设施建设以及犯罪率的下降。

图 2 -4　阿波罗剧院

资料来源:阿波罗剧院官网[EB/OL]. www. apollatheater. com.

(3)促进挖潜区潜力扩散。Harlem USA 坐落于哈林区主要商业街——第 125 大道(见图 2 -5),是该区第一个大型旅游产业计划,于 2000 年 6 月开幕,该中心包含了 6000 平方英尺(约 557 平方米)的 Disney Store、Magic Johnson/Sony 9 个银幕的影城、4000 平方英尺(约 372 平方米)的书城以及零售店,使哈林区的服务半径扩散到其他区。

图 2 -5　哈林区商业街——第 125 大道

资料来源:第 125 大道官网[EB/OL]. www. 125th street. nyc.

(4)创新城市公共开放空间。Apollo Performing Arts Center 由 Time Warner 经营,以地区文化为诉求,将著名的 Apollo 影城与附近的影城联结,形成一个综合的表演空间、排练工作室、视讯设备以及礼品商店，以振兴经济与文化。

2.3　日本

2.3.1　日本土地扩张背景

2.3.1.1　城市化趋势

2000年以前，日本的人口一直呈现增长态势，特别是在1872年到1972年，人口总数增加了3倍。人口在2004年第一次出现下降的趋势，据估计，2010年的1.274亿人口，将在2055年减少到9000万人。而在年龄结构方面，在2005年，年龄超过65岁的人口达到2570万，占总人口的20.1%，预计将在2055年增加到40.5%。

20世纪60—70年代，伴随着高速的经济增长，日本形成了以东京、大阪、名古屋为中心的三大城市圈。此时，日本已经进入了快速发展的城市化阶段，主要呈现三个特点：首先，大城市圈对人口的吸引力较强。大城市人口的迁入量仍居于榜首，如东京、大阪、名古屋在1960年的人口迁入量分别达到了35.5万人、17.4万人，5.9万人，体现出较强的人口吸引力。其次，中等规模城市是影响城市化发展速度的决定性力量。随着城市化发展进入加速期，大城市的发展速度已趋于饱和，此时，中等城市快速发展。1960—1975年，人口规模超过100万以上的大城市的人口增长速度远远低于人口规模在30万~50万的中等城市的增长速度（见表2-1）。最后，大城市周边的卫星城市得到极大发展。大城市圈的辐射作用，可以充分带动周边城市的发展。1975年，拥有30万~50万人口规模的28个城市中，有13个城市是位于大城市辐射范围内的。在1985年，东京、大阪、名古屋的三大城市圈人口为530万人，达到日本总人口的44%。在经历了20世纪90年代初泡沫经济的崩溃之后，日本人口数量以及流动到城市地区的速度都已经放缓。现在，净流入东京的人口构成了都市区总净流入人口的绝大部分。

表 2－1 日本按城市规模分的人口变动情况 单位：千人

年份	1960	1965	1970	1975
100 万人以上	16688	19398	20856	23265
50 万～100 万人	1804	3405	4562	4462
30 万～50 万人	4262	5582	7890	11995
20 万～30 万人	5357	6674	10078	9579
10 万～20 万人	9914	10922	10416	12209
5 万～10 万人	10489	11312	12012	13797
3 万～5 万人	10687	9302	8416	8454
不满 3 万人	477	762	1197	1207
合计	59678	67356	75429	84967

资料来源：总理府统计局．城市化构造及其变动[Z].1990.

2.3.1.2 城市土地问题

(1)城市扩张。

在非都市地区,存在着显著的城市扩张的趋势。城市区域于 20 世纪七八十年代有着极为迅速的扩张,然而人口密度却不断减少,现在已低于 50 人/公顷。反之,对于东京而言,人口密度虽然在 20 世纪 70 年代有所下降,但在 90 年代却呈现了明显的上升。其原因在于,那一时期,在大量的城市更新的刺激下,东京的中心区域出现了显著的再城市化的趋势。在东京都会区,人口密度(目前 90 人/公顷)较高的另一个原因是广泛的通勤铁路和地铁的存在。

(2)地区差距。

1955 年以来日本人均国民收入变异系数的变动情况如图 2－6 所示。从图 2－6 中可以看出,日本人均收入差距先经历了一段快速上升时期(1955—1962 年),变异系数达到了 37%,随后的十几年中,日本经济差距大幅度降低,进入“地方时代”(1975—1980 年),并逐渐呈现稳定状态。而 20 世纪 80 年代开始,地区差距又出现扩大,1990 年前后形成了东京一极集中格局,达到峰值。随着 90 年代的经济泡沫危机,日元升值,日本经济持续下滑,人均收入普遍降低,地区差距又呈现缩小态势。

如上述分析，日本地区经济差距变化呈现周期性变动，可以分为两个经济周期：1955—1980年以及80年代到90年代。从经济差距扩大到缩小的周期中可以体现地方圈与大城市的经济增速的差异。经济差距扩大时期（1955—1962年、1980—1990年），说明大城市圈的经济增长速度快于地方圈的经济增长速度；而经济差距缩小时期（1962—1980年，20世纪90年代以后），说明大城市圈的经济增长速度慢于地方圈的增长速度。①

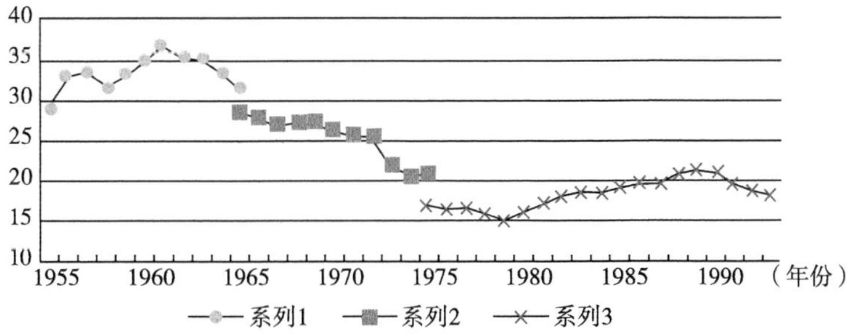

图2-6 日本都道府县国民收入变异系数

资料来源：①系列1：经济企划厅经济研究所. 县民收入统计年报[R]. 1979；②系列2：经济企划厅经济研究所. 县民收入统计年报[R]. 1980；③系列3：经济企划厅经济研究所. 县民收入统计年报[R]. 1900.

（3）人口密度降低、年龄结构变化、市中心衰退。

非都市地区过去维持着大量的人口集中度和经济活动，如今其人口不断减少。由于全日本人口开始不断减少，在2015年后日本三大都市圈的人口数量预计将持续降低；而非都市地区的人口自2005开始减少以来，其人口削减更为快速。

由于城市设施、商店和其他设施的外移，城市生活的便利性正随着城市的持续扩张不断削弱；受经济停滞和工厂移到其他低劳动成本国家的影响，区域产业的发展也受到了极大的限制。城市人口不断减少和城市中心区零售额持续下降，这些现象正是城市功能萎缩、城市区域空洞化的标志。

老龄化亦是日本非都市地区所面临的重要问题。同东京、大阪和名古

① 冯辉. 日本地区间经济差距的演变与政府干预[J]. 日本学刊，2006（6）：105-117.

屋等大都市地区相比,非都市地区的老年率明显更高。

(4)产业结构的转变与区域发展创新的需要。

在日本,服务业占比一直不断上升,2010年第三产业占比为70%。日本的制造业从1980年最高的24%逐渐下降至2010年的新低17%。这一趋势在东京等大都市地区十分显著。

在过去,区域发展重大政策主要有《促进新工业城市建设法》(*New Industrial City Law*)(1962年)和《科技城法》(*Technopolis Law*)(1983年)。前者关注制造业的发展并促进了重工业向非都市地区集中,后者则促进高科技机械及电子产业在非都市地区的成长。劳动密集型产业原本是非都市地区经济的一个关键驱动因素,然而受全球化以及产业结构向服务业调整的影响,日本地区工厂持续移向其他国家,这使得非都市地区经济增长十分艰难。因此,日本也正着手改变非都市地区的发展政策,朝向知识、文化产业发展。

2.3.2 日本城市规划与土地利用制度框架与手段

2.3.2.1 土地利用规划

根据国家土地利用规划法,国家土地分为五个土地利用区:市区、农业区、林区、自然保护区和国家公园区。并依据地域的功能分类提出各自的发展目标、空间布局以及土地管制要求。

不同的基本法律:《城市规划法》《农业促进法》《森林法》《自然环境保护法》和《国家公园法》等,分别对不同类型的土地使用进行管理。为了应对快速城市化所造成的社会经济巨变,如今的《城市规划法》,也就是当今日本的城市规划基本法律,在广泛参考校对旧有的城市规划法规之后于1968年正式颁布。该法律自颁布以来一直被持续不断修改完善。"划线"制度是该法案的亮点所在。《城市规划法》规定,依据对未来10年城市发展规模和人口增长的预测,对城市规划区实行一分为二的控制分区划定,划分为促进经济发展和推动城市化进程的"城市化促进区"(UPA)以及发展受到限制并严格保护的"城市化控制区"(UCA)。两类用地依据规划定位实施差别化的发展建设,"城市化促进区"内鼓励兴建各项基础设施,允许开发商企业等私人投资;而“城市化控制区”则对政府投资强度、私人开发准入条件进行严格控制①。

城市规划区(CPA)是指一个城市规划法适用的区域,由县级政府在土地、基础设施和交通运输部的同意下划分,以使该区域得到综合的改进、发展和保护。划分是在市边界的基础上满足以下两个条件之一:①一个区域,它需要加以改进、开发和保存为具有城市核心和特定规模的一个联合体;②一个区域,它需要被开发和保护为一个新的住宅或工业城市。

截至2009年3月,日本规划有1226个CPA,占100041平方千米,约为日本总面积的1/4。虽然CPA的覆盖率应该指覆盖实际的城市地区,但出于相邻城市之间的政治考虑,在实际上,绝大多数的CPA是以一个支离破碎的方式来划分,并不覆盖整个市区。

同时,农业推广面积法进行了修订,新机制将农业区域划分为专属农业区和普通农业区:在专属农业区内,农用地的土地利用变化是严格禁止的;普通农业区内,农用地虽可变更土地利用方式,但也必须严格满足相关条件。另外,专属农业区和普通农业区的划定在区域面积小于4公顷时由县政府批准,在大于4公顷时需经农林部和渔业部审核批准。

在这套体制下,城市化促进区(UPA)与农业区(UL)在人口超过10万的CPA中被严格地区分开。UPA包含着城市已经建成的区域和城市内应当优先发展的区域,并且以10年为限,在估算城市发展需求基础上合理制定规划。另外,UPA也包括城市化应当受限的区域。然而,在人口不足10万的CPA里,由于大城市的卫星城市会对其周边的其他小城市产生一定的城市化压力,这就使得在该区域内农业区和城市促进区之间仍存在着冲突和矛盾。

2.3.2.2　城市规划

(1)城市规划法。

日本城市规划的基本框架是由城市规划法形成的。法律设置的目的是实现城市的均衡发展,通过健全城市发展来有序推进公共福利。

---

① 徐颖. 日本用地分类体系的构成特征及其启示[J]. 国际城市规划,2012,27(6):22-29.

首先，县政府划定 CPA 并确定相关改进、发展和保护城市的政策（CPA 总体规划），这是一个 20 年期城市发展规划的纲领性文件。该规划包括：①城市规划总体目标；②是否采用该城市区域划分以及是否通过城市区域划分的相关政策；③制定大城市的土地利用相关政策、撰写城市设施和城市发展计划文本和绘制 1∶10000 的城市规划图。

在 CPA 总体规划的指导下，市政当局考虑区域内市民意愿制定地方总体规划。城市总体规划需要确定城市规划相关的发展愿景和政策制度，例如，土地利用规划、城市设施和城市开发项目的综合治理方式。

CPA 中的土地利用规划由城市区域划分（城市化促进区 UPA 和城市化控制区 UCA）、土地利用区域、重叠区域和地方详细规划组成。

（2）土地使用分区管制。

城市规划确定了该区域的土地用途分区，土地用途分区则通过控制各分区的土地利用方式、土地开发密度和建筑形式等来引导区域土地的合理利用。在分区管制中，政府根据建筑许可制度进行区域内建筑控制，即依据建筑标准法来对区域内建筑设计的内容进行检查。

土地利用分区基本上分为两大类：①土地利用区：土地利用区在常规 UPA 中确定；②覆盖区：覆盖区则是以某一特定区域的特殊目标为目的来确定。例如，高效土地利用区的确定应当以促进区域土地利用效率为目的。消防保护区则应当被指定在容易发生火灾的地区，以此保障该区域的正常发展。

土地利用分区制定有 12 种土地类型，其中 7 种类型为住宅用地，2 种类型为商业用途，3 种类型主要用于工业用途。各个土地类型都对区域建筑的建筑覆盖率（BCR）、容积率（FAR）、阴影限制、高度控制、建筑工地边界的退让等方面进行了详细限定。

（3）土地开发许可。

土地开发许可制度下，土地开发商在开发土地前，原则上应当取得该区域县政府的许可。然而，这种权力下放到特大城市（人口超过 70 万）或区域核心城市（人口超过 30 万）中。通常，当开发计划在满足技术许可标准时，则允许开发。技术标准确定的目的则是：提供适当的公共设施（道路、公园、学校等）、安全设计结构（基础、护土墙等）、环境健康发展和适当的供水和污水处理设计。

在UPA中，开发项目不仅需要符合技术标准，还应当与开发区域的整体发展目标契合。因此，土地开发许可制度在确保满足每一个开发项目符合技术标准（见公共设施的提供）的同时，保证着城市化不会扩张到UCA中。

为了避免分摊公共设施的成本，缩短项目周期，以及在其他种种原因的驱使下，越来越多的开发商选择在土地开发许可标准范围内尽量从事小项目的土地开发。这导致了不良城市形态的产生，而地方政府也被迫降低土地开发许可标准中的最小开发面积至300平方米。

（4）土地整理项目。

城市规划法中法定的城市开发项目分为三种类型：①土地整理；②旧城改造；③新住宅区开发项目。

土地整理项目是指通过一系列措施进行地块重整并在项目结束后提供给土地所有者等价的土地的过程。这项措施使得在建设公共设施和市区开发过程中与土地所有者的紧密合作成为可能。土地整理项目是典型的城市开发项目，广泛应用于城市建设领域，如新建城市、公共基础设施的改善等。到目前为止，已有约35万公顷的城市区域已经进行过土地整理。

土地整理项目有两种类型：一是公共机构（如地方政府）实施的土地整理；二是土地所有团体（存在七个以上的土地所有者）或者个人（不超过七的土地所有者）进行的土地整理。前者常见于以公共利益为主体的开发项目，如车站等。后者则常见于合作实施的土地整理项目。为了建立土地所有团体，至少需要2/3的土地所有者或区域内业主的同意。这两种类型的实施过程基本相同，但前者公共机构将直接主导土地整理项目的实施。在后一种情况下，地方政府则主要作为土地所有团体的土地整理项目的促进者和推动者。

一旦土地所有者同意该项目的实施，每一个土地所有者都将出让其部分土地权利来进行各项公共设施的开发，如道路和公园，以及作为储备。储备土地将出售给第三方,并且销售收入用于支付各项公共开发费用。这样一来,土地所有者所持有的土地面积虽然减少,但土地所有者其余土地的价值将增加,由此补偿了土地所有者土地面积减少所带来的损失。项目资金来源于:①储备土地销售收入;②对于国家指定道路和其他公共设施项目,将依据城市规划来实施政府补贴;③公共设施运营商(如供水经营者)承担的数额;④由地方政府补贴。对于有些土地其所有者抵制项目开发时,政府具有强制购买的权力,但这种权力仅作为一个最终手段并且很少使用。在大多数情况下,政府即使需要很长时间也要与参与者之间努力达成共识。

(5)城市再开发项目。

旧城改造项目是市区重建的主要手段,它包括旧城区改造、老车站地区交通站台和高强度的公共设施的开发,老旧厂房的再开发等。这需要政府部门、私营部门和土地所有者之间的相互协作。

在旧城改造项目中,“产权交换”是一个常规措施,这涉及原有土地权利与新开发土地的等价交换。在它的应用中,必须征得土地所有者的同意。城市再开发项目不仅对公共设施的发展做出了贡献,而且通过“产权交换”也有助于巩固和分享土地的所有权。旧城改造项目可以应用在能实现公共利益的区域(如车站地区),或高密度的老旧房屋区域,或公共基础设施匮乏的区域。旧城改造项目成本可分为调查、规划和设计成本,土地开发成本以及建筑成本,其资金来源有:在土地所有团体实施重建项目的情况下,国家政府承担 1/3,当地政府承担 1/3,而土地所有者应承担这些成本的 1/3;地方政府实施该项目的情况下,国家政府承担的费用为 1/3,地方政府承担的费用为 2/3。一般来说,75% 的项目费用由保留地的销售收入负担,25% 是国家政府或地方政府的补贴。

土地所有团体提名的人员来管理和操作项目。由地方政府确定的容积率(FAR)变更可以通过划分“高效土地利用区域(ELUZ)”来实现,ELUZ 是一种重叠区域,常应用于旧城改造项目中,并能给出比一般区域更高的 FAR(如从 200% 到 500%),以此来促进旧城改造项目。由此产生的额外楼层作为储备地产并出售给第三方。储备地产出售所得款项,用于抵消该项目的费用，从而不受政府的资助。为了建立土地所有团体，与土地整理项目中类似，至少2/3的土地所有者都应该对于业主委员会的相关条款达成一致共识。

以六本木之丘为例，六本木之丘（RoppongiHills）位于东京港区的六本木地区，毗邻新桥·虎门商务区、霞关行政区、青山·赤板商业区以及麻布—广尾高档住宅区，由森大楼（MoriBiru）公司耗费4700亿日元（包含土地价值，折合近300亿元人民币），历时17年主导开发完成，是日本至今规模最大的都市再开发计划之一。这个项目目标长远，严格按照"21世纪理想的东京风貌"的标准设计建设这个日本规模最大的都会改造项目，让项目本身自成一个巨大的"社会生态系统"、自给自足，囊括食、住、行、游、娱、购的一站式旅游生活要素（见图2－7、图2－8）。

图2－7　朝日电视台外的大面积绿化平台

图2－8　森大厦楼下的巨型艺术装置

资料来源：国际旧城改造案例借鉴[EB/OL]. wenku. baidu. com/view/1a23641bd5bbfd0a785673bb. html.

2.3.3 近期日本紧凑型城市的政策演变

2.3.3.1 城市区域划分的影响

1968 年城市区域划分制度出台后，绝大部分城市化受到了 UPA 的限制。市区（城市规划区）95%的人口增长发生在 UPA 中。从这一点来说，城市区域划分作为一个监管框架发挥了很好的作用。这个事实也可从香川县的案例中得以反映。香川县在 2004 年废除城市区域划分制度，结果，原本处于 UCA 区域的农用地转化为城市用地的比率显著高于此前。因此，香川县目前正在考虑实施紧凑城市的政策来限制农用地过度转换。

2.3.3.2 城市中心的振兴

产业移出日本的结果，使得许多非都市地区失去了制造业企业工作岗位。此外，城市郊区化、对于汽车依赖的增加以及大型郊区购物中心的发展直接破坏了城市中心的地位，公共建筑也不断搬迁至郊区，如地方政府办公楼、医院、学校、文化中心、棒球公园等，进一步加剧了非都市地区城市中心的萎缩。

针对城市中心地位严重下降的问题，城市中心振兴法于 1998（修订 2006）年颁布出台。依据此项法律，非都市地区可以制定城市中心的复兴计划，一旦计划获准，国家将会为城市中心振兴项目提供政策补贴，迄今已有 125 个城市中心振兴计划获得批准。有观点认为，这一法律是紧凑城市政策的起点。许多非都市地区为了实现城市中心的振兴，正在进行着各种各样的尝试，包括主购物街道的振兴，提供在城市中心区的住房，公共交通系统的改进，重新规划公共建筑如市政厅、医院、文化设施等。

紧凑城市政策第二个里程碑式的法案形成于 2006 年，即城市规划法修正案。这项修正案的主要目的是为了振兴衰退的城市中心，并强制对公共建筑和建筑面积在 1 万平方米以上的公共建筑位置进行规定。依据 2006 年修订的城市规划法，公共建筑在郊区的开发新建受到了限制。

2.3.3.3 优化选址方案

为了有效遏制城市的无序扩张，日本政府最近在非都市地区中强化了许多紧凑城市的政策。紧凑城市政策如能被恰当实施，可能在多方面都会有助于城市的绿色发展：

(1)避免出现以机动车为导向的、蔓延型城市扩张(环境方面)。

(2)提供完善的公共服务(社会方面)，以此来保证老年人的生活质量。

(3)为城市贫困人口提供更多的工作机会和其他基础设施，如更好的公共交通服务和步行/自行车设施(包容性方面)。

(4)为提高城市旅游吸引力，实现知识经济的转变，构建以运输为导向(transit - oriented)、土地多用途复合、步行、休闲、娱乐相结合的城市中心①。

(5)从生态脆弱地区撤离以规避自然灾害并提供绿地如农业用地等(灾害管理方面)。

(6)选择高效率的区位以节约公共服务成本(财务方面)。

因此，到目前为止已有2/3以上的城市实施了符合紧凑城市理念的城市规划政策。为了支持地方政府实施紧凑城市政策，日本政府也出台了新的城市规划方案，即2014年城市振兴特别法修订案。根据此项方案，市政府被授权制定区位优化计划(LOPs)。

LOPs中划定了再城市化集中区(ReUIA)和城市功能集中区(UFIA)。ReUIA是促进紧凑化的区域。UFIA是指公共设施集中的区域。一旦得到国土资源、公共设施、交通运输部的批准，日本政府将会对ReUIA和UFIA重建项目提供补贴。国家对于ReUIA的补贴包含改造景观/历史地区的补贴，改善绿色区域/城市农业的补贴，提供公共住房、拆除危房的补贴等；国家对于UFIA的补贴包括公共设施发展补贴、旧城改造项目补贴、土地整理项目补贴等。

虽然此项政策的实际效果如今还有待观察，但至2015年3月，目前已有共175个非都市地区制定了LOPs。

① 郎昱，叶剑平．国外建设用地空间拓展理念探讨与启示——以德国、美国和日本的一些城市为例[J]．资源导刊，2018(2)：52－53.

2.3.4 案例：以填海造陆增加交通用地、以交通建设与挖潜实现紧凑城市的土地拓展模式

2.3.4.1 东京车站地区案例：城市中心振兴①

东京车站是日本经济重镇。从东京车站到皇宫一带，包括了千代田、丸之内、有乐町等地区，总共有110公顷，建地有60公顷。这里是日本经济的中枢神经地带，总共有90余栋建筑物，大多数的大楼都是超过30年以上的老旧建筑。许多全国性的大型企业总部都设置于此，每天约有24万人在此工作，80万人在此消费，这些企业的年产值高于全日本GDP的20%。东京车站周边的城市更新，体现了整体性的城市更新构想。1999年9月，东京车站红砖瓦传统建筑复原以及站前广场空间改善的构想确定后，东京车站周边地区的更新规划随即展开。加上东京车站地区在之后进一步实施了多重重大城市更新工程，使车站周边的丸之内、八重洲地区的都市景观焕然一新。

东京车站的城市更新工程以整体性的城市更新构想为核心，包括以下几大工作项目：

(1)多元化的土地使用。

过去，丸之内地区的大楼使用相对单一化，93%的面积作为办公室使用，只有7%是零售业或者是餐饮业。整个区域只有上班时间热闹，到了周末鲜有人潮。新的城市更新计划将餐饮业的面积大幅提升至原有的2～3倍，并引入各种文化设施，使东京车站周围可以多元使用，成为富有吸引力的城市中心。

(2)保留历史特色。

东京车站重建的目标是要恢复20世纪初期的外观原貌，保留明治生命大楼、工业俱乐部等具有历史特色的建筑物，车站保留旧大楼或大理石的古典立面，使其呈现新旧并存的车站风貌(见图2－9、图2－10)。

---

① 何芳子，丁致成．日本都市再生密码：——都市更新的案例与制度[Z]．台北市：都市更新研究发展基金会，2006：28－49.

(3)控制建筑物高度。

丸之内地区原本建筑物高度限制为100英尺(30.48米),如今大幅放宽至500~670英尺(152.4~204.22米)。原本100英尺的腰线仍被保留,用来作为群楼的高度线,至于超过高楼的部分则需退缩,用以维持街道的人性化尺度。

(4)提倡绿色建筑、绿带轴线系统。

全部的建筑物以省能、省水的环保绿色建筑为主要规划,同时设置水道系统以减少污水排放。车站站前的中轴线及丸之内规划有绿化系统,同时设置有宽敞的人行道。

图2-9　东京车站模型示意

图2-10　东京车站实景

资料来源:www.tokyoinfo.com.

2.3.4.2　横滨港MM21计划[①]

(1)横滨市的简介。

横滨港位于东京湾的西北侧,距离东京约20千米,是首都圈的一部分。

---

① 何芳子,丁致成.日本都市再生密码——都市更新的案例与制度[Z].台北市:都市更新研究发展基金会,2006:150-165.

MM21 计划区是指坐落于横滨关内、伊势左木町及横滨车站的周边地区等。横滨市在 2010 年综合计划的指导下,串联了两个已经发展的旧都市中心,分担东京作为首都的城市机能,通过商业、行政和文化等方面,增强了横滨市的发展活力,促进了城市的繁荣发展。

(2)MM21 计划的内容。

MM21 地区再开发项目以打造全天候活力的国际文化都市、21 世纪信息化城市以及绿色人文环境的都市为愿景。通过建造国家会议交流中心、中枢管理机构的引入、历史资产的保存和再利用及水体资源活用、绿化强化等软硬件设施,一步步达到预期开发效益。整体而言,MM21 再开发项目有三大目标。

目标 1:强化横滨市的独立自主性。

横滨市中心分为关内与横滨车站两部分,首先要加强市中心的一体化并增强商务、购物、文化等中枢功能,创造具有活力的工作机会。另外要巩固产业经济基础,提高横滨市的自主性和自立性。

目标 2:更新港湾功能,扩充游乐设施。

通过港湾公园、日本湾纪念公园等公园绿地,提供水上娱乐设施。同时利用港湾的区位条件,强化国际交流及中枢管理功能。

目标 3:分担首都圈业务机能。

有效分担东京的业务、商业和国际交流等功能,实现均衡发展。

(3)全区计划概要。

全区面积 186 公顷,其中商业工业用地约 87 公顷,占 47%;道路、铁路等交通用地约 42 公顷,占 22%;公园用地 46 公顷,约占 25%;其他码头等设施用地 11 公顷,约占 6%。全区分为新港、中央及横滨站东口等三个地区,计划容纳从业人口 19 万人,居住人口 1 万人。

1)中央地区(见图 2-11)。

中央地区为 MM21 计划的核心区域,核心区域分为 50 个街区(18 ~ 67 区),自水岸至内陆依次规划为公园绿地、国际会议中心、展览场、文化设施、办公商业及住宅用地等使用。

图2－11　横滨市中央地区夜景

资料来源:www. tuzhan. cn/tsai/photo/ee897b4594764329. html.

2)新港地区(见图2－12)。

新港地区坐落于中央地区与横滨最早开发的关内山下区间的节点位置,为日本最先建设的近代化港湾设施。区内既存的很多红砖瓦仓库及石造港湾建筑物,为19世纪末20世纪初所造,极具历史意义和古风古貌,本区的核心议题是活化历史资产,本区的主要构想如下:

总面积约41公顷,地区共分为17个街区(1～17区)。其中绿地15公顷约占37%,各绿地间通过海滨步道进行连接,同时规划了中央地区与山下公园间的绿带。

妥善保存、活化再生仓库建筑,迁移景观缆车,增加街景。

改善沿海干线、主要道路交通系统,以及海上交通设施,提供多样化交通工具。

彻底改善周边海域水质,建立海水游泳设施,恢复良好生态环境。

扩充住宿、休憩等服务设施,满足国际船舶需求。

新港地区的地区计划,善用海域特色塑造具有魅力的街区景观,充分尊重历史记忆,融合车马道历史街区,对建筑高度、色彩、亲水空间等妥善规划,塑造人性都市空间。

图 2－12　横滨新港地区

资料来源：新浪博客，blog. sina. com. cn/huiseng.

3）横滨站东口地区。

在面积仅 4 公顷的街区内有两栋建筑物：一栋是公元 1985 年完工启用的地上 10 层，地下三层建筑物；除百货公司外，以新都市会堂、文化设施、公车转运站、停车场等多功能服务设施为主，是横滨站东口地区的先导性更新工程（见图 2－13、图 2－14、图 2－15）。

另一栋是地上 30 层，地下三层的 Sky Building。除办公商业设施外，还提供可连通羽田与成田机场的转运站——横滨 City Air Terminal 的交通设施。

图 2－13　横滨 MM21 摩天轮

资料来源：互联网。

图2-14　横滨未来港湾

资料来源:互联网。

图2-15　横滨站东口地下街

资料来源:互联网。

2.3.4.3　关西机场案例:填海造陆建设机场满足交通需求

关西国际机场(Kansai International Airport),通常称为大阪关西机场,是世界上规模最大的海上机场,在日本是第二大的国际机场,位于日本人阪东南部,泉州近海离岸5千米的人造浅滩上,由泉佐野市、田尻町和泉南市共同管理。关西国际机场1994年9月竣工投入运营,设计年运送旅客3000多万，运送货物 140 多万吨[①]。

（1）面临的土地扩展问题。

“二战”以后，大阪经济不断衰落，在资源资本的争夺能力上，远低于东京。近年来，大阪的经济比重下降，而东京在全国经济中的比重不断提高。全球城市的经济成因是基于所在区域自然禀赋和经济发展阶段造成区域之间、产业之间的非均衡发展。东京的区位优势和资源禀赋优于大阪，成为日本乃至全球的生产、贸易、金融、信息、交通和服务中心，吸引了大阪地区的优势人才和产业。在土地问题方面，大阪周边用地吃紧，全市面积 223 平方千米，是政令指定都市中面积第 17 位的都市，但是大阪市总人口 267 万人，仅次于东京和横滨，人口高度集中对大阪市的用地造成很大的压力。

（2）土地扩展手段。

19 世纪 60 年代以来，日本经济进入高速发展时期，乘坐飞机的人越来越多。一方面，经济和社会的发展对大阪的交通提出了新的要求，需要一个承载力更高的国际机场。另一方面，飞机起落噪声对周围造成了严重的影响，特别是大型喷气机的使用，使噪声公害达到了令人切齿的程度。与此同时，日本也开始了环境保护立法行动，社会上在关西地区再建一个新机场的呼声越来越高。

为了扩大陆地面积，大阪自 17 世纪便开始进行多次大规模的填海，其 1/4 的市区面积都来自填海项目。同时，通过填海造陆建成沿海人工岛，如梦洲、舞洲、咲洲等岛屿。客流量到达 3000 万人的关西机场也是通过填海造地的形式修建而成。关西机场于 1989 年提议修建，在 17 ~ 18 米深的海里通过填埋土方（达 1.8 亿立方米）建立海上人工岛，并运用半潜式钢制浮球技术维持海底生态环境平衡。机场于 1994 年正式投入使用，随后日本采用相同的技术将机场规模进一步扩大，兴建客运楼和长达 4000 米的跑道，并在 2007 年 8 月正式开始运作[②]（见图 2 – 16）。

① 尹鸿伟．日本填海的历史教训[J]．南风窗，2006（16）：44 – 45.

② 刘洪滨，孙丽，何新颖．山东省围填海造地管理浅探——以胶州湾为例[J]．海岸工程，2010，29（1）：22 – 29.

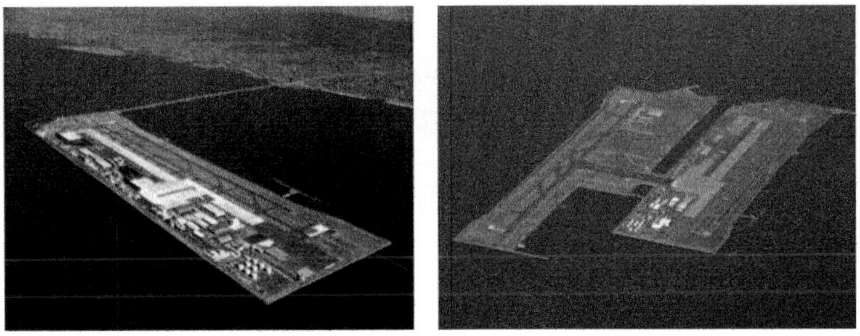

图2－16　原日本关西机场（左）和扩张的日本关西机场（右）

2.4　中国台湾

2.4.1　规划体系

中国台湾的空间规划由相关部门负责，分为两级，承担编制与协调功能。相关地方法规由"空间规划法"和"城市规划法"构成，构成建设用地规划和非建设用地规划组成的空间规划体系，同时在实践中孕育发展形成引导型"发展规划""综合型城市总体规划""协调型多规融合规划"等。其规划体系的变化有以下三个特点①：

2.4.1.1　逐步形成三级空间规划体系

依据不同发展阶段的要求构建了不同的规划法规，中国台湾地区的规划体系的形成也与相应城市化阶段的空间管理转型同步，形成了三级规划体系。

（1）"城市规划法"：1937年编制，适用于城市管理的需要；1964年修订，适应了城市工业发展的需求；1973年进一步修订，解决城市管理中的实际问题，如公共设施保留地征收过程中出现的经费不足等问题。

（2）"区域规划法"：适应工业化进一步发展时期的区域规划的需求。

（3）"空间规划法"：基于20世纪90年代后，由于工业化快速发展带来的城市生态环境及社会公平问题，以促进经济、社会和环境协调的可持续发展。

① 蔡玉梅，高延利，李家依．台湾地区空间规划体系的演变及启示［J］．中国土地，2017（11）：30－32.

2.4.1.2 从城乡分割到城乡统筹

1970年，台湾的城市化率达到50%。城乡用地采用分割管理，具体而言，城市发展地区依照“城市规划法”建设，非城市发展地区则按“非都市土地使用管制规则”和“国家公园法”管制。但在城市化进程中，城乡分治逐渐转变为城乡一体，出台“空间规划法”，统筹城乡空间管理，划分空间功能区，实行“三区九类”，并制定相对应的土地使用原则。具体包括空间保护地区（分高敏感度、次高敏感度和国家公园共三类）、农业发展地区（分优良农地、一般农地和可转用农地三类）、城乡发展地区（分高城市化、次高城市化和都市发展储备地三类）和海洋资源地区（分排他性使用、相容性使用和其他三类）。

2.4.1.3 从刚性的统一规则管制到弹性的差别化管制

从“城市规划法”到“区域规划法”再到更为具体的“山坡地建设开发管理办法”“水土保持法”和“环境影响评估法”，台湾地区传统的法律制度体系呈现出自上而下的统一规划管制，对于土地使用、开发、建设等制定统一的、严格的许可制度和程序。而“空间规划法”颁布后，则强化了制度制定的差异化和适宜性，针对不同区域的情况设定相应的许可条件，建立该空间功能区相适宜的土地使用许可制度。通过弹性的差别化管制，以适应全球化时代新区域主义理念以及后工业化时代经济发展的需求。

2.4.2 案例研究：山坡地上的中部科学园区①

2.4.2.1 概况

中部科学园区是中国台湾继新竹科学园区、南部科学园区后的第三座科学园区，不同于先前两座科学园区，中部科学园区分为三个基地，其中台中基地与后里基地均位于浅山地区。本部分以台中基地为案例，介绍山坡地上的优势与隐忧。

根据台湾“山坡地开发建筑管理办法”，一般而言，山坡地开发建筑面积不得少于10公顷，山坡地有下列各款情形之一者，不得开发建筑：①坡度陡峭者；②地质结构不良、地层破碎、活动断层或顺向坡有滑动之虞者；③现有

---

① 中科志，http://web.ctsp.gov.tw/temp/book/index.html.

矿场、废土堆、坑道,及其周围有危害安全之虞者;④河岸侵蚀或向源侵蚀有危及基地安全者;⑤有崩塌或洪患之虞者;⑥有碍自然文化景观者。

“台北市山坡地开发建筑要点”规划得更为严格,要求山坡地开发建筑面积不得少于20公顷,且开发区域内原自然地形平均坡度超过30%的,除水土保持必要设施外,不得作为建筑使用。除了面积外,坡度是限制开发的重要条件。

“非都市土地开发审议作业规范”规定,住宅小区基地内的原始地形,在坵块图上平均坡度在30%以下之土地面积应占全区总面积30%以上或3公顷以上。由于山坡地开发采用申请许可制,因此除了坡度外,根据“山坡地土地可利用限度分类标准”,还包括坡度、土壤有效深度、土壤冲蚀程度、母岩性质等,其标准包括:

(1)坡度。指一笔土地的平均倾斜比,以百分比表示,分为六级。①一级坡:坡度5%以下;②二级坡:坡度超过5%至15%以下;③三级坡:坡度超过15%至30%以下;④四级坡:坡度超过30%至40%以下;⑤五级坡:坡度超过40%至55%以下;⑥六级坡:坡度超过55%。

(2)土壤有效深度。指从土地表面至有碍植物根系伸展之土层深度,以厘米表示,分为四级。①甚深层:超过90厘米;②深层:超过50厘米至90厘米以下;③浅层:超过20厘米至50厘米以下;④甚浅层:20厘米以下。

(3)土壤冲蚀程度。依土地表面呈现的冲蚀征状决定,分为四级。①轻微:冲蚀沟宽度未满30厘米且深度未满15厘米土地;②中等:地面有沟状冲蚀现象,其冲蚀沟宽度30厘米至100厘米且深度15厘米至30厘米之土地;③严重:冲蚀沟宽度逾100厘米且深度逾30厘米的土地,呈“U”型、“V”型或“UV”复合型,仍得以植生方法救治;④极严重:冲蚀沟宽度逾100厘米且深度逾30厘米之土地,甚至母岩裸露,局部有崩塌现象。

(4)母岩性质。依土壤下接母岩之性质对植物根系伸展及农机具施作难易决定之,分为两类。①软质母岩:母岩松软或呈碎砾状,部分植物根系可伸入其间,农机具可施作者;②硬质母岩:母岩坚固连接,植物根系无法伸入其间,农机具无法施作者。

2.4.2.2 大肚山开发案例：以低丘缓坡地开发、营建中部科学园区的土地拓展模式

大肚台地原为一处广大的冲积扇，后来经由板块推挤而抬升地层。大肚台位于台中都会公园北侧，海拔高度约310米，台地最高处并无山峰，其平均高度为200～300米。台地北方隔大甲溪是后里台地，呈北高南低的走势，其南方是王田断崖，呈现由西侧急遽地向东侧下滑的一处大崩壁，断崖下方即为大肚溪，为大肚溪冲刷形成河蚀崖。大肚台地的地质主要是红土堆积层、头嵙山层；红土堆积层分布于表层，为红土层、砾石层构成，少有砂岩夹于其中，头嵙山层分布于下层，多数为砾岩构成，少数是以砂岩、页岩构成。大肚台地地势突出，从其制高点，望高寮或者是台中都会公园等地，向东可眺望台中市中心的天际线，向西可俯瞰海岸平原、台中港，向南可远眺大肚溪对岸之彰化县伸港、和美等地，居高临下，视野宽广。

（1）基地选址与环境影响评估。

基地遴选方式，是由遴选委员会决定采取初选及决选两阶段办理，依照该委员会2001年5月28日事先审定通过的相关遴选办法进行遴选，考虑因素包括实质环境、产销环境、研发环境、生活环境、行政配合五大项，于2001年7月11日邀请中部各县、市政府在事先充分沟通与了解后，决定以县市各择一处基地进入第二阶段决选，先行淘汰各基地中相对条件稍差的三处基地，再赴各基地实地勘查及进行决选会议。表2－2为设置科学工业园区的环境评选因素中，关于实质环境的部分。

表2－2 设置科学工业园区的环境评选因素

项目	总体环境考虑	基地环境考虑
天然灾害	发生地震、淹水、地层下陷的可能性	分析基地地震、淹水、地层下陷资料
人为灾害	高铁对区域的振动影响情形	振动对基地的影响范围及程度
地理因素	气候、土壤、水文、地层及断层分布	分析基地水文、地质及地层情况
水资源	区域水资源供需情形	分析基地水资源的供应与可行性
自然环境保护	水质水量保护区或限制发展区的分布情形	调查确认基地内的限制发展地区
文化景观保护	古迹遗址、文化景观敏感地区	调查确认基地内的文化景观保护地区

(2)水土保持是开发的重点。

台中基地坐落于台中县大雅乡和台中市西屯区交界处，就地形和地势而言，西背大肚山，向东缓降，上覆赭土、下藏砾石的干瘦贫瘠台地，地表作物除了短草杂木之外，主要是地瓜和甘蔗。中部科学园区开发后，会在大肚山表层覆盖大量的不透水层，面对开发过程中的大量泥沙以及完工后的不透水层，需要考虑到台湾地区豪大雨的季节形态对山坡地开发的威胁。为了兼顾园区开发过程和下游邻近村落的安全，台中基地规划了一定数量的滞洪池。在2005年5月13日，离台中园区滞洪池作业时间不到一年的时间，豪雨在这天达到高峰，大自然向东1区、西区、北区、B、C及D等几个渐具雏形的主要滞洪池通过5月13日的豪雨检验。次年6月7日至9日连续豪雨，出现了5年重现期的最大时雨量74.5毫米/时，最大日雨量也达到10年重现期的264.5毫米，而台中园区厂商运作如常。

(3)人工与自然景观融合是核心发展理念。

台中园区以40公尺(12.19米)宽的南北向科雅路和60公尺(18.29米)宽的东西向中科路共同成出东西南北"十字型绿轴"的交通网络。科雅路符合都市设计构想的绿轴意象：以专用区中较高的研发、推广、办公室配置于路侧为原则，其北段强调园区整体印象，南段强调林荫休憩空间。中科路则强调快速通过的园区印象(见图2-17)。

图2-17　与山体融合的中部科学园区

资料来源："中部科学园区管理局"，www.ctsp.gov.tw.

"十字型绿轴"具备四个特质:①整合邻近园区绿轴的数个公园、滞洪区等开放空间,营塑出全区活动集中于南北轴线的整体感;②利用重要路口的建筑特色或景观设计形成景观节点,创造绿轴上丰富多样的视觉风貌;③两侧建筑物借由退缩、开放空间留设、墙面线指定、色彩与材质规定等方式强化绿轴意象;④主要绿轴上的管理局行政大楼作为全区中心节点,利用此一地标建筑造型设计与街角广场的留设,成为园区全区性景观节点,是园区的精神地标。

"十字型绿轴"发展出全区东西南北景观。①北侧厂房景观区:位于科雅路以北的各式科技厂房,在强化人性化厂房的空间尺度和高度绿化的基本规划上,借由共通的设计规划强化了园区主轴的科技绿色通道的意象。②南侧厂房景观区:以大规模街廓的光电厂房为主体。在分区景观塑造上,加强南侧滞洪景观节点与管理核心地标的联系性,以强化科雅路绿化与开放空间的联结效果。③西侧山坡地厂房景观区:因地形坡度的变化差异而适切地顺应等高线和与天际线的配置,以及融入周遭环境的独特建筑量体形式,而成为较特殊的景观分区。④东侧环保生态景观区:绿轴建物和公共空间结合后,大型滞洪用地和环保设施串联一线,成为环绕全区东侧的完整景观。总体来说,园区内大量采用自然形式配置,避免过于几何或人工雕琢的空间设计形式。

(4)负面影响。[①]

2016年,中国台湾地区的护树团体联盟、"台湾生态学会",以及"主妇联盟环境保护基金会台中分会"联合发动了游行,自秋红谷出发路经台湾大道抵达当局所在地台中市,抗议其允许台积电在中科扩厂,牺牲大肚山上53公顷森林。大肚山位于台中市与台中港之间,屏障全世界最大火力发电厂——台中火力发电厂,以及中龙钢铁产生的排碳量与PM2.5细悬浮微粒,但在过度开发之下,从空照图来看,大肚山已失去原有面貌,科学园区、工业区、焚化炉、火葬场纷纷设置于此,被刮除的森林,丧失过滤空气的功能,使

① 荒野保护协会,https://www.sow.org.tw/blog/33/20160209/4445.

污染从西边吹进台中盆地，使空气质量进一步恶化。而除了失去53公顷森林，台积电扩厂日用水达47000吨，排出废水38000吨，无法妥善处理的有毒事业废弃物51.8吨，环境成本必须由全体市民承受，使市民群体不断走上街头进行抗争（见图2－18）。

图2－18　空照图下开发中的大肚山（左）和环保团体抗争（右）

资料来源："荒野保护协会"，www.sow.org.tw.

2.5　小结：先进理念和模式的特征

在德国法兰克福、美国纽约哈林区、日本和中国台湾建设用地扩展的经验与做法中，体现出高容积使用、公共交通导向发展TOD、紧凑城市政策、旧城改造、办公或工业闲置用地盘活、生态开发与保护相结合等多种建设用地扩展的重要模式导向。结合海峡西岸建设用地的实际情况，可以从以下三个方面进行经验总结。

2.5.1　开发海西低效用地，提高土地利用效率

2.5.1.1　实施旧城改造项目，更新或改善市中心功能

日本通过制定完善的土地整理及旧城改造法令，通过旧城区改造、老车站地区交通站台和高强度的公共设施的开发、老旧厂房的再开发等手段，实现旧城改造的目的；德国积极地在城市的中心与副中心提供完整的城市服务，如通过区域发展政策建立城市网络，从而更新和完善市中心功能；美国将资金与建设投入市中心的建设。通过多样化的旧城改造和更新项目，这些国家进一步完善了城市功能。据统计资料显示，近年来福建省可供开发利用的

低效用地约9500公顷，因此国外的“旧城改造”项目对海西地区有诸多借鉴意义。如制定和实施相关法律法规，改造旧厂房、旧公共基础设施等，都有利于海西地区建设用地的进一步拓展。

2.5.1.2 盘活海西闲置土地，提高节约集约用地

德国、美国、日本在积极改善办公或工业用地使用率方面，积极探索新思路，实践新途径。如美国纽约市哈林区积极通过增加容积率提高城市土地利用效率，主要通过提高土地容积率，发展商业，满足市场需求；日本为提高土地集约度，进一步提升土地利用效率，进行了产业结构转型，由劳动密集型产业转变为知识密集型产业。对于海西地区而言，企业长期空置的厂房场地，也可以通过多种手段盘活再开发。

2.5.1.3 开发TOD模式，发展紧凑型城市

提高城市紧凑度，增加土地容积率，通过交通基础设施结构的构建，提高公共交通的普及率，防止城市进一步扩张。如德国法兰克福，实施密集化建设，并制定一系列鼓励低碳交通的措施；美国纽约建立商业走廊，促进土地用途的高密度混合使用；日本通过交通运输廊道的建设，提高城市的集约度。特别是在轨道交通的建设和运营方面，都是在国家大量补贴下采用公私合营模式（PPP）进行。①

紧凑型城市发展防止都市蔓延。如日本的做法包括公共交通导向、完善公共服务、市中心工作机会提供、混合用途、迁离生态脆弱地区、明确城市区位选址等。海西地区各城市在建设用地需求上也相应存在不同特征，针对其中较为突出的城市蔓延问题，通过公共交通发展为导向的高密度混合开发实现紧凑城市土地利用，使住宅与工作地点均可临近公共交通服务设施，为步行及共享单车交通提供良好的环境，提高土地使用密度，这对于海西地区建设用地的拓展而言意义深刻。

2.5.2 合理开发低丘缓坡地，兼顾开发利用与生态保护

中国台湾地区在山坡地开发方面有着丰富的经验。台湾的山坡地开发

---

① 郎昱，叶剑平．国外建设用地空间拓展理念探讨与启示——以德国、美国和日本的一些城市为例[J]．资源导刊，2018(2)：52－53.

相关法规较为健全和严格,“山坡地开发建筑管理办法”“台北市山坡地开发建筑要点”“非都市土地开发审议作业规范”“山坡地土地可利用限度分类标准”等明确规定了山坡地开发的具体条件和要求,包括坡度、土壤有效深度、土壤冲蚀程度、母岩性质等方面,严格限制了山坡地开发的选址与评估。该做法对于合理开发和利用海西地区低丘缓坡地,有重要的借鉴意义。相关资料显示,福建省位于我国东南沿海,地形以山地丘陵为主,山地、丘陵占全省土地面积的90%以上,坡度小于15度的土地占总面积的23.8%。面对如此丰富的低丘缓坡地资源,政府要进一步完善山坡地开发的相关法律法规,积极探索科学的开发技术。

中国台湾地区的山坡地开发十分重视水土保持和生态保护,提倡人与自然相结合的核心发展理念。例如大肚山开发案例中,开发委员会充分考虑到当地的雨季对山坡地开发的威胁,为了兼顾园区开发过程和下游邻近村落安全,台中基地规划了一定数量的滞洪池;而台中地区的“十字型绿轴”交通网络则兼顾了景观欣赏和办公需要,实现了人工与自然景观融合。如何在防护水土流失、维护山区生态安全的同时实现对海西地区低丘缓坡地的合理开发和利用,台湾地区的诸多做法有着重要的启发意义和参考价值。

2.5.3　综合开发滨海地带,合理拓展海西建设用地

日本在土地拓展模式方面,以填海造陆增加交通用地,最经典的是关西机场以新生地建设机场满足交通需求的案例。日本大阪早在17世纪就已经开始了大规模的填海造陆行动,大阪市区面积的1/4都来自填海,大阪市沿海的梦洲、舞洲、咲洲等岛屿也是由填海造陆而成的人工岛。1989年,大阪通过填海造地修建世界级机场——关西机场,每年客流量高达3000万人次,并在之后的数年里对关西机场进行了大规模的扩张。福建省内的海域面积约13.6万平方千米,海岸线长度达到3751.5千米,有大规模的滩涂用地,且适合填海造陆的面积也较为广阔,因此通过科学填海来合理拓展建设空间是福建省建设用地空间拓展的重要途径。

日本关西机场在填海造陆的同时,十分重视海洋生态平衡,采用半潜式钢制浮球支撑等先进技术维持了海底生态系统的稳定,减少了对水环境的

干扰。因此，对于海西地区滨海地带的开发和建设，应加强对生态环境保护的重视，坚持开发和保护并重，关注建设开发中带来的一系列污染防治和生态修复工作，加强滨海地带的开发管理工作，完善滨海地区开发与保护机制，通过科学的管理和合理的保护来实现海西地区滨海地带的综合开发，合理拓展其建设用地①。

参考文献

[1]柴舟跃，谢晓萍，尤利安·韦克尔．德国大都市绿带规划建设与管理研究——以科隆与法兰克福为例[J]．城市规划，2016，40(5)：99－104.

[2]陈雪明．美国城市规划的历史沿革和未来发展趋势[J]．国际城市规划，2003(4)：31－36.

[3]郑明媚，黎韶光，荣西武，文辉，白玮，吴斌．美国城市发展与规划历程对我国的借鉴与启示[J]．城市发展研究，2010，17(10)：67－71.

[4]冯辉．日本地区间经济差距的演变与政府干预[J]．日本学刊，2006(6)：105－117.

[5]徐颖．日本用地分类体系的构成特征及其启示[J]．国际城市规划，2012，27(6)：22－29.

[6]郎昱，叶剑平．国外建设用地空间拓展理念探讨与启示——以德国、美国和日本的一些城市为例[J]．资源导刊，2018(2)：52－53.

[7]何芳子，丁致成．日本都市再生密码——都市更新的案例与制度[Z]．台北市：都市更新研究发展基金会，2016：28－49.

[8]何芳子，丁致成．日本都市再生密码——都市更新的案例与制度[Z]．台北市：都市更新研究发展基金会，2016：150－165.

[9]尹鸿伟．日本填海的历史教训[J]．南风窗，2006(16)：44－45.

[10]刘洪滨，孙丽，何新颖．山东省围填海造地管理浅探——以胶州湾为例[J]．海岸工程，2010，29(1)：22－29.

[11]蔡玉梅，高延利，李家侬．台湾地区空间规划体系的演变及启示[J]．中国土地，2017(11)：30－32.

[12]中科志[EB/OL]. http://web. ctsp. gov. tw/temp/book/index. html.

[13]荒野保护协会，https://www. sow. org. tw/blog/33/20160209/4445.

① 刘洪滨，孙丽，何新颖．山东省围填海造地管理浅探——以胶州湾为例[J]．海岸工程，2010，29(1)：22－29.

第 2 篇　基于供需视角的城市建设用地空间拓展理论与方法

国家快速发展至今,经济社会发展对土地资源的需求越来越大,但在人多地少、土地资源有限的前提下,土地资源供给能力的限制越发严重,供需矛盾凸显。因此,本篇将基于供需视角,分别从需求和供给的角度,探讨海西地区城市建设用地空间拓展的理论与方法。

在本篇内,第 3 章将从需求角度出发,基于相关的城市建设用地需求理论以及城市建设用地需求预测方法,实证分析预测海西地区的城市建设用地需求。第 4 章将从供给角度出发,立足于城镇和农村两个层面,探索建设用地潜力测算评价指标体系,结合低丘缓坡和滨海地带建设用地的特殊性,评价海西地区低效建设用地潜力,有效挖掘建设用地潜力。第 5 章将基于供需平衡的理论角度,讨论海西地区建设用地空间拓展的途径与方法,并基于福建省建设用地空间拓展的原则与途径,提出海西地区空间优化配置的建议策略。

第3章　城市建设用地需求预测理论与实证分析

伴随工业化和城市化快速发展的进程,在人多地少的基本国情下,土地资源供需矛盾带来的压力和限制越来越突出。怎样合理开发利用建设用地、提高土地利用效率,在控制建设用地规模扩张的情况下满足发展的需要,成为宏观政策与土地利用规划的重点与难点所在。

为了理解海西地区城市建设用地空间拓展需求,本章立足于城市建设用地需求的相关理论基础,引入生产效率理论、产业集群理论、可持续发展理论、紧凑城市理论、生态红线理论和城乡融合发展观念等,利用这些概念做法实现土地集约节约利用,提高土地利用效率。基于城市建设用地需求预测成熟且较常用的一些方法,包括国民经济和人口发展目标法、生产函数模型等,本章对海西地区分城市进行了城市建设用地需求预测实证分析,利用相关宏观变量构建回归方程,从而预测各城市建设用地需求趋势,以便于从需求角度理解海西地区的城市建设用地空间拓展。

3.1　城市建设用地需求相关理论

3.1.1　生产效率理论

生产(production)是结合各类生产要素产出产品的行为,因此是能增加或创造效用的人类活动。增加的效用分为两种形式,一种为可直接消费的效用,另一种则为不能直接消费的效用,例如建一座厂房、生产一个机器,两种都不能直接消费,但目的却都是制造出更好的货物提供消费。然而资源有限,为充分满足人类的需求,"物尽其用"一直是人类追求的目标,因此生产的效率(efficiency)问题则成为另一个重要的课题。

Farrell(1957)将生产(production)以及效率(efficiency)相结合,提出效率必须达到生产边界(production frontier),亦即达到帕累托最优(Pareto optimality)，才能称为生产有效率，在此解释下，效率的要求更加严格①。生产与效率结合下的“生产效率”，为每单位生产因素所能得到的报酬，是一种边际的概念，若应用于土地，指的就是每单位生产因素在土地使用上所得到的报酬，也就是产出与投入的比。为追求生产效率，必须将生产过程中的各种资源适当地配置，即能达到帕累托最优，且其中任何生产要素间的替代均不能使生产者的产出增加，因此可以将生产效率写为：

$$生产效率 = \frac{产出}{投入} \times 100\% \tag{3-1}$$

式中：就产出而言，若可以进一步增加目前某一产出的产量，当不以其他产出减少为代价且不需要新增投入量时，则处于缺乏效率的状态。就投入而言，若进一步减少目前某一投入的使用量、不新增其他投入，当不降低产出量时，则处于缺乏效率的状态②。

产出与投入因素的内容，依不同的对象而不同，经济理论则将各种生产投入(inputs)综合为土地、劳力、资本以及企业才能。土地，包括农、林、渔、矿等自然资源；劳力，包括人们所提供的各种劳心与劳力；资本，包括机器、设备、建筑等人造生产工具等；企业才能，是生产者综合管理生产要素的能力。其中土地、劳力以及资本是属于有形物量投入，企业才能为无形投入。一般而言，企业在将产品销售收入支付土地、劳动以及资本等费用后若有剩余，此剩余即为企业主所有，这部分产出与投入之间的差额，成为企业才能的报酬，为一种剩余求偿权。

(1)土地的价格与数量是影响生产效率的关键。

降低成本(cost down)是过去企业经营的重要目标，而生产效率理论是企业在降低成本后为何能够提高企业竞争力的重要理论基础。生产效率是一组产出与投入的比率，投入愈少，产出愈高，效率就愈高，成本也就愈低。

① Farrell M. J. The Measurement of Productive Efficiency[J]. Journal of the Royal Statistical Society,1957,120(3):253 -290.

② Charnes A., Cooper W. W. and Rhodes E. Evaluating Program and Managerial Efficiency: An Application of Data Envelopment Analysis to Program Follow Through[J]. Management Science, 1981,27(6):668 -697.

对于生产要素的考虑，就如同总要素生产力（Total Factor Productivity, TFP）分析，是考虑所有影响产出的投入要素，其中，投入要素有土地投入、人力投入、资本投入、能源投入等；产出要素包括生产性产品与非生产性产品。生产要素投入的成本，直接影响到产品的售价，唯有能够生产出售价更便宜的产品，企业才能扩大其市占率，提高其市场竞争力。

土地投入在企业生产效率评价中有两个角色：一是数量，二是价格。从数量来看，一个技术条件成熟的企业，能够高效利用生产要素，在相同的土地投入下，能够生产较多的产品；从价格来看，在合理土地价格下，企业在一定的资本能力下，可以取得合适的土地面积从事生产，土地价格过高将影响企业的资本承受能力。因此，土地价格决定了企业能够取得的土地数量，一个地区要能够体现工业用地的高生产效率，不只是要求企业的技术能力，还需要维持稳定的土地价格。

（2）技术创新可以有效减少土地投入的数量。

随着技术的不断进步，生产效率不断地获得改善，使得原先定义的生产要素产生了革命性的改变。因为研发与创新的出现，生产要素之间的关系也发生了改变。在土地要素方面，土地因为具备市场价格而成为资本的一环，在购买土地资产后剩余的资金才是企业用以购买或研发技术的来源，资本愈是雄厚的企业，研发投入的金额才可能愈高，购买他人专利的可能性才会愈大，因此，资本密集型产业愈来愈多，制造业分类再细分出现代制造业。这也表明，当土地价格偏高时，将挤占企业购买或研发技术的能力。随着技术能力不足，单位土地的产值将会下降，影响土地生产效率。

随着生产要素角色的改变，具备竞争力的企业对生产要素需求的本质也有所改变，具有竞争力的标杆企业可进一步定义为："能够有效地利用土地从事生产、运用资本购买专利与从事研发、聘用能运用科技知识的人力资源，并获得最大营业收入的企业。"然而，这也表明，土地投入、人力投入、资本投入、能源投入愈少，营业收入愈高，企业愈有竞争力的本质仍然不变，技术的进步反而使得人力、资本和土地的运用愈加节约。换言之，企业对土地需求的数量不会因为技术进步而增加，仍然是随着营业收入的增加而增加。

只有在土地价格合理的前提下，才能形成土地、资本、技术与效率的良性循环（见表 3－1）。

表 3－1　研发与技术土地、营业收入的关系

	研发与技术	土地产值	营业收入不变的条件下	土地投入数量不变
生产要素变动	提高	提高	土地需求下降	营业收入上升
	下降	下降	土地需求上升	营业收入下降

（3）土地的投入量必须与劳力、资本的投入量相互协调。

土地是企业经营的生产要素之一，是土地经营的载体，是经济学研究中生产四要素之一。追求土地节约集约利用，对营利企业来说，就是提高生产效率的方法，这也表明，土地与营业收入之间的关系，不是简单的比值关系，当土地降低到一定的标准，营业收入将开始减少。土地节约集约的标准，应当考虑人力、资本以及营业收入三者的均衡，才能实现生产，创造价值。

再以 Farrell（1957）投入导向衡量法（Input－Oriented Measures）来说明生产要素与生产效率之间的关系①。在固定规模报酬的假设下，两家企业使用两项投入（假设 x_1 是土地，x_2 是人力）生产一项产品，得到营业收入（y），等产量线以图 3－1 中的 QQ^2 表示，在这条线上，各项投入的组合都可以得到相同的营业收入。今有某一家公司 P 使用较多的投入数量组合来生产同一单位的产出，则该公司的技术无效率即可用 SP 的距离来表示，此段距离是在营业收入相同的情况下，所有投入项多投入的数量，因此，土地以及人力都可以再减少 OS/OP 的数量，这个比率代表为了达到技术有效率，所有投入需要减少的百分比，因此，公司的技术效率（TE）$=OS \div OP$。

① Farrell M. J. The Measurement of Productive Efficiency[J]. Journal of the Royal Statistical Society, 1957, 120(3): 253－290.

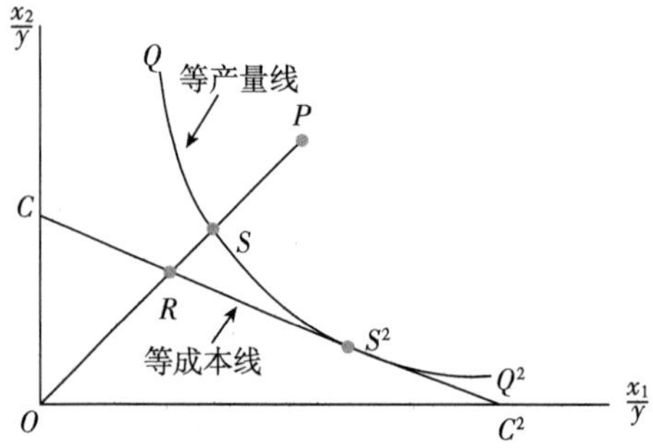

图 3-1　生产要素与生产效率关系

因此,企业经营不是土地投入量愈少愈好,而是依其他生产要素及营业收入的规模来决定其标准,投入超出其他生产要素及营业收入的规模下的土地数量标准,多余的土地数量将因沦于闲置而浪费;反之,土地投入也不是愈少愈好,在技术、生产要素及营业收入的共同影响下,土地数量不足标准将导致营业收入下降。

土地节约集约利用是在城市建设用地扩张过程中必须致力追求的目标,在追求高效土地利用时,土地与劳动力、资本是不可分离的,它们均被称为生产要素。生产要素直接影响到产品的售价,是产品生产的主要来源,因此建设用地供应的过程中,应当谨慎控制土地价格,唯有低成本的土地投入,才能生产出售价比别人便宜的产品,包括工业生产、住宅与写字楼建设等。便宜的工业产品,企业能扩大其市占率,提高其企业竞争力;便宜的住宅,能够吸引更多的人才移入,解决新移民的居住问题;而便宜的写字楼,更是商务与科技服务业发展的重要载体。

科技知识投入是提高原有土地生产效率的重要途径,这意味着建设用地扩张还需关注提高科技知识的各项土地利用。海西地区应当通过土地优惠适当地引导包括大学、政府研究机构、私立研究单位以及行业公会入驻,以推动地区产业技术升级,推升新一轮的土地生产效率增长。土地价格合理化则是持续推动科技知识发展的重要动因,在购买土地资产后剩余的资金,才是企业用以购买或研发技术的来源,技术的进步能使得人力、资本以及土地的运用愈来愈节约。

土地节约集约应当考虑人力、资本和营业收入三者的均衡，盲目地追求减少土地投入，反而会造成人力、资本的浪费，导致企业营收下降，因此建立反向的由营业收入为基准反推企业土地需求，是实现建设用地精准化供应的第一步。推动大样本的全行业覆盖的企业用地生产效率评价，建立各行业土地供应数量与营业收入标准，不仅可以在建设用地扩张环节实现节约集约用地的目标，而且能够有计划地提高入驻企业营收，增加地方税收。

3.1.2　产业集群理论

在特定空间中大量产业关联紧密的企业和有关支撑机构形成集聚，由此形成强有力并且持续的竞争优势的现象，称为产业集群（industrial cluster）。

产业集群理论主要依靠组织或市场力量，整合区域内的资源并“自下而上”形成专业化分工，发挥聚集经济效应。特殊的组织结构是其最突出的特点，这种特殊的结构比纯市场结构稳定，又比科层结构灵活。在这个结构下，中小企业以信任与承诺为合作基础，互信互利，竞争合作，从而享受交易成本、生产成本等下降带来的“内部经济”，以及资源共享带来的“外部经济”，使得区域内的集群企业相对于区域外的企业的市场竞争力更强（见图 3－2）。

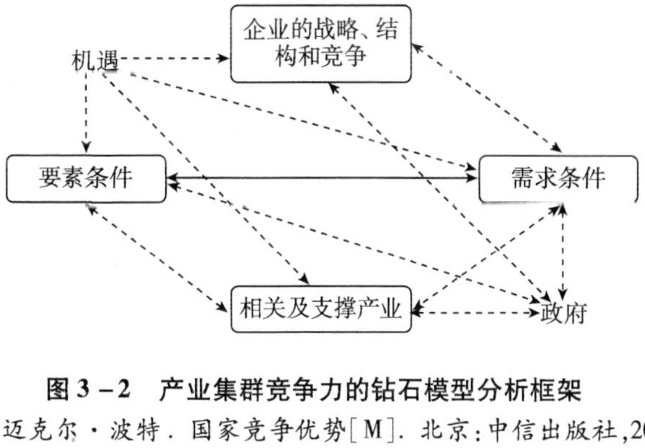

图 3－2　产业集群竞争力的钻石模型分析框架

资料来源：迈克尔·波特．国家竞争优势［M］．北京：中信出版社，2007.

（1）产业关联是产业集群发展的前提。

产业关联是指产业间以各种投入品和产出品为连接纽带的技术经济联系。纽带是指不同产业之间的联系的介质，它们包括产品、劳务联系、生产技术联系、价格联系以及劳动就业联系。任何一个行业都会与其他行业存在前述的关联关系，只是联系的程度、对象和单双向的不同；联系的程度称为"关联系数"，两两产业的关联系数愈高，说明它们在生产过程中愈互不可缺；对象是指关联产业，一个行业可以与多个行业存在关联；单双向是指"前向"以及"后向"关联，一个行业"前向"关联其他行业，说明其为被关联行业的上游产业，反之，"后向"关联其他行业，说明其为被关联行业的下游产业。上游产业生产的产品称为中间产品，不被消费者生活使用，而是生产其他最终产品的零件，下游产业生产的产品，则为最终产品，可直接在市场上贩卖或提供服务。

在一个缺乏关联产业的生产环境中，生产一项最终产品的中间产品需要由外地运送过来，因此成本会提高。企业为了降低生产成本，在设厂时会考虑其上下游企业的区位，在考虑运输成本、购地成本等条件下，选择适合该企业生产营运的地点，产业集聚会逐渐成型。上下游企业或者同行业的企业之间，彼此之间的技术、生产知识、关联程度都不相同，关联程度较高的上游和下游产业会发展成为主导产业，而技术和生产知识水平比较高的企业，会将获利较少的生产环节外包给其他相同行业的企业，共同带动产业集聚的技术成长。一个已存在主导产业、多元行业聚集的产业集聚，被称为"产业集群"。因此，产业集聚的出现是相同类型的产业在空间上集中的过程，当高生产关联的产业带动与支撑其他关联产业的发展，产业集聚将转型为产业集群，依靠主导产业本身的产业集聚带动周边关联产业的发展，并进一步兼并周边的集聚产业，成长为更大的产业集群，集群内各个企业将更具竞争力。

(2)发展科技园是创造产业集群的快捷方式。

过去的国外文献研究指出，产业集群的前提条件是产业集聚(industrial agglomeration)[①]，由产业关联与产业链联结形成。最早是 Emerson 在 1962 年引入产业链的概念，探讨产业关联和产业链，并提出由于前后向产业链与自

① 于立宏，费文博．中国石化产业园区与循环经济互动发展研究[J]．中国软科学，2009(11)：25－33.

发技术流动的交叉影响，集聚产业能进一步形成产业复合体（Complexes）①。Porter（1985）正式提出了"产业集群"②，包括后来的相关研究定义产业集群，也一般围绕产业关联和产业链；Bahrami 等（1995）将产业集群定义为基于产业集聚，投入和产出之间的产业关联引致产业集群发展，在各个产业不同需求利益的作用下，形成产业集群效果③。

从国外文献中可以清晰了解产业集群化的驱动因素，并为科技园会否一定发展成为产业集群提供论证支撑。第一个因素是政策法令，在产业集群形成过程中，产业政策至关重要④，特别是在产业集聚的定位引导和安排实施方面⑤。第二个因素是产业关联程度，高度关联的产业集群能通过专业分工、资源共享等形成规模经济，从而提升竞争力⑥。这种形态一般包括大厂和卫星工厂，大厂处于中心地位，主要负责研发、设计、组装以及测试，而卫星工厂进行低阶加工和零件供应⑦。第三个因素是市场，在市场机制和产品需要的作用下，集聚企业会进行协作、连接⑧。简单而言，科技园是在政策法令的驱动下，发展形成的产业上相关联并且具有市场需求的产业集群。

科技园实际上是一个产业集群具有明确边界的空间范围，通过产业链

---

① Emerson R. M. Power Dependence Relations[J]. American Sociological Review,1962,27(1):31-41.

② Portor M. E. Competitive Advantage: Creating and Sustaining Superior Performance [M]. The Free Press,1985.

③ Bahrami H. & Evans S. Flexible Recycling and High-Technology Entrepreneurship[J]. California Management Review,1995,37(1):62-89.

④ Porter M. E. The Competitive Advantage of Nations[M]. The Free Press,1993.

⑤ Kim L. Fuzzy Relation Compositions and Pattern Recognition[J]. Information Sciences,1996,89(2):107-130.

⑥ Caniëls M. C. J. & Romijn H. A. Dynamic Clusters in Developing Countries: Collective Efficiency and Beyond[J]. Oxford Development Studies,2003,31(3): 275-292.

⑦ Yeh C. C. & Chang P. L. The Taiwan System of Innovation in the Tool Machine Industry: A Case Study[J]. Journal of Engineering and Technology Management, 2003,20(3):367-380.

⑧ Cook G. , Pandit N. R. & Swann P. The Dynamics of Industrial Clustering in British Broadcasting [J]. Information Economics and Policy,2001,13(2):351-375.

的作用,园内企业相互联结①,并且通过上下游产业合作获得新技术知识②,当科技园与周边产业也形成产业链时,周边产业会随之成长,从而深化外包分工协作、最优配置产业链,使产业集聚程度提高③,这种发展变动影响着在城乡接合部发展、在科技园周边的产业。我国城乡接合部从土地产权性质来说,是国有土地和集体所有土地混合的区域;从产业特征来说,第一、第二、第三产业在这个区域并存。因此,虽然在土地产权性质上城乡接合部被分割成城和乡,但产业经营并不因此而受限,支配产业发展的主因仍是产业关联和产业链④。

在国外对产业集群的相关研究中,引入了主导产业的概念,作为连接产业关联和产业链的核心,并作为分辨产业集群的特点。主导产业可以带动发展上下游产业,促进形成产业集群。这种概念可追溯至 François Perroux 的增长极理论(Growth Pole Theory),引入"推进型产业"(Propulsive Industry);Hirschman(1958)的"经济发展策略"(The Strategy of Economic Development)把成长区域对落后区域形成的积极影响称为"涓滴效果"(Trickling - down Effect),消极影响称为"极化效果"(Polarized Effect),建议政府利用产业政策建立"发展极",扶持主导产业,消除极化效果,增强涓滴效果,促使区域均衡发展⑤。

(3)产业集群发展实现土地节约集约利用。

主导产业是连接产业关联和产业链的核心,其带动上、下游产业发展,促进集群的形成,集群内产业通过企业间彼此相邻创造的成本优势以及产业协作下的技术或知识外溢,对生产要素的运用技术将同步提升,进而提高

---

① 于立宏,费文博. 中国石化产业园区与循环经济互动发展研究[J]. 中国软科学,2009(11):25 - 33.

② Hakansson H. Industrial Technological Development: A Network Approach[M]. Croom Helm, 1987. Takeishi A. Bridging Inter - and Intra - firm Boundaries: Management of Supplier Involvement in Automobile Product Development[J]. Strategic Management Journal,2001,22(5):403 - 433.

③ 罗勇,曹丽莉. 中国制造业集聚程度变动趋势实证研究[J]. 经济研究,2005(8):106 - 115.

④ 施昱年,张秀智. 产业园区与城乡接合部产业集群的共生关系——以北京中关村丰台科技园为案例[J]. 经济管理,2012,34(7):21 - 31.

⑤ Hirschman A. O. The Strategy of Economic Development[M]. Yale University Press,1958.

生产效率，形成集中效率。因此，集中效率可以定义为：一个地区通过外部经济以及产业协作所获得的生产效率提升的竞争优势。

这样的提升过程，一方面是通过产业关联发生，另一方面是因为技术与知识外溢的外部效果而发生，因此，集中效率又可被分为“被动的(passive)集中效率”以及“主动的(active)集中效率”，“主动的集中效率”目的即在企业为了生产而必须创造出共同运作(co-operation)以及合作网络(networking)①，产业集群内企业因彼此相邻造成的技术或知识外溢，自然而然地实现了“被动的(passive)集中效率”。

生产效率为每单位生产要素投入(inputs)所能获得的边际产出(outputs)，由于土地作为生产要素之一，随着单位土地产值的提升，土地生产效率自然也将相应地提高。因此，促进土地节约集约利用的最好方式就是发展产业集群，如开发区，通过集群内企业主动的产业关联与被动的技术与知识外溢，就能逐渐提高单位土地产值，实现土地节约集约利用，而无法融入集群的企业，其生产成本将因无法下降而最终被淘汰出局。

3.1.3　可持续发展理论

可持续发展的概念，在 1980 年由世界自然保护联盟(IUCN)、联合国环境规划署(UNEP)、世界自然基金会(WWF)三个国际性组织出版的《世界自然保护方略》报告书中首先提出，强调要将保育的概念融合到开发的过程中，之后逐渐成为各国际性组织在面对全球环境变迁的中心目标。1987 年，以挪威前首相布伦特兰夫人为首的联合国世界环境与发展委员会(WECD)的成员们在《我们共同的未来》这一报告中再次提出这一概念。联合国于 1992 年加入倡导可持续发展的目标，进而萌生出可持续发展、生态都市、生态社区建设等概念，成为当代城市发展所追求的一种新的理念。

《我们共同的未来》提出的可持续发展，是既满足当代人需求，又不损害后代人需求的发展。而从《中国可持续发展总纲》涵盖的概念范围来看，可

---

① Schmitz H. & Nadvi K. Clustering and Industrialization: Introduction[J]. World Development, 1999, 27(9):1503.

持续发展由 7 个方面组成：①经济理性增长；②提高经济增长质量；③满足“以人为本”的基本发展需求；④保护自然资源；⑤以科技创新突破环境制约；⑥平衡环境与发展；⑦平衡效率与公平。前述概念对土地资源的重要性在于利用兼顾保护、发展兼顾环境。

宜居城市联系起可持续发展与城市建设用地的关系包括三方面：①公共设施建设充足；②交通建设完善，实现高效空间移动；③可及性高的开放空间。因此，可持续性城市发展着重在都市形态、环境保护、资源使用与经济技术发展，提高资源的利用效率，而提高土地生产效率就是高效利用多样能源的核心工作，其不仅能够节约集约土地面积，而且能够增进经济发展，达到经济利益与环境、能源和谐共进。

(1)建设用地布局是影响城市可持续发展的重要因素。

过去的文献以 PSR(Pressure - State - Response)模型以及 DPSIR(Driving Forces - Pressure - State - Impact - Response)模型解释影响城市可持续发展的因素。基于 PSR 的视角，人类活动是城市可持续发展的压力来源，通过土地利用的形式影响城市可持续发展，包括农地比重、建筑密度、产出效率以及绿化率等方面；基于 DPSIR 的视角，驱动力是影响城市可持续发展的动因，包括生产、交通、居住、土地使用和都市发展，这些动因均涉及建设用地扩张，造成环境污染以及土地耗用。

田园城市进一步从建设用地空间布局的视角探讨城市的宜居性。霍华德在 19 世纪末提出了田园城市的概念，解决工业革命引发的环境恶化问题(见图 3 -3)。在其理念中，建设用地布局是实现宜居城市的核心，城市中心设置市政厅、图书馆、展览馆和医院等公共建筑，学校和教堂设在主要大道，工厂、仓库、煤场等设置在城市外围。环形公路连接城市铁路，解决城际交通。田园城市对海西的借鉴意义，首先在于空间布局、城乡统筹和集中发展的思想，打破城乡分界是田园城市第一要务；其次在于城乡之间均衡布局公共设施，良好设施布局于市内，嫌恶设施布局于郊区。通过完善的交通路网提高城市易达性，以绿化美化工程提高城市的宜居程度，是一个比较完整的建设用地扩张模式。

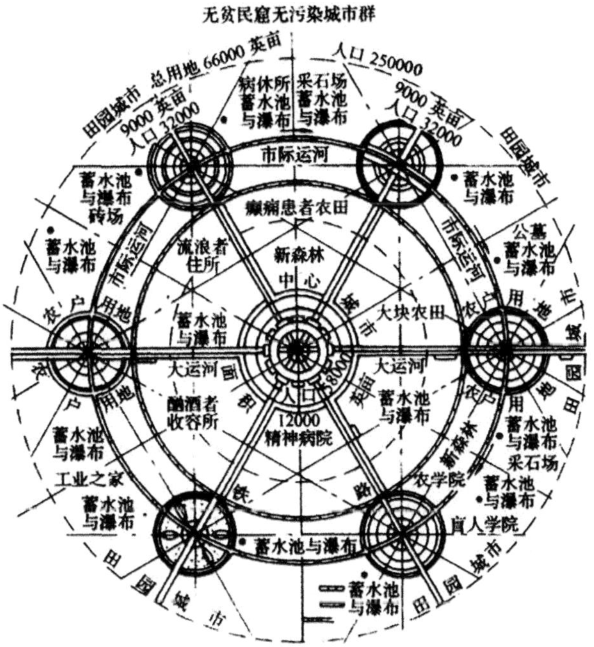

图 3－3　田园城市理念①

（2）减少土地浪费是创造永续城市的重要手段。

联合国人类定居中心与世界银行在 1995 年提出都市发展关键性指标，是土地开发、公共设施以及住宅投资。从可持续城市的视角，则能够扩展为 7 个土地指标，包括公共设施面积比、每人享受公园绿地面积、绿地率、都市平均透水率、山坡地开发面积比、行人徒步区长度和空屋率②，其概念如下：

1）人均绿地率、人均公园面积：代表城市的生态环境，影响着城市居民的健康度和满意度，在建设用地扩张过程中提高人均绿地率、公园面积，能维持生态系统平衡，提高居民居住满意度。

2）基础设施建设：影响城市居民生活的具体因素，能缩短交通时间、工

① 埃比尼泽·霍华德．明日的田园城市［M］．北京：商务印书馆，2000.

② 黄书礼，翁瑞豪，陈子淳．台北市永续发展指标系统之建立与评估［J］．都市与计划，1997，1：23－42；冯君君，黄书礼，罗登旭．生产、生活及生态观点检视台湾地区县市永续发展差异性之研究［J］．都市与计划，2000（2）：117－139；李永展．以都市指标系统检谈台北市之永续性趋势［J］．都市与计划，2002（4）：551－574.

务处理时间与生产成本,因此也是提高土地生产效率的重要土地利用途径。

3)步行空间规划:公共交通与行人徒步设施相互搭配,能提高居民步行的意愿,减少机动车的使用,降低环境污染。

4)不动产开发数量管制:不动产空置率表示城市经济景气与资源浪费情况,空置率越高说明城市经济越不景气、土地资源未获得最大利用,长期而言将制约城市经济发展。

(3)开放空间与文化娱乐设施创造宜居环境。

政府在建设用地扩张的过程中,主要扮演空间引导的角色,公共设施是提高土地价格的主要影响来源,通过公共设施建设,能够形成城市的土地价格阶层,进而影响土地容积率与土地开发项目。加拿大温哥华市政府以大量的开放空间与文化娱乐建设引导城市建设用地开发,成功地创造了宜居环境。

1)开放空间:市中心建设5座大型公园,占地面积达17公顷,使得每千人绿化面积达1公顷。50%的海岸线由面积达12公顷的4个大型公园组成,建立陆上休闲与海上休闲的空间联系。

2)文化娱乐建设:提高文化娱乐、体育活动、艺术创作的场地;在住宅小区旁建设商业中心和商业街,以及与商业活动配套的各种服务、餐饮、娱乐和文化设施;在郊区招商引资设立大型购物中心,并附设大型停车场。

“地尽其利”是国土资源可持续利用与发展规划的终极目标。提高土地生产效率是可持续城市的核心,其目的在于减少资源浪费,而基于可持续城市的概念,提高土地生产效率的建设用地扩张模式是充足的公共设施、完善的交通建设以及大量的开放空间。建设用地布局方式也会影响到可持续发展,但空间布局的方式多元,对实现可持续的目标来说,重点在于总量控制建设用地利用,包括农地比重、建筑密度、产出效率以及绿化率,而其中为提高土地产出效率,其手段包括有城际交通路网建设、城乡一体化基础设施建设、市内公园与海岸公园开发、步行空间规划、文化娱乐设施建设与不动产开发数量管制。

3.1.4 紧凑城市理论

紧凑城市是以城市边界控制与城市再开发为核心的城市发展概念,近些年城市用地的无序性和增量土地的紧缺性，越来越多城市改变发展思路，由开拓城郊土地城市边界不断蔓延转向城区土地的再开发，通过合理规划，提高城区土地职能承载力和土地生产效率。紧凑城市概念也是多个理论概念的集合，包括："城市精明增长"理论、"新都市主义"理论、"边缘城市"理论等。

"紧凑城市"的概念最早可追溯到 1990 年欧洲社区委员会（CEC）发布的《布鲁塞尔绿皮书》，其中将欧洲历史城镇作为原型，提倡城市形态紧凑高密度①。"紧凑城市"强调高密度、多用途、社会和文化多样性的土地利用方式。保护农田与农村能够提高城市土地密度，TOD 建设用地开发模式则是形成功能混合的用地布局的开发手段。总结来说，要实现紧凑城市，第一个战略是采用公共交通为导向的项目集中开发方式，第二个战略是符合市场供需平衡的住宅开发与土地使用，第三个战略是建筑密度管制。因此，依紧凑城市的概念拓展建设用地，其模式包括高密度不动产开发、土地混合使用、集中发展、划定城市发展界限、各类型交通方式并重建设等特征，可以在节地、节能、节水、节材的资源节约环境友好型发展中实现②。

（1）公共交通发展为导向的高密度混合开发实现紧凑城市土地利用。

紧凑城市的含义可以概括为：针对城市蔓延问题，以促进城市再发展为目标，以规划开发城市中心区为策略，通过增加城市密度、功能混合土地利用、发展公共交通等方式提高城区土地利用效率，并且通过保护农田、严格限制城市扩张等方式保护自然生态环境，从而实现城市可持续发展。

紧凑城市对土地利用方式的要求体现在：①高密度开发。提升城市密度，能够有效减少生活、生产等活动对土地资源的占用，遏制城市的蔓延；能够提高公共交通设施的使用效率，减少公共设施投入与能源消耗。②功能混合利用。将居住用地与办公用地、休闲娱乐用地、公共服务设施用地等混

① 李琳．"紧凑"与"集约"的并置比较——再探中国城市土地可持续利用研究的新思路[J]．城市规划，2006（10）：19－24.

② 仇保兴．紧凑度和多样性——我国城市可持续发展的核心理念[J]．城市规划，2006（11）：18－24.

合布局,可以缩短人们各种活动之间的距离,减少交通成本,最大程度发挥土地价值,提高居民生活质量,同时提高土地利用效率和竞争力。③以公共交通发展为导向。土地利用和轨道交通设计互相配合,通过轨道交通引导城市发展,构造放射型城市形态,遏制和避免城市无序蔓延。④保护生态环境。以公共交通站点为中心,保护生态环境是倡导在城市发展进程中,尽量减少对自然环境的不利影响,实现人与自然的和谐共处,从各国和地区实践来看,注重保护生态环境有助于提升人的生活质量,从而推动"以人为本"的城市建设。

公共交通发展极大地影响土地生产效率,杜能圈虽然是以农业生产为研究内容,但其对交通运输成本对土地生产效率影响的效果做出解释。杜能在其1826年出版的《孤立国同农业和国民经济的关系》一书中,根据他在德国北部长期经营农场的经验,提出不同类型农业生产在城市周边合理布局的模式,假设条件包括:①在孤立国内只有一个中心市场,农民需将产品运送到中心市场统一出售,产品售价均一致;②全国各地土地肥沃程度一致;③每单位农产品在每单位距离的运输费用相同。研究总结,生产纯收益取决于交通成本,越靠近城市中心,纯收益就越高。这是区位理论对选择区位所做的初步回答(见图3-4)。

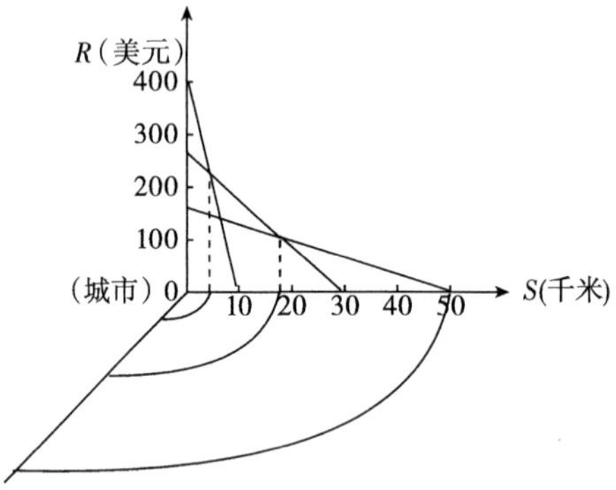

图3-4　不同农产品的区位收益曲线[①]

① 石虹,曹钢跃. 浅谈杜能农业区位论对现代土地利用的影响[J]. 山西教育学院学报,2000(2):28-30.

(2)建立合理土地价格梯度实现市场化建设用地空间布局。

李嘉图提出单中心城市模型，基于土地价格梯度，商业、住宅、工业与农业用地的合理布局是由中心向外延伸，以发挥每一地区土地的最大效益。其以租金解释土地使用成本，城市住宅总租金可以用下面的公式表示：

$$R(d) = y - kd - x \tag{3-2}$$

式中：y 为家庭收入，d 是到市中心的交通距离，k 是每千米的年度交通费用，x 是消费其他商品的费用。式(3-2)表示，城市住宅租金上限是家庭收入扣除交通与其他商品消费后的剩余。

郊区的住宅总租金则用下面的公式表示：

$$R(b) = rq + c \tag{3-3}$$

式中：r 表示租用每亩农用地的租金，q 为农用地面积，c 为建物建筑成本。式(3-3)表示，城市郊区住宅租金上限是农地租金加上建筑成本。将其代入城市住宅租金的表达式可得：

$$R(d) = (rq + c) + k(b - d) \tag{3-4}$$

这表示城市土地租金是郊区土地租金加上交通成本。

合理的土地价格梯度应当能够反映交通成本差异。在城市化进程初期，高收入家庭一般更倾向于拥有便捷的交通，因此城市高档住宅区也主要分布在城市中心区；到城市化后期，收入高到一定程度的家庭则更偏好大面积的住宅，因此高档住宅区也逐渐从城市中心外移到城郊，即出现某种程度上的“逆城市化”。土地价格反映交通成本差异，土地需求者才能够根据其对于通勤时间、通勤成本的敏感程度，选择合适的居住或工作区位，以最终发挥市场机制对建设用地扩张的支配功能。

(3)以TOD发展实现紧凑发展的城市建设用地拓展。

TOD是针对整个公共交通网络的规划开发，实现土地布局紧凑、用地形态混合使用，住宅与工作地均有良好公共交通服务，为步行及自行车交通提供良好的环境，并可承受高密度土地使用。TOD中的交通设施可以是区域性的干道的轻轨、重轨或快速的公交汽车的站点，以及城市内部地铁、轻轨或公交站点，各点商业强度和就业聚集程度均较高，提供相应的零售、娱乐、餐饮和市政公用设施,多个城市 TOD 的连接就形成城市发展轴线(见图 3 - 5)。

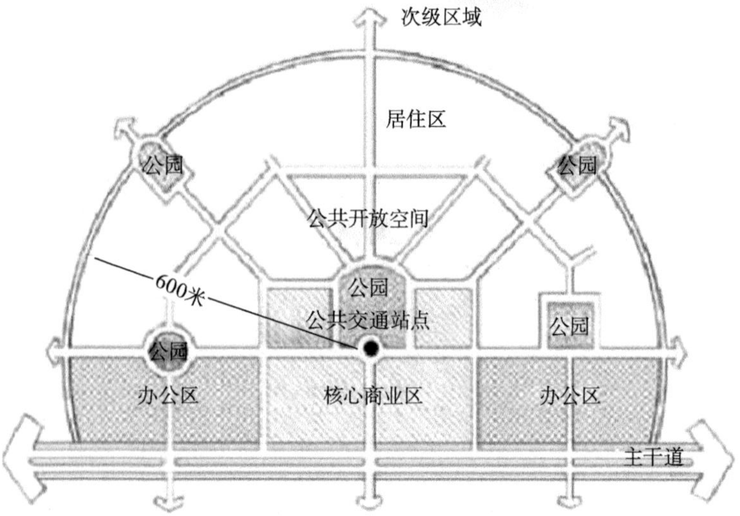

图 3 - 5 城市 TOD 用地结构示意图①

TOD 土地利用的高效性体现在:①较高密度,高密度居住和就业能够为公交提供需要的客流量,同时支持 TOD 商业和其他活动需要的市场;②土地的混合利用,土地混合利用目标是多样的,既提供便利居民服务,也平衡居住与工作地距离产生的交通需求,减少小汽车出行。站点范围内配建一定数量的基础设施和商业用地。同一类型用地也可以混合多种建筑使用,如居住用地混合公寓、独立住宅和联立住宅等多种形式,从而提供面积、价格和所有权等多样化的不动产产品。

(4)以城市群发展模式合理配置区域内城市建设用地拓展。

德国地理学家瓦尔特 · 克里斯塔勒提出了中心地理论,被后人公认为城镇体系分布研究的基础理论,也是我国城市群发展的理论基础。城市集群是在特定空间范围内有一定数量的不同性质、类型和规模的城市,以一个或两个超大城市或特大城市作为区域经济核心,借助现代化交通工具和

① 卡尔索普. 未来美国大都市[M]. 北京:中国建筑工业出版社,2009.

综合运输网，以及发达的信息网络，使不同城市形成内在联系，构成相对完整的城市集合体。区域间的产业关联决定了城市协同发展的模式。

中心地理论按照等级规模把城市分级，最低等级的城市数量最多，规模越大城市数量越少（见图3－6）。在市场原则、交通原则、行政原则下，城市系统的空间结构由一个六边形的地域组成，城市等级愈高、对周边地区的服务能力愈强，辐射出去的六边形也愈大。生长极理论解释了城市之间的产业阶层差异，生长极理论由法国经济学家普劳克斯于1950年提出，该理论认为，不同城市的产业强度不同，在空间上呈点状分布，这些点是具有产业成长以及空间聚集意义的生长极。根据这一观点，区域的开发和建设不能全面铺开，而应集中开发、建设一个或几个生长极据点，高密度、大面积地拓展建设用地开发，对于非生长极的城市，应着力于生态环境保护，形成以生长极影响与带动周围地区的经济发展，以周围城市提供绿带与生态功能的模式。

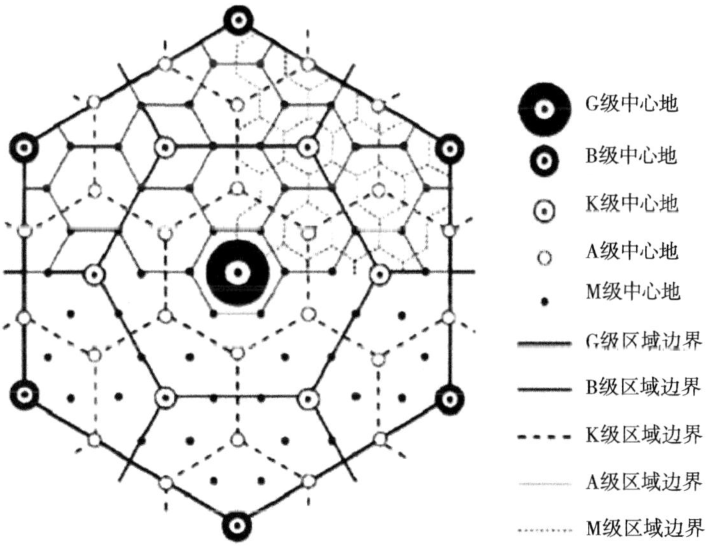

图3－6　中心地理论①

① 克里斯塔勒．德国南部中心地原理[M]．北京：商务印书馆，2010.

周边城市土地价格低廉，会吸引一部分投资者到郊区投资，引发城市边界扩大和人口郊区化问题，通过城市的集群发展以及跨区域合作，合理布局区域间建设用地拓展模式，能实现区域内建设用地精明扩张。总结来说，城市集群发展过程中土地的高效利用主要体现在以下两个方面：①并非仅仅通过提高容积率来实现高效土地资源的利用，而是将区域土地资源综合来看，这既可以避免单一城市过于拥堵，也可以通过联合发展吸引投资，进而带动周边城市的发展；②城市集群发展可以共享区域内人力资源与技术资源，进而互惠互利，共同发展。可以为土地价格与利用强度建立合理梯度，提高土地利用的协调性。

紧凑城市是土地节约集约利用的重要发展模式，高密度开发是其核心概念，倡导以老旧城区再开发取代城市扩张。紧凑城市在建设用地利用过程中强调高密度、多用途、社会和文化多样性。公共交通为导向的项目集中开发方式是实现紧凑城市的重要手段，以站点高密度土地开发及混合土地使用，维持强大的中心城区，遏制和避免城市的无序蔓延，保护生态环境。

TOD 发展能够实现合理的土地价格梯度，能够体现市场化的商业、住宅、工业与农业用地的合理布局，土地需求者能够根据其对于通勤时间、通勤成本的敏感程度，选择合适的居住或工作区位。交通节点可承受高密度土地使用，临近有提供良好公共交通服务的设施，提供相应的零售、娱乐、餐饮和市政公用设施。多个城市 TOD 的串联便形成了城市的发展轴线，联系起不同中心地以及生长级与非生长极城市。因此，从区域的视角，建设用地拓展模式应当能实现建设用地精明扩张，并非所有城市均追求高容积率的高效土地资源利用，应集中开发、建设一个或几个生长极，采取高密度、大面积的拓展建设用地拓展模式，非生长极城市则以生态环境保护的低密度开发为主，为周围城市提供绿带与生态功能，以追求区域间的土地协调利用与发展。

3.1.5 生态红线理论

在我国工业化与城镇化快速推进的背景下，资源环境的形势日渐严峻。尽管生态保护建设力度在逐年提升，但已建的各类保护区存在空间交叉重叠、布局欠合理、效率不高、缺乏全局保护等问题，保障生态安全和经济社会协调发展的格局尚未形成。

在这个背景下，《国务院关于加强环境保护重点工作的意见》（国发〔2011〕35号）首次以国务院文件形式提出“生态红线”概念，明确划定任务，要在重要生态功能区、陆地和海洋生态环境敏感区、脆弱区等区域划定生态红线。2013年5月24日，在中共中央政治局第六次集体学习时，习近平总书记再次强调，要划定并严守生态红线，牢固树立生态红线的观念。在生态环境保护问题上，就是要不能越雷池一步，否则就应受到惩罚。中共中央十八届三中全会也提出在改革生态环境保护管理体制、推进生态文明制度建设的工作中，划定生态保护红线是最重要、优先的任务。生态红线的划定已不仅只是生态保护重点工作，更是保障国家生态安全和经济社会可持续发展的基础。

为了落实生态保护红线划定工作，2014年1月，环保部自然生态保护司生态红线划定技术组发布《国家生态保护红线——生态功能红线划定技术指南（试行）》，提出生态保护红线体系从根本上保障提升生态功能、改善环境质量、永续利用资源，生态保护红线体系包括生态功能保障基线（简称生态功能红线）、环境质量安全底线（简称为环境质量红线）和自然资源利用上线（简称资源利用红线）。继18亿亩耕地红线后，生态保护红线是第二条被提升到国家层面的“生命线”。该试行稿中进行了如下定义：

（1）生态保护红线：在维护国家和区域生态安全与经济社会可持续发展、保障群众健康方面有关键作用，是提升生态功能、改善环境质量、促进资源高效利用等方面必须严格保护的最小空间范围与最高或最低的数量限制值①。

（2）生态功能红线：在维护自然生态系统服务、保障国家和区域生态安全方面有关键作用，是重要生态功能区、生态敏感区、生态脆弱区等区域划定的最小生态保护空间。

① 《国家生态保护红线——生态功能红线划定技术指南（试行）》（环发〔2014〕10号）[EB/OL]. http://hbj.pingliang.gov.cn/stcj/201703/t20170302_164623.html, 2017-07-31.

(3)重要生态功能区：在涵养水源、保持水土、防风固沙、调蓄洪水、保护生物多样性等方面有重要作用，是关系国家或区域生态安全的地域空间①。

(4)生态敏感区：是对外界干扰和环境变化敏感，易发生生态退化的区域②。

(5)生态脆弱区：是生态系统结构稳定性比较差，抵抗外在干扰和维持自身稳定能力较弱，容易发生生态退化并且自我修复能力较弱、恢复时间较长的区域。③。

图3－7为生态功能红线划定的技术流程图，通过该技术流程，使得生态功能红线划定后呈现保护性质不改变、生态功能不降低、空间面积不减少的性质。

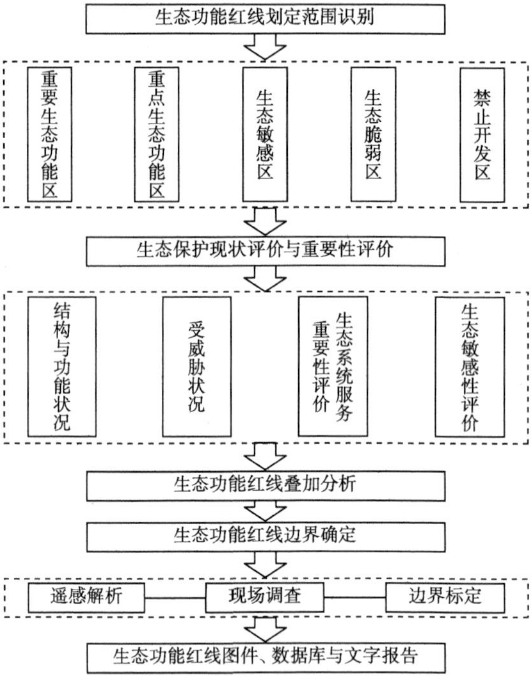

图3－7　生态功能红线划定技术流程

①②③ 《国家生态保护红线——生态功能红线划定技术指南(试行)》(环发〔2014〕10号)[EB/OL]. http://hbj.pingliang.gov.cn/stcj/201703/t20170302_164623.html, 2017－07－31.

1991 年,世界自然保护同盟(IUCN)、联合国环境规划署(UNEP)和世界自然基金会(WWF)提出了一个可持续发展的定义:"可持续发展是在生存不超出维持生态系统涵容能力的情况下,改善人类生活品质",将不突破生态系统涵容能力作为可持续发展的必要条件。因此生态红线的理论基础是可持续发展理论,以及处于可持续发展理论核心的承载力理论[①]。

考虑到生态环境因子的复杂性,生态红线可以按照研究对象分为"生态功能红线""环境红线"和"资源红线"三条红线的组合体系[②]。由于城市具有自然生态系统和人工生态系统的双重特征,即生产、生活、生态空间相互重叠,既相生相克,又相辅相成[③],所以"空间红线""面积红线""管理红线"三条红线共同组成生态红线,这反映了生态系统从格局到结构再到功能保护的全过程,管理控制对象应该为每个生态系统服务的占用单位。

生态保护红线是国家级提出划定的"生命线",其对于限制建设用地无限扩张、保护人类赖以生存的环境十分重要。在遵循生态红线理论、保护生态环境的前提下,合理开发利用建设用地。

3.1.6　城乡融合观念

党的十九大报告提出了乡村振兴战略,以此建立健全城乡融合发展体制机制和政策体系,从而重塑城乡关系,积极推进城乡要素融合共同发展,促进乡村振兴和农业农村现代化。

城乡融合发展观念,其基础理论依据主要是地理学研究中的人地关系地域系统理论以及区域空间结构理论中的点轴开发理论。人地关系地域系统理论认为人地关系地域系统包括了人类社会和地理环境两个子系统[④],两者在特定地域中交错,互相影响、互相反馈形成复杂的动态系统,其研究目标在于优化人地关系地域系统从而促进内部各要素的良性循环。依据该理

---

① 赵成美. 生态保护红线的理论基础、实践意义与管控体系构建[A]//中国环境科学学会. 2014 中国环境科学学会学术年会(第三章). 中国环境科学学会,2014:5.

② 李洁,曹红英,梁涛,王凌青,王静. 基于城市生态系统研究范式构建生态功能红线理论方法及其应用[J]. 生态学杂志,2016,35(4):1097－1107.

③ 王如松. 生态文明:生态政区建设的抓手[J]. 环境保护,2008(23):46－50.

④ 吴传钧. 论地理学的研究核心:人地关系地域系统[J]. 经济地理,1991,11(3):1－6.

论,城市与乡村由于交错镶嵌的空间、耦合互补的功能结构,相互影响、相互作用,形成了错综复杂、功能多样、地域规模庞大的城乡地域系统。这个理论角度有助于全面全新认识当前的城乡关系与存在的发展问题,为实现全面的城乡融合和乡村振兴奠定理论框架。点轴开发理论是一种非均衡增长路径实现均衡发展的理论,是指经济中心以斑点状分布,通过交通等基础设施发展轴线连接各经济中心点形成点轴系统并交织构成空间网络,带动原本落后地区的发展,区域空间发展逐渐均衡①。而城乡融合发展的要义正是利用城镇中心点与发展轴线的扩散效应,带动乡村发展,缩小城乡发展差距,在空间上实现均衡发展。

城乡融合发展的核心内容,主要包括空间上的高度融合、资源要素的顺畅对流以及产业结构的合理布局。优化城乡空间布局、融合城乡空间形态,关键在于完善交通等基础设施的空间构建从而紧密连接城乡,这是城乡融合发展的基础;城乡资源要素包括土地、劳动力、资本等双向顺畅流动,才能统筹城乡各自存在的优势共同发展,充分发挥生产要素的积极性,这是城乡融合发展的前提条件;在空间结构与产业链上合理布局城乡产业,使城乡产业融合协调发展,这是城乡融合发展的重要途径和体现。

为了实现城乡融合发展,2019 年 4 月,中共中央、国务院发布《关于建立健全城乡融合发展体制机制和政策体系的意见》,希望通过解决公共资源配置不合理、城乡要素流动不顺畅等问题,从根本上解决城乡融合发展的体制机制障碍,明确了城乡融合发展的实施路径和保障措施。保障城乡融合发展的五大体制机制主要包括城乡要素合理配置、城乡基本公共服务普惠共享、城乡基础设施一体化发展、乡村经济多元化发展以及农民收入持续增长,从而实现城乡的全面融合与乡村的全面振兴。

① 陆大道. 关于“点—轴”空间结构系统的形成机理分析[J]. 地理科学,2002,22(1):1-6.

3.2　城市建设用地需求预测方法

3.2.1　国民经济和人口发展目标法

建设用地规模的确定在国民经济发展与人口增长方面起着十分重要的作用。国民经济和人口发展目标法针对目前阶段国民经济发展状况和人口发展方向,分析建设用地利用效率和人均建设用地指标,确定当前及未来一定时期内建设用地的需求规模,并结合基本农田保护和生态安全对于建设用地规模与布局的制约,确定城市建设用地合理的需求规模①。

用此方法来预测建设用地的发展规模,首先要基于国民经济发展现状与经济社会发展规划,确定待预测地区的经济和人口发展目标。然后基于当前建设用地的经济和人口承载量分析预测,最终得到待预测地区在目标年的建设用地需求规模。

国民经济和人口发展目标指标主要分为经济总量目标,第一、第二、第三产业生产活动指标,消费活动指标,固定资产投资指标,财政货币指标和人口民生指标等②。根据国民经济和人口发展指标,通过年度增量法、比较法以及其他计量方法进行目标预测。国民经济和社会发展的总量目标进行预测后,再根据该地区建设用地经济、人口承载量,利用回归分析法、灰色系统法、比较法等方法,预测建设用地实际需求量。

根据国民经济和社会发展总量和单位建设用地经济生产、人口承载量,计算国民经济和人口发展目标下的建设用地的需求规模③。

计算公式如下:

$$Y = \frac{A}{B} \tag{3-5}$$

---

① 刘胜华,詹长根. 基于国民经济和人口发展目标的建设用地需求规模预测研究——以武汉市黄陂区为例[J]. 中国人口·资源与环境,2005(5):51-55.

② 周长林,周纳,许翼. 国民经济和社会发展指标解读企业批量购书分享关注商品举报国民经济和社会发展指标解读[M]. 北京:当代中国出版社, 2010.

③ 刘胜华,詹长根. 基于国民经济和人口发展目标的建设用地需求规模预测研究——以武汉市黄陂区为例[J]. 中国人口·资源与环境,2005(5):51-55.

式中:Y 为国民经济和人口发展目标下的建设用地需求规模;A 为国民经济和人口发展目标量;B 为单位建设用地经济生产、人口承载量。

3.2.2 生产函数模型

生产函数是在一定技术水平下,投入生产要素数量和对应最大产出量之间的关系。生产函数模型如下:

$$Q = f(X_1, X_2, \cdots, X_n) \tag{3-6}$$

式中:Q 为所能生产的最大产量,$X_1, X_2, \cdots, X_n$ 为产品生产过程中所使用的 n 种生产要素的投入数量。生产函数表明生产要素组合($X_1, X_2, \cdots, X_n$)在既定的生产技术水平下所能生产的最大产量为 Q。西方经济学中,将生产要素划分为劳动、土地、资本和企业家才能四种类型。

(1)线性生产函数。

线性生产函数描述经济产量和生产要素之间为线性关系。根据自变量的多少不同,可以分为一元线性生产函数和多元线性生产函数。其数学表达式分别为:

$$Q = a + bX \text{ 和 } Q = a + b_1 X_1 + b_2 X_2 + \cdots + b_n X_n \tag{3-7}$$

式中:Q 为总产值,$X_1, X_2, \cdots, X_n$ 为各生产要素投入,a 和 $b, b_1, \cdots, b_n$ 为待定参数,线性生产函数的特点是生产率固定不变。

使用线性生产函数需要假设生产率固定不变,根据经济活动投入的资金、劳动力、土地、技术等生产要素及制度变量建立模型进行预测。该模型的形式和计算过程相对简单,应用方便,充分考虑了影响建设用地规模的多种重要的因素,避免了单因素预测的局限性,反映了各生产要素以及经济发展因素等对建设用地规模的综合作用。尽管建设用地规模与各影响因素之间关系复杂,线性函数表明的线性关系很难解释变量之间的复杂影响,但利用该模型用于预测是较为简单方便的方法。

(2)柯布—道格拉斯生产函数。

柯布—道格拉斯生产函数的基本形式为:

$$Q = A(t)\, L^{\alpha}\, K^{\beta} \mu \tag{3-8}$$

式中:Q 是工业总产值,$A(t)$ 是综合技术水平,L 是投入的劳动力数,K

是投入的资本,一般指固定资产净值,α 代表劳动力产出弹性,β 代表资本产出弹性①,μ 代表随机干扰并且 $\mu \leqslant 1$。由此可以看出,劳动力、固定资产和综合技术水平(经营管理水平、劳动力素质、先进技术等)主要决定了工业发展的水平。

经济增长理论认为,一个国家或地区的经济增长依靠自然资源、劳动力资源、资本等要素,不同地区各个要素按照不同比例组合,形成不同的经济增长模式与产量水平。土地是经济发展中重要的生产要素和生产依托,是经济增长必不可少的生产要素。将土地投入量作为生产要素,构建经济增长函数,借助柯布—道格拉斯生产函数模型,预测经济发展中建设用地需求量,方程如下:

$$Y = A X_1^{a_1} X_2^{a_2}, \cdots, X_n^{a_n} \tag{3-9}$$

式中:Y 为经济产出,$X_1, X_2, \cdots, X_n$ 为土地、劳动力、资金、技术等生产要素及制度变量。通常将其写成对数形式:

$$\ln Y = \ln A + a_1 \ln X_1 + a_2 \ln X_2 + \cdots + a_n \ln X_n \tag{3-10}$$

根据式(3-9)和式(3-10),当经济产出和劳动力、资金、技术等其他生产要素及制度变量已知时,即可根据已有要素投入和产出情况,求出其建设用地需求情况。此需求预测模型体现了生产要素和产量之间的相互联系。

柯布—道格拉斯生产函数模型的前提条件是资本、劳动和土地投入的规模报酬不变,现实中经济的发展规律是上述投入要素的规模报酬逐步提高,但该模型形式简洁,需求变量数据易于获得,易于进行估计和预测,且经济含义丰富,是一种便捷合理的分析预测方法。

3.2.3　BP 神经网络模型

神经网络模型是一种信息处理方式,普遍应用于各研究领域。其特色在于信息的分布式存储和并行处理,具备良好的自适性、容错性、冗余性等。

---

① 宋吟秋,吕萍. 运用柯布—道格拉斯生产函数模型分析研发活动的成效[J]. 统计研究,2013(4):52-56.

人工神经网络有高度的非线性映射能力①,能从现有数据中自动归纳内在规律,不需要事先假设输出变量和输入变量之间的关系,通过分析样本间关系,实现输入变量和输出变量之间的非线性映射。可以在不了解输入变量与输出变量及其之间关系的情况下,直接完成非线性关系的建模,具有很强的推理分析能力,有效解决现有信息不足的问题,较为迅速准确地得出预测结果。

BP 神经网络通常由具有多个节点的输入层、隐含层和多个或一个输出节点输出层组成,其模型结构如图 3-8 所示②。

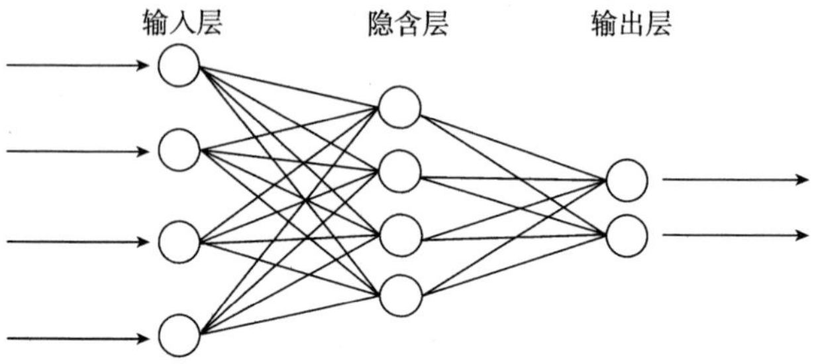

图 3-8 BP 神经网络模型结构

资料来源:郭杰,欧名豪,刘琼,欧维新. 基于 BP 神经网络的南通市建设用地需求预测[J]. 资源科学,2009(8).

BP 神经网络模型主要由输入层、隐含层和输出层组成,在各层正向传播过程中,输入信息经输入层通过隐含层进行处理,到达输出层并输出结果。若输出层没有得到预期的输出结果,则进行反向传播过程,通过对比输出值与期望值,将信息原路返回,进行误差处理,通过不断调整各神经元的权值,在得到理想输出结果前,不断进行循环,减少误差,直到误差在可接受范围内,输出结果,停止循环。

BP 神经网络模型的算法是求出误差对所有权系数的偏导数,利用梯度

① 朱海燕,朱晓莲,黄頔. 基于动态 BP 神经网络的预测方法及其应用[J]. 计算机与信息技术,2007(Z1):3-6.

② 郭杰,欧名豪,刘琼,欧维新. 基于 BP 神经网络的南通市建设用地需求预测[J]. 资源科学,2009(8):1355-1361.

下降法来修正各个连接权系数减少误差①。输入信号，传导到隐含层，经作用函数后，再把隐含层的输出信号传导到输出层，最后进行结果输出。具体步骤如下②：

（1）初始化，随机给定各连接权[w]、[v]及阈值 θ_i、r_t。

（2）由给定的输入输出模式对隐含层、输出层各单元输出。

$$b_j = f\left(\sum_{i=1}^{n} w_{ij} a_i - \theta_j\right),\ c_t = f\left(\sum_{j=1}^{p} v_{jt} b_j - r_t\right) \quad (3-11)$$

式中：b_j 为隐含层第 j 个神经元实际输出；c_t 为输出层第 t 个神经元的实际输出；w_{ij} 为输入层到隐含的连接权；v_{jt} 为隐含层到输出层的连接权。

$$d_t^k = (y_t^k - c_t)\, c_t(1 - c_t),\ e_j^k = \left(\sum_{t=1}^{q} d_i v_{jt}\right) b_j(1 - b_j) \quad (3-12)$$

式中：d_t^k 为输出层的校正误差；e_j^k 为隐含层的校正误差。

（3）计算新的连接权及阈值如下：

$$v_{jt}(n+1) = v_{jt}(n) + \alpha d_t^k b_j,\ w_{ij}(n+1) = w_{ij}(n) + \beta e_j^k a_i^k$$

$$r_t(n+1) = r_t(n) + \alpha d_t^k,\ \theta_j(n+1) = \theta_j(n) + \beta e_j^k \quad (3-13)$$

式中：α、β 为学习系数（$0<\alpha<1$，$0<\beta<1$）。

（4）选取下一输入模式，返回第二步进行反复训练，直到输出误差达到要求则结束训练。

采用此种方法进行建设用地需求量预测，就是根据 BP 神经网络的映射原理，进行从输入到输出的非线性映射，对映射样本集合 X 和 Y，可以假设其存在映射 F，计算公式为：

$$Y_i = F(X_1, X_2, \cdots, X_n) \quad (3-14)$$

利用 BP 神经网络模型，进行适应经济社会发展的最佳最优建设用地规模，即为利用神经网络计算映射 F 的最佳映射值，建立输入信息与输出信息的一个高度的非线性映射关系，根据现实发展状况，实现建设用地规模的拟合预测。

①② 段祖亮，张小雷，权晓燕．基于 BP 神经网络模型的新疆建设用地分析[J]．中国科学院研究生院学报，2009(4)：451－457.

3.2.4 灰色系统模型

灰色系统分析就是运用数理计算的方法，对原始随机的、不确定的参数进行处理，强化原始信息的规律性，建立数量有限的各相关因素之间的数量关系，建立连续函数微分方程进行预测分析，将不确定性的数据转化为规律化的数学模型。

灰色系统理论认为一切随机量都是部分信息确知、部分信息不确知的信息不完全随机量，是在一定范围、时段不断变化的灰色量和灰色过程①。灰色量的处理并不是寻求准确数理关系，而是从不确知、无规律的原始信息中找出规律，通过数据处理使其成为较有规律的时间序列数据，从而建立模型②。

灰色系统预测能很好地解决数据量少、信息不确定的问题，将"部分信息已知，部分信息未知"的"小样本""贫信息"、不确定性系统作为研究对象，分析、计算、处理"部分"已知信息的，提取系统信息，从而正确认识和描述系统运行规律，进行科学分析预测③。灰色预测模型相比传统预测模型，不仅适用于样本数量较少、波动较大的数列，而且淡化了误差积累影响④。

通过灰色系统模型进行建设用地需求预测，基于社会、经济、人口、国家制度政策等各个方面因素，进行分线性关系预测。对建设用地预测时，可以通过累加生成的方法，将波动变化的原始建设用地存量序列转化为单调上升的灰色序列。通过微分方程等数学方法求解，得出了灰色预测模型：

$$X_{(t)}^{(1)} = (X_{(1)}^{(0)} \cdot \frac{\mu}{\alpha})\ e^{-\alpha t} + \frac{\mu}{\alpha} \tag{3-15}$$

式中：$X_{(t)}^{(1)}$是$X_{(1)}^{(0)}$的一次累加值，也就是灰色序列，$X_{(t)}^{(1)} = X_{(t-1)}^{(t)} + X_{(t)}^{(0)}$；$t$为时间，$\alpha$ 和 μ 为模型参数。构建矩阵 B 和 Y，求解 α 和 μ：

---

① 石海洋，康慕宁，邓正宏．基于灰色 BP 网络的城市建设用地预测模型［J］．计算机工程与应用，2010(1)：218－220.

② 江晓涛．灰色系统理论在需求量预测中的应用［J］．经济师，2004(12)：258.

③ 邓聚龙．灰色系统基本方法［M］．武汉：华中理工大学出版社，1987.

④ 闫闪闪，王卫伟，余迪毅．基于灰色系统的湖北黄石市建设用地预测［J］．农业与技术，2012(5)：166－168.

$$
B = \begin{cases} -\frac{1}{2}(X_{(1)}^{(1)} + X_{(2)}^{(1)}) \\ -\frac{1}{2}(X_{(2)}^{(1)} + X_{(3)}^{(1)}) \\ \vdots \\ -\frac{1}{2}(X_{(N-1)}^{(0)} + X_{(N)}^{(1)}) \end{cases} \tag{3-16}
$$

$$
Y = (X_{(2)}^{(1)}, X_{(3)}^{(1)}, \cdots, X_{(N)}^{(1)}) \tag{3-17}
$$

依据公式：

$$
\left(\frac{\alpha}{\mu}\right) = (B^T B)^{-1} B^T Y \tag{3-18}
$$

通过利用社会、经济、人口、国家制度政策以及历史建设用地数量等多方面数据，结合用地需求，科学合理地对目标年份的建设用地需求量进行预测。使用灰色系统模型进行科学预测可以只利用少量数据，适用于现有数据缺乏、信息不确知不完全的情况，通过模型不断反馈，不断进行误差修正，利用该模型进行建设用地需求分析精度较高，实际数据与预测数据对比证明使用该模型预测的可信度和吻合度较高。但该模型仅仅适用于对结果进行预测，难以说明建设用地规模变化的原因，缺乏理论支撑。

3.2.5　ARIMA 趋势预测法

ARIMA 模型是以随机理论为基础，把预测对象随时间推移而形成的数据序列视作随机序列，用数学模型来近似该序列，利用过去值和现在值来预测未来值①，探究整个序列变化的规律性。

ARIMA 模型不同于传统的时间序列分析，它克服了渐进式变化的传统时间序列分析方法，避免了影响事物变化的因素不随时间变化的假设②。ARIMA 模型的基本原理是：把时间序列视为随机过程，用数学模型和数理计

① 张勃，刘秀丽．基于 ARIMA 模型的生态足迹动态模拟和预测——以甘肃省为例［J］．生态学报，2011（20）：6251－6260.

② 朱明仓，杨韬．城镇建设用地需求预测与配置研究［J］．资源开发与市场，2007（1）：10－12.

算来进行预测，根据过去和现在信息预测未来值。该模型具有动态性，体现了事物发展过程中的动态变化，以及事物过去、现在、未来发展之间的相互联系。

ARIMA(p,k,q)中 AR 指自回归，p 为自回归项数；MA 为移动平均，q 为移动平均的项数；I 指积分；k 表示时间序列 k 阶平稳。一般表达式为：

$$Y_t = \alpha_0 + \alpha_1 \gamma_{t-1} + \alpha_0 \gamma_{t-2} + \cdots + \alpha_p \gamma_{t-p} + \beta_0 \mu_t + \beta_1 \mu_{t-1} + \beta_2 \mu_{t-2} + \cdots + \beta_q \mu_{t-q} \tag{3-19}$$

运用 ARIMA 模型进行分析预测，不需要借助较为复杂的相关影响因素数据，通过模型假设，按照相应程序反复修正预测，便可求得一个预测精度较高的模型。一个地区建设用地的需求量和使用量作为一个时间序列数据，根据其过去和现在的变化规律，预测建设用地未来的需求变化，利用时间序列数据进行分析预测。运用 ARIMA 模型进行建设用地需求量分析，能较好地消除复杂的其他变量的影响，保证预测精度，使预测结果科学可靠。但该模型缺乏对建设用地规模扩张的原因解释，单纯地将建设用地的变化归纳为时间序列的因变量。此外，整体经济环境变化，也会对建设用地需求预测结果产生较大影响。

3.3 城市建设用地需求预测实证分析

3.3.1 福建省建设用地需求预测

3.3.1.1 描述性统计

2005—2013 年，福建省 9 个城市的 GDP（万亿元）、常住人口（POP，万人）、科学技术支出（science，万元）、城镇化率水平（UR，%）和城市建设用地面积（CLA，平方千米）的描述性统计如表 3－2 所示。

表 3－2 变量描述性统计

	GDP	POP	SCIENCE	UR	CLA
Mean	14762096	404	26244	53	81

续表

	GDP	POP	SCIENCE	UR	CLA
Medi	11058200	288	12923	50	47
Max	52180000	832	161909	89	282
Min	3435992	225	1100	38	12
Std. Dev.	11470138	195	32954	13	74
Obs	81	81	81	81	81

3.3.1.2　单位根检验

在对包含时序的变量进行回归分析之前必须先进行单位根检验，在变量平稳的情况下才能进行回归分析，否则将出现“伪回归”现象。面板数据由于包含多个横截面单位，因此单位根检验方法根据是否允许各截面有不同的单位根过程可以分为两类检验方式。Levin – Lin 检验（L – L 检验）假定各截面有相同的单位根过程，而 ADF 检验、PP – Fisher 和 Im – Pesaran 等检验方法则允许各截面有不同的单位根过程。本书将综合分析各种检验方法的检验结果，以多数方法的检验结果为准。

利用 Eviews 8.0 软件对变量的原始值进行单位根检验，结果表明除了常住人口是平稳的，其余变量均存在单位根。因此，将所有变量做一阶差分后，再以差分值做单位根检验，结果表明所有变量的一阶差分均平稳，单位根检验结果如表 3 – 3 至表 3 – 7 所示。因此，回归模型中的变量均应当使用一阶差分的形式。

（1）GDP（见表 3 – 3）。

表 3 – 3　GDP 单位根检验结果

Method	Statistic	Prob.	Cross – sections	Obs
Levin, Lin & Chu t	–5.5953	0	9	72
Im, Pesaran and Shin W – stat	–1.3619	0.0866	9	72
ADF – Fisher Chi – square	26.7638	0.0835	9	72
PP – Fisher Chi square	47.3811	0.0002	9	72

(2)常住人口(见表3-4)。

表3-4 POP单位根检验结果

Method	Statistic	Prob.	Cross - sections	Obs
Levin, Lin & Chu t	-13.2434	0	9	71
Im, Pesaran and Shin W - stat	-3.954	0	9	71
ADF - Fisher Chi - square	47.026	0.0002	9	71
PP - Fisher Chi - square	47.095	0.0002	9	72

(3)科学技术支出(见表3-5)。

表3-5 Science单位根检验结果

Method	Statistic	Prob.	Cross - sections	Obs
Levin, Lin & Chu t	-6.3362	0	9	69
Im, Pesaran and Shin W - stat	-2.2870	0.0111	9	69
ADF - Fisher Chi - square	35.7155	0.0077	9	69
PP - Fisher Chi - square	40.0271	0.0021	9	72

(4)城镇化率水平(见表3-6)。

表3-6 UR单位根检验结果

Method	Statistic	Prob.	Cross - sections	Obs
Levin, Lin & Chu t	-4.4576	0	9	61
Im, Pesaran and Shin W - stat	-1.1952	0.1160	9	61
ADF - Fisher Chi - square	25.6241	0.1087	9	61
PP - Fisher Chi - square	36.3476	0.0064	9	63

(5)城市建设用地面积(见表3-7)。

表3-7 CLA单位根检验结果

Method	Statistic	Prob.	Cross - sections	Obs
Levin, Lin & Chu t	-8.0310	0.0000	9	70
Im, Pesaran and Shin W - stat	-3.9730	0.0000	9	70
ADF - Fisher Chi - square	52.6151	0.0000	9	70
PP - Fisher Chi - square	63.6164	0.0000	9	72

3.3.1.3　回归模型设定

面板数据的回归模型分为混合截面、变截面与变系数三种。确定模型方法的检验步骤如下：

(1)建立两个原假设：

$$H_0:\beta_1 = \beta_2 = \cdots = \beta_N$$

$$H_1:\alpha_1 = \alpha_2 = \cdots = \alpha_N$$

$$\beta_1 = \beta_2 = \cdots = \beta_N$$

(2)做变系数模型、变截面模型和混合截面模型，分别得到三个模型的残差平方和 S_1、S_2和 S_3。

(3)计算 $F_1 = \dfrac{(S_2 - S_1)\div[(N-1)k]}{S_1 \div[NT - N(k+1)]}$。在原假设 H_0的条件下，F_1服从 $F[(N-1)(k+1),N(T-k-1)]$分布。其中，N 为截面单位数，k 为自变量个数，T 为时间序列长度。

(4)计算 $F_2 = \dfrac{(S_3 - S_1)\div[(N-1)(k+1)]}{S_1 \div[NT - N(k+1)]}$。在原假设 H_1的条件下，F_2服从 $F[(N-1)k,N(T-k-1)]$分布。

(5)若 F_1、F_2均不显著，则模型可能是变截距模型。若 F_1、F_2均显著，可能是变系数模型。

(6)在固定模型的变截距模型下进行 Redundant Fixed Effects Tests。若检验不显著，则模型为混合截面模型。

(7)若模型最终确定为变截距模型，则还需通过 Hausman 检验确定是固定效应还是随机效应变截距模型。

本例的模型设定检验过程如下所示：

利用 Eviews 8.0 做变系数、变截面以及混合截面模型，得到 $S_1 = 7322$，$S_2 = 11033$，$S_3 = 11897$。

本例中 $N = 9$，$k = 4$，$T = 8$(原始数据的时间序列长度为 9，取一阶差分后变为 8)。计算 $F_1 = \dfrac{(11033 - 7322)\div[(9-1)\times 4]}{7233 \div[9\times 8 - 9\times(4+1)]} = 0.43$，$F_1$服从 F

(40,27)分布；$F_2 = \frac{(11897 - 7322) \div [(9-1)(4+1)]}{7322 \div [9 \times 8 - 9 \times (4+1)]} = 0.42$，$F_2$服从 $F(32,27)$分布。

查表得 $F(40,27)$在10%的显著性水平上的临界值为1.6，$F(32,27)$在10%的显著性水平上的临界值为1.64。由于 $F_1 < 1.6$ 且 $F_2 < 1.64$，均不显著，故模型可能是变截距模型。

在固定模型的变截距模型下进行 Redundant Fixed Effects Tests，结果如表3－8所示。

表3－8　Redundant Fixed Effects Tests

Effects Test	Statistic	d. f.	Prob.
Cross－section *F*	0.4962	(8,59)	0.8541
Cross－section Chi－square	4.6886	8	0.7903

检验结果不显著，表明应当使用混合截面模型。

3.3.1.4　混合截面模型回归

根据上文分析，本例应当采用混合截面模型回归。回归模型的形式为：

$$DCLA = b_0 + b_1 \times Dgdp + b_2 \times Dpop + b_3 \times Dscience + b_4 \times Dur + \varepsilon \quad (3-20)$$

回归结果如表3－9所示。

表3－9　混合截面模型回归结果

Variable	Coefficient	Std. Error	t－Statistic	Prob.
C	－2.503410	3.006276	－0.832730	0.4080
DGDP	2.39E－06	1.27E－06	1.871711	0.0656
DPOP	0.092463	0.131695	0.702099	0.4850
DSCIENCE	0.000579	0.000204	2.840271	0.0060
DUR	－0.13959	1.036806	－0.13464	0.8933
R－squared	0.280468	Mean dependent var		6.583333
Adjusted R－squared	0.237511	S. D. dependent var		15.18223
S. E. of regression	13.25722	Akaike info criterion		8.073877
Sum squared resid	11775.5	Schwarz criterion		8.231978

续表

Variable	Coefficient	Std. Error	t - Statistic	Prob.
Log likelihood	-285.66	Hannan - Quinncriter.	8.136817	
F - statistic	6.529015	Durbin - Watson stat	2.215273	
Prob(F - statistic)	0.000169			

从表3-9中可知，GDP在10%的显著性水平上显著，科学技术支出在1%的显著性水平上显著。模型的R^2为0.28，联合显著性P值为0.00017，模型整体显著。D-W统计量为2.22，介于区间(2,4)，表明模型不存在自相关。

根据回归结果，城市建设用地面积的预测方程可以表示为：

$$DCLA = 2.50341 + (2.39 \times 10^{-6}) \times Dgdp + 0.092463 \times Dpop + 0.00058 \times Dscience - 0.13959 \times Dur \tag{3-21}$$

3.3.1.5　建设用地面积预测

(1)自变量指标预测。

2015年，福建省GDP达到25980亿元，常住人口3821万人，城镇化率62.7%。根据《福建省“十三五”规划》，2020年GDP将达到39000亿元，年均增长率为8.5%；常住人口3980万，年均增长率为0.82%；城镇化率67%，年均增长率为1.3%。以增长率倒推可得到各项自变量指标2014—2020年的数值。

此外，2013年福建省科学技术支出为602668万元，根据“十三五”规划，研究与试验发展(R&D)占GDP的比重将从2015年的1.5%提高到2020年的2%，年复合增长率为5.92%。假定科学技术支出占GDP比重在“十三五”期间同样保持5.92%的年复合增长率，则由2013年科学技术支出占GDP比重为0.28%可以推导出2015—2020年的科学技术支出占CDP比重，如表3-10所示。

表3-10　科学技术支出占GDP比重

年份	2013	2014	2015	2016	2017	2018	2019	2020
科学技术支出占GDP比重	0.28	0.3	0.31	0.33	0.35	0.37	0.39	0.42

由 GDP 数据与比重的乘积得出科学技术支出数值。所有自变量的预测值及其差分值如表 3－11、表 3－12 所示。

表 3－11　自变量预测值

	GDP(万亿元)	常住人口(万人)	科学技术支出(万元)	城镇化率(%)
增长率(%)	8.50	0.82	—	1.30
2013 年	21760	3774	606228	60.8
2014 年	24056	3806	709891	61.8
2015 年	25980	3821	812082	62.7
2016 年	28179	3852	932980	63.5
2017 年	30564	3883	1071878	64.4
2018 年	33151	3915	1231454	65.2
2019 年	35957	3947	1414787	66.1
2020 年	39000	3980	1625414	67.0

表 3－12　自变量预测值(一阶差分)

年份	DGDP(万亿元)	常住人口(万人)	科学技术支出(万元)	城镇化率(%)
2014	32	3806	103663	1.04
2015	15	3821	102190	0.90
2016	31	3852	120899	0.84
2017	32	3883	138898	0.85
2018	32	3915	159576	0.86
2019	32	3947	183333	0.87
2020	32	3980	210627	0.88

(2)建设用地面积预测。

将上文预测的 GDP、常住人口、科学技术支出以及城镇化水平代入预测方程，得到 2014—2020 年的建设用地增量(DCLA)，再以 2013 年福建省建设用地面积 975 平方千米为基数进行累加，得到 2014—2020 年福建省建设用面积(CLA)，如表 3－13 所示。

表3-13　福建省建设用地预测值(2014—2020年)　单位:平方千米

年份	2014	2015	2016	2017	2018	2019	2020
DCLA	60.44	57.99	70.40	80.86	92.88	106.68	122.53
CLA	1035	1093	1164	1245	1338	1444	1567

新增的建设用地,涉及城乡接合部、农村土地的征用,拓展手段宜参考本课题,采用市地重划及区段征收的办法,以顺利取得土地。同时,若在实现旧城挖潜的政策下,可对内活化建设用地,满足对建设用地新增的需求,因此,在配合城市更新权利变换之下,1567平方千米将可望能够最大满足未来需求。如何通过建设用地拓展的模式及手段,确保建设用地总量不超过1567平方千米,将是福建建设用地拓展的重要任务。

3.3.2　晋江市建设用地需求预测

3.3.2.1　描述性统计

选取晋江市2005年到2014年的年度数据进行分析,数据来源为《晋江年鉴》。晋江市GDP(亿元)、户籍人口(POP,万人)、固定资产投资(FIA,亿元)和建设用地面积(包括居民点、工矿用地、交通运输用地、水域及水利设施用地)(CLA,平方千米)的描述性统计如表3-14所示。

表3-14　变量描述性统计

	GDP	POP	FAI	CLA
Mean	907.52	106.30	344.20	318.13
Medi	853.89	106.14	275.51	323.96
Max	1492.86	110.81	765.87	343.15
Min	422.75	103.29	90.21	266.70
Std. Dev.	371.89	2.38	231.76	23.08
Obs	10	10	10	10

3.3.2.2　单位根检验

单位根检验是针对数据序列是否具有某种统计特性而提出的检验平稳性的一种方法,单位根检验有很多方法,本书采取ADF检验法对所收集数据进行处理。本书首先对所有变量进行ADF检验,检验结果如表3-15所示。

表 3－15　数据 ADF 检验结果

指标项	原始序列	一阶差分序列	二阶差分序列
	ADF 统计量	ADF 统计量	ADF 统计量
GDP	2. 107818	－2. 499302	－4. 693841**
POP	2. 445906	－0. 760542	－2. 711797
FAI	6. 953219	－0. 132445	－2. 723863
CLA	－4. 284021**	－9. 512991***	－4. 609904**

注：***、**分别表示 1%、5% 水平上显著。

从表 3－15 中可以清晰地看到，对所有的原始序列进行单位根检验，GDP、POP 和 FAI 为不平稳序列，在一阶、二阶差分之后变量不能满足同阶单整。

3. 3. 2. 3　协整检验

经过单位根检验，变量之间不满足同阶单整，不能直接进行回归分析。需要通过协整检验，检验回归方程描述的因果关系是否是伪回归，即变量之间是否存在稳定关系。用 Engle－Granger 两步检验法对数据进行协整检验。用变量 CLA 对 GDP、POP 和 FAI 进行 OLS 回归，得到回归结果如表 3－16 所示。

表 3－16　原始序列 OLS 回归结果

CLA	OLS
C	－503. 4734 (795. 6428)
GDP	0. 1506** (0. 0533)
POP	7. 1813 (7. 8071)
FAI	－0. 2077** (0. 0924)
R－squared	0. 9036
F－statistic	18. 7397***
Durbin－Watson stat	2. 08

注：***、**分别表示 1%、5% 水平上显著。括号内的数字为标准误。

保存 OLS 估计的残差序列 RE，对序列 RE 进行单位根检验，ADF 检验结果如表 3－17 所示。

表 3－17　残差序列 ADF 检验结果

ADF 统计量	1% 临界值	5% 临界值	10% 临界值
－4.6021	－2.8861	－1.9959	－1.5991

OLS 估计残差序列在 5% 的显著性水平下可以认为是平稳序列，序列 CLA、GDP、POP 和 FAI 之间存在协整关系，可以建立 OLS 回归方程。

3.3.2.4　建立回归方程

以 CLA 为因变量，GDP、POP、FAI 为自变量，利用原始序列建立回归方程。D－W 值为 2.35，查询 DW 临界值表，在变量个数为 4，观测样本为 9 时，D－W 检验临界值 $d_l=0.376$，$d_u=2.414$，该回归中 D－W 值在 $4-d_u \sim d_u$的范围内，表明该时间序列方程无自相关。

OLS 回归方程为：

$$CLA = -503.4734 + 0.1506 \times GDP + 7.1813 \times POP - 0.2077 \times FAI \tag{3-22}$$

回归方程拟合优度为 0.9036，能较好地进行预测。

3.3.2.5　晋江市建设用地面积预测

（1）自变量指标预测。

2015 年晋江市 GDP 为 1620 亿元，五年平均增长 11.2%；固定资产投资 907 亿元，五年平均增速 23.1%；户籍人口 111.8 万人。

根据晋江市“十三五”规划，预计“十三五”期间，地区生产总值年均增长 8.5% 左右，力争突破 2500 亿元；固定资产投资额年均增速 12%，到 2020 年争取达到 1600 亿元；户籍人口年均增速 0.84%，到 2020 年预计为 116.6 万人（见表 3－18）。

表 3－18　自变量预测值

	GDP（亿元）	POP（万人）	FAI（亿元）
变量预计增长率（%）	8.5	0.84	12
2015 年	1620	111.8	907
2016 年	1757.7	112.7391	1015.84
2017 年	1907.105	113.6861	1137.741

续表

	GDP(亿元)	POP(万人)	FAI(亿元)
2018年	2069.208	114.6411	1274.27
2019年	2245.091	115.6041	1427.182
2020年	2435.924	116.5752	1598.444

(2)建设用地面积预测。

将上文预测的GDP、户籍人口数量、固定资产投入代入预测方程，得到2015—2020年的建设用地数量(见表3－19)。

表3－19　晋江市建设用地预测值(2015—2020年)　单位：平方千米

年份	2015	2016	2017	2018	2019	2020
CLA	354.82	359.68	363.65	366.55	368.17	368.30

通过预测可以看出，晋江市建设用地需求增加幅度不大，在开发利用中应注重增加存量建设用地的挖潜利用，提高土地利用效率，不突破建设用地需求范围，合理开发，实现城市持续发展。

3.4　本章小结

在中国人多地少的基本国情以及快速工业化、城市化的发展现状下，土地资源压力不断加大，引导建设用地合理开发利用具有重要意义。国家宏观政策、土地利用规划都引导建设用地配置，建设用地规模控制是土地利用规划的重点与难点，国内外学者也进行了大量的研究。

土地需求量和人口规模、消费水平、经济水平、城市化水平和作物产量等联系紧密①。本章介绍了建设用地开发利用的基础理论，从劳动力、资本投入量，产业集群引导方面，引入生态理念，实现土地的集约节约利用，达到“地尽其利”“持续利用”，避免过度开发造成土地损失。

本章介绍了目前较为成熟且常用的建设用地需求预测方法，经济、人口、社会发展等基本要素，运用模型，根据建设用地需求趋势，进行预测。建

① 王万茂．土地利用规划学[M]．北京：中国大地出版社，1996.

设用地需求预测是一项较为复杂的工作，其影响因素较多，且很难进行量化预测。本章实证分析中，利用生产函数模型，选取可以量化且比较容易获取的宏观数据，构建回归方程，进行预测。该预测方法简单易行，便于实际操作，但并未包括政策、社会发展、增长方式等要素，在变量选取中存在一定的局限性，还需要进一步的深入研究。

建设用地需求的预测需要根据经济发展规律，结合土地部门的资源配置要求，满足城市开发的要求，还需要充分体现社会发展的长远思路，服务土地利用规划和经济社会可持续发展要求。根据合理的建设用地需求预测数据，对土地资源的开发利用进行有效管控。

参考文献

[1]Bahrami H. & Evans S. Flexible Recycling and High – Technology Entrepreneurship [J]. California Management Review,1995,37(1):62 –89.

[2]Caniëls M. C. J. & Romijn H. A. Dynamic Clusters in Developing Countries: Collective Efficiency and Beyond[J]. Oxford Development Studies,2003,31(3): 275 –292.

[3]Charnes A., Cooper W. W. and Rhodes E. Evaluating Program and Managerial Efficiency: An Application of Data Envelopment Analysis to Program Follow Through[J]. Management Science, 1981,27(6):668 –697.

[4]Cook G., Pandit N. R. & Swann P. The Dynamics of Industrial Clustering in British Broadcasting[J]. Information Economics and Policy,2001,13(2):351 –375.

[5]Emerson R. M. Power Dependence Relations[J]. American Sociological Review, 1962,27(1):31 –41.

[6]Farrell M. J. The Measurement of Productive Efficiency[J]. Journal of the Royal Statistical Society,1957,120(3):253 –290.

[7]Hakansson H. Industrial Technological Development: A Network Approach[M]. Croom Helm,1987.

[8]Schmitz H. & Nadvi K. Clustering and Industrialization: Introduction[J]. World Development, 1999, 27(9):1503.

[9]Takeishi A. Bridging Inter – and Intra – firm Boundaries: Management of Supplier Involvement in Automobile Product Development[J]. Strategic Management Journal, 2001,22(5):403 –433.

[10]Yeh C. C. & Chang P. L. The Taiwan System of Innovation in the Tool Machine In-

dustry: A Case Study[J]. Journal of Engineering and Technology Management, 2003,20(3): 367 -380.

[11]埃比尼泽·霍华德. 明日的田园城市[M]. 北京:商务印书馆,2000.

[12]邓聚龙. 灰色系统基本方法[M]. 武汉:华中理工大学出版社,1987.

[13]段祖亮,张小雷,权晓燕. 基于BP神经网络模型的新疆建设用地分析[J]. 中国科学院研究生院学报,2009(4): 451 -457.

[14]冯君君,黄书礼,罗登旭. 生产、生活及生态观点检视台湾地区县市永续发展差异性之研究[J]. 都市与计划,2000(2):117 -139.

[15]高军军,吴晓. 南京市中心区楼宇经济的实证研究——以山西路商圈为例[J]. 现代城市研究,2009,24(9):84 -91.

[16]郭杰,欧名豪,刘琼,欧维新. 基于BP神经网络的南通市建设用地需求预测[J]. 资源科学,2009(8):1355 -1361.

[17]韩笋生,秦波. 借鉴"紧凑城市"理念,实现我国城市的可持续发展[J]. 国外城市规划,2004(6):23 -27.

[18]黄书礼,翁瑞豪,陈子淳. 台北市永续发展指标系统之建立与评估[J]. 都市与计划,1997(1):23 -42.

[19]江晓涛. 灰色系统理论在需求量预测中的应用[J]. 经济师,2004(12):258.

[20]卡尔索普. 未来美国大都市[M]. 北京:中国建筑工业出版社,2009.

[21]克里斯塔勒. 德国南部中心地原理[M]. 北京:商务印书馆,2010.

[22]李洁,曹红英,梁涛,王凌青,王静. 基于城市生态系统研究范式构建生态功能红线理论方法及其应用[J]. 生态学杂志,2016,35(4):1097 -1107.

[23]李琳."紧凑"与"集约"的并置比较——再探中国城市土地可持续利用研究的新思路[J]. 城市规划,2006(10):19 -24.

[24]李永展. 以都市指标系统检谈台北市之永续性趋势[J]. 都市与计划,2002(4):551 -574.

[25]刘胜华,詹长根. 基于国民经济和人口发展目标的建设用地需求规模预测研究——以武汉市黄陂区为例[J]. 中国人口·资源与环境,2005(5):51 -55.

[26]罗勇,曹丽莉. 中国制造业集聚程度变动趋势实证研究[J]. 经济研究,2005(8):106 -115.

[27]迈克尔·波特. 国家竞争优势[M]. 北京:中信出版社,2007.

[28]仇保兴. 紧凑度和多样性——我国城市可持续发展的核心理念[J]. 城市规划,2006(11):18 -24.

[29]石海洋,康慕宁,邓正宏. 基于灰色BP网络的城市建设用地预测模型[J]. 计算机工程与应用,2010(1):218 -220.

[30]石虹,曹钢跃. 浅谈杜能农业区位论对现代土地利用的影响[J]. 山西教育学院学报,2000(2):28 -30.

[31]施昱年,张秀智．产业园区与城乡接合部产业集群的共生关系——以北京中关村丰台科技园为案例[J]. 经济管理,2012,34(7):21－31.

[32]施昱年,张秀智．服务业集聚与商务区楼宇生产效率关系评价研究——以北京市东二环交通商务区为例[J]. 财经论丛,2014(8):16－21.

[33]宋吟秋,吕萍．运用柯布—道格拉斯生产函数模型分析研发活动的成效[J]. 统计研究,2013(4):52－56.

[34]王如松．生态文明:生态政区建设的抓手[J]. 环境保护,2008(23):46－50.

[35]王万茂．土地利用规划学[M]. 北京:中国大地出版社,1996.

[36]吴正红,冯长春,杨子江．紧凑城市发展中的土地利用理念[J]. 城市问题,2012(1):9－14.

[37]闫闪闪,王卫伟,余迪毅．基于灰色系统的湖北黄石市建设用地预测[J]. 农业与技术,2012(5):166－168.

[38]于立宏,费文博．中国石化产业园区与循环经济互动发展研究[J]. 中国软科学,2009(11):25－33.

[39]张勃,刘秀丽．基于ARIMA模型的生态足迹动态模拟和预测——以甘肃省为例[J]. 生态学报,2011(20):6251－6260.

[40]赵成美．生态保护红线的理论基础、实践意义与管控体系构建[A]//中国环境科学学会．2014中国环境科学学会学术年会(第三章). 中国环境科学学会,2014:5.

[41]周长林,周纳,许翼．国民经济和社会发展指标解读企业批量购书分享关注商品举报国民经济和社会发展指标解读[M]. 北京:当代中国出版社, 2010.

[42]朱海燕,朱晓莲,黄頔．基于动态BP神经网络的预测方法及其应用[J]. 计算机与信息技术,2007(Z1):3－6.

[43]朱明仓,杨韬．城镇建设用地需求预测与配置研究[J]. 资源开发与市场,2007(1):10－12.

第 4 章 城市建设用地空间拓展潜力分析理论与实证研究

随着中国城市化进程的加快,城市内部出现了结构、功能不合理的状况,为了更好地实现海西地区的存量建设用地盘活利用。本章立足于海西地区发展现实,从城镇和农村两个层面,在进行海西地区建设用地潜力内涵和来源分析的基础上,从社会、经济、生态等多方面筛选潜力影响因素因子,探索出建设用地潜力测算评价指标体系,确定福建省低效建设用地潜力评价方法,有效挖掘出建设用地潜力。针对低丘缓坡建设用地、滨海地带建设用地的拓展潜力进行理论分析,试图建立科学的分析指标体系,并对福建省低丘缓坡地区、海滨地带代表性地区建设用地拓展潜力进行实证测算,为建设用地空间拓展与可持续利用提供建议与思考。

4.1 城市建设用地空间拓展潜力分析相关理论

4.1.1 系统论

系统论(System Theory)即围绕系统的理论科学,"system"源于古希腊语,意即部分构成整体;冯·贝塔朗菲——一般系统论的创始人提出,各要素在一定结构形式下联结构成的有某种功能的有机整体,就是系统,其基本特征包括整体性、关联性、等级结构性、动态平衡性、时序性等。系统论揭示了客观事物与现象之间本质的、规律性的作用和联系,其基本概念包括系统、要素、结构、功能,从而描述要素与要素、要素与系统、系统与环境的关系。核心系统论思想围绕着系统的整体观念,认为系统并不是各个部分机械组合或简单相加构成,而是一个有机整体,因此其整体功能是各个要素在孤立状态下都不具备的性质,反对孤立地研究其中任何部分以及片面地思考和解决问题的方法。系统论强调系统的动态性,要求将系统当作运动的、发展的客体进行考察。系统论还重视系统与环境间的物质、能量、信息交换,指出系统与环境在一定条件下是可以互相转化的。

系统论的基本方法是把研究对象当作整体，分析系统整体的结构和功能，挖掘系统、要素、环境之间的相互关系和变化规律，从而把握研究对象。建设用地，尤其是生产生活用地作为典型的人工土地利用系统，构成要素诸多，包括地形地貌、气候、土壤、植被、人类土地利用行为以及社会经济文化等，综合了自然系统、生态系统、社会系统。系统的各要素相互作用、相互联系形成用地布局，并由此决定建设用地可实现的功能；而生产生活用地预期功能又对用地结构提出相应要求。合理的用地布局即生产生活用地布局与功能要求一致并且满足了合理需求。建设用地空间布局的优化，实质是利用政策工具、工程技术手段，对用地系统各要素与结构进行调整、控制，使其满足用地系统目标和功能需求，从而最大化系统功能（见图 4－1）。

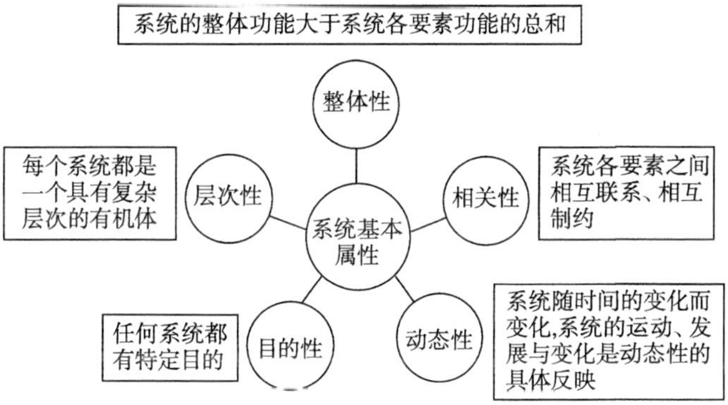

图 4－1　系统的基本属性

资料来源：https://baike.baidu.com/item/%E7%B3%BB%E7%BB%9F%E8%AE%BA/1133820?fr=aladdin.

4.1.2　可持续土地利用理论

可持续发展的概念是 1987 年在世界环境与发展委员会报告《我们共同的未来》中正式提出的，并已在国际形成共识，是资源环境领域最主流的纲领。可持续发展在该报告中被定义为“既能满足当代人需要，又不对后代人满足需要的能力构成危害的发展。”可持续发展观突破了传统的经济增长就是社会发展的狭隘观念，把社会的发展看作是全面的、协调的、综合的发展过程，至今仍在产生深远的影响。可持续发展提出三个基本原则：①公平性原则,包括代际公平性、代内公平性和人与自然的公平;②持续性原则,即发展要以环境资源的承载力为限;③共同性原则,在地球整体性和相互依存性的特点下,单个国家不可能独立实现可持续发展,可持续发展是全人类发展的目标。

土地是人类生存发展所依托的最基本的资源,土地资源的可持续利用是实现可持续发展的重要组成部分。土地资源的有限性和人类土地需求的不断增长构成了土地持续利用的特殊矛盾,推动着相关研究的不断开展。可持续土地利用的思想是1990年在首次国际土地持续利用系统研讨会上被证实提出的。随后,在1991年和1993年分别于泰国和加拿大举行的研讨会上,可持续土地利用的定义得到了明确。在联合国粮农组织(FAO)颁布的《持续土地管理评价大纲》中,可持续土地利用管理是"将技术、政策和能使社会经济原则与环境考虑融为一体的行为结合起来,以便同时实现保持或提高土地生产与服务能力、降低生产风险、保护自然资源潜力及防止土壤退化、经济上可行和社会可接受"①。

社会不断发展不仅需要土地资源的生产功能不断增强,以往被忽视的景观功能、生态功能和文化功能也需要不断提升,实现土地利用可持续是发展的必然选择。我国城市和农村土地利用由于长期缺乏规划指导,土地利用散、乱、低效等问题严重;在这样的背景下开展建设用地可拓展空间潜力分析,实现建设用地可持续利用,契合资源环境管理当前趋势。建设用地空间拓展和潜力挖掘,要依照可持续土地利用基本原理,从五大原则进行具体阐释:①进行建设用地空间拓展需实现建设用地生产效率的保持或提高。我国经济社会迅速发展,人民生活水平不断提高,物质文化需求增强,正需要提高建设用地利用率和生产效率,做好用地保障,更好地服务于社会经济发展。②农村建设用地整治应降低生产生活风险,包括提高抵御自然灾害和经济风险的能力,以及增强农村社会稳定性,构建和谐社会。③建设用地整治和未利用地开发应充分保护资源环境,以区域资源环境承载力为限。

① 可持续土地管理评价纲要[R]. FAO,1993.

④还需考虑经济可行性，反对超出经济发展水平的“大拆大建”。⑤实施方案要社会可接受，只有尊重群众意愿才能保障用地拓展工程顺利开展。

4.1.3　人居环境理论

全球的城市化进程加速，在这个背景下，人居环境科学产生。城市化是社会经济发展的必然趋势，但城市化的问题也不断显现：住房紧缺、环境质量恶化、交通堵塞、社会混乱，生活成本显著增加；同时发展中国家农村居住环境仍旧贫穷落后，且不断被城市侵蚀。人们需要积极应对城市化所带来的环境恶化问题。20 世纪 60 年代，希腊学者道萨迪亚斯提出“人类聚居学”（Ekistics），研究各不同形式的人类聚居规律从而指导城乡建设，这就是人居环境科学。20 世纪 80 年代，基于道萨迪亚斯学说，吴良镛创立了“人居环境科学”，即研究城市、集镇、乡村等所有人类聚居的科学。

在著作《人居环境科学导论》中，吴良镛指出，人类聚居生活在人居环境中，因此人居环境是人类赖以生存的基地；而建设人居环境是为了满足“人类聚居”需求，其核心是“人”。依照人类聚居活动利用和影响程度高低，从空间的角度人居环境可以再分为生态绿地系统和人工建筑系统；人类在建设人居环境时会受到自然和社会的影响，理想的状态是实现人与自然和谐统一[①]。人居环境理论认为，自然系统、人类系统、社会系统、居住系统和支撑系统五大系统组成人居环境。其中，前两个系统是基本系统，后两个系统是满足人类聚居要求的基础条件。要实现良好的人居环境整体完满，需要既面向“生物的人”，做到“生态环境的满足”，又面向“社会的人”，做到“人文环境的满足”。结合国情，吴良镛提出人居环境建设五大原则：发展科学技术，推动社会繁荣；正视生态困境，增强生态意识；人居环境建设与经济发展良性互动；关怀人民群众，重视社会整体利益；科学追求与艺术创造相结合[②]（见图 4－2）。

---

① 吴良镛．人居环境科学的探索[J]．规划师，2001(6)：5－8.

② 吴良镛．人居环境科学导论[M]．北京：中国建筑工业出版社，2001.

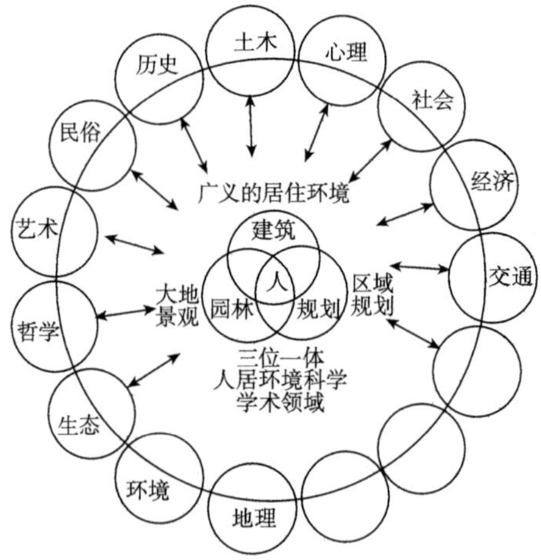

图 4 - 2　人居环境科学的学术框架

资料来源:吴良镛. 人居环境科学导论[M]. 北京:中国建筑工业出版社,2001.

4.1.4　景观生态学理论

德国地植物学家 C · Troll 于 1939 年首次提出“景观生态学”这一概念,并自 20 世纪 70 年代在欧洲和美国开始蓬勃发展。在景观生态学中,“景观”是指以相似形式整体重复出现、包括一系列相互作用的生态系统的异质性地理单元,斑块、廊道、基质嵌构组成了景观。景观生态学相较其他生态学学科,更强调空间异质性、等级结构与尺度,主要任务是解释某一区域的空间结构如何影响生态学过程,即探求空间结构同生态学过程间的关系,包括研究:①景观结构,指景观构成单元类型、多样性和它们的空间关系;②景观功能,指景观结构单元之间、景观结构与生态学过程的相互作用;③景观动态,即随时间变化,景观结构和功能发生的变化。景观生态学研究尤其关注空间异质性,特别是空间异质性变化与动态、异质性景观相互作用、空间异质性对生物和非生物过程的影响、空间异质性管理四个方面(见图 4 -3)。

在农村居民点布局优化过程中,可以利用景观生态学理论指导景观生态规划与设计。景观生态规划与设计,即基于景观格局对生态过程影响的研究,利用景观生态分析、综合和评价,优化景观资源利用,换言之,是在一定范围内改变与重塑景观结构与功能。根据欧格里恩(Orgin D.)的界定,景

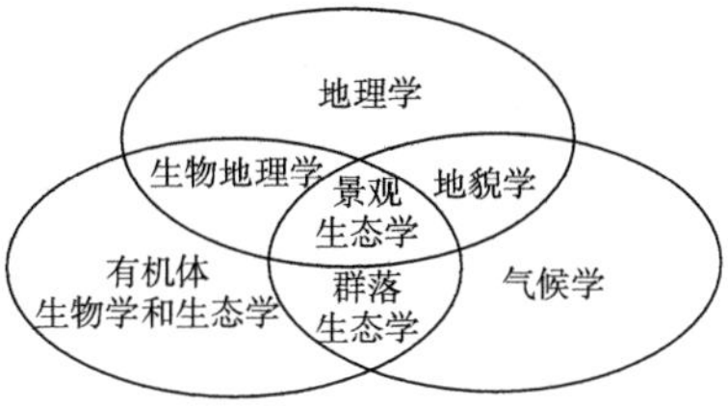

图 4－3　景观生态学内涵

资料来源：https://mp.weixin.qq.com/s?__biz=MzU4NDM5NjQ3Ng==&mid=2247487601&idx=1&sn=4ec9d8ff52f3242b74fe7f16d68e996e&source=41#wechat_redirect.

观生态规划是在大范围内（通常是 1∶1000 及更小比例尺）重建土地利用格局或引入一个新区；而景观生态设计是在小范围内（1∶500 或更大比例尺）构建一个新的景观结构。

景观生态规划（设计）的基本任务，是协调并改善景观内部结构和生态过程、提高自然生态协调的经济价值，正确对待资源开发与环境保护、发展经济与生态质量之间的关系，从而完善景观生态系统功能，提高系统稳定性和抗干扰能力，保护生态完整。整治建设用地，需要通过一系列工程、生物措施来综合整治水、田、路、林、村，从而会对项目区及其背景区域的各种环境要素和生态过程产生直接或间接、有益或有害的影响，因此，对于保护项目区生态环境、推动生态化整治，在优化过程中需要引入景观生态规划。目前来看，在农田整治方面，我国已开始逐步强调景观生态规划与设计，努力实现整治区空间异质性与多样性的提高、生态化网络的构建、生物栖息地质量的改善、绿色基础设施的构建完善。建设用地整治和未利用地开发同样需要景观生态学理论的指导。

4.2　建设用地整治潜力评价方法

4.2.1　城市存量建设用地整治对象

依据建设用地开发利用程度，本研究将存量建设用地分为三类：合理使用的建设用地、低效建设用地、闲置土地。其中，低效建设用地和闲置土地即是本研究中的存量建设用地整治对象。

(1)闲置土地。

我国《闲置土地管理办法》明确了闲置土地的判定标准,规定闲置土地是指国有建设用地使用权人超过国有建设用地使用权有偿使用合同或者划拨决定书约定、规定的动工开发日期满一年未动工开发的国有建设用地①。

(2)低效建设用地。

根据国土资源部2013年颁发的《开展城镇低效用地再开发试点指导意见》,城镇低效用地是城镇范围内布局散乱、利用粗放、用途不合理的存量建设用地,不符合安全生产、环保要求和国家产业政策的用地,布局散乱、设施落后,规划确定改造的城镇、厂矿和城中村等。但目前而言,还没有清晰地界定并量化低效建设用地的标准。本研究认为,低效建设用地是相对概念,并非规定的判别标准,与所在区域自然环境条件、经济发展水平等因素密切相关。

因此,本研究从城镇和农村两个不同区域层面,通过土地经济、社会和生态效益等方面综合评价来判别建设用地开发利用程度,进而测算建设用地整治潜力②。

4.2.2 城镇建设用地整治潜力分析与评价

4.2.2.1 城镇建设用地整治潜力内涵

结合当前土地整治发展的宏观背景和主要目标,借鉴相关研究成果,定义城镇建设用地整治是指改造城市建成区闲置、低效利用、不合理利用的建设用地,完善配套设施,拓展城镇发展空间,提升土地价值,改善人居环境,实现节约集约用地的活动③。而城镇建设用地整治潜力是指在一定的经济社会发展条件和科学技术水平等因素限制下,依据城市规划和土地利用总体规划,对闲置、低效使用的城镇建设用地,采用行政、经济、法律、工程技术等措施进行改造,所能节约的建设用地面积以及提高土地利用效率和土地质量的程度。具体来讲,城镇建设用地整治潜力特征包含以下三个方面:

---

① 《闲置土地处置办法》(中华人民共和国国土资源部令第53号)[EB/OL]. http://fjgtfw.cqgtfw.gov.cn/html/zwgk/zfwj/13/10/464.html,2017-07-31.

② 许伟. 存量土地利用规划的思考与探索——基于上海的实践[J]. 中国土地,2016(3):5-10.

③ 杨萍. 抚顺市"十三五"土地整治潜力测算方法研究[J]. 国土资源,2017(4):44-45.

(1)潜力是受制于当前各种外部条件的潜力。

在各种外部条件的约束下,城镇建设用地整治潜力会受到限制,总体包括两个方面:,第一,潜力的实现不能脱离当前的经济社会发展条件。城镇建设用地整治是人类对土地的二次开发,其往往具备整治难度高、权属关系复杂、资金需求量大的特点,同时城镇片区整治一般都有着改善公共环境的目的,区域经济社会发展水平对整治潜力实现有着直接的影响。第二,潜力的挖掘受制于当前的科学技术发展水平。直观地讲,通过规划设计技术、工程技术等,土地整治实现地上建筑物布局、形态与功能的改变,因此其技术水平直接决定整治能在多大程度上提升城镇建设用地利用效率或价值,当前开展的城镇建设用地整治潜力测算受制于当前的科技发展水平。总之,城镇建设用地整治潜力挖掘必须经济可行、社会可接受、工程技术可达。

(2)潜力是在一定整治标准下改善或优化的潜力。

建设用地整治潜力具有相对性,潜力的大小取决于土地利用现状和土地经整治后所要达到的标准之间的差距大小。整治标准是整治后城镇土地在用地规模、结构、效益、强度、市政公用工程设施、公共生活服务设施及生态环境等方面所要达到的状态。城镇建设用地利用现状相同而整治的标准不同,其整治的潜力也必然会不同。由于我国各地区自然、社会、经济、技术条件千差万别,城市土地利用的方式、特点及发展规划也各不相同,土地利用或者说整治的标准也各有差异。在进行城镇建设用地整治潜力评价时,必须根据各个城市的特点和土地利用的现状条件,充分考虑资金、技术等外部条件,在一定标准下进行。

(3)潜力是一种综合性的潜力。

城镇建设用地整治是将城镇土地从一种低效利用状态转化为合理、高效、集约的利用状态。通过整治,将土地利用结构由不合理转变为合理,将土地利用产出率由低变高,并适度提高土地利用强度,改善城市生产生活环境。相应地,城镇建设用地整治潜力应该是在一定的整治标准下城镇建设用地利用状态要素改善能力的集合,即城市土地可利用空间扩展、土地利用结构优化、土地产出率提高、土地利用强度调整、生态环境改善等方面的综合集成。

但值得说明的是，与农用地整治一致，城镇建设用地整治目标随着经济社会的发展会发生一定的变化，我国城镇建设用地整治的目标也正在从较为单纯地追求增加有效建筑面积，缓解建设用地供需紧张的状况逐步向全面提高城市土地的产出率、改善城市生态环境等多方面转变。

4.2.2.2 城镇建设用地整治潜力来源分析

城镇建设用地整治潜力来源可以从两个角度进行分析：一是地域范围上；二是土地利用状态要素上。以下分别进行分析：

(1)基于来源类型视角分析。

城镇建设用地整治对象主要是低效建设用地，而低效建设用地是指在土地利用总体规划划定的城镇扩展边界范围内，不符合现行规划用途、利用粗放、布局散乱、设施落后、闲置废弃和不符合安全生产和环保要求的存量建设用地。概括来说，主要包括以下四类①：

1)旧城镇。在城镇建设过程中，逐步形成布局散乱、用途不合理、基础设施陈旧、房屋质量存在安全隐患问题的城镇建设用地。

2)旧厂矿。包括不符合规划用途、需要实施“退二进三”的厂矿用地，不符合安全生产和环保要求的厂矿用地，属于国家和地方政府规定的禁止类、淘汰类厂矿用地，利用强度、投入产出水平明显低于建设用地控制标准的厂矿用地，产业落后、企业经营困难需要退出的厂矿用地，以及已经闭坑的采矿用地。

3)旧村庄。空置闲置、布局散乱、配套设施落后、不符合规划和消防要求、房屋质量存在安全隐患的城中村和旧村庄用地，城乡规划确定属于需要搬迁的村庄用地。

4)其他低效用地。其他经认定符合低效用地条件的建设用地，包括空

---

① 国土资源部．国土资源部关于印发《关于深入推进城镇低效用地再开发的指导意见(试行)》的通知[EB/OL]. http://g. mlr. gov. cn/201703/t20170323_1446188. html,2017 - 07 - 31；福建省人民政府．福建省人民政府关于加快推进旧城镇旧厂房旧村庄改造的意见[EB/OL]. http://www. fujian. gov. cn/zc/zfxxgkl/gkml/jgzz/gtzycxjs/201012/t20101206_1179489. htm,2017 - 07 - 31；浙江省国土资源厅．浙江省国土资源厅关于印发《浙江省城镇低效用地再开发调查要点》和《浙江省城镇低效用地再开发专项规划编制要点》的通知[EB/OL]. http://www. zjdlr. gov. cn/art/2014/3/12/art_1289924_5610844. html,2017 - 07 - 31.

闲场地(如批而未用土地)、废弃道路、废弃殡葬用地、废弃宗教用地等。

(2)基于土地利用状态要素改善视角分析。

土地整治通过调整土地利用状态各个要素,可以达到改善土地利用状态、提升土地利用效率、提高土地价值的效果,土地整治主要通过规划、工程、政策等手段改善基础设施及公共服务设施配套,提高土地利用强度及效益、改善区域自然及人文环境。

1)改善城市公共基础设施配套的整治潜力。区域基础设施状况及综合服务能力是决定城市区域地价的非常关键的两个因素。低效用地往往与设施落后、配套难以满足现实需求境况并存。土地整治作为一种综合工程和政策的工具,一是可以改善区域基础设施配套。对区域内的道路、供水、排水、供电、热力、燃气、通信等基础设施予以完善,增加土地投入状况。二是通过土地整治,优化、完善区域公共服务设施配套,提升区域服务能力。如对于居住区域来讲,学校、菜场、公交、地铁、购物场所、医院等的合理配套对于提升区域地价具有显著的效果。比较典型的有,中心城旧城区,公共服务配套、对外交通条件优越,但往往因为排水、供热、内部交通等基础设施陈旧,难以满足人们的生活需要,人居环境较差。

2)调整城市土地利用强度的整治潜力。容积率和建筑密度反映了城市土地利用强度。容积率高低直接反映土地利用率,越高的容积率代表了越高的土地利用率。城市规划一般要求建筑密度控制在 35%,但在我国大部分城市尤其是中小城市,建筑密度通常偏低,低于控制指标 5% ~10%,这说明我国城市的土地平面利用率不高,大多属于“摊大饼”式平面扩张。分析建筑密度,需要从市、区和不同用地类型着手,对比标准指标,分析出整治的潜力①。通常容积率和建筑密度增加,城市土地的利用率提高,但是土地纯收益上升幅度会随土地利用率进一步提高而逐渐缩小。尽管城市土地利用强度和城市土地利用率是正相关的关系,但城市土地利用率不总是一定和土地纯收益正相关。当容积率和建筑密度都很高,此时虽然有很高的城市

---

① 李秀霞. 城镇土地整理的潜力与途径研究[J]. 松辽学刊(自然科学版),2001(3):24 -27.

土地利用率,但对于土地使用者而言往往也存在一些不便,尤其是使用一些高层楼房,同时,建筑成本也会随着楼层提高而相应增加,从而降低土地收益。因此,在分析城镇建设用地整治潜力而使用城市土地利用强度指标时,需要确定具体指标合理上限,再与某一区域土地利用强度具体数值进行比较,从而分析出整治的潜力。低效利用的土地,包括旧城区的低效用地和外围低效利用的工矿用地往往可以通过提高土地利用强度提高用地效率。

3)提高城市土地利用效益的整治潜力。提高城市土地利用效益包括两个方面:一是提高城市土地的配置效益,包括调整土地利用结构及改变不同区域土地利用类型,城市土地收益是衡量城市土地利用效益的首要指标;二是提高城市土地产出率,城市土地产出率是评价城市土地利用效益的具体指标。在城市土地中,土地投入大致可分为两种:第一种是增强城市土地承载功能的投入,如"七通一平"、基础设施建设等;第二种是生产建设性投入,如建厂房、建商品房等。我国城市土地产出率普遍低下,现代城市土地利用标准中每平方千米工业用地的土地产出率应大于50亿元人民币,而我国土地产出率公认较高的上海,全市工业平均每平方千米土地产出率也只有13亿元左右。而日本东京在1995年已达10亿美元左右。从比较城市土地产出率的差异上可以看出我国城镇建设用地整治潜力巨大。

4)改善城市人居环境的潜力。城市人居环境包括两个方面:一是自然生态环境;二是人文环境。首先,城市生态环境是城市建设规划发展的基础,城镇建设用地整治作为一项系统工程,必然会打破原有的空间格局和城市生态平衡,对该区域内的水资源、土壤、植被、大气、生物等环境要素及其生态过程产生诸多直接或间接、有利或有害的影响。而在这个过程中,生态环境的改善往往与经济效益的获得存在一定的矛盾。因此,成功的城镇建设用地整治应该是在取得经济利益的同时,也建立良好的生态环境,取得较好的生态效益。就目前而言,主要通过整治,强调绿地对城市的渗透力、生长性和系统性。在城镇建设用地整治过程中,针对城市化引起环境质量下降的问题,运用生态原理,将城市绿地连接成链状网络整体,并基于此规划和整治城市土地利用,重建城镇区域生态系统,增加城市绿地面积,加强城市生态环境建设，创造清洁、优美、舒适的生态环境，为城镇居民提供休憩、娱乐空间。其次，人文环境是人居环境重要的一部分，城镇建设用地整治通过建造相应的文化设施，打造区域文化魅力；配套完善的环卫设施、保持区域的干净整洁；形成合理的集聚规模，保障区域的舒适有序。总之，通过整治，形成"道路通畅、设施完善、空间开放、自然和谐"的综合景观，提高区域的景观生态价值①。

5）调整城市土地产权关系的整治潜力。明确、专有、可转让、可操作的产权能够保证经济的高效率，清晰的产权同样可以解决外部不经济问题。城镇建设用地整治区域往往伴随着历史遗留问题，涉及权利人众、权属复杂、产权不明晰。而城镇建设用地整治辅以科学公证的公众认可的产权调整方案，能够明晰产权，提高土地资源配置效率，减少交易成本，使相关权利人公平共享土地增值收益。城镇建设用地整治产权关系调整的潜力主要表现在整治过程中，规整各权属单位的土地外形，减少在边界上互相交错、楔入；减少单个经营者的用地数目，提高规模经营程度；明晰产权关系，减少产权纠纷。

4.2.2.3　城镇建设用地整治潜力评价方法

由前文分析可知，城镇建设用地整治潜力不仅仅包含所能节约的建设用地面积，也包含通过土地提高整治土地利用效率和土地质量的程度。故本研究对城镇建设用地整治潜力用两个方面指标来衡量：一是数量潜力，通过整治可节约的建设用地的面积指标来表征；二是综合潜力，其主要用于表征通过土地整治提高土地利用效率、土地质量等的程度，用综合潜力指数来表示。

（1）数量潜力评价。

本研究采用人均用地标准法测算城市建设用地数量潜力。

1）理论数量潜力评价。

采用理想值修正法计算集约利用潜力，理论数量潜力评价计算公式如下：

---

① 夏显力，李世平，赵敏娟．城市土地整理研究［J］．地域研究与开发，2003（1）：66－68.

$$Q_s = P(S_0 - S_1) \tag{4-1}$$

式中: Q_s 为评价时点城镇建设用地整治数量潜力的理论值,单位为公顷;P 为评价时点城镇人口数,单位为万人; S_0 为人均建设用地的现状值,单位为平方米/人; S_1 为人均建设用地的标准值,单位为平方米/人。

人均建设用地标准数值主要参考国家和省、地方相关控制指标或标准,如根据《城市用地分类与规划建设用地标准》(GB50137 -2011)确定。该标准提出首都的规划人均城市建设用地指标应在 105.1 ~115.0 平方米/人的范围内。除首都以外的现有城市规划人均城市建设用地指标,应根据现有人均城市建设用地规模、城市所在的气候分区以及规划人口规模,按表 4 -1 的规定综合确定。所采用的规划人均城市建设用地指标应同时符合表中规划人均城市建设用地规模取值区间和允许调整幅度双因子的限制要求①。

表 4 -1　除首都以外的现有城市规划人均城市建设用地指标　单位:平方米/人

气候区	现状人均城市建设用地规模	规划人均城市建设用地规模取值区间	允许调整幅度		
			规划人口规模≤20.0 万人	规划人口规模 20.1 万 ~50.0 万人	规划人口规模>50.0 万人
Ⅰ、Ⅱ、Ⅵ、Ⅶ	≤65.0	65.0 ~ 85.0	>0.0	>0.0	>0.0
	65.1~75.0	65.0~95.0	+0.1~+20.0	+0.1~+20.0	+0.1~+20.0
	75.1~85.0	75.0~105.0	+0.1~+20.0	+0.1~+20.0	+0.1~+15.0
	85.1~95.0	80.0~110.0	+0.1~+20.0	-5.0~+20.0	-5.0~+15.0
	95.1~105.0	90.0~110.0	-5.0~+15.0	-10.0~+15.0	-10.0~+10.0
	105.1~115.0	95.0~115.0	-10.0~-0.1	-15.0~-0.1	-20.0~-0.1
	>115.0	≤115.0	<0.0	<0.0	<0.0

① 中华人民共和国住房和城乡建设部. 城市用地分类与规划建设用地标准 [S]. 1990.

续表

气候区	现状人均城市建设用地规模	规划人均城市建设用地规模取值区间	允许调整幅度		
			规划人口规模≤20.0 万人	规划人口规模 20.1 万～50.0 万人	规划人口规模＞50.0 万人
Ⅲ、Ⅳ、Ⅴ	≤65.0	65.0 ～85.0	＞0.0	＞0.0	＞0.0
	65.1～75.0	65.0～95.0	+0.1～ +20.0	+0.1～20.0	+0.1～ +20.0
	75.1～85.0	75.0～100.0	-5.0～+20.0	-5.0～+20.0	-5.0～+15.0
	85.1～95.0	80.0～105.0	-10.0～+15.0	-10.0～+15.0	-10.0～+10.0
	95.1～105.0	85.0～105.0	-15.0～+10.0	-15.0～+10.0	-15.0～+5.0
	105.1～115.0	90.0～110.0	-20.0～-0.1	-20.0～-0.1	-25.0～-5.0
	＞115.0	≤110.0	＜0.0	＜0.0	＜0.0

注：气候区：指根据《建筑气候区划标准（GB 50178－93）》，以 1 月平均气温、7 月平均气温、7 月平均相对湿度为主要指标，以年降水量、年日平均气温低于或等于 5℃的日数和年日平均气温高于或等于 25℃的日数为辅助指标而划分的七个一级区。

2）可实现数量潜力的测算。

城镇建设用地整治需要大量的资金和劳动力投入，同时也是改善区域环境、提升土地价值的有效手段，其不仅是一项经济行为，也是一项社会行为。要将城镇建设用地整治绝对的理论潜力转化为可实现数量潜力，还需要考虑规划期内经济社会发展水平、用地供需矛盾、开发建设成本、资金投入能力、老百姓意愿等现实因素。为此，在本书中，根据评价指标完整性原则、科学性和可操作性兼顾原则以及相对稳定性的原则，建立城镇建设用地整治现实潜力评价指标体系，测算各评价单元的综合指数，采用“理论潜力综合修正指数”的算法，求取可实现潜力。

A. 评价指标体系构建。

评价指标体系的构建，主要考虑经济发展状况以及社会发展状况两大类因素，一般来讲，经济社会发展状况越好，整治潜力实现的可能性越大。

a. 经济因素。

GDP 平均增长率：正指标。直接反映区域经济发展速度，在一定程度上反映区域财力状况，GDP 增速越快，对土地的需求越大，主导和推动城镇建设用地整治的经济能力也越强。

社会固定资产投资平均增长率：正指标。该指标反映一定时期固定资产增长的速度，反映了社会固定资产再生产的速度。该数值越高，区域经济发展内生动力越强。

b. 社会因素。

城镇化率：正指标。城镇化率＝非农业人口÷总人口。城镇化率越高，经济越发达，政府对城镇建设用地整治支持力度越大；同时，居民可支配收入水平相对也越高，改善自身的生活条件的愿望也更为强烈，所以整治潜力越大。

人口机械增长率：正指标。人口机械增长率越高，说明区域对人口的集聚能力越强。土地供需矛盾也更加尖锐，开展城镇建设用地整治更为迫切（见表4－2）。

表4－2　现实潜力修正因子指标

修正因子	相关指标	指标说明	指标标准化方法	权重
经济发展	GDP平均增长率	现状年近3年GDP平均增长率	极值标准化方法	0.35
	社会固定资产投资平均增长率	现状年近3年固定资产投资平均增长率	极值标准化方法	0.25
社会发展	城镇化率	非农业人口占区域总人口的比例	极值标准化方法	0.25
	人口机械增长率	现状年近3年人口机械平均增长率	极值标准化方法	0.15

B. 评价指标标准化。

根据收集到的资料，采用正向极标准化法消除各指标量纲的差异，得到各指标因素值。

$$Y_{ij} = 100 \times a_{(j)} \times \frac{X_{ij} - X_j}{X_{max} - X_{min}} \qquad (4-2)$$

式中：Y_{ij} 为第 i 个单元的第 j 项因子的分值；$a_{(j)}$，X_j 为当第 j 项因子指标与整治现实潜力正相关时，$a_{(j)}=1$ 且 $X_j = X_{min}$；当第 j 项因子指标与整治现实潜力负相关时，$a_{(j)} = -1$ 且 $X_j = X_{max}$；X_{ij} 为第 i 个单元的第 j 项指标值；X_{max} 为各评价对象 X_{ij} 指标的最大值；X_{min} 为各评价对象 X_{ij} 指标的最小值。

C. 综合修正指数测算。

指标确定后，结合层次分析法（AHP）和德尔菲法（Delphi）对各指标赋予权重 ω_j。第 i 个评价单元的综合修正指数计算方法为：

$$I_i = \sum_{j=1}^{4} (S_{ij} \times \omega_j) \tag{4-3}$$

式中：I_i 为第 i 个评价单元的综合修正指数；S_{ij} 为第 i 个评价单元第 j 项指标的得分；ω_j 为第 j 项指标的权重。

D. 现实潜力的测算。

理论潜力通过综合修正指数修正之后即得评价单元的现实潜力。

$$Q_s' = Q_s \times I \tag{4-4}$$

式中：Q_s' 为评价单元可实现潜力；Q_s 为评价单元理论数量潜力；I 为评价单元综合修正指数。

（2）综合潜力评价。

1）评价单元。

城镇建设用地整治潜力评价单元是评定城镇建设用地整治潜力级别的最基本空间单位，是城镇建设用地整治方向、潜力特征和区位条件相对一致的均质地块。根据各评价因素对单元地块的作用方式和强度，获得单元因素分值是城镇建设用地整治潜力级别评定的基础和依据。因此，评价单元所代表的地块面积的大小要适宜，太小容易破坏地块的整体属性，而且工作量较大；太大则单元的均质性差，城市土地整治潜力的空间差异不明显，影响城镇建设用地整治潜力级别的精度。

另外，评价单元的划分与城镇建设用地整治潜力评价的层次密切相关，本研究中的综合整治潜力的评价主要服务于相对微观的规划层级，如区级土地整治规划，以宗地作为评价单元较为适宜，以功能区作为评价对象，揭示不同用途土地整治潜力的差异，确定城镇建设用地整治潜力的类型和分布。在具体选择宗地时应遵循以下原则：①能反映功能区土地使用的状况；②土地形状规则或基本规则，面积适中；③空间分布相对均匀；④规划用途有改变的和不改变的；⑤地籍、地价资料比较完备。

2）评价指标体系构建原则。

结合新型城镇化的要求，采用理论分析法与专家咨询法相结合的方法，构建城镇建设用地整治潜力评价的普适性指标体系。城镇建设用地整治潜力评价主要从城镇建设用地整治改善基础及公共服务设施配套、提高用地效率及投入产出水平、改善人居环境、调整土地产权关系四个方面选取评价指标。建立评价指标体系实际上是在充分分析被评价对象的基本结构和特征的基础上，研究评价指标对城镇建设用地整治的意义。评价指标体系的构建遵循以下原则：

A. 科学性与可操作性兼顾原则。

科学性是制定评价指标体系的最基本原则。为保证评价结果真实客观，指标体系应建立在科学的基础上，采用能够充分反映城镇建设用地整治的内在机制的分析模型，提出能够反映城镇建设用地整治的内涵和目标实现程度的指标，并建立指标之间的逻辑关系。同时在指标设置的过程中，就要注意到指标既要切实可行，又要便于操作，一是指标内容应简单明了，具有较强的可比性。二是与指标相关的信息应具有较强的可采集性，指标本身应可以通过各种方法进行结构化。全国不同地区有着不同的自然社会经济条件，不同性质、规模的城市，指标体系应可根据整治区的实际情况进行灵活调整。

B. 系统性原则。

城镇建设用地整治是一项系统工程。构建其潜力评价指标体系要与全局结合，从系统的观点出发，把整个整治区域作为一个相对独立而又与其周围环境体系密切联系的系统，充分考虑全局的因素，考虑整治的广度和深度，指标体系覆盖反映影响城镇建设用地整治的各相关因素。

C. 层次性原则。

指标体系应具有层次性，构建城镇建设用地整治潜力评价指标体系是在基于提升土地价值的总体目标下，区分出城镇建设用地整治潜力评价的不同准则，在各准则下根据城镇建设用地整治系统的特点选取不同的评价因素，最后选取支持评价因素的指标，从而构成城镇建设用地整治潜力评价的指标体系。

D. 动态性原则。

城镇建设用地整治是一个过程，要与现实情况的发展变化相适应。一方面，要反映不同区域的要求；另一方面，要与社会发展要求相协调。因此，指标体系的建立具有动态模拟性。

E. 定性与定量相结合原则。

城镇建设用地整治潜力评价涉及大量的指标因素，包括社会、经济、环境等多个方面，有些指标易得、易量化，有些指标难得、难量化。因此，在建立评价指标体系时，为了能够全面反映城镇建设用地整治潜力的情况，客观反映问题，选取的指标尽可能以定量指标为主。同时，对于难以量化的指标，必须注意指标的定性与定量相结合。

F. 可比性原则。

整治潜力的评价将涉及很多指标，而各个指标的量纲是不一致的，为了保证各个指标之间可以相互比较，进行加总计算，需要对所有指标的量纲进行统一。所以本研究将选取"指数"概念，通过现状值与标准值的比较，一方面统一量纲，一方面衡量现状值与标准值之间的差距，也即整治的潜力空间。

3）综合潜力评价指标体系。

根据城镇建设用地整治内涵的界定，城镇建设用地整治潜力评价指标体系的建立，也以达成土地的合理、高效、集约的利用状态为基本目标。城镇建设用地整治评价指标体系是一个社会—经济—生态复合体，是多层次多角度的指标体系，反映土地利用现状的同时，也反映土地利用变化趋势。由于海西地区有不同性质和规模的城市，其资源环境条件不同，发展阶段不同，社会经济发展水平也存在着差异，对用地标准、用地状态的解释和追求也不同。因此，对城镇建设用地整治潜力进行评价的指标也不是唯一的，评价指标体系应因地适宜①。

---

① 杨红，陈百明，高永，张蓬涛. 基于可持续发展的北京市大兴区土地整理潜力评价[J]. 农业工程学报，2006(8)：77 - 82.

城镇建设用地整治潜力评价，分别从经济、社会、生态等各个角度衡量整治所能带来的土地利用状态的改善程度。不同用地类型，对于土地发挥其经济、社会、生态等综合效益会有直接且巨大的影响。基于此，分别对城镇建设用地进行综合潜力评价和分类潜力评价。根据我国《城市用地分类和规划标准》（GBJ137－90），结合城镇建设用地待整治区域通常为旧城镇、城中村、旧厂矿的特点，本研究分类潜力评价主要针对城镇建设用地中的居住用地和工业用地。

A. 城镇建设用地综合潜力评价指标体系。

指标体系包括目标层、准则层、次准则层、评价指标层四个层次。评价目标层反映城镇建设用地整治之后合理、集约、高效的状态；评价准则层对评价目标进行分解，从土地整治影响城镇土地利用状态最为关键的四个方面，即基础及公建配套设施改善情况、土地利用效率变化情况、人文及自然环境改善情况、产权明晰度变化情况作为评价准则；次准则层是对准则层的细化；评价指标层是最基层的可直接获取的最小单元，使评价指标体系能够准确地反映城镇建设用地整治前后的变化方向及程度（见表4－3）。

表4－3　城镇建设用地整治综合潜力评价指标

<table>
<tr><th>目标层</th><th>准则层</th><th>次准则层</th><th>选择要求</th><th>评价指标层</th><th>指标属性</th><th>选择要求</th></tr>
<tr><td rowspan="8">城镇建设用地整治综合潜力评价</td><td rowspan="8">公建配套情况</td><td rowspan="3">交通条件</td><td rowspan="3">必选</td><td>道路交通用地面积比率指数</td><td>正向相关指标</td><td>必选</td></tr>
<tr><td>公交便捷度指数</td><td>正向相关指标</td><td>可选</td></tr>
<tr><td>对外交通便利度指数</td><td>正向相关指标</td><td>必选</td></tr>
<tr><td rowspan="4">基础设施情况</td><td rowspan="4">必选</td><td>供水普及率指数</td><td>正向相关指标</td><td>必选</td></tr>
<tr><td>排水管网密度指数</td><td>正向相关指标</td><td>必选</td></tr>
<tr><td>供电普及率指数</td><td>正向相关指标</td><td>必选</td></tr>
<tr><td>供气普及率指数</td><td>正向相关指标</td><td>可选</td></tr>
<tr><td>公共设施情况</td><td>必选</td><td>公用设施完备度指数</td><td>正向相关指标</td><td>必选</td></tr>
</table>

续表

目标层	准则层	次准则层	选择要求	评价指标层	指标属性	选择要求
城镇建设用地整治综合潜力评价	土地利用强度及效益	土地利用强度	必选	容积率指数	适度相关指标	必选
				建筑密度指数	适度相关指标	可选
				土地闲置率指数	负向相关指标	必选
		投入产出水平	必选	固定资产投资强度指数	正向相关指标	二必选一
				劳动力投入强度指数	正向相关指标	
				城镇单位用地第二、第三产业增加值指数	正向相关指标	必选
	自然和人文环境	集聚规模	必选	人口密度指数	适度相关指标	必选
				商服繁华度指数	正向相关指标	必选
		自然环境状况	必选	环境污染度指数	负向相关指标	可选
				自然条件优劣度指数	正向相关指标	可选
				绿地覆盖率指数	正向相关指标	必选
				景观质量优劣度指数	正向相关指标	可选
	产权变化情况	产权明晰情况	必选	土地产权明晰度指数	正向相关指标	必选

B. 城镇居住用地整治潜力评价指标体系。

城镇居住用地整治更加注重交通、基础服务设施、配套服务设施配备情况，更加注重区域人口容纳能力（容积率及建筑密度），注重生态环境，而对产出水平相对来说则关注较少（见表 4－4）。

表 4－4　城镇居住用地整治潜力评价指标

目标层	准则层	评价因素	选择要求	指标层	指标属性	选择要求
城镇居住用地整治潜力评价	公建配套改善情况	交通条件	必选	道路通达度指数	正向相关指标	二必选一
				公交便捷度指数	正向相关指标	
				对外交通便利度指数	正向相关指标	备选
		基础设施情况	必选	供水普及率指数	正向相关指标	必选
				排水管网密度指数	正向相关指标	必选
				供电普及率指数	正向相关指标	必选
				供气普及率指数	正向相关指标	必选
		生活服务设施情况		生活服务设施完备度指数	正向相关指标	必选

续表

目标层	准则层	评价因素	选择要求	指标层	指标属性	选择要求
城镇居住用地整治潜力评价	土地利用强度及效益	用地水平	必选	容积率指数	适度相关指标	必选
				建筑密度指数	适度相关指标	备选
	自然和人文环境改善情况	集聚规模	备选	人口密度指数	适度相关指标	备选
				商服用地集聚度指数	正向相关指标	备选
		自然环境状况	必选	环境污染度指数	负向相关指标	必选
				绿地覆盖率指数	正向相关指标	必选
				景观质量优劣度指数	正向相关指标	备选
	产权情况	产权明晰情况	必选	土地产权明晰度指数	正向相关指标	必选

C. 城镇工矿仓储用地整治潜力评价指标体系。

城镇工矿仓储用地整治更加注重对外交通、基础服务设施配备情况，更加注重区域投入及产出水平，注重产业集聚对用地效益的影响，注重产权明晰程度，而对医院、学校等基本公共服务设施的配套，对绿地率、控制质量指数等相对来说则关注较少（见表4－5）。

表4－5　城镇工业用地整治综合潜力评价指标

目标层	准则层	评价因素	选择要求	指标层	指标属性	选择要求
城镇工业用地整治潜力评价	公建配套情况	交通条件	必选	道路通达度指数	正向相关指标	必选
				对外交通便利度（货运）指数	正向相关指标	必选
		基础设施情况	必选	供水普及率指数	正向相关指标	必选
				排水管网密度指数	正向相关指标	必选
				供电普及率指数	正向相关指标	必选
				供气普及率指数	正向相关指标	可选
	土地利用强度及效益	用地水平	必选	综合容积率指数	适度相关指标	必选
				建筑密度指数	适度相关指标	可选
				土地闲置率指数	负向相关指标	必选
		投入产出水平		固定资产投资强度指数	正向相关指标	二必选一
				劳动力投入强度指数	正向相关指标	
				单位工业用地总产值指数	正向相关指标	

续表

目标层	准则层	评价因素	选择要求	指标层	指标属性	选择要求
城镇工业用地整治潜力评价	自然和人文环境	集聚规模	必选	产业集聚影响度指数	正向相关指标	必选
		自然环境状况	备选	环境污染度指数	负向相关指标	备选
				自然条件优劣度指数	正向相关指标	备选
	产权变化情况	产权明晰情况	必选	土地产权明晰度指数	正向相关指标	必选

D. 评价指标现状值计算。

a. 公建配套情况。

公建配套情况主要包括交通条件，供电、供水、排水、燃气等基础设施配套情况，学校、医院、购物中心等公共服务设施配套情况。

Ⅰ. 交通条件。

（Ⅰ）道路通达度。

道路通达度进行分级赋值，具体赋值方法如表4－6、图4－4所示。

表4－6　道路通达度指数分级赋值表

有路单元	≥4方向	=3方向	=2方向	=1方向
无路单元	单元4周均有路	单元3周均有路	单元两侧均有路	只有一侧有路
道路通达度指数	1	0.75	0.5	0.25

道路通达度指数的最小值为0，即没有路的情况；道路通达度标准值取单元内有4方向的道路或者单元四周都有路的情形，赋值1。单元内有多于4方向道路的情况取值依然为1，整体取值位于[0,1]。

（Ⅱ）公交便捷度。

公交站点属于点状因素，其对土地的影响不仅与其规模有关，也与其和评价单元之间的距离有关，点状因素是同心圆扩散性因素，可以采用直线衰减法或指数衰减法进行量化。对于一宗地公交便捷度的计算，需首先确定单元中心点，然后衡量周围各公交站点，计算该点周边公交站点对其扩散作

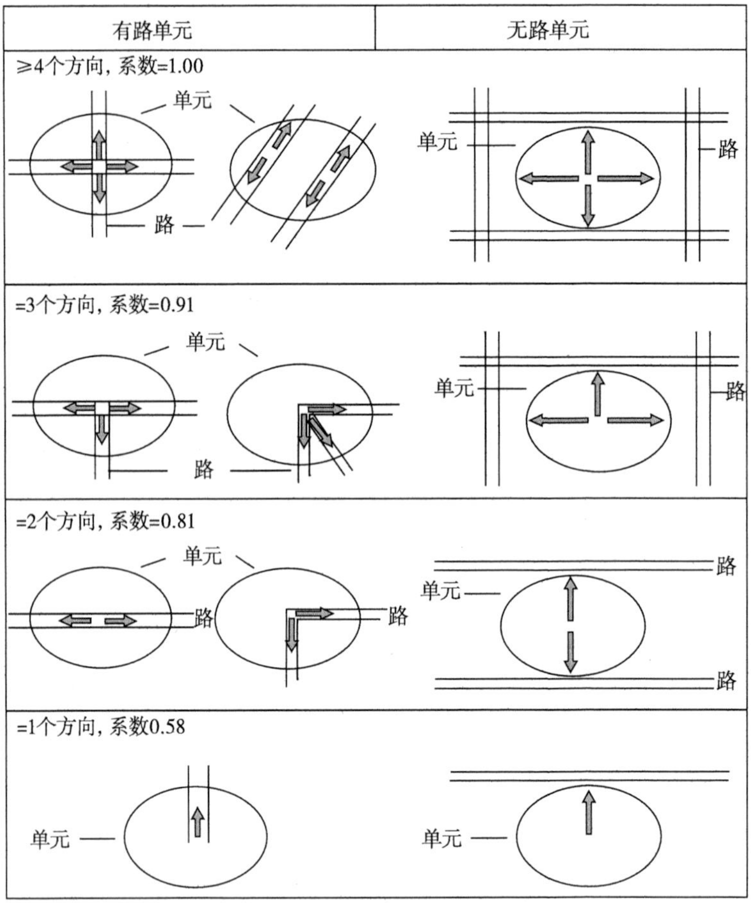

图 4－4　道路通达度指数分级赋值图

用分之和,用于衡量公交便捷度①。

第一步:公共交通站流量的计算。

站流量可取一定区域内各公交站点每小时停车量的总和。当同一公交线路各站点都是必停站点时,则可用线路中各向车流量之和代替,各公交线路流量每天统一按 12～16 小时计算平均值。地铁、小公共汽车等交通方式应依据客运能力换算成普通公交车流量。

① 2001 G B T. 城镇土地分等定级规程 [S]. 2001.

第二步:公交站点功能分的确定。

公交站点功能分按站流量的大小依次划分为 3 ~ 15 个档次,各档次的公交功能分由下式计算:

$$f_i^B = 100 \times X_i^B \div X_{\max}^B \qquad (4-5)$$

式中:f_i^B 为 i 公交站点功能分;X_i^B 为 i 公交站点流量值;$X_{\max}^B$ 为最大公交站点流量值。

第三步:公交站点服务半径和相对距离的计算。

具体计算方法如下:第一,把站点作为原点,服务半径统一在 0.3 ~ 0.8 千米的范围内确定;第二,相对距离计算按下式:

$$r = d_i \div d[0 \leqslant r \leqslant 1] \qquad (4-6)$$

式中:r 为相对距离;d_i 为服务半径内某点与站点的实际距离;d 为公交站点服务半径。

第四步:公交便捷度作用分衰减公式的确定。

公交便捷度作用分按下式进行衰减计算:

$$e_{ij}^B = f_i^B \times (1 - r) \qquad (4-7)$$

式中:e_{ij}^B 为 i 公交站点对 j 点的公交便捷度作用分;f_i^B 为 i 公交站点功能分;r 为 j 点到 i 公交站点的相对距离。

第五步:扩散因素作用分值。

$$F = \sum_{i=1}^{n} f_i \qquad (4-8)$$

式中:F 为周边各公交站点对评价单元的作用分值,即公交便捷度;n 为辐射到评价单元的公交站点个数;f_i 为第 i 个公交站点作用分值,也即 e_{ij}^B 。

(Ⅲ)对外交通便利度。

反映区域对外交通手段与便捷程度。依照各种交通方式效率和在区域经济联系中的作用,对各评价单元对外交通条件综合评分。与公交便捷度类似,可计算一定辐射范围内各设施对评价单元的作用分之和。具体计算过程如下:

第一步:对外交通设施类型、数目的选定。

对外交通设施是火车站、港口、长途车站、机场、高速公路出入口等城镇中对外经营的客运站、货运站(不包括单位自有的接轨站、专用码头等)和重要对外交通节点,各评价区域可按设施在区域对外交通运输中地位和作用、定级类型来选定设施数目和类型。

第二步:对外交通设施作用指数和功能分计算。

对外交通设施作用指数反映设施在对外交通运输中的重要程度,指数与设施作用大小呈正比,数值在0~1,各指数值之和等于1;对外交通设施功能分按下式计算:

$$f_i^T = 100 \times I_i^T \tag{4-9}$$

式中:f_i^T 为 i 对外交通设施的功能分;I_i^T 为 i 对外交通设施的作用指数。

$$I_i^T = I_{\max}^T \times \lambda_i^T \tag{4-10}$$

式中:I_i^T 为 i 对外交通设施作用指数;$I_{\max}^T$ 为 i 设施所属某类对外交通设施规模与影响最大者作用指数,可参照确定因素权重的方法进行计算;λ_i^T 为 i 对外交通设施相对于规模及影响最大的同类设施作用折算系数,可参照确定因素权重的方法计算或选择规模、运量等指标比较确定。

第三步:对外交通设施服务半径和相对距离确定。

对外交通设施的服务半径以各设施场所为原点,范围分别确定在2~20千米;相对距离按下式计算:

$$r = d_i \div d[0 \leqslant r \leqslant 1] \tag{4-11}$$

式中:r 为相对距离;d_i 为在 i 对外交通设施的服务半径内,某点与 i 对外交通设施的距离;d 为 i 对外交通设施的服务半径。

第四步:对外交通便利度作用分衰减公式的确定。

住宅用地潜力评定时,对外交通便利度作用分按下式进行衰减计算:

$$e_{ij}^T = f_i^T \times (1 - r) \tag{4-12}$$

工业用地潜力评定时,对外交通便利度作用分按下式进行衰减计算:

$$e_{ij}^T = (f_i^T)^{1-r} \tag{4-13}$$

式中:e_{ij}^T 为 i 对外交通设施对 j 点的便利度作用分;f_i^T 为 i 对外交通设施

的功能分；r 为 j 点与 i 对外交通设施的相对距离。

第五步：扩散因素作用分值的计算。

$$S_T = \sum_{i=1}^{n} e_{ij}^{T} \tag{4-14}$$

式中：S_T 为周边各交通设施对评价单元的作用分值，也即对外交通便利度；n 为辐射到评价单元的对外服务设施个数；e_{ij}^{T} 为 i 对外交通设施对 j 点的便利度作用分。

Ⅱ. 基础设施情况。

基础设施主要包括供水、排水、供电、道路、供气、供热、通邮、通信等。基础设施完善程度是衡量土地经济区位和物化劳动投入量，反映对社会活动、经济生产、生活等活动场所的保障，对人们的生产生活有着重要影响。基础设施配套程度、服务水平和保障率，都标志着投资环境好坏。

基础设施完善状况评价指标可包括供水普及率指数、排水管网密度指数、供气普及率指数、供电普及率指数。

（Ⅰ）供水普及率计算方法如下：

供水普及率 = 区域供水覆盖范围内的人口数 ÷ 区域总人口数

（Ⅱ）排水管网密度计算方法如下：

评价单元内排水管网密度 = 评价单元内排水管网长度和 ÷ 评价单元内土地面积

（Ⅲ）供气普及率计算方法如下：

供气普及率 = 评价单元内用天然气做燃料的家庭数 ÷ 评价单元内的家庭总数

（Ⅳ）供电普及率计算方法如下：

供电普及率 = 区域供电覆盖范围内的人口数 ÷ 区域总人口数

Ⅲ. 公共设施情况。

用公共服务设施完备度指数指标来衡量。公共服务设施完备度指数主要涉及教育、医疗、金融、商业、文化娱乐设施等方面，对公共服务设施的投入量越大，其配套完善程度越高。周边公共服务设施越完善，土地价值越高，整治潜力越小。

公共服务设施大部分属于点状要素，其不仅类型、数量和分布对评价单元有影响，其技术水平、规模、级别、服务水平和服务范围等也直接影响到了评价单元的设施完备度。

（Ⅰ）公用设施类型和数目确定。

公用设施与日常生活紧密相关，选定其类型和数目可按设施在各城镇日常生活中的地位作用。

公用设施包括中小学、幼儿园、托儿所、医院、诊所、体育场馆、文化馆（活动中心）、影剧院、公园、邮局等。

（Ⅱ）公用设施作用指数和功能分计算。

计算方法如下：

第一步：公用设施作用指数表示设施和日常生活的密切程度，指数与设施作用大小呈正比，数值在 0 ~ 1，各指数值之和等于 1。

第二步：公用设施功能分计算按下式：

$$f_i^P = 100 \times I_i^P \tag{4-15}$$

式中：f_i^P 为 i 公用设施功能分；I_i^P 为 i 公用设施作用指数。

$$I_i^P = I_{\max}^P \times \lambda_i^P \tag{4-16}$$

式中：I_i^P 为 i 公用设施作用指数；$I_{\max}^P$ 为 i 设施所属的某类公用设施规模及影响最大者作用指数，可参照确定因素权重的方法进行计算；λ_i^P 为 i 公用设施相对于规模及影响最大的同类设施作用折算系数，可参照确定因素权重的方法计算或选择规模等指标比较确定。

（Ⅲ）公用设施服务半径和相对距离确定。

各类公用设施的服务半径，按设施数量、规模、影响程度，在 0.3 ~ 3 千米的范围内确定；相对距离计算按下式：

$$r = d_i \div d[0 \leqslant r \leqslant 1] \tag{4-17}$$

式中：r 为相对距离；d_i 为在 i 设施服务半径内，某点与 i 设施的距离；d 为 i 设施服务半径。

（Ⅳ）公用设施作用分衰减公式的确定。

公用设施作用分按下式进行衰减：

$$e_{ij}^{P} = f_i^P \times (1 - r) \quad (4-18)$$

式中：e_{ij}^{P} 为 i 公用设施对 j 点的作用分；f_i^P 为 i 公用设施的功能分；r 为 j 点与 i 公用设施的相对距离。

（Ⅴ）扩散因素作用分值。

$$S_P = \sum_{i=1}^{n} e_{ij}^{p} \quad (4-19)$$

式中：S_P 为周边各公用设施对评价单元的作用分值，也即公共服务设施完备度；n 为辐射到评价单元的公共服务设施个数；e_{ij}^{P} 为第 i 个公交站点作用分值。

b. 土地利用强度及效益。

Ⅰ. 土地利用强度状况。

衡量城市土地利用强度主要考虑建筑容积率和建筑密度。容积率越大，土地利用率越高，土地利用越集约。但同时，容积率过大会引起城市生态环境超负荷，土地过度利用。建筑密度是反映城市土地建筑实物分布强度的重要指标，即建筑覆盖率。建筑密度越高，土地利用效率越高，但当建筑密度高于一定程度后，区域总体环境质量会下降。居住用地建筑密度既反映城市居民居住质量，又反映城市居民对土地享有的公平程度。土地闲置率是指评价区域内未利用的土地比例。该指标反映了评价区域内可利用土地的状态。闲置土地一般指整块的不作任何用途安排的土地，或者是有安排而长期不实施的土地。如果该指标过高，说明区域内土地利用率不高，规划不合理，目前利用粗放，不利于土地的持续利用，整治的潜力很大。各指标计算方法如下：

（Ⅰ）建筑容积率指数计算方法如下：

建筑容积率 = 评价单元建筑总面积 ÷ 评价单元土地面积

（Ⅱ）建筑密度指数计算方法如下：

建筑密度 = 建筑基底总面积 ÷ 总用地总面积

(Ⅲ)土地闲置率计算方法如下:

土地闲置率 = 评价单元内土地闲置面积 ÷ 评价单元内土地总面积

Ⅱ. 投入产出水平状况。

土地投入强度以货币形式表示单位面积用地在一定时期内建造、购置固定资产和有关费用,反映城市土地经济总投入强度。土地整治就是尽量高效、合理利用土地,以优化的结构组合获得良好综合效益。土地投入强度主要包括单位面积固定资产投入和单位面积劳动力投入。

单位面积固定资产投入反映城市土地经济总投入强度。数值越大说明土地利用强度越高,整治潜力越小;反之,该指标越小,说明土地利用强度越小,整治潜力越大。

(Ⅰ)单位面积固定资产投入计算方法如下:

单位面积固定资产投入 = 固定资产投资额 ÷ 评价单元面积,单位为万元/公顷。

(Ⅱ)劳动力投入强度计算方法如下:

劳动力投入强度 = 评价区域内就业人数 ÷ 评价单元总用地面积,单位为人/公顷。

(Ⅲ)城镇单位用地第二、第三产业增加值计算方法如下:

城镇单位用地第二、第三产业增加值 = 评价单元内第二、第三产业增加值/评价单元总用地面积,单位为万元/公顷。

c. 自然和人文环境。

Ⅰ. 集聚规模。

集聚规模反映了区域对资金、劳动力等的吸引力,城镇建设用地整治综合潜力评价可用人口密度以及商服繁华影响度两个指标来衡量。城镇工矿仓储用地的集聚规模可以用产业集聚影响度来衡量。

(Ⅰ)人口密度。

人口密度 = 单元内人口总数 ÷ 用地总面积,单位为人/公顷。

若为居住用地,人口数为常住人口与暂住人口之和;若为工业用地,人口数为评价单元吸纳劳动力人数。

（Ⅱ）商服繁华影响度。

通常情况下，受商服繁华影响程度越大，人们生活越便利，居住用地价值越高。商服繁华影响度按以下程序进行计算：

第一步：商服中心划分。

按照各级城镇规模，把商服中心分出一定级别，不同城镇规模应分出的商服中心级别数目详见表4－7。

表4－7　各级城镇应分出的商服中心级别数目

城镇类型	应分出的商服中心级别数目	最低级中心的建筑面积之和下限
大城市	2～4级	2000～1500平方米
中等城市	2～3级	1500～1000平方米
小城市以下	1～2级	1000～500平方米

在商服中心所在区域内，选择商服业繁华状况突变的地段，以明显地物或非商服业建筑作为商服中心边界。城镇内商服中心应按次序从高级到低级按市、区、小区和街区等级别划分。商服中心可选用以下一种划分依据：一是以商服中心销售总额、总利润或单位面积销售额、利润值和其他经济指标的高低衡量；二是适当修正、调整确定商服中心的已有划分成果。

第二步：商服中心规模指数确定。

各商服中心规模指数用销售总额等经济指标按下式计算确定：

$$I_k^M = 100 \times X_k^M \div X_{\max}^M \qquad (4-20)$$

式中：I_k^M 为 k 商服中心规模指数；X_k^M 为 k 商服中心经济指标实际值或该级商服中心指标平均值；$X_{\max}^M$ 为最高级商服中心的经济指标。

第三步：商服中心内各级功能分的分割计算。

商服中心功能包含与中心自身级别相应的商服功能和低于自身级别的各级功能，中心对土地繁华的影响通过这些功能综合体现，并以相应级别的功能分来衡量。中心内各级功能的功能分按下式进行分割计算：

$$f_i^M = I_i^M - I_l^M \qquad (4-21)$$

$$f_{\min}^M = I_{\min}^M \qquad (4-22)$$

式中：f_i^M 为某商服中心 i 级功能的功能分；I_i^M 为 i 级商服中心规模指数；

该商服中心本身为 i 级时,应取其自身的规模指数; I_l^M 为次一级中心规模指数; $f_{\min}^M$ 为最低级功能的功能分; $I_{\min}^M$ 为最低级商服中心规模指数。

第四步:商服中心各级功能的服务半径和相对距离确定。

商服中心各级功能服务半径以商服中心边缘起算,利用商服中心分布图按照以下规则确定:一是市级商服功能的服务半径等于市级中心边缘到连片建成区边缘的最大距离;二是市级商服功能以外的各级功能的服务半径等于同级商服中心的最大服务距离。

商服中心与空间某点的相对距离计算如下式:

$$r = d_i \div d[0 \leqslant r \leqslant 1] \tag{4-23}$$

式中:r 为相对距离; d_i 为在 i 级商服功能服务半径内,某点距中心的实际距离;d 为 i 级商服功能服务半径。

第五步:商服功能影响作用分衰减公式确定。

各级商服功能影响作用分,对于住宅用地和工业用地,按直线方式进行衰减,如下式:

$$e_{ij}^M = f_i^M \times (1 - r) \tag{4-24}$$

式中: e_{ij}^M 为 j 点受 i 级商服功能作用分; f_i^M 为 i 级商服功能的功能分;r 为 j 点与具有 i 级功能的商服中心的相对距离。

第六步:商服繁华影响度作用分值计算。

商服繁华影响度作用分反映空间上各点受不同级别功能分的共同作用情况。可分为两种情况:空间某点同时受多个同级功能影响,则取其中最高的商服功能影响作用分;空间某点同时存在多级功能影响时,则对各级商服功能影响作用分仅取值一次,并进行加和。

各点商服繁华影响度作用分如下式进行计算:

$$e_j^M = \sum_{i=1}^{n} e_{ij}^M \tag{4-25}$$

式中: e_j^M 为 j 点商服繁华度作用分,即商服中心各级功能对 j 点的总和作用分; e_{ij}^M 为 i 级商服功能对 j 点作用分,$i=1,2,\cdots,n$;n 为商服中心级别数目;j 为评价单元中心点所在地。

（Ⅲ）产业集聚规模指数。

产业集聚规模表示产业在特定范围内的集中程度。产业集聚分为两种，一种是同类产业及其配套产业的集聚，另一种是不同类产业的集聚。前者各产业间存在前后向关系，产品相同或互为原料、前后向产品，产业联系密切；后者产业间相关性不高，仅是在空间上集聚，共同利用基础设施、劳动力等。产业集聚区域可以分为一般产业集聚区和高新技术产业集聚区。

按产业集聚区域，采用单位面积企业的数量、年产值、年利润、职工人数等指标值，计算产业集聚规模指数，公式为：

$$I_i^A = (X_i^A \div X_{\max}^A) \times \lambda_i^A \quad (4-26)$$

式中：I_i^A 为 i 产业集聚区域产业聚集规模指数；X_i^A 为 i 产业集聚区域产业集聚指标值；$X_{\max}^A$ 为产业集聚指标值的最大值；λ_i^A 为 i 产业集聚区域产业集聚修正系数，可参照表4－8。

表4－8　各类产业集聚区产业集聚修正系数

产业集聚区类型	一般产业集聚区			高新技术产业区		
	产业联系紧密区	产业联系一般区	产业联系松散区	产业联系紧密区	产业联系一般区	产业联系松散区
产业集聚修正系数	0.80	0.60	0.40	1.00	0.80	0.60

Ⅱ.自然环境状况。

（Ⅰ）环境污染度。

环境污染度用大气污染指数来衡量，大气污染指数（API）是根据空气环境质量标准和各项污染物的生态环境效应及其对人体健康的影响来确定污染指数的分级数值及相应的污染物浓度限值，是一个反映城市空气质量状况目前通用的量化指标。按照不同的API分级，API数值越低，代表城市空气污染越小，空气质量越好。该指标对于较优的土地利用状态来讲为负向指标，也即API越大，当前的土地利用状态越差，整治的潜力越大。评价单元内API的计算方法按照《城市空气质量日报技术规定》执行。空气污染指数的取值范围是0～500，其中0～50、51～100、100～200、201～300和大于

300 分别对应着中国空气质量标准中日均值的一级、二级、三级、四级和五级标准的污染物浓度限定数值。

（Ⅱ）自然条件优劣度。

自然条件包括了土地的工程地质、地形、地下水、洪水淹没等状况。

评价单元内自然条件优劣度 =（评价单元内土地总面积 − 评价单元内受自然条件限制作用的区域面积）÷ 评价单元内土地总面积

（Ⅲ）绿地覆盖度。

绿地覆盖率 = 评价单元内绿地面积 ÷ 评价单元总用地面积 × 100%

（Ⅳ）景观质量优劣度。

通过定性描述分为 5 级赋值，分别是非常差、较差、一般、好、非常好，分别赋 0. 1、0. 3、0. 5、0. 7、0. 9。

d. 产权情况。

产权明晰有利于土地资源的合理配置和企业的财产保值增值，间接地反映了土地配置效率。

产权明晰度 = 1 −（评价单元内因权属问题发生纠纷的案件数 ÷ 区域因权）

Ⅰ. 评价指标权重的确定。

（Ⅰ）评价指标权重确定的原则。

权重代表着各评价指标变化对城镇建设用地价值变化的影响程度，其确定的原则为：

权重值和指数或指标对城镇建设用地价值变化影响的大小成正比，指数或指标的权重值在 0 ~ 1，每个指数或指标对应下一层次选定指数或指标的权重值之和为 1。

权重值可单独选用德尔菲法、因素成对比较法或层次分析法来确定，亦可用德尔菲法结合其他两种方法确定。

（Ⅱ）权重确定的方法。

方法一：德尔菲法（Delphi 方法）。

对各指数进行多轮专家打分，并按以下公式计算权重值：

$$\omega_i = E_i \div 100 \tag{4-27}$$

式中：ω_i 为第 i 个指数的权重；E_i 为第 i 个指数经过多轮打分后的均值。

实施要求：专家应为熟悉城市社会经济发展和土地整治或估价等有关行业的专家以及高层决策者，总体权威程度较高，人数为 10～40 人；打分应依据相应背景材料和打分说明独立进行；自第二轮起，打分必须参考上一轮结果进行；打分轮次为 2～3 轮。

方法二：因素成对比较法。

两两比较所选指数的相对重要性，然后赋值并计算权重。

实施要求：比较结果要符合若 A 指数大于 B 指数并且 B 指数大于 C 指数，则 A 指数大于 C 指数；指数所赋权重值应在 0～1，且两指数权重值之和等于 1。

方法三：层次分析法（AHP 方法）。

判断因素的相对重要性，组成判断矩阵，并计算权重值。

实施要求：判别因素的相对重要性最好使用特尔菲法测定数据，判断矩阵必须通过一致性检验。

（Ⅲ）评价指标理想值确定。

评价指标理想值确定的主要依据：一是国家、地方、行业标准等各类规划指标。如国家规定的建筑密度、绿地率标准等。在数据可得的前提下，某些指标也可将全国相应指标均值作为标准。二是区域性本地背景。如公交便捷度标准值可取区域范围内的最大值、土地闲置率极小值可取各单元土地闲置率均值、单位面积固定资产投资等可将区域各单元的均值作为标准值。三是科学研究的判定理想值。对于一些限制型指标，可将综合研究和科学试验测得的底线值或警戒值作为标准。如理论产权明晰度、理论供水普及率、宗地最优的道路配套形式等均可作为理想值。

（Ⅳ）评价指标标准化。

上文初步拟定了开展建设用地整治潜力评价的指标体系，指标因为性质差异，取值范围相差很大，无法直接比较，尤其是测算综合潜力时不能直接放在一起。因此，需要通过一种方法使所有指标都转换成可统一评价的数值,同时根据指标的类型设计计算公式,把所有指标的计算值均匀转换成趋于0为潜力大的区域,趋于1为潜力小的区域。从而可以在这个基础上加权平均求取城镇建设用地整治综合潜力指数。

各评价指标指数通过标准化获取具体数值。标准化主要采取以下方法:对于定量指标,采用极值标准化法进行评价,先确定单指标取值的最大值、最小值和理想值,在指标值阶段内进行内插得到各个指标的综合得分,采用取自然对数再线性内插的方法保证标准化之后的数值分布均匀。对应于指标值的取值区间[a,b]得分区间为[0,100],采用内插法进行指标的标准化处理。记S为实际指标值的指数。

对于正向指标,其指数计算方式如下:

$$S = \begin{cases} 0, x \leqslant a \\ \dfrac{x - a}{b - a}, a < x < b \\ 1, x \geqslant b \end{cases} \tag{4-28}$$

式中:S为实际指标值得分,即指数值;a为最差状态值;b为指标目标值或可达到的最大值。

对于负向指标,其计算公式如下:

$$S = \begin{cases} 0, x \geqslant b \\ \dfrac{x - b}{a - b}, a < x < b \\ 1, x \leqslant a \end{cases} \tag{4-29}$$

式中:S为实际指标值的指数值;a为指标的最好状态值或目标值;b为最差状态值。

对于适度相关型指标,当指标位于0到理想值之间的区间时,采用正向指标标准化公式进行计算,当指标大于理想值之后,采用负向指标标准化公式进行计算。具体如下:

$$S = \begin{cases} 0, x \leqslant a \text{ 或 } x \geqslant b \\ \dfrac{x-a}{u-a}, a < x < u \\ \dfrac{x-b}{u-b}, u < x < b \\ 1, x = u \end{cases} \tag{4-30}$$

式中：S 为实际指标值的指数值；a 为指标的极小值；u 为指标的最好状态值或目标值；b 为指标的极大值。

（Ⅴ）综合潜力综合指数测算。

城镇建设用地整治潜力指数按以下公式计算：

$$I = \sum_{i=1}^{4} (S_i \times \omega_i) \tag{4-31}$$

式中：I 为城镇建设用地整治潜力综合指数；S_i 为准则层第 i 个指标的得分；ω_i 为 i 准则对总目标的权重。

（Ⅵ）现实综合潜力测算。

实现城镇建设用地整治潜力与各评价单元的实际情况，特别是区域居民或单位参与城镇建设用地整治的意愿，政府进行存量土地挖潜的决心，政府财力等因素密切相关，因此在理论潜力测算的基础上，可以编制相关因素修正系数表，对理论综合潜力进行修正。

第一，评价单元内居民或单位参与城镇建设用地整治意愿度修正系数 = 愿意参与整治居民户数或单位数/区域内居民或单位总户数。

第二，政府进行存量土地挖潜决心修正系数可用区域范围内建设用地后备资源紧缺程度来衡量，具体可用尚可供地年数及区域建设用地比率来衡量。

尚可供地年数 = 区域范围内规划允许建设区之内可用新增建设用地空间 ÷ 近五年年均新增建设用地面积

尚可供地年数指数 Y = 1 －（评价单元内尚可供地年数 ÷ 土地利用总体规划编制周期）

一般情况下，土地利用总体规划期间为 15 ~ 20 年，此处取 20 年。评价单元所在区域尚可供地年数大于 20 年的，取 20 年。

建设用地比率 C = 建设用地面积 ÷ 土地总面积 ×100%

政府进行存量土地挖潜决心修正系数 = 0.6Y + 0.4C。

第三，政府财力修正系数。当前，城镇建设用地整治主要仍以政府为主导，政府财力是城镇建设用地整治项目能否有效开展的重要因素。

政府财力修正系数 = 评价单元所在镇（街道）近 1 年 GDP ÷ 一线城市涵盖镇近 1 年 GDP 平均值

第四，用途转换修正系数。城镇建设用地整治的过程，为了追求土地的最高最佳使用状态，往往会将土地的用途进行转换，如将原有的工业用地转换为居住用地或商业用地，将原有的住宅用地转换为商业用地等。用途转换指数主要涉及现状用途和规划用途，可根据评价区域城建及相关规划资料确定，具体转换系数值通过区域内过去三年不同用途土地出让价格之比确定。

用途转换系数 = 最近三年规划用途平均单位土地出让价格 ÷ 最近三年现状用途平均单位土地出让价格

通过该公式计算并编制区域不同用途转换系数赋值表，如表 4－9、表 4－10 所示。

表 4－9　住宅用地用途转换指数赋值示例

现状用途	住宅	住宅	住宅	住宅	住宅
规划用途	商业	商办	商住	住宅	工业
赋值	2	1.5	1.2	1	0

表 4－10　住宅用地用途转换指数赋值示例

现状用途	工业	工业	工业	工业	工业
规划用途	商业	商办	商住	住宅	工业
赋值	2	1.5	1.4	1.5	1

$$I' = I \times a \times b \times c \times d \cdots \qquad (4-32)$$

式中：I' 为城镇建设用地整治现实综合潜力指数；I 为城镇建设用地整治理论综合潜力指数；a 为评价单元居民或单位参与城镇建设用地整治意愿度修正系数；b 为政府进行存量土地挖潜决心修正系数；c 为政府用于支持城镇建设用地整治财力状况修正系数；d 为土地规划用途转变可能性修正系数。

(Ⅶ)潜力分级。

以宗地为单元,按照城镇建设用地整治潜力理论综合指数和现实综合潜力指数分别进行分级,根据实际情况,可分为 3 ~5 个级别。理论潜力分级可按照潜力指数等距划分,详见表 4 -11。现实潜力分级可参照评价区域实际情况选取节点,节点的选取要使评价单元在各个评价区间的分布较为均匀。

表 4 -11　城镇建设用地整治理论潜力分级表

潜力分级	一级	二级	三级	四级	五级
潜力指数	[0,0.2]	(0.2,0.4]	(0.4,0.6]	(0.6,0.8]	(0.8,1]

4.2.3　农村建设用地整治潜力分析与评价

4.2.3.1　农村建设用地整治潜力内涵

农村建设用地整治是指在一定的社会经济条件下,针对农村建设用地零散、无序、废弃、闲置和低效利用的状态,运用工程技术手段整治、改造其空间结构和布局,同时改造、完善村庄的公共基础设施,实现土地利用结构优化、土地利用效率提高、农村生产生活条件和生态环境改善的综合土地利用工程。农村建设用地整治的主要着力点即为农村居民点整治,一方面降低当前居民点的人均建设用地量以符合国家或本地区规定标准,提高容积率,实施自然村向中心村合并等,提高土地利用效率;另一方面通过健全村庄基础设施和增设村庄内部公共设施等,改善居民的生活条件①。海西地区的农村属于沿海发达地区的农村,由于发展较早,村内企业具有一定的规模,因此,工矿用地整治也是海西地区农村建设用地整治的另一主要内容,主要通过提高土地利用效率来释放建设用地潜力。

因此,农村建设用地整治潜力可以分为数量潜力和质量潜力,其中数量潜力又可分为理论潜力和现实潜力。农村建设用地整治理论潜力是指在一定时期和生产力水平下,通过采取一系列行政、经济、法律和技术等措施,增加待整治建设用地可利用空间和改善农村生存条件的幅度。它单纯从自然角度出发

① 张正峰,赵伟. 农村居民点整理潜力内涵与评价指标体系[J]. 经济地理,2007,27(1):137,140.

计算得出整治潜力，并不考虑经济社会发展状况与人文因素的影响。而理论潜力要转化为现实潜力，受到资金、区位、技术、农村居民整治意愿等多方面影响，所以现实潜力代表了整治的可行性和实施程度。质量潜力，又称农村生存条件改善潜力。农村生存条件改善表现在通过一系列整理措施，改善农村自然与社会环境条件，使其更加适合居民的生活生产。

4.2.3.2 农村建设用地整治潜力来源分析

农村建设用地整治的最基本的两个目的：一是增加建设用地面积、提高建设用地利用效能；二是改善农民的生产生活条件，故其包含土地利用空间扩展潜力和农村生存条件改善潜力两个方面。

土地利用空间扩展潜力是指整治增加的农村建设用地面积。从具体的来源来说，主要包括五部分：一是宅基地和工矿企业用地超过国家标准面积形成的潜力；二是废弃建筑物压占土地形成的潜力，包括废弃农民住房、小型养殖业、小型手工业厂房、废弃的砖瓦窑场、废弃的学校等，此类用地的地上建筑物虽仍存在，但损坏严重、长期闲置，难以进一步利用；三是在我国村庄建设缺乏规划的背景下，基础设施和住宅随地而建，形成许多建筑垃圾压占、建筑废弃地等空闲土地；四是在地形、建设条件的影响和限制下，农村居民点内存在零星农用地；五是由于部分村庄搬迁形成的整治潜力。

农村生存条件改善潜力表现在通过一系列整治措施，改善农村自然、社会环境条件，使其更适合居民的生活生产。农村生存条件的提高与改善主要表现在两个方面：①根据居民的生产生活需要健全基础设施，包括村内道路、供电、供水、通信等；②改善、增设绿地、街心花园、体育、娱乐场所等村庄内部公共设施，从而改善村庄面貌与居民生活条件[①]。

4.2.3.3 农村建设用地整治潜力评价方法

在分区分模式的基础上，采用适合该地区特征和该模式特征的方法测算农村居民点整治的理论潜力，然后构建农村建设用地整治现实潜力评价指标体系对理论潜力进行修正得到现实潜力，最后选取生存条件指标计算

---

① 张正峰，陈百明．土地整理潜力分析[J]．自然资源学报，2002，17(6)：664－669.

农村居民点整治的质量潜力①。

(1)农村建设用地整治分区及模式选择。

1)农村建设用地整治分区。

在分析农村建设用地整治影响因素的基础上,划分农村建设用地整治分区,进而为农村建设用地整治模式的确定奠定基础。

影响农村建设用地整治的主要因素主要有以下方面:

城市空间布局:目前我国的城市总体规划确定了到 2020 年,在未来城镇建设用地范围内的农村居民点势必随着城市空间拓展,转化为城镇建设用地。

社会经济发展:人口集聚和经济发展水平是推动社会主义新农村建设的重要因素,同样也是推进农村建设用地整治的基本条件。例如,农村建设用地整治是投资较大的工程,经济发展水平尤其是资金因素会影响农村建设用地整治实施能力。

基本农田保护:基本农田对落实国家粮食安全具有重要意义,开展基本农田整治是新时期国家推进耕地保护的重要举措,因此,加大基本农田重点保护地区的农村建设用地整治,不但利于实现土地集约利用,也有利于建设连片集中、旱涝保收的高标准基本农田。

地形地貌:我国幅员辽阔,地形地貌复杂多样。村庄所处的地形地貌是平原、山地丘陵还是滨湖地区都会影响农村建设用地整治。

自然风光及历史文化条件:自然风光及历史文化风貌是村庄先天和后天形成的,对于这些独特的村庄,需要整治改造加以妥善保护②。

在农村建设用地整治影响因素分析的基础上,可以确定农村建设用地整治分区,为以下几种类型:

城市规划区:位于城市总体规划确定的中心城和新城规划区范围内,规划城镇建设用地面积占行政村面积 20% 以上的行政村划归其列。本研究中,将位于该区的农村纳入城镇建设用地中予以潜力评价。

---

① 张正峰,赵伟. 农村居民点整理潜力内涵与评价指标体系[J]. 经济地理,2007,27(1).

② 林坚,李尧. 北京市农村居民点用地整理潜力研究[J]. 中国土地科学,2007,21(1):58-65.

城乡交错区:城乡交错区即城乡接合部,位于城乡接合部范围内的行政村。因为该地区是城市和农村的融合渐变的地域,村庄分布散乱、占地面积偏大、基础设施不完善,亟须开展整治融入城镇化。

基本农田保护区:位于基本农田重点保护区规划范围内的行政村。该区域内基本农田集中度较高,优质基本农田所占比例较大,需重点保护和整治,为发展现代农业奠定基础。

生态环境保护区:位于生态环境安全控制区的行政村。生态环境保护区是出于生态环境安全考虑需要特殊控制土地利用的区域,主要包括河湖及其蓄滞洪区、重要水源保护区、地质灾害危险区等。

自然风光与历史文化保护区:位于具有优美的自然风光和独特的历史文化风貌的行政村范围。某些村庄自身条件较好,乡村风景优美或者有自身的独特的历史文化,是国家或者地区的特色景观名村或者历史文化名村。

2)农村建设用地整治模式分类。

位于不同分区的农村,需要采用不同的建设用地整治模式。位于城乡交错区的农村,因城镇化发展影响较大,其建设用地整治多以就地城镇化模式,通过宅基地置换、提高居住用地、工矿用地等建设用地利用率的方式,促进土地节约集约利用;位于基本农田保护区的农村,为保护基本农田、实现基本农田连片,其建设用地整治多以中心村模式,将散乱在基本农田中的村居集中迁并;位于生态环境保护区的农村,由于该区域基本不适宜生活生产,其建设用地整治多采用生态搬迁模式,彻底改善居民生产生活条件;位于文化保护区的农村,因其历史文化浓厚,常常采用内部改造模式进行小规模、有针对性的建设用地整治活动。

(2)数量潜力评价。

1)理论数量潜力评价。

针对不同的模式分别设置不同的方法进行潜力的测算。

A. 就地城镇化模式。

采用建筑容积率法。建筑容积率法即通过实际抽样调查各类建设用地(主要是居住用地和工矿用地)容积率现值,提出规划期末的期望值,应用建设用地总面积与两种容积率之差的乘积计算农村建设用地整治潜力。其计算公式为：

$$\Delta S = S_0 - (S_0 \times R_0 \times A) \div R_t \quad (4-33)$$

式中：ΔS 为农村建设用地整治潜力；S_0 为现状建设用地面积；R_0 为现状容积率；A 为住宅或厂房安置标准；R_t 为规划后的容积率。

B. 中心村模式。

采用人均标准法。人均标准法即通过人均建设用地与国家或本地区规定的人均农村建设用地标准的差值计算整治潜力。计算公式为①：

$$Q_t = Q_0 \times (1 + R)t \pm \Delta Q\ S_t = B \times Qt\Delta S = S_0 - S_t \quad (4-34)$$

式中：Q_t 为规划农村人口总数；Q_0 为现状农村人口总数；R 为人口自然增长率；t 为规划期；ΔQ 为人口机械变动量；S_t 为规划用地面积；B 为人均建设用地标准；S_0 为现状居民点面积；ΔS 为理论潜力面积。

C. 生态搬迁模式。

采用户均标准法。户均标准法即通过户均农村建设用地与国家或本地区规定的标准的差值计算整治潜力。之所以选择采用户均标准法计算生态搬迁模式下农村建设用地的整治潜力，是因为生态搬迁模式下很多情况是整村搬迁，按户进行安置，且户均计算方法是以现状户数为依据的，所以用户均方法计算该模式较为科学。其计算公式为②：

$$\Delta S = S_0 - A_0 \times M_0 \quad (4-35)$$

式中：ΔS 为农村建设用地居民点整治潜力；M_0 为现有农户总数；A_0 为整治后户均用地标准；S_0 为现状居民点用地面积。

D. 村庄内部改造模式。

采用内部土地闲置率法。内部闲置率法即通过调查评价区域内典型样点农村内部闲置土地面积，获取土地闲置率，从而测算农村建设用地整治潜

① 张正峰，赵伟．农村居民点整理潜力内涵与评价指标体系［J］．经济地理，2007，27(1)．

② 李丹妮，王占岐，毛显后．土地整理潜力分析[J]．现代农业科技，2006，19(21)：190－191．

力。计算公式为①:

$$\Delta S = S_0 \times aa = \Delta S' \div S'_0 = (\Delta S_1 + \Delta S_2 + \Delta S_3 + \cdots + \Delta S_n) \div S'_0 \tag{4-36}$$

式中:a 为土地闲置率;S_0 为现状建设用地面积;ΔS 为农村建设用地整治潜力;$\Delta S'$为样点农村建设用地整治潜力;S'_0为样点现状建设用地面积;ΔS_1 为样点村庄中废弃建筑物压占土地形成的潜力;ΔS_2 为样点村庄内部存在的空闲地面积;ΔS_3 为样点村庄零星农用地面积;ΔS_n 为样点村庄其他可整治的土地形成的潜力。

2)现实数量潜力评价。

A. 现实潜力指标体系构建。

农村建设用地整治需要大量的资金和劳动力投入,同时也是农户改善生产条件和生活环境的有效手段,所以农村建设用地整治不仅是一项经济行为,也是一项社会行为。因此,要将农村建设用地整治的理论潜力转化为现实潜力,还需要考虑资金、技术、农村居民整治意愿等因素与各因素对潜力影响的程度②。为此,在本研究中,根据评价指标完整性原则、科学性和可操作性兼顾原则以及相对稳定性的原则,建立农村建设用地整治现实潜力评价指标体系,测算各评价单元的综合指数,在理论潜力的基础上进行修正,以估算现实潜力。

根据已有研究,农村建设用地整治现实潜力评价指标体系的构建(见表4-12),评价指标主要从自然限制性因素、经济限制性因素和社会限制性因素三方面选取。

---

① 潘元庆,陈伟强,祝桂兰,邢永强,王争艳. 农村居民点整理潜力分析与评价研究[J]. 河北农业科学,2008,12(10):98-100.

② 张正峰,赵伟. 农村居民点整理潜力内涵与评价指标体系[J]. 经济地理,2007,27(1):137-140.

表 4 – 12　农村建设用地整治现实数量潜力评价指标

目标层	准则层	次准则层	指标层	指标属性
农村建设用地整治现实数量潜力评价	自然限制性因素	自然限制性因素	人均/户均宅基地面积	负向相关指标
			人均耕地面积	负向相关指标
			离县级公路的距离	负向相关指标
农村建设用地整治现实数量潜力评价	经济限制性因素	投入产出因素	财政收入	正向相关指标
			农民人均纯收入	正向相关指标
			固定资产投资额	正向相关指标
			第二、第三产业集约用地率	正向相关指标
		成本因素	补偿标准	正向相关指标
			单位面积建筑成本	负向相关指标
		效益因素	工业用地出让金最低标准	负向相关指标
	社会限制性因素	社会限制性因素	城镇化率	正向相关指标
			农村劳动力人口比重	正向相关指标
			文化程度	正向相关指标
			年龄结构	负向相关指标

a. 自然限制性因素。

人均或者户均宅基地面积:负指标。人均宅基地面积 = 农村居民点总面积 ÷ 农业人口数。户均宅基地面积 = 农村居民点总面积 ÷ 农业户数。人均 ÷ 户均宅基地面积越大,浪费越严重,越需要整治。

人均耕地面积:负指标。人均耕地面积 = 耕地面积 ÷ 人口数。若人均耕地面积越小,则说明当地的人地矛盾越突出,通过农村建设用地整理增加耕地可能性越大。

对外交通便利程度:负指标。表示与外界的联系程度,交通便利在整治中意味着运输成本的节约,整理难度相对降低。衡量的评价指标可用评价单元“离县级公路的距离”表示①。

① 曲衍波,张凤荣,宋伟,梁发超,姜广辉. 农村居民点整理潜力综合修正与测算——以北京市平谷区为例[J]. 地理学报,2012,67(4):490 – 503.

b. 经济限制性因素。

财政收入：正指标。直接表明地方政府主导和推动农村居民点整治的经济能力。农村建设用地整治的主要推动力量是政府，其本质是促进改造农村与农业的政府行为，因此财政收入决定了整治工作推进的行政能力①。

农民人均纯收入：正指标。农民纯收入越多，对农村建设用地整治的经济支持能力也越强。

固定资产投资额：正指标。固定资产投资是建造和购置固定资产的经济活动，反映规模、速度、比例关系和使用方向的综合性指标。固定资产投资按照管理渠道可以分为基本建设、更新改造、房地产开发投资和其他固定资产投资四部分，是影响农村建设用地整治的重要经济指标。

第二、第三产业集约用地率：正指标。第二、第三产业集约用地率＝第二、第三产业产值÷建设用地面积。这表示地区经济发展对建设用地需求的急切程度，越高的集约用地率代表了越强烈的建设用地扩张需求，相应地推进农村建设用地整治积极性也越强。

成本因素：负指标。选取“补偿标准”“单位面积建筑成本”指标。在整理过程中进行拆迁补偿和安置的费用越大，越不利于整理潜力的实现。

效益因素：负指标。选取“工业用地出让金最低标准”指标。

c. 社会限制性因素。

城镇化率：正指标。城镇化率＝非农业人口÷总人口。城镇化率越高，经济越发达，政府对农村建设用地整治支持力度越大；同时，农村居民收入也越高，对城镇生活更能适应，迫切地希望改善自身的生产生活条件，所以整治潜力越大。

农村劳动力人口比重：正指标。农村劳动力人口比重＝劳动人口÷总人口。劳动人口占总人口的比重越大，该地区的农民越希望通过整治改善

---

① 李晨，白中科，吴明锋．安徽省农村居民点整治潜力测算研究［J］．广东农业科学，2013（3）：197－201.

自身就业状况，因为一方面整治中需要大量的劳动力，另一方面可以方便农民到城市就业。

人口素质：正指标。一般来说，农民文化程度愈高，对整治支持度愈高。

年龄结构：负指标。一般而言，大部分青壮年易能接受新事物、新思想，接受整理程度较高；而对于年龄较长者，要改变其现有的生活环境、地缘关系、宗族关系以及邻里关系是难以接受的。

B. 现实潜力综合修正指数测算。

现实潜力综合修正指数测算分以下步骤进行：

第一步：结合层次分析法（AHP）和德尔菲法（Delphi）赋予各指标权重。

第二步：对搜集到的数据标准化处理，方法如下：

$$Y_{ij} = 100 \times a_{(j)} \times \frac{x_{ij}}{x_{\max}} \tag{4-37}$$

式中：Y_{ij} 为第 i 个评价单元的第 j 项因子的分值；$a_{(j)}$，x_j 为当第 j 项因子指标与农村建设用地整治现实潜力正相关时，$a_{(j)} = 1$ 且 $x_j = X_{\min}$；第 j 项因子指标与农村建设用地整治现实潜力负相关时，$a_{(j)} = -1$ 且 $x_j = X_{\max}$；x_{ij} 为第 i 个评价单元的第 j 项指标值；$X_{\max}$ 为各评价对象 X_{ij} 指标的最大值；$X_{\min}$ 为各评价对象 X_{ij} 指标的最小值。

第三步：计算现实潜力修正指数。

$$F = F_n \times F_e \times F_s \tag{4-38}$$

$$F_n / F_e / F_s = \sum_{j=1}^{n} (W_{ij} \times Y_{ij}) \tag{4-39}$$

式中：F 为现实潜力修正指数；F_n 为自然限制性订正系数；F_e 为经济限制性订正系数；F_s 为社会限制性订正系数；W_{ij} 为指标的权重；Y_{ij} 为指标的分值。

C. 现实潜力测算。

对理论潜力进行自然限制因素、经济限制因素和社会限制因素的修正，可以得到现实潜力，即

$$\Delta S' = \Delta S \times F = \Delta S \times (F_n \times F_e \times F_s) \tag{4-40}$$

式中 :$\Delta S'$ 为现实潜力面积; ΔS 为理论潜力面积;F 为现实潜力修正指数; F_n 为自然限制性订正系数; F_e 为经济限制性订正系数; F_s 为社会限制性订正系数。

(3)质量潜力评价。

质量潜力,通过整治前后农村生存条件提高的潜力表示。选取生态环境状况、基础设施状况、公共服务和社会保障状况三方面的指标分别计算整治前和整治后农村建设用地的分值,通过两者的比较得出其整治后提高的等级,进而得到质量潜力。

1)质量潜力评价指标体系构建。

农村建设用地整治中会营造新型的农村聚落,会改变农村的自然环境、人工环境和社会环境,从而改善农村生存条件,因此开展农村建设用地整治质量潜力测算十分必要。在本研究中,根据评价指标完整性原则、科学性和可操作性兼顾原则以及相对稳定性的原则,建立农村建设用地整治质量潜力评价指标体系,分别测算各评价单元整治前后的综合指数并加以比较,得出质量潜力。

本研究构建农村建设用地整治质量潜力评价指标体系,主要从生态环境状况、基础设施状况、公共服务和社会保障状况三方面选取评价指标(见表4-13)。

表4-13 农村建设用地整治现实数量潜力评价指标

<table>
<tr><th>目标层</th><th>准则层</th><th>评价因素</th><th>指标层</th><th>指标属性</th></tr>
<tr><td rowspan="8">农村建设用地整治质量潜力评价</td><td rowspan="2">生态环境状况</td><td rowspan="2">生态环境因素</td><td>绿地面积指数</td><td rowspan="8">正向相关指标</td></tr>
<tr><td>空气质量优良指数</td></tr>
<tr><td rowspan="3">基础设施状况</td><td rowspan="3">基础设施完善度</td><td>道路面积指数</td></tr>
<tr><td>供水普及率</td></tr>
<tr><td>燃气普及率</td></tr>
<tr><td rowspan="3">公共服务和社会保障状况</td><td rowspan="3">公共服务和社会保障完善度</td><td>教育设施用地面积指数</td></tr>
<tr><td>商业用地面积指数</td></tr>
<tr><td>社会保障覆盖率</td></tr>
</table>

A. 生态环境状况。

绿地面积指数:正指标。绿地面积指数 = 评价单元内绿地面积比率 ÷ 绿地面积比率标准值。其中:绿地面积比率 = 评价单元内的绿地占地面积 ÷ 农村居民点面积。指数越高代表该评价单元的公园等公共绿地、防护林带绿地越多,环境越好①。

空气质量优良指数:正指标。空气质量优良指数 = 评价单元内空气质量优良天数 ÷ 全年天数。其中,空气质量优良状况根据国家空气质量标准确定,即空气污染指数(API)小于等于 50 空气质量为优,大于 50 且小于等于 100 为良好。空气质量优良指数越高,该评价单元的生态环境越好。

B. 基础设施状况。

道路面积指数:正指标。道路面积指数 = 评价单元内道路用地面积比率 ÷ 道路用地面积比率的标准值。其中:道路用地面积比率 = 评价单元内道路用地面积 ÷ 农村居民点面积。道路面积指数越大,表明该评价单元的道路交通状况越好。

供水普及率:正指标。供水普及率 = 水站供水用户数 ÷ 总户数。长期以来农户生活用井水和河水,水质欠佳,较少农户是用的自来水。供水普及率越高表明该评价单元的供水系统越完善。

燃气普及率:正指标。燃气普及率 = 燃气用户数 ÷ 总户数。长期以来农户用秸秆、木柴等燃料烧水做饭,生活不便且污染环境。燃气普及率越高表明该评价单元的能源供应越完善。

C. 公共服务和社会保障状况。

教育设施用地面积指数:正指标。教育设施用地面积指数 = 评价单元内教育设施用地面积比率 ÷ 教育设施用地面积比率标准值。其中:教育设施用地面积比率 = 评价单元内教育设施用地面积 ÷ 农村居民点面积。指数越大代表该评价单元的教育设施越完善。

商业用地面积指数:正指标。商业用地面积指数 = 评价单元内商业用

---

① 张正峰,赵伟. 农村居民点整理潜力内涵与评价指标体系[J]. 经济地理,2007,27(1).

地面积比率÷商业用地面积比率标准值。其中：商业用地面积比率 = 评价单元内商业用地面积÷农村居民点面积。

社会保障覆盖率：正指标。社会保障覆盖率 = 评价单元内享受农村÷城镇社会保障的人数÷总人数。农村居民点整治中往往伴随着农户身份的转变。社会保障覆盖率越高，表明评价单元的社会保障系统越完善。

上述三方面八项指标的计算结果若小于1，系统转换指数同实际数值；若指数值大于1，系统转换指数均取值1，使这些指标值位于[0,1]。

2)质量潜力分值计算。

质量潜力的测算是通过整治前后的农村比较计算的，所以先需要分别计算这些评价单元整治前和整治后的分值(对于已经开展整治的村庄，按实际进行测算；对于尚未开展整治但是已经编制完成规划的村庄按照规划指标测算；对于既没有开展整治又没有编制规划的村庄，假定其整治后水平可以达到该地区的平均水平)。具体步骤如下：

第一步，结合层次分析法(AHP)和德尔菲法(Delphi)赋予各指标权重。

第二步，计算整治前后各评价单元质量潜力的分值。

$$Z = \sum_{j=1}^{n} (W_{ij} \times Y_{ij}) \times 100 \qquad (4-41)$$

式中，Z 为整治前/后各评价单元质量潜力的分值；W_{ij} 为指标的权重；Y_{ij} 为指标的指数。

第三步，计算农村建设用地整治的质量潜力。

在上述基础上，可以确定农村生存条件改善的状况，即

$$\Delta Z = Z' - Z \qquad (4-42)$$

式中：ΔZ 为农村居民点整治的质量潜力；Z' 为整治后农村居民点的分值；Z 为整治前农村居民点的分值。

4.3 低丘缓坡建设用地可拓展潜力分析与评价

4.3.1 相关概念内涵

4.3.1.1 低丘缓坡内涵

开发利用低丘缓坡等未利用地，是在特殊国情下具有中国特色的土地

开发利用方向,因此关于低丘缓坡利用,国外的讨论与研究较少。国内早在2006年开始开展低丘缓坡荒滩等未利用地开发利用试点探索,理论界也逐渐对低丘缓坡展开研究。针对低丘缓坡的内涵,目前在试点实践和理论界有不同定义。

(1)试点实践地区具有代表性的定义:①浙江省将低丘缓坡定义为集中连片分布的广大低山丘陵区,坡度在25°以下并且面积大于2公顷的缓坡地,包括荒草地、裸土地、废弃园地、低效林地等土地后备开发资源。②云南省在《云南省县级低丘缓坡土地综合开发利用专项规划编制技术指南(试行)》定义为,"在云南省划定的坝区范围以外,坡度在8°~25°的低丘山地,主要为未利用地、劣质耕地、低质低效林地,具备一定交通条件,水源、电力有保障,区块面积不小于50公顷"。

(2)理论界具有代表性的定义[①]:①低丘缓坡是一种小型丘陵地形的形式。一般分布海拔在10~200米,相对高度通常不超过200米,起伏不大,坡度较平缓,地面崎岖不平,由连绵不断低矮山丘组成。②低丘缓坡是坡度在5°~25°的丘陵,且相对高度在200米以下、面积大于2公顷,包括灌木林地、疏林地、未成林造林地、迹地、荒草地、裸土地、裸岩石砾地、滩地、苇地、沼泽地、废弃园地、低效林、其他未利用地等后备土地资源。

结合相关概念的共性和海西地区实际情况,本次研究将"低丘缓坡"定义为:起伏高度一般在200米以下、坡度在25°以下,以未利用地、低质低效林地等为主的丘陵地区,主要包括灌木林地、疏林地、未成林造林地、迹地、荒草地、裸土地、裸岩石砾地、滩地、苇地、沼泽地、废弃园地、低效林、其他未利用地等后备土地资源。

4.3.1.2　低丘缓坡建设适宜性评价内涵

土地适宜性评价是根据土地自然和社会经济等属性,研究在特定用途下,该土地适宜与否、适宜程度与限制状况,从而阐明评价区域内适宜特定

① 杨子生.试论低丘缓坡土地的概念[A]//云南财经大学国土资源与持续发展研究所,中国自然资源学会土地资源研究专业委员会.中国土地开发整治与建设用地上山研究[C].云南财经大学国土资源与持续发展研究所,中国自然资源学会土地资源研究专业委员会,2014.

用途的土地资源数量、质量、分布状况以及主要限制因子。

建设用地适宜性评价的对象是评价区域内各种类型土地资源，基于土地自然和社会经济条件等分析其适宜性与限制条件，评价其用作建设用地的适宜程度。

低丘缓坡建设适宜性评价是以低丘缓坡地的自然和社会经济条件为依据，评价其是否适宜开发用作建设用地及其适宜程度。由于低丘缓坡一定的特殊性，因此需要找出影响开发建设低丘缓坡的主要因素，因地制宜进行建设适宜性评价。

4.3.2 低丘缓坡开发利用政策及实践借鉴

4.3.2.1 政策介绍

当前，我国正处于经济高速发展和转型时期，需要探索解决经济发展和有限土地资源之间的矛盾，合理开发低丘缓坡是解决工业、农业、住房和城建等对土地资源需求问题的新途径。2006 年，浙江省开始探索低丘缓坡利用，将丽水南城开发建设列为浙江省首个低丘缓坡综合开发利用试点；2011 年，云南省在全省范围内开展低丘缓坡综合开发利用工作；2012 年 3 月，国土资源部出台《低丘缓坡荒滩等未利用土地开发利用试点工作指导意见》，确定黑龙江、浙江、山东、福建、湖北、江西、重庆、贵州、云南、甘肃、宁夏等 11 个省（直辖市、自治区）作为政策实施的试点省份。

4.3.2.2 试点要求

低丘缓坡荒滩等未利用地开发利用试点，选择具有一定规模并且能够成片开发利用的低丘缓坡荒滩区域，合理确定开发利用用途、规模、布局和时序，促进科学开发和充分利用未利用地，有效减少建设占用城市周边和平原地区优质耕地，切实保护耕地特别是基本农田。根据《低丘缓坡荒滩等未利用土地开发利用试点工作指导意见》，低丘缓坡试点工作的用地开发利用的要求为①：

① 国土资源部．低丘缓坡荒滩等未利用土地开发利用试点工作指导意见［EB/OL］．http://www.csx.gov.cn/gtzyj/zwgk50/zcfg488/zfgw/2299313/index.html，2017－07－31.

（1）项目区域：主要是未利用地，适合集中成片开发。低丘缓坡荒滩具有较丰富的未利用地资源，相应具备较大的开发利用潜力；不占用优质耕地、林地与草原；区块面积较大，可进行集中成片开发；政府重视，群众支持，相关部门意见一致。

（2）合理开发：宜农则农、宜林则林、宜建则建。基于土地资源调查评价，在土地利用总体规划的指导下，协调相关规划，科学编制低丘缓坡荒滩等未利用地开发利用专项规划，在宜农则农、宜林则林、宜建则建的原则下，合理确定低丘缓坡荒滩等未利用地开发利用的用途、规模和布局。考虑区域条件和建设布局，合理安排开发时序，分期进行场地平整和配套基础设施建设。

（3）规范管理：严格执行现有供地政策，提高项目用地准入门槛。严格依循节约集约用地标准和评价考核制度，严格执行国家供地政策和限制、禁止用地目录，提高项目用地准入门槛。严格依法依规开展试点工作，涉及土地征收和农用地转用的须按规定程序报批，做好安置补偿工作，严格土地权属管理，维护群众合法权益。

（4）生态优先：做好“三评”，制定防治措施。低丘缓坡荒滩等未利用地开发利用必须优先考虑地质灾害和水土流失防治、生态环境保护，结合相关规划和设计，对地灾危险性评估、水土流失评价和环境质量影响进行评价，制定防治措施，切实保障生态环境安全。宜建区块要结合地形地貌水文条件，合理确定开发规模、布局和强度。

4.3.2.3　实施程序

根据国土资源部《低丘缓坡荒滩等未利用土地开发利用试点工作指导意见》及各试点省份的工作方案，低丘缓坡开发一般分为如图 4－5 所示五个工作步骤。

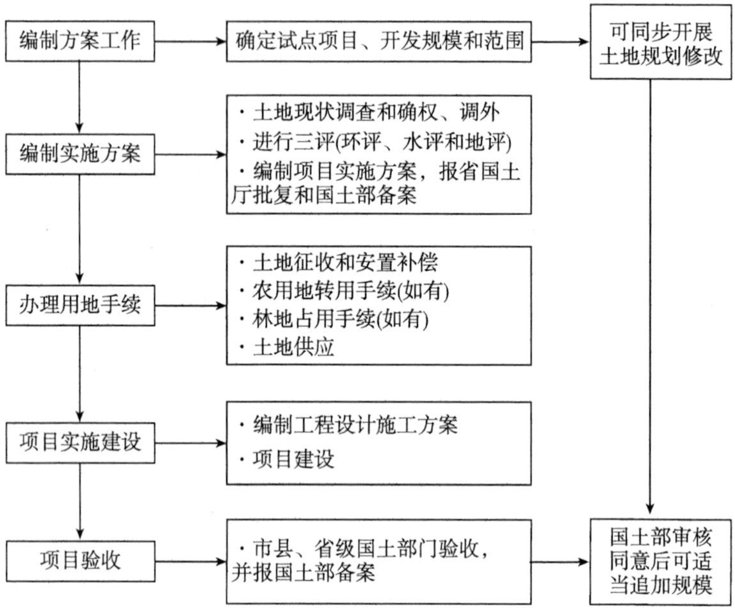

图 4-5　低丘缓坡试点项目实施程序

4.3.2.4　政策要点

(1)可同步开展土规评估修改,审核同意后可适当追加规模。可同步开展土地利用总述规划评估修改试点工作,经评估需要调整规划建设用地规模的,要基于全国土地调查成果、城镇常住人口及用地标准合理确定,并依法定程序修改报批。增加的规划建设用地规模,不得超过分解或已批准的到 2020 年新增建设用地规模;报国土资源部审核同意后可适当予以追加。

(2)专项安排建设用地规模和计划指标。国土资源部批复试点工作方案时,下达低丘缓坡荒滩等未利用地建设开发的控制规模;分解下达年度土地利用计划指标时,以低丘缓坡荒滩等未利用地开发建设的进展和需要为根据,专项安排建设用地计划指标。

(3)完善土地审批管理方式。低丘缓坡荒滩等未利用土地建设开发,应统一规划、分期开发,依据先行下达的控制规模。实施场地平整前,需依法办理土地征收和农用地转用审批手续,依据进展在办理土地供应手续前核定建设用地计划指标。试点项目范围内保留的地貌景观和生态保护用地,不再办理农用地转用审批手续，可只办理土地征收[①]。

4.3.3　低丘缓坡建设适宜性影响因素分析

低丘缓坡是一种介于丘陵与平原之间的地貌类型，由于较复杂的地形条件、较为落后的经济社会条件，低丘缓坡开发具有一定复杂特殊性，因此其影响因素与平原地区有所差异，开发建设低丘缓坡开发要充分考虑自然和社会经济等各方面限制因素。

4.3.3.1　自然环境因素

（1）坡度。指地表单元陡缓程度，一般是坡面垂直高度和水平距离的比。坡度是土地利用的关键影响因素，不仅影响用地选择、规划布局、交通组织，还影响建筑布置和修建方式。在山区、丘陵地区，坡度越大越不利于工程建设和生产生活，坡度对道路选线、纵坡的测定和土石方工程量影响尤为显著。因而坡度是低丘缓坡建设适宜性评价中的重要因素指标。

（2）相对高程。在研究区域假定一个水准面作为高程起算面，相对高程即为地面点与该假定水准面垂直距离。越大的相对高程越不利于工程建设经济性和生产生活便利性。

（3）地质承载力。指基岩或地基土在不被破坏、没有过大沉降的前提下，单位面积能承受荷载的能力，一般受到地层地质构造、土层堆积状况和组成物质等影响。地质承载力影响着建设用地选择、项目分布和工程建设经济性，直接决定建筑地段适宜性和限制性。

（4）地质灾害。指在自然或人为因素作用下，破坏和损失人类生命财产、自然环境的地质作用或现象，一般由于地质动力活动或地质环境异常变化如崩塌、滑坡、泥石流、地裂缝、水土流失、地震、火山、地热害等产生。

根据《地质灾害危险性评估技术要求（试行）》（国土资发〔2004〕69 号）规定：地质灾害危险性小，基本不设计防治工程的，土地适宜性为适宜；地质灾害危险性中等，防治工程简单的，土地适宜性为基本适宜；地质灾害危险

① 国土资源部．低丘缓坡荒滩等未利用土地开发利用试点工作指导意见［EB/OL］．http://www.csx.gov.cn/gtzyj/zwgk50/zcfg488/zfgw/2299313/index.html，2017－07－31.

性大,防治工程复杂的,土地适宜性为适宜性差。

(5)水文地质。指自然界中地下水变化运动的现象。在工程建设中考虑的水文地质因素主要包括供水水文地质、地下水埋深、过度开采和岩溶区地面塌陷等。

4.3.3.2 社会经济因素

(1)交通便捷度。交通条件对地区经济社会发展十分重要,直接影响区域开发建设。交通条件主要指包括机场、火车站、港口、高速公路出入口,国道、省道以及县乡道等在内的交通设施。受交通设施影响,距离交通设施较近区域的交通便利程度明显高于其他地区,从而产生交通优势。低丘缓坡地区的交通条件主要为高速公路出入口、国道、省道、县乡道等。

(2)城镇辐射效应。是一定规模等级城镇对周围缓冲区域发展的影响,主要包括在集聚效应和扩散效应作用下城镇不断向周围扩张的动力机制。可以利用城镇建成区规模、评价区域与建成区的距离两个指标来反映。

(3)规划控制强度。土地利用受到政府政策控制,土地管理部门会依据国家社会经济可持续发展要求和当地自然经济社会条件总体性战略布局和统筹安排土地开发、利用、治理、保护。其中,土地利用主要受土地利用规划限制,目的在于加强土地利用的宏观控制和计划管理,从而促进国民经济协调发展。因此,规划控制需要作为低丘缓坡建设适宜性评价中宏观评价体系的重要组成部分。

(4)固定资产投资水平。社会经济发展水平与建设用地的需求量呈正相关关系,而固定资产投资额是社会经济发展水平的主要反映指标,因此,该指标影响着建设用地开发需求。

(5)人口密度。指单位面积土地的居住人口,表明某一地区范围内人口的疏密程度。人口密度对区域土地开发具有重要影响,人口密度越大,对建设用地的需求也越大。因此,人口密度必须作为评价指标,可利用人口密度来衡量区域土地需求。

4.3.4 低丘缓坡建设适宜性评价

海西地区宜建坡地主要是不宜耕作的劣质农用地,对土壤的立地条件要求不高，但对区域地质承载力、水土保持条件、生态安全等要求较高。一般宜建坡地都分布在交通较好、地质结构稳定的区域。将第二次全国土地调查成果作为底图，叠加土地利用总体规划图、城镇体系规划图、乡镇土地利用规划图、地形图、地质地貌等相关图件资料，利用地质环境复杂程度、区位条件、道路等基础设施条件、规划限制等评价因子，对低丘缓坡建设适宜性进行评价。

4.3.4.1　评价指标体系构建

低丘缓坡建设适宜性评价指标准体系见表 4－14。

表 4－14　低丘缓坡建设适宜性评价指标体系

目标层	评价因素	指标层	指标属性
低丘缓坡建设适宜性评价	自然环境	坡度	负相关指标
		相对高程	负相关指标
		地质承载力	正相关指标
		水文地质	正相关指标
		地质灾害	负相关指标
	社会经济	交通便捷度	正相关指标
		城镇辐射效应	正相关指标
		规划控制强度	负相关指标
		固定资产投资额	正相关指标
		人口密度	正相关指标

4.3.4.2　指标现状值计算

（1）坡度。根据上文分析的低丘缓坡内涵，将 15°作为适宜建设的坡度上限，大于 15°的区域为不适宜建设的区域。依据坡度对建筑布局和土地使用的影响以及海西地区低丘缓坡地区坡度分布情况，并参考一般的坡度划分，将研究区坡度划分为四个等级，一级坡度小于 5°，二级坡度为5°～10°，三级坡度为 10°～15°，四级坡度大于 15°。

（2）相对高程。根据以上对低丘缓坡内涵的分析，将 200 米作为适宜建设的相对高程上限，相对高程大于 200 米的区域为不适宜建设的区域。依据相对高程对研究区的影响程度，并参考一般的相对高程划分，将研究区的相对高程划分为四个等级,一级为0~50米,二级为50~100米,三级为100~200米,四级为200米以上。

(3)地质承载力。根据自然地基与地质承载力表和海西地区地基土状况,参考相关的地质承载力划分标准,将地质承载力指标划分为四个等级:一级为小于10 T/m^2,二级为10~15 T/m^2,三级为15~20 T/m^2,四级为大于20 T/m^2。

(4)地质灾害。根据《地质灾害危险性评估技术要求(试行)》规定和海西地区低丘缓坡地区地质灾害的分布情况,将地质灾害指标划分为四个等级:一级为不易发区,地质环境简单,基本无地质灾害隐患,通常不会有地质灾害发生;二级为低易发区,地质灾害危险性小,工程建设基本不设防治工程;三级为中易发区,地质灾害危险性中等,工程建设防治工程简单;四级为高易发区,地质灾害危险性大,工程建设防治难度大而且复杂。

(5)水文地质。根据供水水文地质一般划分标准和海西地区供水水文地质分布情况,将研究区的供水水文地质指标划分为四个等级,一级为大于1000m^3/d,二级为500~1000m^3/d,三级为100~500m^3/d,四级为0~100m^3/d。

(6)交通便捷度。借助GIS缓冲区分析功能,测算与国道、省道、县、乡道的距离。级别越高的距离越近,交通便捷度越高。

(7)城镇辐射效应。用城市行政级别、评价区域与城镇建成区的距离两个指标来反映城镇对评价区域的辐射效应。辐射效应越高,低丘缓坡地区开发为建设用地的需求越强烈。

4.3.4.3 评价方法

采用多因素综合评价法计算低丘缓坡建设适宜性。参照前文城镇建设用地整治潜力评价的指标标准化、权重确定的方法,进行适宜性评价指标标准化、确定指标权重。

低丘缓坡建设适应性按照以公式(4-43)计算:

$$D = \sum_{i=1}^{4} (X_i \times \omega_i) \tag{4-43}$$

式中:D为建设适宜性总分;X_i为准则层第i个指标的得分;ω_i为i准

则对总目标的权重。

4.3.5　低丘缓坡建设用地可拓展潜力评价

低丘缓坡建设适宜性得分越高，该地块越适合开发为建设用地，因此，根据建设适宜性评价结果，采用总分频率曲线法，将建设适宜性分成高度适宜性、中度适宜性、低度适宜性、不适宜性四个等级。前三个等级的低丘缓坡地的面积之和即是低丘缓坡建设用地可拓展潜力所在。

4.4　滨海地带建设用地适宜性分析与评价

4.4.1　相关概念内涵

4.4.1.1　滨海地带相关概念界定

(1)海岸线。海岸线通常被看作是海洋和陆地的分界。确切而言，海岸线应该说是海平面和陆地的交界。但由于种种原因，包括火山爆发、地震、潮汐和风浪的影响，海水动荡不定，海水面并不固定，会不断变化。这种变化在不同地区的不同地形下有着明显差异。为解决这种差异带来的问题，专家们对海岸线做了这样的规定："以多年平均大潮高潮面时的水陆交界线作为海岸线。"如此使得海岸线以上大部分时间都是露出水面的，偶然在风暴或特大潮时才会被海水淹没。

(2)海岸。相关权威辞书中指出："岸"的含义是"滨临江、河、湖、海、水库等水域边缘的陆地。"由此可见，海岸应该是指现代海岸线以上的狭长陆地地带，由海岸阶地和潮上带构成。海岸阶地是古海岸带，包括了海积阶地(古海滩)和海蚀阶地(古海蚀台)；潮上带是指海岸线以上现代海浪作用所能达到最上界之间的地带。换句话说，海岸是指现代海岸线至古代海水作用于陆地的最上界之间的狭长地带。

(3)海岸带。海岸带是海洋和陆地的交接地带。海岸带是古今海水动力作用能到达的陆地最高处至浪底最深处之间的带状地带，包括滨海陆地(海岸)和近岸海域两部分。其具体范围是：陆侧即海岸，也就是说，海岸带上限是古代海水作用于陆地的上限；海侧是近海明显受到潮汐和波浪作用影响的水下岸坡，由潮间带和潮下带组成，即海岸带下限是水深相当于1/3～1/2当地波长的地方。但一些国家在具体规定海岸带范围界限时，基于地理概念增加了经济和法律含义。如美国规定海岸带外界为美国领海外界，各州自行规定内侧。我国80年代初开始海岸带综合调查时规定：内界至海岸线陆侧10千米左右，外界至10～15米等深线附近①。

（4）滩涂。滩涂一般指沿海滩涂。海洋行政主管部门界定滩涂是“平均高潮线以下低潮线以上的海域”，国土资源管理部门界定沿海滩涂是“沿海大潮高潮位与低潮位之间的潮浸地带”。尽管两部门对滩涂的界定表述有所不同，但可以发现滩涂既是土地，又是海域构成部分。我国海洋滩涂总面积为217.04万公顷，主要分布在辽宁、山东、江苏、浙江、福建、台湾、广东、广西和海南的海滨地带，是海岸带的重要组成。滩涂是重要的后备土地资源，面积大、分布集中、区位条件好、农牧渔业综合开发潜力大。滩涂是动态变化的海陆过渡地带，向陆方向发展，可以利用围垦、引淡洗盐，较快形成农牧渔业畜产用地；向海方向发展，可作为海洋开发的前沿阵地。滩涂是水产养殖和发展农业生产的重要基地，是开发海洋、发展海洋产业过程中可利用的重要资源。

（5）滨海地带。从海岸线、海岸、海岸带、滩涂的概念可以看出，海岸、海岸带、滩涂三者既有区别又有联系。滨海陆地（海岸）和近岸海域共同构成海岸带，沿海滩涂主要是指分布在我国沿海地区的海滨地带，是海岸带的一个重要组成部分。在本研究中采用的滨海地带概念与海岸带的概念类似，只不过它特指海西地区能够作为后备土地资源的面积较大、分布较集中、区位条件较好的海岸带。

4.4.1.2 滨海地带建设用地空间拓展潜力内涵

滨海地带建设用地可拓展潜力在本书是指，作为后备土地资源的面积较大、分布较集中、区位条件较好的滨海地带通过一定的工程和技术手段，被开发成为能够为人类生产、生活和一切社会经济活动提供操作场地和建筑空间的建设用地的潜力。在本研究中，潜力类型既涉及数量潜力、综合潜

---

① 楼锡淳．海岸海岸线海岸带[J]．海洋测绘，1996（2）：49－54.

力,也涉及理论潜力和现实潜力。

4.4.2　滨海地带建设用地可拓展潜力影响因素分析

4.4.2.1　滨海地带自然条件

在海岸自然条件方面,主要考虑海岸类型、水深条件、水动力条件、工程地质条件、地形地貌、海岸稳定性等情况,重点考察是否存在海蚀地貌、喀斯特地貌和奇特景观、名胜古迹与考古遗址、重要沙坝与泻湖、重要自然风光海岸、重要科研价值海岸、水动力环境敏感的河口与湿地等海洋环境敏感区等特殊情况。

4.4.2.2　海洋生态状况

在滨海地带建设用地拓展潜力评价过程中,海洋生态是必须要考虑的另一重要因素。海洋中生物形态丰富,不同的海洋环境,孕育了不同的生物群落,种类组成、结构、种群数量、个体大小、形态、生理生化等都有很大差异。在海洋生态方面,主要考虑评价区域范围内是否存在各级别自然保护区、重要渔业资源分布区、重要河口与湿地、生物多样性保护区、优良海湾等。如果存在这些情况,在各种生态影响因子安全范围以外,才能进行适度的开发建设,否则,将严禁进行建设用地开发。

4.4.2.3　开发利用现状

滨海地带开发利用现状也是影响滨海地带建设用地空间拓展的主要因素之一,开发利用现状将影响后续建设用地拓展的可行性。如果现状土地利用已经存在沙滩,海水浴场、海底电缆管线工程、滨海旅游与港口等重要海洋开发活动、生态廊道等现实活动,在进行滨海地带建设用地空间拓展的过程中,必须要考虑这些现实活动的存在,尽量不影响现状使用,即使会对现状使用带来一定的影响,但这种影响为正效应,或负外部性效应可以忽略不计,在这样的前提下,对范围内的滨海地带进行有序开发和建设。

4.4.2.4　地质灾害状况

当前,我国近海和海岸带面临着严重的灾害问题,既有不可抗拒的自然因素,又有人类不合理的经济活动叠加,显得十分复杂。其中,地质灾害作为不可逆转的近海与海岸带的严重灾害,在滨海地带建设用地空间拓展时,应该着重考虑。若拓展区域存在地质灾害的可能性,一旦地质灾害爆发,将对附近的各种经济活动造成不可估量的损失。滨海地带地质灾害的表现形式有下陷、坍塌、滑移等严重地质灾害，也有基底不稳定、海岸为陡崖、泥沙活动强烈等。在进行建设用地潜力评价时，必须详细调查各种地质灾害的存在，将其作为影响建设用地空间拓展的重要因素。

4.4.2.5 社会经济状况

社会经济因素也是影响滨海地带建设用地空间拓展的重要因素之一，它主要指该地区的宏观经济和社会发展状况。具体包括当地的经济发展状况、经济结构、居民收入、产业组成、消费者构成、人口密度等方面的情况。一般情况下，某地的社会经济发展越活跃，对建设用地的需求量越大，那么对建设用地空间拓展的需求程度越强烈；反之，若某地经济发展动力不足，社会经济发展缓慢，对建设用地的需求就会相对较弱，那么对建设用地空间拓展的需求就会很弱。同时，经济越发达的地区，越有实力进行建设用地空间拓展，滨海地区建设用地空间拓展需要强有力的经济基础作为支持，才能进行围海造地等大型项目的运作；而经济发展水平较低的地区往往没有足够的财力去支撑滨海地带建设用地的空间拓展。因此，社会经济因素也是影响滨海地带建设用地空间拓展的一个重要因素。

4.4.2.6 其他因素

其他因素指除了上述五大因素，还有一些特别管制的区域，比如说法律法规法令禁止与限制用海范围、军事用海或者已经规划成为与滨海地带建设用地拓展类型不兼容的其他类型的用海区域范围等。

4.4.3 滨海地带建设用地可拓展潜力指标体系构建

4.4.3.1 滨海地带建设用地可拓展潜力指标体系构建原则

（1）重要生态与海岸资源有限保护原则。若某海域有重要生态保护资源、海岸资源等，这个原则有一票否决权，不管其他指标是否满足条件，严格禁止在该区域内进行建设用地拓展活动①。

① 于永海，王延章，张永华，王玉广，康敏捷．围填海适宜性评估方法研究［J］．海洋通报，2011，30（1）：81－87.

(2)综合性原则。依据滨海地带综合特征建立潜力评价指标体系,选取的指标不仅要符合当地特色,而且要具备全面性、代表性。

(3)开发与保护并重的原则。基于海岸资源的综合开发利用价值、海洋环境承载力等自然属性,与海岸利用现状、用海需求等社会属性,评价其建设用地拓展潜力,使其既能够满足经济建设发展需要,又做到有效保护重要海洋生态保护区、海洋珍稀濒危物种、典型海洋生态系统、重要渔业资源和潮汐通道、有代表性海洋自然资源和具有重要科研价值的海洋自然历史遗迹。

4.4.3.2　滨海地带建设用地可拓展潜力指标体系构建

主要采用专家经验方法,按照“目标层—因素层—指标层”层次结构,构建海西地区滨海地带建设用地拓展潜力指标体系(见表 4 – 15)。在指标构建的过程中,综合考虑海西地区的海岸自然条件、开发利用目标、滩涂开发现状与现阶段问题,并结合专家经验知识,滨海地带建设用地空间可拓展潜力评价的影响因素包括海岸自然条件、海洋生态状况、开发利用现状、地质灾害状况、社会经济状况和其他六大主要因素,并将这六大类因素细分为 30 项单项指标。在指标体系的构建过程中,主要参考借鉴了于永海等《围填海适宜性评估方法研究》中的围填海适宜性评价指标体系构建方式。

表 4 – 15　滨海地带建设用地空间拓展潜力评价体系

目标层	因素层	指标层
滨海地带建设用地空间拓展潜力评价指标体系	海岸自然条件	喀斯特地貌
		名胜古迹
		自然风光旅游区
		特殊地貌
		海洋环境敏感区
		敏感的海洋功能区
		淤泥质海岸海域
		已开发填海造地区
		自然淤张性海岸
		原生砂质海岸

续表

目标层	因素层	指标层
滨海地带建设用地空间拓展潜力评价指标体系	海洋生态状况	国家级自然保护区
		其他级别自然保护区
		海洋生态特别保护区
		重要河口、湿地
		产卵场、越冬场、洄游区
		海洋生态多样性区
		海域环境优良海湾
	开发利用现状	大型海水浴场
		一般规模海水浴场
		海底管线、海底隧道
		重要海洋开发活动海域
		围填海之外其他海洋资源开发利用方式较适宜海域
		资源贫瘠且有合理围填需求区
	地质灾害状况	陡崖及泥沙强烈活动区
		地质灾害较重及不稳定区
	社会经济状况	海域环境条件差且有合理需求的海域
		有强烈且合理需求的非保护区
		有强烈且合理围填海需求的海域
	其他	军事区等特定用海区
		其他法令、法规禁围及限围区

4.4.4 滨海地带建设用地可拓展潜力评价

4.4.4.1 滨海地带建设用地可拓展潜力影响因子定量化处理

利用数学、物理、逻辑、经验等变换可将定性指标转变为定量指标。一般来说,定性指标定量化的思路是首先明确各评价指标的定义,再根据定义和实际评价情况赋值指标。常见的指标量化方法有排队打分法、两两比较法、模糊集法、层次分析法、德尔菲法、头脑风暴法、灰色系统方法等。在实际应用过程中,可根据定性指标的特点,综合采用多种方法处理定性指标定量化问题。

4.4.4.2　滨海地带建设用地可拓展潜力评价单元划分

评价单元是评价对象的基本空间单位，同一单位内基本属性和质量基本一致，不同单元之间则有较大差异。评价单元的划分对潜力评价的实施至关重要，直接影响潜力评价工作的工作量大小、评价结果的精度及成果的可应用性。在进行某一研究区域评价单元划分的时候，必须结合评价目标，根据研究区域的特点，遵循综合和主导性相结合原则、针对性原则和实用性原则，保证单元划分结果能够满足评价需要。

建设用地潜力评价单元划分的一般方法有地块法、网格法、叠置法和多边形法。评价单元划分方法各有优点，也各有缺点，在滨海地带建设用地可拓展潜力评价的过程中，应根据基础数据、评价目的、目标和对象等，综合确定潜力评价的基础单元，保证划分的评价单元内部各种属性相对一致，评价单元之间的属性差异明显。

4.4.4.3　滨海地带建设用地可拓展潜力评价指标权重确定

滨海地带建设用地可拓展潜力评价指标权重是潜力评价的重要信息。确定指标权重是判断评价结果是否科学合理的关键问题之一，也是系统评价领域研究的重点和难点问题，权重确定一般应根据指标对系统评价结果的相对重要性程度来确定。确定权重的方法有很多，主要可以归纳为4类：客观赋权法、主观赋权法、组合赋权法和变权重法。在海西滨海地带建设用地可拓展潜力评价指标权重确定时，考虑到评价指标的可获得性，采用主观赋权法中的专家打分法进行指标权重确定。

4.4.4.4　滨海地带建设用地可拓展潜力评价模型确定

常见的传统评价模型有加法加权综合方法（或称综合指数法、多因素综合方法）、乘法加权综合方法、加法—乘法加权综合方法、增益型线性加权综合方法、模糊综合评价方法、目标规划法、数据包络分析等；随着信息技术的不断发展，人工智能在评价中的应用也越来越广泛，使用频率最高的有模拟生物遗传机制的遗传算法、模拟人脑结构的人工神经网络方法、模拟发散思维的蒙特卡洛方法等。在评价模型选择时，须根据海西地区数据的获取情况,选择适合海西地区实际的评价模型①。

4.4.4.5　滨海地带建设用地可拓展潜力级别划分与确定

(1)级别划分的基本原则。①滨海地带建设用地可拓展潜力等级的高低与单元综合分值的大小相对应,分值越大,级别越高,反之亦然;②不同级别之间综合分值具有明显差异,级别内的综合分值差异不明显;③任何一个综合分值只能唯一对应一个级别;④级别的界线一般不打破行政权属界线和线状地物。

(2)级别划分的方法。滨海地带建设用地拓展潜力评价等级划分方法主要有三种:数轴法、分值频率曲线法、总分等值线法。数轴法是指将各评价单元的综合指数值绘制在数轴上,根据指数值在数轴上的分布状况划分潜力级别;分值频率曲线法是将各个综合指数值作为样本进行频率统计,绘制相应的统计曲线,结合实际情况和野外调查结果,选取若干频率曲线突变处,作为潜力评价级别间的界线;总分等值线法是将综合指数值的总区间以固定的间距进行分割,每个区间划分为一个级别,依次统计各个区间的评价单元数量,结合实地情况确定潜力级别。这种方法操作简单,但主观性较强,需要对实地进行考证才能得到切合实际的级别划分结果。

(3)潜力级别划分的类型。根据上述建立的滨海地带建设用地可拓展潜力评价指标体系,选取适当的因子量化方法,采用合适的方法确定潜力评价因素因子的权重,根据实际情况,进行评价单元划分,结合一定的评价模型,综合确定滨海地带建设用地可拓展潜力指数,并根据指数的大小,选用适合的级别划分方法,划分滨海地带建设用地可拓展潜力级别。可根据当地实际,结合专家咨询结果,将滨海地带建设用地可拓展潜力等级划分为三个级别:适宜拓展区、限制拓展区和禁止拓展区。

适宜拓展区指符合海洋功能区划、围填项目符合国家产业政策和产业规划,在用作建设用地时,不会对生态环境造成影响和破坏的区域。

---

①　金菊良,魏一鸣,周玉良. 复杂系统综合评价的理论框架及其在水安全评价中的应用[J]. 农业系统科学与综合研究,2008,24(4):391-397.

限制拓展区指拓展区符合海洋功能区划，围填海项目符合国家产业政策和产业规划，但是会对生态环境带来一定的负面影响，这样的区域必须慎重进行开发建设，而且在开发建设过程中需要通过生态补偿、生态修复等措施有效保护环境，降低对生态环境的影响。简单说来，限制拓展区是为维护海岸带整体生态环境、塑造良好风貌景观而设定的可进行有限开发利用的区域。限制拓展的情形如下：海水浴场、海底管线、海底隧道、重要海洋开发活动海域、特殊地貌、名胜古迹、自然风光旅游区等。

禁止拓展区指不符海洋功能区划而法规禁止开发建设，或环境资源条件不允许开发建设，开发后将对生态环境造成严重负面影响，导致不可逆转的重大损失的区域。简单地说，禁止拓展区是为保护海岸带的原生态自然环境、珍稀资源而设定的禁止任何开发建设的区域。禁止拓展的情形如下：国家级珍稀保护物种区，海洋环境敏感区、海洋生态敏感区、海洋生态特别保护区、重要河口湿地、产卵场、越冬场、洄游区、优良港湾、海洋生态多样性区、地质灾害不稳定区、军事特定用海区、其他法令法规禁围及限围区等①。

(4)潜力级别划分的最终确定。

初步级别划分之后，还需要有选择地进行实地验证。实地验证的重点包括：级别结果与相关研究结果存在明显差异的地块；相邻评价单元等级划分结果差别很大的地区；大范围区域内，评价单位级别无差异或差异很小的地区；通过咨询当地专家，专家认为评价结果有出入甚至错误的地区。

可在评价单元中随机抽取一定比例的单元进行野外实地调查，将实地调查的结果与初步评价等级划分结果进行充分比较。如果差异小于某一特定比例，则可认为初步等级划分结果总体合理；如果差异过大，则认为等级划分结果不合理，需要对等级划分初步结果进行进一步调整，如此反复，直到最后结果符合要求。

① 黄发明，于东生，王初升．海湾围填海强度指数的应用[J]．亚热带资源与环境学报，2013，8(3)：10－14.

(5)滨海地带建设用地可拓展潜力最终确定。

在海西地区滨海地带建设用地可拓展潜力评价的基础上,确定海西地区滨海地带建设用地可拓展潜力的理论数量潜力(适宜拓展区数量+限制拓展区数量),然而,由于许多现实因素的存在,理论潜力能不能实现,转化为可供实际开发利用的现实潜力,还需要进一步进行分析。通过对理论上可拓展的建设用地进行经济效益分析、社会效益评价和技术可行性论证,评价其经济方面、社会方面和技术方面的可行性,若评价结果经济、社会和技术层面均可行,那么,理论可拓展的建设用地潜力将转化为现实潜力,真正成为海西地区可供开发利用的后备土地资源。若经济、社会可行性不能通过论证,那么,该地区不适宜进行建设用地拓展。若经济、社会可行性论证通过,技术可行性无法通过,那么,也不宜对该区域进行拓展,除非随着生产力的进一步提高,技术得以突破,能够满足建设用地拓展的工程技术要求。

4.5 城市建设用地空间拓展潜力评价实证研究

4.5.1 福建省低效建设用地空间拓展潜力分析

福建省位于中国东南沿海,是海峡西岸经济区的重要组成部分,南北与珠三角、长三角两大中国最重要的经济区衔接,东西与内陆腹地贯通,是独特优势的地域经济综合体。福建省最长为530千米,东西最宽为480千米。福建省现辖9个地级市:宁德、漳州、莆田、泉州、龙岩、三明、南平、厦门、福州和平潭综合实验区[①]。福建省“依山傍海”,90%的陆地是山地丘陵,被称为“八山一水一分田”。福建的海岸线长度居全国第二位,海岸曲折,陆地海岸线长达375千米。福建以侵蚀海岸为主,岛屿星罗棋布,共有岛屿1500多个[②]。广袤的地域、起伏的地形和漫长曲折的海岸线一方面意味着福建省蕴含着大量的资源和发展潜力,另一方面也意味着福建省的低效用地也较多。那么,这些低效用地如何分布、潜力如何、该怎么利用,就成了问题。

① 姬桂珍,吴承祯,洪伟. 南平市土地利用结构的动态变化[J]. 福建农业大学学报,2006,35(1):87-92.

② 福建省人民政府. http://www.fujian.gov.cn/.

本章对福建省的低效用地进行分析，发现福建省的低效用地主要集中在东南海岸带，而中部区域的低效利用地比较少，南北两端比较多。在自然环境上，这样的低效用地格局主要受到地形的影响，福建省的地形主要呈现出"二纵、三横、六盆地"的格局。福建省西部为武夷山系，中部偏东为鹫峰—戴云—博平岭—玳瑁山系，而两大山系之间则分布了六个红岩盆地，红岩盆地地势平坦，闽江、晋江、九龙江横穿而过，为建设用地的高效利用提供了得天独厚的地理地形条件。而福建省的东南沿海的滨海区域的建设用地利用效率比较低，主要集中在福州、厦门、莆田、漳州和泉州市，这些区域区位条件优越，资源丰富，但是具有一些制约因素①②。

一方面，福建省是"21世纪海上丝绸之路"核心区，与东南亚等国家和地区历史渊源深厚，交流来往密切，建设海岸带优势得天独厚。首先，福建省海岸带具有优越的滨海自然条件，孕育了丰富的滨海旅游资源，规划总面积约4.03万平方千米，大陆海岸线长3752千米，可建万吨级以上泊位的深水岸线长210.9千米。海岛共2214个，其中面积大于500平方米的海岛有1321个，数量均为全国第二。滩涂分布广，未开发利用浅海滩涂面积6000多平方千米。同时，海岸带的社会经济基础也比较好，随着福建省经济社会不断发展，海岸带地区人口、产业不断集聚，城镇化不断推进。海岸带涉及40个县(市、区)的陆域面积为2.93万平方千米，占全省23.6%；2015年常住人口共2559万人，占全省总人口66.7%；地区生产总值18452亿元，占全省71.0%；规模以上工业增加值7758亿元，占全省73.0%。其次，培育形成一批规模较大的重点产业集群，现代产业体系逐渐建立；海洋经济快速发展，2015年海洋生产总值预计达7000亿元，海岸带成为福建省经济、人口集聚发展的最主要区域，城乡与区域发展协调性增强，人居环境优化。最后，立体化、全方位、多层次的现代化综合交通网络已初步形成。沿海港口一体

---

① 韦素琼，陈健飞．沿海经济发达区城镇非农建设用地可持续发展研究——以福建省晋江市为例[J]．福建师范大学学报(哲学社会科学版)，2003(5)：73－78.

② 尤笛，蒋金豹，郭海强．低丘缓坡建设用地空间拓展评价——以福建邵武市为例[J]．江苏农业科学，2016，44(7)：508－512.

化整合,加快核心港区建设,已建成162个万吨级以上泊位,2015年港口货物和集装箱吞吐量分别达到5.03亿吨和1363.7万标准箱;铁路网、公路网等集疏运体系不断完善;福州、厦门、晋江机场完成扩能,其中厦门机场、福州机场年旅客吞吐量突破2000万人次和1000万人次。

但海岸带开发建设也有诸多制约,限制其高效利用。包括随着新型工业化和城镇化进程加快,能源、水、土地、岸线、环境容量等资源环境约束问题日益凸显;产业结构不够优、集中度不够高、竞争力不够强,辐射带动能力不足;科技创新能力尚待提高,创新型、复合型人才紧缺;海岸带综合管理体制还不健全,生态文明制度体系需要完善。港口、产业园区、新城区建设全面展开,海岸带土地与空间资源开发强度迅速加大,土地开发利用率不断提高,但城市生产、生活、生态空间比例还不协调。重开发、轻保护普遍,无序、过度与分散开发造成生态空间占用过多、生态破坏、环境污染等问题突出。自然岸线不断减少,面积下降和生态退化,近岸海洋生态安全和环境风险压力增大。为了应对日益严峻的海岸带利用形式,福建省提出了《福建省海岸带保护与利用规划(2016—2020)》[①],旨在提高海岸带的建设用地利用效率,探索海岸带可持续发展的新路径,提升沿海地区经济的集聚力和辐射力,最终推进"21世纪海上丝绸之路"核心区建设[②]。

4.5.2 邵武市低丘缓坡建设用地空间拓展潜力分析

邵武市位于福建省西北地区,是武夷山南麓,2003年,邵武市被规划为福建省二级城市经济区中心城市之一。全市土地总面积2859.6平方千米,现辖12镇3乡4个街道,户籍总人口30万,其中城区人口16万。邵武市属于典型丘陵地貌,森林覆盖率75.7%,低丘缓坡土地资源共8.246万公顷,低丘缓坡资源丰富,是全省规划建设的闽西北绿色产业带的重要组成部分,

① 福建省海洋与渔业厅. http://www.fjof.gov.cn/xxgk/fgwj/zxwj/201608/t20160808_70585.htm.

② 中国福建. 福建省发展和改革委员会福建省海洋与渔业厅关于印发《福建省海岸带保护与利用规划(2016—2020年)》的通知[EB/OL]. http://www.fujian.gov.cn/zc/zxwj/bmwj/201608/t20160801_1205443.htm,2017-07-31.

福建重点林区和四大林产加工中心之一，是全省县（市）第一批省级园林城市[①]。境内除富屯溪自西北向东南穿行而过，还拥有泰宁世界地质公园重要组成部分天成奇峡、云灵山峡谷漂流、瀑布林温泉、和平古镇等一批国家4A级景区和龙湖山国家级森林公园、瑶理温泉、将石省级自然保护区等绿色资源[②]。

丘陵为邵武市的发展提供了资源，也设置了障碍[③]，邵武市作为典型的低丘缓坡地区，它的地区可拓展潜力也与坡度、高程等密切联系。邵武市市中心地区的拓展潜力比较高，该地区经济发达、交通便利，配备高速公路和铁路站。在地形上，城区的坡度比较平缓，高程较低，距离基本农田保护区和森林禁止开发区都比较远，不会受到生态保护的开发限制，将土地节约集约利用的同时使建设用地的经济效益达到最大化。高程中等且坡度逐渐变陡的地区在开发时需要考虑地质灾害的防护以及生态的保护，这就需要一定的技术支持，只能针对地区的地形特点进行有限制的开发，所以拓展潜力比较低。还有一部分地区在中心城区的边缘，分布有工业园区，但是往往分布着较多的基本农田保护区和大面积的森林，若开发，则会对周边生态环境造成比较大的影响，只能开发做环境保护之用。其余如张厝乡南部、大竹镇中部等地区森林覆盖度大，容易发生严重的地质灾害，往往被列入森林禁止开发区，如果建设开发会严重破坏生态环境，或者高程比较高、坡度很陡，施工难度和成本都相当大，那么拓展潜力比较低，只适合保持现状，进行保护做景观、风景名胜用地。

4.5.3　晋江市滨海地带建设用地空间拓展潜力分析

晋江位于福建省东南沿海，为县级市，是闽南金三角的核心。陆域面积649平方千米，海域面积957平方千米，海岸线长121千米。晋江市位于晋

① 尤笛，蒋金豹，郭海强．低丘缓坡建设用地空间拓展评价——以福建邵武市为例[J]．江苏农业科学，2016，44(7)：508-512.

② 福建省邵武市人民政府，http://www.shaowu.gov.cn/index.aspx.

③ 高小英．邵武市土地利用总体规划实施评价[J]．安徽农业科学，2013，41(13)：5989-5990+6022.

江下游南岸,三面临海,东北与泉州湾相连,东接泉州石狮市,东南临台湾海峡,南与金门岛隔海而望,西交南安市,北邻鲤城区。1992 年撤县设市,辖 13 个镇、6 个街道,391 个行政村(社区),户籍人口 110.8 万,外来人口 130 万,县域经济基本竞争力排在全国第 5 位。历史上,晋江在经济、军事、文化领域占据重要地位,是古代"海上丝绸之路"重要起点之一①。在经济上,晋江是福建省综合实力最强的县市,也是中国经济最发达的县市之一,经济实力连续多年位居八闽县级之首。晋江市是泉州湾地区重要的经济中心,是形成环湾城市新格局的重要节点②。

根据晋江市的低效用地分布图,我们可以看出晋江市的低效用地整体的分布都比较分散,而在北部比较集中,只在磁灶镇呈现出比较集中的分布格局。

2000 年以来,晋江市的中心城区青阳镇城镇用地规模扩展迅速。随着路网的不断完善,青阳镇和陈棣镇建成区逐渐融合。晋江市的快速发展,导致了建设用地,尤其是中心城区的无序扩张,晋江市中心城区(青阳镇)、陈棣镇、西滨镇、池店镇、安海镇近年来城镇建设用地一直保持高速增长,拓展潜力相应较低。青阳镇作为晋江市的政治、经济、文化中心,在保持自身经济高速增长的同时,对临近的陈棣镇、西滨镇产生了较大的辐射效应。同时,青阳、陈埭、西滨镇政府加大了对这些地区基础设施的投入,创建了省级、市级工业园区③。池店镇与泉州市区一江之隔,泉州市区对池店镇的经济辐射效应日益明显,安海镇作为晋江市产业组团的工业重镇,城镇建设用地的快速扩张与其经济的高速发展和诸多开发区,如桥头工业区、井林开发区、安平开发区等的建立了十分密切的关系。

而其余的几个镇一直都受到社会经济文化的限制,建设用地的效率比

① 中国晋江,http://www.jinjiang.gov.cn/.

② 全斌,雷师,李朝奎,白一君,欧阳鸿,罗淑华,谢金宁. 快速经济发展下环泉州湾地区城市建设用地扩张研究——以福建省泉州市中心城区为例[J]. 水土保持通报,2013(6):302 - 307 + 333.

③ 蓝丁丁. 晋江市城镇建设用地扩展及驱动机制分析[A]//2007 年福建省土地学会年会征文集[C]. 福建省土地学会,2007:12.

较低。以低效用地分布最集中的磁灶镇为例。一方面,因为磁灶镇丘陵起伏,不利于土地的节约集约利用,各方土地分布比较分散,利用效率比较低;另一方面,磁灶镇蕴含着丰富的瓷土资源,磁灶镇以烧制陶瓷而得名,主要产业为建筑陶瓷,境内古窑址众多,已发现的南朝、唐、宋古窑址有 20 多处被列为省重点文物保护单位,古迹还有俞大猷陵墓等,不便于开发利用。其余镇也面临着相同的困境,农业和文化用地的保护限制其发展,同时,他们受到区位和资金的影响,也没有足够的资金促进其建设用地的扩展。

此外,快速扩展也对晋江市的生态造成了比较大的破坏,晋江市的水污染尤为严重。但是,在福建省海岸保护规划中,明确建立了晋江—泉州湾生态廊道,并且积极推进闽江、九龙江、晋江、赛江、木兰溪等开展入海河流防洪治理工作,加固并新建一批重点海堤,逐步构建完善的沿海防潮减灾体系,以提高土地的合理、高效利用。

4.6　本章小结

本章立足于海西地区发展现实,从城镇和农村两个层面,在进行海西地区建设用地潜力内涵和来源分析的基础上,从社会、经济、生态等多方面筛选潜力影响因素,探索出建设用地潜力测算评价指标体系,确定福建省低效建设用地潜力评价方法,有效挖掘出建设用地潜力。

本章从低丘缓坡荒滩出发建立了囊括自然环境条件和社会经济条件的因素指标体系,试图建立一个角度全面、系统完备的低丘缓坡建设适宜性评价指标体系。同时,针对滨海地带建设用地开发,本章研究了如何从海洋资源可持续开发利用角度出发,兼顾生态环境保护,同时最大限度地满足国家与地方经济发展对建设用地空间的需求。

在实证部分,本章对福建省整体、邵武市、晋江市都进行了建设用地拓展潜力的分析。其中,邵武市是低丘缓坡地区的代表,而晋江市是滨海地带的代表。在考察低丘缓坡地区的建设用地拓展潜力时,我们不仅要考虑到拓展潜力传统评价方法考虑到的要素,还要充分认识到低丘缓坡带来的资源和限制,包括高程和坡度对建设用地开发的影响以及开发建设对生态用地的影响。在对滨海地带进行研究时,我们要考虑到滨海地带的生态、旅游资源,在开发时受到这些的限制,要将海岸环境敏感区、名胜古迹、生态保护区等做特殊考虑。

参考文献

[1]高小英. 邵武市土地利用总体规划实施评价[J]. 安徽农业科学,2013,41(13):5989-5990+6022.

[2]黄发明,于东生,王初升. 海湾围填海强度指数的应用[J]. 亚热带资源与环境学报, 2013, 8(3): 10-14.

[3]姬桂珍,吴承祯,洪伟. 南平市土地利用结构的动态变化[J]. 福建农业大学学报,2006,35(1):87-92.

[4]金菊良,魏一鸣,周玉良. 复杂系统综合评价的理论框架及其在水安全评价中的应用[J]. 农业系统科学与综合研究, 2008, 24(4):391-397.

[5]蓝丁丁. 晋江市城镇建设用地扩展及驱动机制分析[A]//福建省土地学会. 2007年福建省土地学会年会征文集[C]. 福建省土地学会,2007:12.

[6]李晨,白中科,吴明锋. 安徽省农村居民点整治潜力测算研究[J]. 广东农业科学, 2013 (3):197-201.

[7]李丹妮,王占岐,毛显后. 土地整理潜力分析[J]. 现代农业科技, 2006,19(21):190-191.

[8]李秀霞. 城镇土地整理的潜力与途径研究[J]. 松辽学刊(自然科学版),2001(3):24-27.

[9]林坚, 李尧. 北京市农村居民点用地整理潜力研究[J]. 中国土地科学, 2007, 21(1): 58-65.

[10]楼锡淳. 海岸海岸线海岸带[J]. 海洋测绘, 1996 (2): 49-54.

[11]潘元庆,陈伟强,祝桂兰,邢永强,王争艳. 农村居民点整理潜力分析与评价研究[J]. 河北农业科学,2008,12(10):98-100.

[12]曲衍波,张凤荣,宋伟,梁发超,姜广辉. 农村居民点整理潜力综合修正与测算——以北京市平谷区为例[J]. 地理学报,2012,67(4):490-503.

[13]全斌,雷师,李朝奎,白一君,欧阳鸿,罗淑华,谢金宁. 快速经济发展下环泉州湾地区城市建设用地扩张研究——以福建省泉州市中心城区为例[J]. 水土保持通报, 2013(6):302-307+333.

[14]韦素琼,陈健飞. 沿海经济发达区城镇非农建设用地可持续发展研究——以福建省晋江市为例[J]. 福建师范大学学报(哲学社会科学版),2003(5):73-78.

[15]吴良镛. 人居环境科学导论[M]. 北京:中国建筑工业出版社, 2001.

[16]吴良镛．人居环境科学的探索[J]．规划师,2001(6):5－8.

[17]夏显力,李世平,赵敏娟．城市土地整理研究[J]．地域研究与开发,2003(1):66－68.

[18]许伟．存量土地利用规划的思考与探索——基于上海的实践[J]．中国土地,2016(3):5－10.

[19]杨红,陈百明,高永,张蓬涛．基于可持续发展的北京市大兴区土地整理潜力评价[J]．农业工程学报,2006(8):77－82.

[20]杨萍．抚顺市“十三五”土地整治潜力测算方法研究[J]．国土资源,2017(4):44－45.

[21]杨子生．试论低丘缓坡土地的概念[A]//云南财经大学国土资源与持续发展研究所,中国自然资源学会土地资源研究专业委员会．中国土地开发整治与建设用地上山研究[C]．云南财经大学国土资源与持续发展研究所,中国自然资源学会土地资源研究专业委员会,2014:11.

[22]尢笛,蒋金豹,郭海强．低丘缓坡建设用地空间拓展评价——以福建邵武市为例[J]．江苏农业科学,2016,44(7):508－512.

[23]于永海,王延章,张永华,王玉广,康敏捷．围填海适宜性评估方法研究[J]．海洋通报,2011,30(1):81－87.

[24]张正峰,陈百明．土地整理潜力分析[J]．自然资源学报,2002,17(6):664－669.

[25]张正峰,赵伟．农村居民点整理潜力内涵与评价指标体系[J]．经济地理,2007,27(1):137－140.

第 5 章　基于供需视角的城市建设用地空间拓展途径与方法

土地是经济发展的重要空间载体和基本生产要素,本章基于土地供需视角探讨城市建设用地的空间拓展。土地资源供需平衡的实质,是区域范围内最大限度地满足一定时间内社会经济发展对土地的需求,解决区域发展对土地的需求与土地资源供应不足的矛盾,充分合理地利用土地,实现土地供需的高质量平衡。

在建设用地供给紧缩的局面下,建设用地的挖潜与集约利用至关重要,通过新的途径拓展建设用地空间,实现在兼顾生态保护的同时,服务社会经济发展。本章对建设用地空间拓展的途径与方法进行介绍,同时根据福建省的自然、经济、社会等条件,充分结合自然资源禀赋条件和土地利用特点,总结出具有自身特色的建设用地空间拓展总体思路,即"一条主线、两个目标、三条途径",以破解实施海西战略规划建设用地供需矛盾为主线,实现为海西战略实施提供技术支撑,为我国其他国家级区域战略土地空间拓展探索提供经验的两个目标。

5.1　建设用地供需平衡理论分析

在《资本论》《政治经济学批判导言》中,马克思把社会经济运行的过程,归纳为生产、流通、分配和消费四个基本环节,生产与消费这一相互对立相互联结的概念,与市场相联系,就代表供给和需求的关系。新古典学派基于古典经济学之庸俗供求论,将供求理论发展为均衡价值论。市场价格、平均收入水平、市场规模、替代品和消费者的选择偏好会决定需求,而供给同样受市场价格影响,除此之外,生产成本、其他商品价格变化和自然灾害等不可抗力因素也会影响供给。在同一个坐标系下,市场均衡点即为需求曲线和供给曲线的交点,而这个均衡点所对应的价格即称为市场的均衡价格,也称作市场出清价格,均衡价格对应的产量即为均衡产量。

5.1.1　土地的供给与需求

土地作为经济发展的空间载体和基本生产要素，和劳动力、资本、技术、制度等要素共同成为要素市场不可或缺的组成部分。土地要素的供给包含自然供给和经济供给。自然供给意指自然赋予人类可以利用的土地资源总量，经济供给则是现有社会经济发展条件下人类可实际投入利用的各种土地资源量。土地资源的自然供给是固定不变的、无弹性的，土地资源的利用主要是在目前可利用的自然供给总面积范围内进行，继而考虑后备土地的开发，其可利用状况，主要受地形、地质、水文等因素制约。土地资源的经济供给与自然供给的关系在于，经济供给量以自然供给量为基础，并以之为上限，在自然供给量的范围内发生增减；自然供给是静态、无弹性的，而经济供给则是动态且有弹性的；不同用途的土地，其经济供给的弹性不同，例如耕地、林地受自然条件约束较大，经济供给的弹性较小，建设用地则反之。

影响土地资源经济供给的自然因素即土地的自然条件，各地区的自然条件相异，各种自然资源的分布不均，农用地主要受土壤、地形、气候、灌溉等条件限制，而建设用地所受的限制较小，主要是受到位置、可及性、水源和地基等条件限制。影响土地资源经济供给的主要社会经济因素有：①投入土地开发利用的要素，包括资本、人力、技术水平。②市场经济条件下不同用途土地利用方向或项目的盈利状况。当市场上对于短缺产品的需求显著增加而使其价格持续上涨时，对于其生产所依托土地的需求就会增加，土地的经济供给也会相应提高。③规划限制与开发许可，二者属于影响土地经济供给的制度因素，土地管理部门通过制度和政策约束，调整土地在市场中的存量流量，实现对经济的宏观调控。

土地开发是实现土地资源经济供给的重要途径，包括：①将未利用土地加以开发，进行农业或非农业生产，即平时所称的“生地”转为“熟地”。②将弃置、荒芜的已利用地进行整治并再度投入使用，如工矿废弃地复垦。③提高低效用地的利用集约度，如城市更新。④将农用地征收并开发为建设用地。对于建设用地而言，一方面需要应城市发展的需要把未利用地、农地开发为建设用地，另一方面需要不断地对现有建设用地进行挖潜，由低集约度利用转为高集约度利用,在深度上增加土地的经济供给。因为未利用地和农地开发受到土地自然供给和土地利用规划以及生态保护政策的制约,所以建设用地集约利用至关重要。

土地资源供需平衡的实质,是区域范围内最大限度地满足一定时间内社会经济发展对土地的需求,解决区域发展对土地的需求与土地资源供应不足的矛盾。就远景而言,充分合理地利用土地,力求土地供需的高质量平衡,是应该达到的目标。

5.1.2 土地供需平衡分析

从系统观点来看,土地供需这一概念包括土地供需总量与土地的供需结构。土地供需总量与供需结构互相影响,供需总量的变动会引起供需结构的改变,供需结构的改变同样也会引起供需总量的变动。由于总量总是一定结构下的总量,结构总是一定总量下的结构,所以土地供需矛盾总是表现为供需总量和供需结构的“双重矛盾”。

土地供需平衡是指土地经济供给与人们对特定用途土地的需求之间的均衡关系。土地作为一种特殊商品,既受一般商品供求规律的制约,又有其与一般商品不同的特殊供求形式。由于我国土地稀缺,人口众多,人地矛盾突出,所以土地供求平衡是相对的、暂时的,而不平衡是绝对的。

土地的供需通常既要分区域看土地总量,又要分地类来看各种地类的供给与需求。研究耕地的供求关系,其基点在于人口对粮食的需求及满足程度。由于耕地的非市场化,对于耕地供求关系的研究,主要从实物形态入手。耕地供求的变化主要受到人均占有粮食数量的影响。如果人均占有粮食数量超过其需求,则耕地的供给就有可能减少。农民作为耕地保护的关键一环,要让农民自觉珍惜耕地,尽量提高土地生产率,就必须让农民从种粮中获得平均利润,这样才能缓解我国耕地的紧张供求关系。

而对于工业、商业和住宅用地的供求关系,则需要进一步结合社会经济的发展进行分析。随着我国工业、商业和住宅用地制度改革的深化,这部分土地已经逐步进入商品的行列,遵循商品经济规律进行市场流转。在一般情况下,土地交易也遵循一般商品的供求规律:地价上升,则供给增加,而需求下降;地价下降,则供给减少,需求增加。但是土地作为一种特殊的商品,在许多方面具有特殊性:其位置的固定性,稀缺性,经济供给弹性有限,受到规划用途管制,土地价格受社会和政治局势以及经济繁荣程度影响大,所以工业、商业和住宅用地有时又表现出供给的特殊性。要在减少占用农地的条件下实现非农用地的供求平衡,必须做好科学的规划,实现土地合理功能分区,提高土地利用规模效益,充分利用闲置土地和利用率低下的土地,提高土地的经济供给能力。

要进行土地的供需平衡分析,首先要摸清土地的利用现状,一般分为耕地、林地、园地、水域、牧草地、居民点及工矿用地、交通用地、未利用地等,如图 5－1 所示。对于耕地、林地、园地、水域、牧草地、居民点及工矿用地以及交通用地等既有利用类型的土地,可以挖掘的是深度开发潜力,而对于未利用地则侧重于广度开发潜力。在摸清土地利用现状的基础上,根据深度开发潜力和广度开发潜力进一步测算出土地的总供给。再结合社会经济总体发展规划以及各产业部分的发展规划,基于该地区的基本社会经济情况测算出土地的总需求。在测算出土地总供给与土地总需求的基础上,可以进一步进行土地供需的协调平衡,在土地供需平衡的过程中尤其要注意应遵循土地供给制约并且引导需求的原则,同时保证耕地总量的动态平衡以及重点建设项目用地的规划。

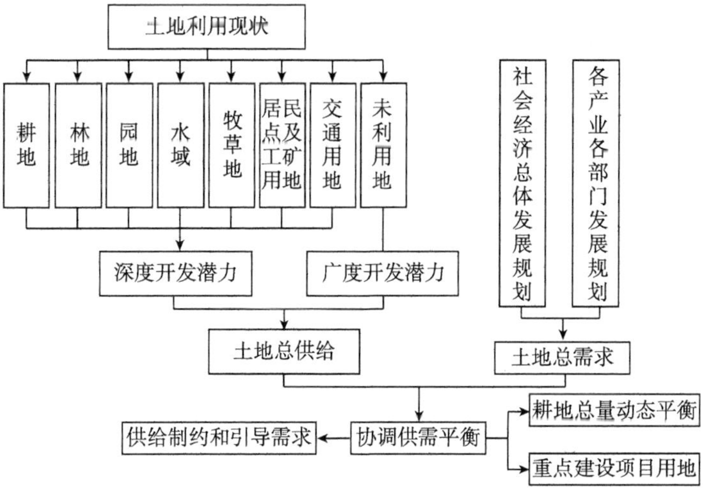

图 5－1　土地供需平衡分析示意

5.2 建设用地空间拓展途径与方法介绍

随着社会经济的进一步发展，我国已经步入新型城镇化、工业化建设的关键时期，许多城市都面临新增建设用地紧张、后备土地资源不足的局面①。2015年末，全国建设用地总面积为5.78亿亩，新增建设用地760万亩。2015年，国有建设用地供应53.36万公顷，同比减少17.7%；出让国有建设用地22.14万公顷，同比减少20.2%②。探讨建设用地的供求关系，一定要结合经济发展阶段，两者密切相关。我国目前处于城市化快速发展的关键阶段，因此对于建设用地规模的需求也比较巨大③。但是如图5－2所示，2010年至2015年，国有建设用地供应面积呈现先增后减趋势，2013年供应面积达到最高，在2014、2015两年间国有建设用地供应总量出现了下降，继而在2016—2018年国有建设用地供应总量有小幅回升。

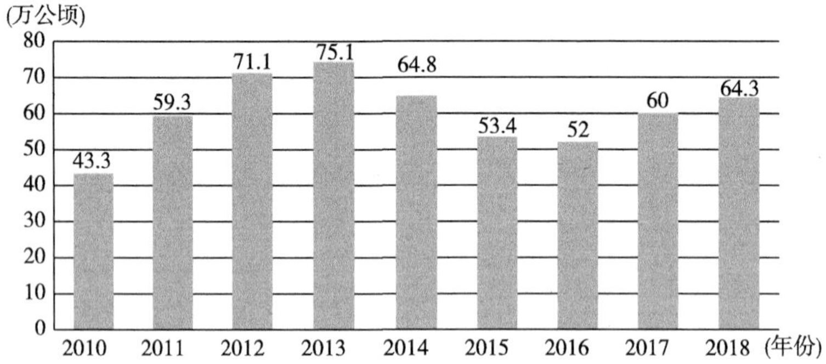

图5－2 2010—2018年国有建设用地供应情况

数据来源：中国国土资源统计年鉴[Z].

建设用地供给紧缩的局面，应当通过新的途径拓展建设用地空间，在兼顾生态保护的同时，服务社会经济发展。建设用地拓展途径与方法的技术

① 高峰，叶剑平．新型城镇化时期我国建设用地拓展的路径选择与政策建议：基于亨利·乔治理论的改进与实践[J]．现代管理科学，2016(8)：6－8.

② 2015中国国土资源公报。

③ 张海鹏，曲婷婷．城市化进程中的土地困局：现状、成因与变革[J]．江海学刊，2014(3)：80－86.

路线图如图 5 – 3 所示。

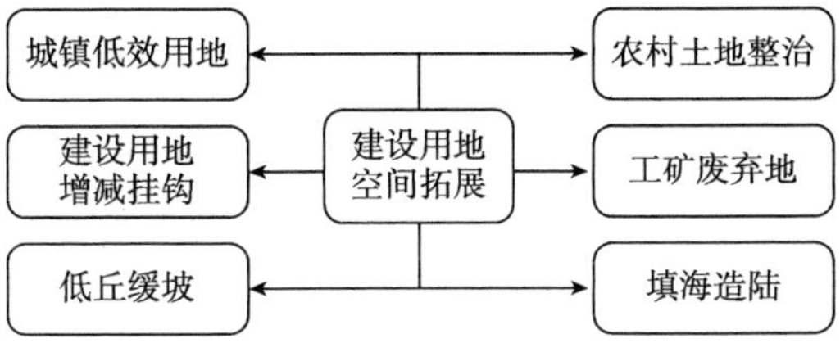

图 5 – 3　建设用地拓展途径与方法框架

5.2.1　城镇低效用地开发

(1)节约集约利用城镇土地。

首先,盘活企业存量用地。对于由后期资金投入不足、建设速度缓慢等原因导致厂区用地未开发或低效利用的以及企业长期空置的厂房场地,鼓励企业通过依法转让、等价置换等措施盘活闲置的土地。其次,改善区位环境,提升土地利用效率,坚持统一规划,集中连片开发。

(2)推进城镇低效用地再开发。

首先,要确定城镇低效用地再开发范围,通过城镇定位和目标要求进行确立,着力于提升城镇发展质量和土地利用效率,实现城市功能提升、产业结构优化升级和居民生活质量提升。其次,对特定区域进行重点改造开发,如旧城区、城中村、旧厂房,对不符合生产和环保要求的产业用地进行整改治理,对国家禁止或淘汰的产业用地进行腾退处理,推进城镇低效用地再开发利用。

(3)加强规划统筹引导。

首先,为规划的制定提供依据,基于土地调查结果,开展城镇存量建设用地调查,调查清楚城镇低效用地的现状和再开发潜力,除此之外,土地的权属关系同样需要调查清楚,了解社会主体的意愿。其次,在此基础上,依据上级城镇规划和土地利用规划,编制城镇低效用地再开发专项规划,需要确定改造利用的目标、任务、时间、布局等,统筹城市产业结构调整,功能优化,生态环境保护,文化传承等,保证再开发的科学合理进行。

(4)完善城镇低效用地再开发激励机制。

建立完善再开发激励机制,统筹兼顾多方利益,实现多方共赢的目标。在满足规划的要求下,鼓励原国有土地使用权人通过多种方式对国有建设用地进行改造开发,如联合、转让等。在开发改造的过程中,必须充分尊重社会个体的意愿,鼓励采取自主、联合、收购开发等形式,推动集体建设用地的改造开发。

(5)改进城镇建设用地整理方式。

基于城市规划,利用多层次"区域—单元—项目"方式,合理划定整治范围,科学安排开发时间顺序,优化用地结构布局,重点在于完善社会公共服务和基础设施,提高城市绿化水平,创建舒适宜人的生活环境。

(6)积极探索推行节地技术。

整理和学习节约集约用地的方法和技术,推行相关的节地技术,充分利用地面上下的空间,为了推进城市和城镇的土地综合承载力,要综合运用资源开发等模式来降低工业项目占地规模。

(7)提升城镇土地景观生态功能。

优化城镇的产业和用地结构,从而实现提高城镇宜居环境和生态空间规模建设的目标,加强绿道和绿网的建设,从而提高城镇的自我净化和循环能力。与此同时,严格控制生产用地的规模,积极减少污染,让城镇向绿色和低碳的方向发展。保障生活用地规模,按照功能分区,合理配置各种房屋类型和公共服务设施。

(8)加强城镇历史文化保护。

在旧城镇建设中,加强人文历史文化保护,重点保护历史文化街区、历史文化名城名镇等,禁止不合理的拆建导致历史风貌破坏的行为;在新城镇建设中,同样得重视人文历史文化内涵,融入传统文化元素,保有当地人文魅力元素,延续历史文脉。

5.2.2 农村土地整治

农村土地整治指在一定时间和区域内,按照土地利用规划设立的目标和用途,将土地整理、复垦、开发和城乡建设用地增减挂钩作为平台,推动田水路林村综合整治，改善农村的生活、生态环境，优化产业结构，推动城乡一体化建设①。

(1)大规模建设高标准农田。

构建和完善水利保障体系，健全农业灌溉、输送和排水系统，完善规划安排，优化农田布局结构，建成集中和设施配套的基本农田格局。同时，将新农村建设和高标准农田建设结合起来，推动田水路林村综合整治，努力建设集中连片的高标准农田，推进农业规模经营程度，完善基础设施建设，提高土地利用效率，改善农田的生态环境和生态景观。

(2)统筹乡村土地利用。

根据新农村建设和城乡发展一体化的要求，基于经济社会发展规划和土地利用总体规划，研究探索乡村土地利用规划编制，将各级规划衔接起来，实现生产发展、生活宽裕、乡风文明、村容整洁、管理民主的目标。实现城乡统筹发展，合理科学地利用土地，优化用地结构，使农村全面发展。改善区位环境，提升土地利用效率，坚持统一规划，集中连片开发，提高农民积极性。实现公共服务均等化，完善公共服务和基础设施，推进城乡一体化发展。坚持县古城内风貌保护，特别是人文历史文化的保护，实现自然环境和人文环境的和谐发展。

(3)优化农村居民点布局。

为了完成发展中心村、保护特色村、整治空心村的目标，建成规模适度、设施完善、生活便利、产业发展、生态环保、管理有序的新型农村社区，积极吸引农民到村镇和中心村集中，改善优化土地用地结构，提升节约集约用地水平。在城镇规划的建设范围之内，提倡农民有偿腾退宅基地，实行农村居民点社区化建设，推动城乡一体化发展。

(4)优先开展“空心村”等土地整理。

推动农村建设用地的整理，需要根据节约土地，改善人们生活，因地制

① 张松，梁冰欣，孟祥花．强化农村土地综合整治项目管理方式研究[J]．北京农业，2015(23)：189－191.

宜的原则,重点改造空心村和危旧房。为了增加有效的耕地面积和提高耕地的质量,需要和高标准农田建设结合起来,尽量和周围的耕地集中连片,对废弃和限制的建设用地进行治理。还要强化基础设施和公共设施的建设,改善农村的交通、水电、垃圾处理、绿化等基础设施情况,提高农村的面貌和农民的生活质量。

(5)加强缩并村庄土地整理。

根据土地利用规划的要求,限制农村居民点的扩展边界,加快建设中心村,合并分散和零星的居民点,严格禁止农村建设用地的无目的扩张。同时,需要充分考虑农民的意愿和利益,结合农民的意见进行土地整理工作,鼓励农民退出原有的宅基地,复垦为耕地,而腾出的建设用地可以优先用于公共设施建设、农民安置,支持和鼓励发展非农产业,为农民的创业和就业提供机会和空间。

5.2.3 城乡建设用地增减挂钩

城乡建设用地增减挂钩有助于农村建设用地的节约集约利用,推动城乡土地置换,整治、复垦和开发空心村进程,并且解决城乡建设用地供需不匹配、结构布局不合理的问题,有效推动乡村城镇化发展进程。改善居民生活环境和农业生产条件,必须严格保护耕地和节约集约利用土地,根据农村环境和发展要求循序渐进进行综合整治,优化用地结构布局,促进美丽新乡村的城镇化建设。

(1)坚持规划统筹引导,调整优化城乡建设用地布局。

按照城乡规划以及土地利用总体规划的要求,需要考虑新型城镇化的发展以及人口转移的实际情况,综合统筹安排增减挂钩规模和时间,不断推进城乡土地资源和要素的合理流动,使土地的城镇化和人口的城镇化能够相互协调。

(2)切实维护农民权益,确保农民共享发展成果。

在进行增减挂钩的用地规模方式、安置补偿、利益分配等工作安排时,充分考虑到农民的意愿和利益,坚持公共服务均等化,完善公共服务和基础设施,推进城乡一体化发展。统筹安排城乡用地,为农村的发展留足后备土地，确保农民可以共享发展成果。

(3)拓展增减挂钩范围，支持脱贫攻坚和易地扶贫搬迁。

根据精准扶贫和脱贫的要求，增减挂钩的指标应该要有所侧重倾斜，对集中连片的贫困老区，例如，扶贫开发重点县，扶贫搬迁区，可以将增减挂钩节余的指标在省域中进行流转。经过国务院的同意，其他灾后重建或者生态移民需要的，可以在确保农民安置和农村发展用地的前提下，适当扩大节余指标，促进政府工作的完成。

(4)加强监督管理，确保增减挂钩规范有序开展。

在开展工作的时候，要严格监督和管理工作的进行，严格保证增减挂钩实施过程中，建设面积不增加，耕地面积增加并且质量提升，做到及时复垦退还耕地。同时，要加入社会力量，除了政府监督以外，还有社会参与监督，确保增减挂钩获得的利益回馈于农村。

5.2.4　城镇工矿废弃地再利用

城镇工矿废弃地再利用就是将工矿废弃地和交通、水利等基础设施废弃地进行复垦和新增建设用地挂钩的过程，通过这样的过程，废弃的建设用地可以得到重新修复和更新利用，不仅能够改善环境，还可以提高土地的有效供给，提高环境的承载力。也可以出于公共利益的需要，制定有着经济和社会效益的整治计划，再利用城镇的工矿废弃用地。

(1)充分挖掘利用旧工矿用地。

对于条件适宜的地区，进行调查评价和治理修复，结合周边的生态环境和经济环境积极进行工矿用地功能置换，从而将工矿用地转型改造利用。还要改善工矿区周边的配套设施和环境景观，提高工业用地的有效产出，集约使用土地，提高土地的使用效率和产出效率。同时，加强对工业用地的使用监督，严格处理不符合规定的行为，禁止不合理使用土地的情况出现。

(2)优化工矿用地结构和布局。

建立健全工矿用地投资评价机制，引进高效益的产业，淘汰落后的、效益低下的、污染高的产业。根据产业转型的需要，科学合理地配置不同数量不同类型的产业用地，提升产业用地的整体效益。

(3)加强工矿用地生态修复和景观建设。

采取工程技术和生态修复对污染比较严重的地区进行专项治理，接着研究修复改良污染土壤的技术，结合国家和社会的资本以及力量对被污染的土地进行治理，因地制宜地修复和合理科学开发利用废弃的工矿用地。

5.2.5 低丘缓坡地开发

我国山地高原丘陵地区占全国陆域面积的69%，平原只占约12%，依赖狭小的平原地区拓展建设用地空间难以为继。因此，推进低丘缓坡地的开发利用势在必行，建设山地城镇、坡地工业，有利于建立科学合理的城镇体系和空间布局，也有利于实现坡地农村就地城镇化。

低丘缓坡荒滩等未利用土地开发利用试点，是指选择具有一定规模、具备成片开发利用条件的低丘缓坡荒滩区域，合理确定土地开发利用的用途、规模、布局和时序。

(1)总体要求。

开展低丘缓坡荒滩等未利用土地开发利用试点，需要发挥这部分土地本身的资源优势，因地制宜地创新改进和管理的方式，不断研究探索政策支撑体系，推进未利用土地的有效科学利用开发，提升土地资源利用的生态、经济、社会效益。

(2)根据需要做好土地利用总体规划评估修改。

同步开展土地利用总述规划评估修改试点，经评估需要调整规划建设用地规模的，要依据全国土地调查成果、城镇常住人口及用地标准合理确定，并依法定程序修改和报批。

(3)专项安排新增建设用地计划。

在分解下达年度土地利用计划指标的时候，专项安排新增建设用地指标需要根据实际低丘缓坡荒滩等未利用土地的开发建设情况及现实情况进行制定。

(4)完善土地审批管理方式。

需要按照统一的规划安排，分时期进行开发，控制开发的规模。在实施场地平整前依法办理土地征收和农转用审批手续，根据实际进展在办理土地供应手续前核定建设用地计划指标。在试点项目范围里有着相关保留的地貌景观和生态保护用地，可以不需要再办理农用地专用审批手续，只需要办理土地征收。

(5)做好土地变更调查和确权登记。

在完成土地确权登记的基础上，需要跟年度土地变更调查和登记发证工作做好协调衔接工作。

5.2.6　围填海造陆

围填海造地对于各个地方拓展城市发展空间，满足城市对于城镇化过程当中的建设用地和用海需求有着重要的意义，可以帮助落实占补平衡，促进经济发展。但是有些地方却不能合理地利用这个方法，对资源造成了很大的浪费，对生态环境造成了一定程度的破坏，独一需要合理地进行围填海造地，这个对于国家和城市的发展有着极其重要的意义。①

(1)充分发挥规划、区划对围填海造地的引导和管制作用。

根据社会、经济、生态发展的需要，基于土地利用总体规划和海洋功能区划的要求，需要符合岸线演变规律，保护资源和生态环境，提高防灾能力，保障国家和人民生活安全，合理地确定围填海造地的范围、用途、布局和时间等，合理进行围填海造地，防止不科学不合理地过度利用和发展。

(2)强化围填海造地计划管理。

根据宏观调控的要求，基于节约集约用海的原则，坚持保护海洋环境，跟当地的相关部门共同规划严格围填海造地规模，确保围填海造地的规模和用途是在下达的计划指标之内的。合理科学安排围填海造地，有助于国家政策的实施到位，保障城市的产业落地发展。建设使用农用地和未利用地的计划指标，不能够和围填海造地计划指标重复计算，需要分开进行统计和考核。

(3)严格审查围填海造地项目。

对于围填海造地项目需要进行严格的审查和监督，对于指标的执行要

① 王炳坤．关于围填海活动及其管理现状的几点探讨[A]//中国环境科学学会．2012 中国环境科学学会学术年会论文集(第一卷)[C]．中国环境科学学会，2012：5.

严格,按照节约集约用地用海、保护生态环境、优化产业结构的原则,严格执行和限制相关违法行为。凡不符合有关规定和要求的,一律不得通过审查。严格控制围填海活动,禁止那些没有实际需求就进行围填海的行为。

(4)规范围填海造地的供地方式。

用于建设的围填海造地,共有两种方式,分别是按区域成片开发建设和单个项目建设。需要在前期开发的过程中规范围填海形成土地出让,在具备开发建设条件下,围填海形成土地的国有建设用地使用权才能出让,防止土地出让后不能按期开发,造成土地的闲置和浪费。

(5)做好围填海造地形成土地的调查登记。

需要及时对围填海形成的土地进行土地利用现状调查和土地变更调查,确定土地的权属。对具体的项目进行竣工验收过后,符合划拨用地目录的,由取得海域使用权的单位和个人申请划拨国有建设用地使用权初始登记、海域使用证换发国有土地使用证手续、注销海域使用权。对依法出让取得国有建设用地使用权的,申请出让国有建设用地使用权初始登记。

(6)加强对围填海造地的监督检查。

需要加强土地执法检查,及时发现和制止违法的行为,围填海形成的土地需要纳入每年土地执法检查的范围之内,合法合理地使用围填海形成的土地是每个公民应尽的责任,也是政府需要检查处理的依据。相关的政府部门需要将围填海形成的土地的利用和管理纳入监督的范围之内。对于非法占领海域的行为,需要强制收回这部分海域,对于破坏生态环境的行为要责令其恢复原状。对于执法人员,也要加强思想建设,密切沟通协作,做好监督和管理工作。只有这样,才能够保障和促进经济社会的可持续发展。

5.3 福建省建设用地空间拓展原则与途径

福建省的自然地理特点是依山傍水,并且濒临我国台湾地区、连接大陆多个城市群,有着巨大的天然区位优势。但同时省内有着超过土地面积90%的丘陵面积,因此耕地后备资源相对于其他地方而言严重不足。作为

“一带一路”倡议的重要节点，海西地区经济社会发展对建设用地需求十分紧迫，然而由于自然资源条件限制，海西地区许多城市正面临空间资源瓶颈制约，对海西地区的协调可持续发展造成一定阻碍。福建省作为海西地区的重要主体之一，未来发展需要进一步拓展建设用地，亟须探索一套适合当地经济社会发展需求的城市建设用地空间拓展理论与方法体系，走出一条符合当地实际的城市建设用地空间拓展路径。

福建省具备较好的拓展潜力。首先，目前福建省有着大量可供开发的建设用地，其中包含大量可供开发的低效用地。省内可供开发的低丘缓坡地有2550万亩，可供开发利用的低效用地约9500公顷。2013年公布的全国城镇低效用地再开发试点城市中包括莆田和泉州两市。福建省拓展建设用地空间的一条重要途径就是内部整合挖潜，使土地资源配置更加有效，有助于经济的健康发展。其次，福建省的低丘缓坡土地资源丰富。可以开发利用的低丘缓坡土地有2550万亩，在查清区域内低丘缓坡数量和质量分布情况的基础上，可以根据当地经济、环境的现状，制定低丘缓坡综合开发利用方案。最后，福建有着约20万公顷的沿海滩涂面积，其中有60%的面积适合发展水产养殖产业，还有部分面积适合围填造地。对于沿海滩涂土地的开发有助于其他行业在这些土地上发展。福建省的滨海地带资源有助于福建省建设用地空间拓展，目前福建省内已有着很多类似的尝试，例如莆田市规划15平方千米来建水上“妈祖城”等。在拓展建设用地空间的同时一定要遵循一定的原则、方法与时序，不破坏生态格局、保证自然资源的可识别性、维护生态安全，合理控制土地开发强度。

5.3.1　空间拓展原则

2017年1月3日，国务院颁布了《全国国土规划纲要》，国土开发必须坚持落实创新、协调、绿色、开放和共享的发展理念，促进人口资源环境之均衡、经济社会生态效益之统一。在国土开发、建设用地拓展的进程中，必须坚持如下原则①：

① 《全国国土规划纲要》(2016—2030年)。

(1)国土开发与资源环境承载能力相匹配。

树立尊重自然、顺应自然、保护自然的生态文明理念,坚持人口资源环境相均衡,以资源环境承载能力为基础,根据资源禀赋、生态条件和环境容量,明晰国土开发的限制性和适宜性,科学确定国土开发利用的规模、结构、布局和时序,划定城镇、农业、生态空间开发管制界限,引导人口和产业向资源环境承载能力较强的区域集聚。

(2)集聚开发与均衡发展相协调。

以集聚开发为重点,鼓励有条件地区率先发展,最大限度发挥要素集聚效益,提高对周边地区的辐射带动能力。兼顾效率与公平,统筹配置公共资源,推动城乡区域协调发展。加大对革命老区、民族地区、边疆地区、贫困地区和资源型地区的扶持力度,提升自我发展能力。优先保障民生设施建设空间,促进基本公共服务均等化。

(3)点上开发与面上保护相促进。

坚持在保护中开发、在开发中保护,对资源环境承载能力相对较强的地区实施集中布局、据点开发,充分提升有限开发空间的利用效率,腾出更多空间,实现更大范围、更高水平的国土保护。针对不同地区国土空间特点,明确保护主题,实行分类分级保护,促进国土全域保护,切实维护国家生态安全。

(4)陆域开发与海域利用相统筹。

在促进陆域国土纵深开发的同时,充分发挥海洋国土作为经济空间、战略通道、资源基地、安全屏障的重要作用,扩大内陆地区分享海洋经济发展效益的范围,加强陆地与海洋在发展定位、产业布局、资源开发、环境保护和防灾减灾等方面的协同共治,构建良性互动的陆海统筹开发格局,提高海洋资源开发能力,加快建设海洋强国。

(5)节约优先与高效利用相统一。

落实节约优先战略,加强全过程节约管理,完善市场调节、标准管控、考核监管,健全土地、水、能源节约集约使用制度,大幅降低资源消耗强度,提高利用效率和效益,形成节约资源的空间格局、产业结构、生产方式和消费模式，推动资源利用方式根本转变，实现绿色发展、循环发展和低碳发展。

(6)市场调节与政府调控相结合。

积极完善中国特色社会主义市场经济体制，在更大程度、更广范围内发挥市场配置资源的决定性作用，提高资源配置和国土空间开发效率。大力推进供给侧结构性改革，更好发挥政府在国土空间开发利用与保护中的作用，完善自然资源资产用途管制制度，强化国土空间用途管制，综合运用经济、行政和法律等手段，科学引导人口流动、城乡建设和产业布局，合理优化空间结构。

5.3.2　福建省建设用地拓展途径

福建省的自然地理特点是依山傍水，并且濒临台湾和连接大陆多个城市群，有着巨大的天然区位优势。省内有着超过土地面积 90% 的丘陵面积，因此耕地后备资源相对于其他地方而言严重不足。所以福建省定下了自身发展目标定位，要通过“对外开放、对内联接、山海协作”三条战略通道有效提高城乡土地利用水平。

福建省根据自身的自然、经济、社会等条件，充分结合自然资源禀赋条件和土地利用特点，基于拓展发展空间、优化土地资源配置的总体要求，提出了具有自身特色的建设用地空间拓展总体思路，总结为“一条主线、两个目标、三条途径”，即以破解实施海西战略规划建设用地供需矛盾为主线，实现为海西战略实施提供技术支撑，为我国其他国家级区域战略土地空间拓展探索经验两个目标，通过“挖潜”(中小城市和村镇土地集约利用)、“上山”(低丘缓坡地合理开发)、“下海”(滨海地带和海岛适当利用)三条途径。

5.3.2.1　途径一：低效用地挖潜

统计资料显示，福建省有着大量可供开发的建设用地，其中包含大量可供开发的低效用地。根据统计资料显示，省内可供开发的低丘缓坡地有 2550 万亩，可供开发利用的低效用地约 9500 公顷(待改造低效闲置城镇用地约 4400 公顷，旧厂房低效用地约 2000 公顷，旧村庄低效闲置用地约 3100 公顷)。在 2013 年，全国城镇低效用地再开发试点城市公布，其中包括莆田和泉州两市。2014 年福建省政府发布了《关于进一步推进国土资源节约集约利用的意见》，其中积极鼓励企业用多种方式盘活存量建设用地，强化开发区用地内涵挖潜，由此可见福建省拓展建设用地空间的其中一条重要途径就是内部整合挖潜。重新塑造空间意象，强化工业区的发展和适宜性，不断优化城市用地结构，引导人口和产业回流，缓解城市发展蔓延的压力，这些低效用地挖潜有助于使土地资源配置更加有效，有助于经济的健康发展。

5.3.2.2 途径二：低丘缓坡开发利用

福建省的地形以丘陵为主，面积达到省内土地面积的90%以上，坡度小于15度的土地占总面积的23.8%，因此低丘缓坡土地资源丰富。根据资料显示，可以开发利用的低丘缓坡土地有2550万亩。低丘缓坡开发是一项复杂的系统性工程，相关部门要查清区域内低丘缓坡数量和质量分布情况，根据当地经济、环境的现实，制定低丘缓坡综合开发利用方案。福建省各级政府对低丘缓坡利用情况在多个过程中进行严格监督，包括在方案报批过程中把关，在方案实施过程中审查，在方案实施后验收，多层保障，严格落实保障低丘缓坡开发利用的相关政策法规，确保这部分用地的合理开发利用。2012年福建省在《福建省低丘缓坡土地开发利用试点方案》中将三明、龙岩和南平市列为低丘缓坡开发利用试点城市。

5.3.2.3 途径三：滨海地带开发利用

福建有着约20万公顷的沿海滩涂面积，其中有60%的面积适合发展水产养殖产业，还有部分面积适合围填造地，这有助于其他行业在这些土地上发展。基于不破坏生态格局、保证自然资源的可识别性、维护生态安全的目的，滨海地带需要重点保护以及构建促进山海要素互动的生态走廊和视觉通廊，通过对生态环境的联系，兼顾到土地经济适用性、层次丰富的天际轮廓线、滨海风貌特色等要求，合理控制土地开发强度。按照以上原则，福建省的滨海地带资源有助于福建省建设用地空间拓展。福建省内有着很多尝试，例如，2010年晋江市预计用海面积40平方千米，莆田市规划15平方千米来建水上“妈祖城”等。

5.4　海西地区建设用地空间拓展途径与策略

5.4.1　海西地区城乡发展目标

按照《海峡西岸经济区发展规划》,海西地区将要推进城乡一体化发展,进入新型城镇化道路,推动社会主义新农村建设,合理配置城乡公共资源和实现生产要素的自由流动,形成城乡经济社会一体化发展的局面。

(1)加快建设海峡西岸城市群。

强化海峡西岸城市群发展的规划协调工作,指导城市科学分工,优化城市等级布局,建立以区域中心城市为主干,中小城市和小城镇为基础的城镇体系。

发展壮大区域中心城市。根据不同中心城市的特点发挥自身的作用,莆田、漳州、潮州、揭阳、宁德等城市要依靠沿海的港口发展临港产业,目标是建成现代化港口城市。而温州、泉州、汕头、厦门、福州等中心城市,要在完善城市布局的同时,发挥港口优势,优化产业结构和生态环境,加强其对周边区域的连带经济辐射能力和综合服务能力。赣州、龙岩、梅州等城市要发挥自身客家文化的特色,重点发展特色产业,发展红色旅游和促进产业配套,建设生态工贸城市。三明、衢州、丽水、上饶、南平、鹰潭、抚州等城市在生态资源的优势之下,要加速发展旅游和生态产业,建设重要的生态型城市。积极推进海峡西岸西南翼和东北翼的城市联盟,加强区域协调合作,优化配置资源要素,促进产业配套和生态协同保护。

培育发展中小城市。根据地理条件、产业基础和发展潜力,确定发展定位,积极培育和发展中小城市。沿海地区和中心城市周边的县市要积极参与区域产业分工,重点发展沿海产业和中心城市生产生活服务配套产业,建设新的一批中小城市。在欠发达的山区、县市,要实施大城市通行战略,指导人口集聚和产业聚集,增强农村经济的影响。支持区位优势明显、产业基础健全、经济实力雄厚的县(市)率先发展为中等城市,成为区域次中心城市。

(2)建设社会主义新农村。

提高对农村的投入,发展农村经济,提升农业增效、农民增收、农村繁荣程度，不断为建设富裕民主文明和谐的社会主义新农村而奋斗。

首先，繁荣农村经济。基于各地区的资源优势，不断调整优化农业布局和结构，加速培养发展有着地方特色和市场竞争力的产业和品牌，指导城市部分劳动密集型企业转移到农村，加快乡镇企业整合和提升，大力发展休闲农业和乡村旅游。

其次，增加农民收入。构建一个完善家庭承包经营和充分结合的双层经营体制，从而提高农民的经营性收入。根据不同的农民家庭收入潜力，拓宽他们经营性和非农收入的渠道，通过这样着力发展农务经济，提高农村劳动力就业率，推动就地就近转移从业，支持农民自身创业发展。

最后，完善农村生产生活环境。提高农村规划建设管理水平，推动农村整理治理，提升农民生活质量。推动饮水安全工程建设，完善道路建设，加快公交化交通建设。发展农村卫生服务和文化服务事业，推广可再生能源，如沼气、太阳能等。

(3)促进欠发达地区发展。

提升自我发展能力，优化发展环境，发展特色产业，促进欠发达地区和发达地区的协调发展。

做大县域经济。支持指导产业聚合发展，建立一批示范性的产业转移企业园区，将符合环保要求的劳动密集型产业进行转移，包括台商在内。构建以资源加工型、劳动密集型、产业配套型为主的产业体系。发挥自身的特色资源优势，构建环保生态旅游、绿色食品加工、矿产资源开发加工基地，做大县域经济。

加大扶持力度。加大中央资金的输送支持，推进基础设施建设。扩大以工代赈、易地扶贫搬迁、农村危房改造等扶贫工程实施范围，坚持改善农村生产生活环境和条件。加快供水工程建设，着力解决岛屿供水问题。

5.4.2 海西地区空间优化配置建议

根据海西地区建设用地可拓展潜力分析评价结果，结合海西地区城乡发展目标，客观分析不同地区建设用地可拓展潜力的规模大小、空间分布、主要特征，挖潜存在的主要问题、差距及成因，提出具体的挖潜路径，探索科学挖掘建设用地潜力、加强城乡土地供应和用地管理、促进节约集约用地的对策建议。

（1）制定全面高效的对策措施，保证建设用地潜力拓展工作的开展。建设用地整治、低丘缓坡开发利用、滨海地带开发都是涉及法律、行政、经济、工程技术以及管理的综合工程，并且同时又关系到耕地保护任务、地方政府政绩以及居民利益的民生工程，因此，必须强化实地调研，制定完善的对策措施。

（2）完善工作机制，着力加强组织领导工作，保证政策措施和相关的任务工作能发挥实际作用。推动海峡西岸经济区建设，将会经历一段很长的时间。对福建、浙江、江西、广东和国务院有关部门来说，以建设用地空间拓展为契机，通过开阔视野、昂扬斗志和扎实作风来推进海西西岸经济区在高起点上快速发展。

（3）科学研究、合理配置，优化建设用地空间布局，促进产业结构转型升级。以城乡建设用地整治、低丘缓坡开发利用及滨海地带开发，转变海西地区供地模式和供地结构，优化城乡发展用地布局，促进城乡集约紧凑发展。同时，以建设用地布局调整为突破口，调整不同类型产业用地规模和布局，从而调整了海西地区各类产业结构比重，促进海西地区产业经济发展。

（4）多因素综合考虑，制定建设用地空间拓展时序配置方案。总结海西地区用地规律，结合潜力分布特征，结合用地需求，综合各方面影响因素，分析建设用地潜力挖掘的难易程度和需求强度，统筹制定各个区域的建设用地挖潜时间和空间配置方案。

5.4.3　海西地区建设用地空间拓展策略：以滨海地带开发利用为例

海西地区对于建设用地空间具有迫切的需求。2011 年颁布的《海峡西岸经济区发展规划》指出，要将海西地区建设成为中国新的经济增长极，大力推进科学发展、改革开放、文明建设以及生态建设。要实现海峡西岸经济区的腾飞，在为两岸搭建交流合作平台的同时，还要加快现代化基础设施的建设，为两岸实现直接“三通”提供保障条件，并且需要实现区域内协调发展,加快促成区域、城乡经济社会一体化发展,因此在海西地区需要先试行一些重大改革措施。海西地区的快速发展需要大量的建设用地与之匹配,使得重要的项目与基础设施可以落地,因此海西地区对于建设用地的需求进一步增大。下面以滨海地带为例分析海西地区建设用地可拓展的空间。

滨海地带由三个部分组成,分别是近海水域、潮间带和潮上带的沿岸陆地部分,因此这个地区是海陆交互作用最直接和最强烈的地区,所以生态环境脆弱但是开发利用强度非常高。各个学者和时期对滨海地带的认识不尽相同,根据我国20世纪80年代开展的滩岸带和滩涂资源综合调查标准,且根据国内学者的研究,本研究将从平均低潮线向陆地区域延伸10千米的范围定义为滨海地区。

滨海地带在史前时代已经有着很频繁的人类活动,人类定居在此处,城市建立在此处,其承担着资源开发、交易、输送、生存、增长和发展的机会。滨海地带的开发多数是因为城市的快速发展对空间需求以及形象塑造的要求,这里的空间环境质量要求比其他城市地区要高,要满足公共性、可达性、整体性等特性。

当前国内沿海城市用海活动非常频繁,这将会进入自中华人民共和国成立以来围填海活动的第四个高峰,规模比以前都要更加大。最近几年以来,大规模围填海带来了一系列的负面问题,如赤潮、地面沉降等,这引起了学者和政府的关注①。

国家对城市用海的科学管理和规划不断地加强,多个相关的政策法规相继发布,包括2006年的《关于加强区域建设用海管理工作的若干意见》(国海发)、2011年的《区域用海规划编制技术要求》和《围填海计划管理办法》。2013年7月,习近平总书记在中共中央政治局第八次集体学习时强调,要把海洋生态文明建设纳入海洋开发总布局之中,坚持开发和保护并重、污染防治和生态修复并举,科学合理开发利用海洋资源,维护海洋自然

① 陈天,贾梦圆,臧鑫宇. 滨海城市用海规划策略研究——以天津滨海新区为例[J]. 天津大学学报(社会科学版),2015,17(5):391-398.

再生产能力[①]。作者认为海陆统筹战略集中实施于滨海平原地区以及部分滨海山地区和滨海滩涂区，对于滨海开发的指导可以分为三个层面探讨[②]：

5.4.3.1　战略层面：发挥海陆资源的组合优势

对于海陆空间资源的多样特性，需要综合开发滨海地带。要综合协调考虑生态保护和发展之间的关系，处理好开发空间有限性的问题，对生态脆弱敏感的地方实行合理紧凑型开发，尽可能减少人类活动和滨海地区可持续发展之间的矛盾，形成"大开敞、小集中"的城镇空间布局。同时，要合理配置海洋和陆地的资源，提高要素的流动和交流，实现经济、生态、文化等多元价值的最大化。

5.4.3.2　战术层面：实施规划统筹发展和空间管制

在海陆资源利用的过程中，会出现资源利用冲突、规划打架等问题，需要将滨海地带范围内相互联系和相互影响的因素进行综合考虑，推行一个可持续、协调、交互、多方参与的管理模式和过程，令实现的战略、目标、要求一致。

(1)先行建立动态更新的综合数据库。

现代的技术发展越来越高，可以使用的技术也越来越多，滨海地区的开发先要利用3S技术调查清楚，做出一张详细的底图，对陆海资源进行充分的调查。通过对生态、资源和社会经济等数据的收集和研究，构建一个动态更新的综合数据库，利用数据从多个角度对前期专项研究提供基础。

(2)以湾区为单元统筹"三生"空间。

为了防止生态环境破坏和人口高度集中的问题，很多国家都会进行统筹滨海空间发展的规划安排，我国《浙江省海岸带与海岛的保护和利用规划研究》和《广东海洋经济地图》对江湾区的发展方向和问题都进行了研究和规划，提出了统一的湾区和海岸线利用规划，不断优化产业的结构布局，以

---

① 习近平：进一步关心海洋认识海洋经略海洋　推动海洋强国建设不断取得新成就[EB/OL].新华网，2013-07-31.

② 龚蔚霞，张虹鸥，钟肖健．海陆交互作用生态系统下的滨海开发模式研究[J]．城市发展研究，2015(1)：79-85.

湾区为单位统筹“三生”空间。

(3)通过科学填海合理拓展建设空间。

随着我国沿海城市向海洋化方向发展,滨海新区和新城的建设层出不穷,多数采用填海造地方式增加建设用地。然而,盲目而不科学的填海造地不仅破坏了生态环境,而且容易造成工程质量问题。沿海开发应当按照节约集约利用海洋资源的原则,统筹规划填海工程,科学有序地确定填海规模和时间,引导城市新区和重点工业区在填海区中进行布局。

(4)基于生态安全开展强度管制分区。

自然、社会和经济等多个因素会影响滨海地带海陆生态系统承载力,按照多因素叠加的办法对生态系统的服务功能进行加权评估,对具有不同生态系统承载力的地区实施不同的开发管制。滨海地区的生态系统比较脆弱,所以要实施开发用地强度管制分区,将新的聚居地引导至其他非破坏性的区域同时需要抑制城市的无目的性扩张蔓延。

5.4.3.3 滨海地带的开发模式

基于不破坏生态格局、保证自然资源的可识别性、维护生态安全的目的,滨海地带需要重点保护和构建促进山海要素互动的生态走廊和视觉通廊,通过对生态环境的联系,兼顾到土地经济适用性、层次丰富的天际轮廓线、滨海风貌特色等要求,合理控制土地开发强度。

对于不同的生态系统的特点和功能,将滨海地带分为三个生态功能区域,分别是远海的滨海山地区、近海的滨海平原和亲海的滨海滩涂区,在保持滨水地区空间形态完整的同时针对不同地区的特点提出不同的开发控制策略。

(1)滨海山地区开发模式。

因为有着重要的自然和人文价值的空间,所以可以将这个地区划分为生态保护区、生态缓冲区和有限开发区。重点是要加强纵深护林建设,保护高山和山顶中的原生植被,将沿海的山、林、丘等列入纵深防护林建设体系当中,使用更新造林和补充植树等方式,建立一个由防护山林和水源养护形成的生态安全格局。

建立中低强度的生态管制区。由于此地区的生态脆弱性比较高，所以适合 5%~10% 的土地开发强度，发展林业和旅游业，采用非均质方式布局城市的功能。在生态保护区中要严格禁止跟保护没有关系的行为，建立自然保护区体系。在生态缓冲区要建立生态和景观走廊，建立山海相望的森林公园体系。在有限开发区中要选择原生植被比较少、现状建设比较多、开发成本比较低的秋林地区进行集中开发。

(2) 滨海平原区开发模式。

因为环境良好，交通便利，社会经济发展重要，所以滨海平原区可划定为城乡建设管制区。根据基础设施指导此地区的开发。需要优先构建绿色空间网络，其中包括河网水系、农田、桑基鱼塘、绿道、雨水花园等形成的，进行紧凑型的开发，以基础设施作为指导的方向，并且将它作为原有城市的有机组成部分进行考虑，在土地利用和功能组织规划方面与城市相协调，交通系统方便与城市相结合。建设绿色基础设施，构建淡水、咸水生态系统及其水循环系统。建立中高强度的城乡建设管制区。因为社会的敏感度比较高，所以这个区域适合建立商业、工业和旅游业相关的产业，与此同时，为了能够展示景观形象，塑造有着滨海特色的城市重点地区，空间环境的品质的需求比较高，所以在这个地区的空间布局、交通组织方便的整体性急需提高，所以建议此地区采用 15%~30% 的土地开发强度。

(3) 滨海滩涂区开发模式。

因为受到了海陆交互作用的影响，同时也是自然资源景观的保护地区，滨海滩涂区的开发需要从生态安全、环境和恢复等多个角度进行考虑，进行预警风暴和防洪设计以及划定岸线特别管制区。

维护湿地的生态。要保护此地区的生态多样性，保护海岸和周围的植被，保证资源的合理开发利用等，着力于完善各类湿地的保护和沙质海岸的生态恢复工作，构建生态安全格局。因为地域、气候和区位的不同，所以不同的滩涂区可能有着不同的滨海湿地，例如，河口三角洲湿地、红树林湿地等，需要有不同的岸线管制区域，为不同的湿地建立合理的生态保护和修复措施。

建立较低强度的岸线管制区。因为这个地区的生态承载能力比较弱，环境的敏感度比较高，所以建议采用2% ~5%的土地开发强度，发展农业和旅游业，有条件的地区可以适度建设湿地公园。

5.4.3.4 福建省滨海地带的开发利用

福建省境内海域面积约13.6万平方千米，海岸线长度达到3751.5千米，沿海滩涂面积大约20万公顷，其中60%的滩涂适宜发展水产养殖产业，部分滩涂适于围填造地，为其他行业发展提供宝贵建设用地空间。2010年，晋江市政府工作报告提出，要强化用地保障，将填海造地作为一项长远战略性措施，并确定晋江市围头湾填海造地工程项目，预计用海面积约40平方千米；福建莆田市计划通过填海造地建水上“妈祖城”，总规划面积15平方千米，其中围填海提供用地面积4.87平方千米；2014年，福建省计划在沙埕港南岸通过围海造地形成1500亩的土地，用于港口、工业等建设；2015年初，厦门市市政开发总公司和东山经济技术开发区建设发展总公司分别获得约48公顷和47公顷的海域使用权用于项目建设。福建省得天独厚的滨海地带资源为福建省建设用地空间拓展提供了另外一条重要途径①。

首先，注重生态承载力的研究，建立生态补偿机制，通过设立湿地保护区等方式来弥补城市用海对滨海地区生态环境造成的影响。对于其他原来的土地而言，城市沿海地区的生态环境更加敏感脆弱，所以在规划确定的前期需要考虑到人口容量、生态承载量、交通疏散量等因素。着重于海岸带的生态建设和绿地系统建设，由于土地的盐碱化比较严重，所以应该要考虑到渗水线的设立，附近的沿海台风和风暴潮频发，要考虑到海洋气象灾害的影响，构建防洪防潮工程体系②。

其次，需要考虑到产业结构转型对填海造地需求变化带来的影响。晋江作为经济发达的沿海城市，在产业结构向现代服务业转型升级的过程中，应在规划与海洋发展的趋势下，充分结合产业转型过程，综合评价未来垃圾

---

① 叶剑平，高峰．全方位拓展城市发展新空间——以福建省为例[J]．中国土地，2016(1)：33-35.

② 陈天，贾梦圆，臧鑫宇．滨海城市用海规划策略研究——以天津滨海新区为例[J]．天津大学学报(社会科学版)，2015，17(5)：391-398.

填埋场规模，摆脱“尽可能多填”惯性。建立以集约经济为导向的填海造地规模控制机制，减少海洋空间资源浪费，避免造成土地利用效率低下。基于未来的产业结构分析，调整填海造地各用地之间的比例，制定具有预见性的规划，按照不同产业的需求，不断调整制定相关的用地安排布局，在填海造地的投资方式之下，着重于多元化的社会资本开发，使土地利用市场化以及提高土地的利用效率①。

再次，要确定城市规划管理部门的职能安排，加强各部门之间的协调合作，如交通、水利、农业等部门的交流合作，从而解决海洋管理中出现的问题。建立评价体系，着重于对生态环境的评价，包括多个项目、多个时间点的监管检测，累计的环境影响需要做到量化监管，在规划方面能够加入公众的参与，积极吸纳公众的建议和想法②。

最后，建立完善的规划体系，注重平面设计和结构功能布局。例如，日本的城市用海规划从多个层次对活动进行控制，还有新加坡的裕廊工业区在城市用海中会采用分期开发和配套先行的模式。参考不同国家和城市的做法，充分结合自然资源禀赋条件和土地利用特点，基于拓展发展空间，优化土地资源配置。

5.5　本章小结

土地作为经济发展的空间载体和基本生产要素，和劳动力、资本、技术、制度等要素共同成为要素市场不可或缺的组成部分。土地要素的供给包含自然供给和经济供给。自然供给意指自然赋予人类可以利用的土地资源总量，经济供给则是现有社会经济发展条件下人类可实际投入利用的各种土地资源量。土地资源的自然供给是固定不变的、无弹性的，土地资源的利用主要是在目前可利用的自然供给总面积范围内进行，继而考虑后备土地的

① 姚鑫悦，黄发明，陈秋明，官宝聪，林杰．“五个用海”在区域建设用海规划中的应用实践——以《晋江市区域建设用海规划》为例[J]．海洋开发与管理，2013，30(9)：22－27.

② 陈天，贾梦圆，臧鑫宇．滨海城市用海规划策略研究——以天津滨海新区为例[J]．天津大学学报(社会科学版)，2015，17(5)：391－398.

开发,其可利用状况,主要受地形、地质、水文等因素制约。

首先,本章从建设用地供需平衡理论出发,对建设用地供需平衡的相关理论进行了阐述,并系统总结了我国建设用地空间拓展的相关途径方法以及拓展原则。我国建设用地空间拓展途径主要有:城镇低效用地开发、农村土地整治、城乡建设用地增减挂钩、城镇工矿废弃地再利用、低丘缓坡地开发、围填海造陆等。在国土开发、建设用地拓展的进程中,必须坚持如下原则:①国土开发与资源环境承载能力相匹配;②集聚开发与均衡发展相协调;③点上开发与面上保护相促进;④陆域开发与海域利用相统筹;⑤节约优先与高效利用相统一;⑥市场调节与政府调控相结合。

其次,本章对福建省建设用地空间拓展途径进行了探索研究。福建省根据自身的自然、经济、社会等条件,充分结合自然资源禀赋条件和土地利用特点,基于拓展发展空间、优化土地资源配置的总体要求,提出了具有自身特色的建设用地空间拓展总体思路,总结为——“一条主线、两个目标、三条途径”,即以破解实施海西战略规划建设用地供需矛盾为主线,实现为海西战略实施提供技术支撑,为我国其他国家级区域战略土地空间拓展探索经验两个目标,通过“挖潜”(中小城市和村镇土地集约利用)、“上山”(低丘缓坡地合理开发)、“下海”(滨海地带和海岛适当利用)三条途径。

最后,本章对海西地区建设用地空间拓展的途径与策略进行了讨论,结合海西地区城乡发展目标,提出了海西地区空间优化配置的建议,并以滨海地带开发利用为例,对海西地区建设用地空间拓展策略进行了研究。研究认为,要实现海西地区建设用地空间的顺利拓展,应该从以下几个方面着手:①制定完善有效的对策措施,推进建设用地潜力拓展工作的顺利开展;②切实加强组织领导,完善工作机制,确保各项任务和政策措施落到实处;③科学研究、合理配置,优化建设用地空间布局,促进产业结构转型升级;④多因素综合考虑,制定建设用地空间拓展时序配置方案。

参考文献

[1]高峰,叶剑平. 新型城镇化时期我国建设用地拓展的路径选择与政策建议:基于

亨利·乔治理论的改进与实践[J]. 现代管理科学,2016(8):6－8.

[2]陈天,贾梦圆,臧鑫宇. 滨海城市用海规划策略研究——以天津滨海新区为例[J]. 天津大学学报(社会科学版),2015,17(5):391－398.

[3]张松,梁冰欣,孟祥花. 强化农村土地综合整治项目管理方式研究[J]. 北京农业,2015(23):189－191.

[4]张海鹏,曲婷婷. 城市化进程中的土地困局:现状、成因与变革[J]. 江海学刊,2014(3):80－86.

[5]陈正坤. 关于低丘缓坡开发利用的思考[J]. 经济师,2014(3):182－183.

[6]姚鑫悦,黄发明,陈秋明,官宝聪,林杰."五个用海"在区域建设用海规划中的应用实践——以《晋江市区域建设用海规划》为例[J]. 海洋开发与管理,2013,30(9):22－27.

[7]《全国国土规划纲要》(2016—2030 年).

[8]王炳坤. 关于围填海活动及其管理现状的几点探讨[A]//中国环境科学学会. 2012 中国环境科学学会学术年会论文集(第一卷)[C]. 中国环境科学学会,2012:5.

第3篇　协调发展视角下城市建设用地空间拓展理论与方法

2017年发布的《全国国土规划纲要(2016—2030年)》指出,当前我国城镇化建设面临极大挑战,长期以来,我国城镇化建设一直重速度而轻质量,虽然取得一定成绩,但也出现了不少问题。首先,我国常住人口城镇化率从1978年的18%提高到2018年的59.6%,提升速度很快,但同时土地城镇化却粗放进行,2000—2018年,我国城镇建成区面积就增长了超过一倍,增速远远超过城镇人口增长速度;其次,大部分城市缺乏产业支撑,城市建设用地空间拓展的同时,城市产业支撑不足,导致城市建设用地空间拓展速度超过经济增长速度,城市建设用地空间粗放利用现象严重,土地利用效率不高;除此以外,许多城市和地区开始面临城市资源环境承载能力减弱、水土资源紧缺、能源供应不足、生态环境破坏等问题。针对这一问题,2014年国务院印发的《国家新型城镇化规划(2014—2020年)》提出:要走出一条"以人为本、四化同步、优化布局、生态文明、文化传承"的中国特色新型城镇化道路。新型城镇化既是城市化、工业化、信息化、农业现代化同步进行的城镇化,又是大中小城市与城镇协调发展的城镇化,也是经济、人口、环境、资源相协调的城镇化。新型城镇化依托城镇资源环境承载能力聚集人口和产业,按照资源节约和环境友好的基本要求,发展低碳、低能耗、循环经济,节能减排,保护改善生态环境,对污水、垃圾、噪声等污染物进行控制和处理,增加城市公园绿地面积，推动人与城、城与自然和谐共处，营造人口、经济、资源、环境协调发展的城镇化。

协调的内涵主要包含两个方面：一是状态上的协调，二是过程上的协调。状态上的协调是指系统组成各要素之间相互配合、融洽和谐，使系统整体能够表现出最佳效应；过程上的协调则是指根据系统整体目标对系统各组成要素之间的活动内容及相互之间的关系进行调整、控制与管理，使系统各要素间的摩擦和矛盾减少，达到共同发展，以实现系统整体的综合目标。总结起来，协调具有两个特点：①系统整体功能的优劣与系统各组成要素之间的相互关系状态有很大相关性，只有系统内部各要素之间达到相互配合、协调一致的状态，系统整体才能顺利发展和进步；②系统内部各要素子系统的最优状态并不能反映系统整体最优，更不能说明系统整体协调。

由以上定义可知，协调是指系统与系统之间或者系统各组成要素之间在发展演变的过程中能够达到的相互配合、协调一致的状态；发展则是指系统或系统各组成要素本身从小到大、从简单到复杂、从低级到高级、从无序到有序的演进过程。因此，如果协调是系统之间或者系统组成要素之间的一种良好互动关系，那么发展便是系统本身随时间推移的一种动态演化过程。协调发展是协调和发展两个概念的结合，是系统和系统中的因素在相互协调配合过程中，形成的和谐循环，由低级、简单、无序到高级、复杂、有序的演化过程。协调发展是一个着重于整体性、综合性和内在性的发展聚合，是多个要素共同配合协调发展的过程①。

要想实现城镇化的健康高效发展，土地、人口、经济与生态各要素之间必须要实现一定的平衡与协调。城市人口增长与城市建设用地空间拓展应协调发展，否则容易出现城市建设用地过度扩张或者城市人口增长过快的现象。城市建设用地空间拓展与城市人口增长相协调表现在城市土地与人口的协调上，即土地资源能够得到合理利用，城市人口用地的需求也得到恰

① 李勇．武汉市社会、经济、资源、环境协调发展的评价与预测建模研究［D］．华中科技大学，2006.

当满足,土地城镇化和人口城镇化处于持续健康稳定发展状态。

土地资源是经济与城市发展的重要依托和载体,土地资源优化配置与经济发展之间存在很强的相关性。我国正处于工业化、信息化、新型城镇化建设的关键时期,经济活动中建设用地需求的加大,土地利用与经济增长之间关系的日益密切,建设用地的需求也在不断增加。在此过程中,需要对我国建设用地空间拓展与城市经济增长之间的关系进行判断,掌握其发展变化规律,实现土地资源高效配置,促进社会经济稳步发展。

城市建设用地空间拓展对生态环境会产生重要的影响,城市建设用地的大规模扩张造成了占用耕地、损害湿地、污染环境等生态问题,合理控制城市建设用地开发强度,理清与生态环境之间的关系,避免建设用地低效盲目扩张,科学确定城市建设用地空间拓展边界,对于保护生态环境,促进我国城市建设用地空间拓展与生态协调可持续发展尤为重要。

本篇从建设用地空间拓展与人口、经济、生态协调发展视角,对相关理论进行梳理,同时对海西地区进行实证分析与评价。

第6章　城市建设用地空间拓展与人口协调发展研究

城镇化是经济社会发展的必然产物，是工业化现代化的必经之路，也是人类不断发展进步的重要体现。诺贝尔经济学奖获得者斯蒂格利茨指出，中国是目前世界上人口最多的国家，其城镇化进程将在人类历史上备受瞩目。随着我国《国家新型城镇化规划（2014—2020年）》的颁布，城镇化成为我国现阶段的重要任务，如何推动城镇化发展顺利进行的同时保持我国经济社会持续健康发展是现阶段我国面临的一个重大课题。目前我国正处于快速城市化阶段，在我国，城市化也称为城镇化，它是传统农业社会形态向现代工商业形态转变的过程，不仅包括人口职业形态的转变，也包括产业结构的转型升级以及空间地域景观的变化，在城市化进程中，城市文明不断对乡村生产生活方式产生影响。

城镇化的发展是通过将个人的区位选择作为现代城市增长的动力。2018年末我国常住人口城镇化率为59.6%，比上年提高了1.06个百分点，高出世界平均水平4.75个百分点，我国成为城镇化规模最大，发展速度最快的经济体。近年来，伴随大量流动人口涌入城市生活，区域的需求和消费结构发生了改变，产业转型与升级得到进一步促进，地区的经济水平得到进一步提高。人力资本与区域经济增长存在正相关关系，人力资本在推动城镇化方面发挥着巨大的作用。

自改革开放以来，我国城市人口数量持续增长，从1978年到2018年，我国城镇常住人口数量由1.7亿人增加到8.3亿人[①]，城市人口的不断增加，引起城市建设用地空间不断拓展。大量农用地转为城市建设用地，我国建成区规模快速扩张，尤其2000年后，我国开始了以新城开发、新区开发、工业开发区建设等为主要内容的城市建设热潮。但因为城市住房、教育、医疗、产业、社会保障等配套政策跟不上，城市建设用地空间拓展与城市人口增长

---

① 《2018国民经济和社会发展统计公报》。

并不同步，城市建设用地空间拓展与农业人口的转移并不协调。与此同时，城市建设用地过快拓展还给经济社会和生态带来了一系列问题：①大量优质农田被城市建设侵占，变为城市建设用地空间。我国为遏制基本农田破坏，实施了耕地占补平衡政策，但是国家粮食安全问题依然严峻；②城市建设用地空间快速拓展使我国产生了一种特殊群体——失地农民，由于部分城市的征地补偿政策缺乏一定的合理性，导致失地农民权益不能得到有效保障，由征地引发的社会纠纷屡见不鲜，在一定程度上破坏了社会的和谐与稳定；③城市建设用地空间快速拓展改变了土地形态，导致农业用地向城市用地转变，对土壤肥力造成破坏，生物多样性受损，生态环境遭到破坏。

因此，正确认识城市建设用地空间拓展与城市人口增长之间的关系，分析二者之间的内在互动机理，探索二者之间的协调发展规律，有利于正确认识我国城市化进程中的城市人口增长规律，并通过城市建设用地空间拓展与城市人口两者之间的关系，制定合理的城市建设用地和城市人口政策，实现对我国城市建设用地的有效管控和城市人口的科学管理。

6.1　城市建设用地空间拓展与城市人口增长关系理论

在城市建设用地空间拓展与城市人口增长关系研究方面，“城市人口增长是促进城市建设用地空间拓展的一个重要影响因素”已经在学界得到了广泛的共识，但是反过来城市建设用地空间拓展是不是对城市人口增长也同样具有促进作用，学者还未达成统一意见。从理论上来看，城市建设用地空间拓展会影响城市人口增长，因为城市建设用地空间拓展可以为人们生产和生活提供更多的物质承载场所，从而对城市人口增长具有一定的促进作用，如赵可等研究验证了城市建设用地空间拓展有利于城市人口增长①，但吴次芳等实证研究却发现城市建设用地空间扩张对人口城市化水平提高效果有限，他认为造成各学者研究结论不一致的原因主要在于研究对象、研

① 郭付友，李诚固，陈才，等．2003 年以来东北地区人口城镇化与土地城镇化时空耦合特征[J]．经济地理，2015，35(9)：49－56.

究时间、城市人口增长内涵等内容的设定存在差异①。

人口城镇化与城市建设用地空间扩张之间的关系一直是城市经济学、城市地理学、区域发展学等领域研究的热点问题,以往研究主要集中在两个主要方面:一是城市建设用地空间拓展驱动力的研究;二是城市建设用地是否与城市化相协调。大多数研究采用相关分析、回归分析等传统统计学方法对城市化与城市建设用地的关系进行探讨,但少有学者通过计量经济学理论与方法分析城市建设用地空间拓展对城市人口增长的影响,以此探索二者之间长期均衡与短期动态关系,本章将在这方面做一定尝试。

6.1.1　基于诺瑟姆城市化曲线的解释

美国城市学家诺瑟姆于 1975 年总结了世界各国城市化发展规律,在此基础上提出城市化发展曲线,即著名的"诺瑟姆 S 型曲线"。诺瑟姆认为在世界范围内,各国的城市化发展呈现典型的阶段性特征,一般而言,可以划分为三个阶段(见图 6-1)。

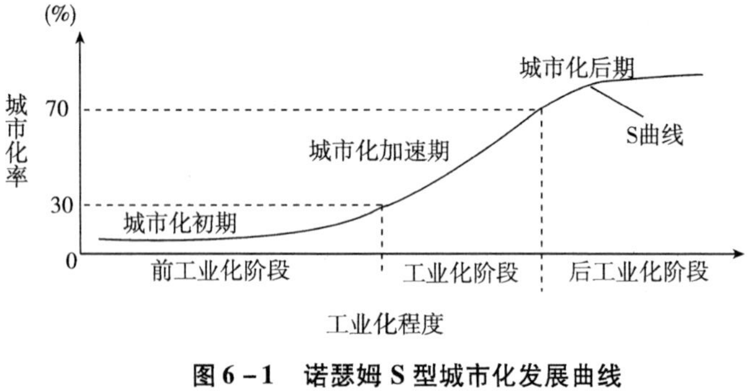

图 6-1　诺瑟姆 S 型城市化发展曲线

第一阶段(城市化初期),也称前工业化阶段。此阶段城市化率 <30%,城市以劳动密集型的家庭小生产为主,城市人口整体增长速度比较缓慢,当城市人口比重小于 20% 时,城市人口增长速度几乎没有变化,当城市化率超过 20% 以后城市人口增长速度才略微加快。在这个阶段,城市一般呈现点状分布形

① 吴次芳,陆张维,杨志荣,等. 中国城市化与建设用地增长动态关系的计量研究[J]. 中国土地科学,2009,23(2):18-23.

态，城市建设用地空间规模比较小，且建设用地空间拓展的速度比较缓慢。

第二阶段（城市化加速期），也称工业化阶段。此阶段 30% ＜城市化率＜70%，城市生产活动集聚程度不断加大，工商业活动集中型不断增强。城市人口整体增长速度比较快，当城市人口比重超过 30% 时，城市化进入加速发展时期，大量农村人口开始涌入城市，在这期间，城市人口的增长速度不断变弱，这种趋势会一直延续到城市人口比重达到 70% 左右；在此阶段，城市建设用地规模急剧扩张，大量农田被侵占，大面积未利用地得到开发，产业形态发生转型，第一产业比重持续下降，第二产业比重缓慢上升，产业形态由劳动密集型向资本和技术密集型过渡，第三产业发展迅猛，并超过第二产业比重。

第三阶段（城市化后期），也称后工业化阶段。此阶段城市化率＞70%，社会经济发展水平已经日趋成熟，城市人口增长速度开始保持平稳。城市建设用地规模在第二阶段的快速扩张之后开始保持稳定，城市建设用地空间拓展的速度开始变缓，产业形态主要以第三产业为主，城市功能由生产型向服务型转变。

6.1.2　基于经济学视角的分析

我国新型城镇化规划提出，在新型城镇化建设中要坚持“以人为本”。土地和人口作为城镇化建设过程中的两个重要因素，不可割裂开来单独研究，必须将新型城镇化过程中的城市土地扩张与城市人口增长置于一个整体框架下加以分析，才能实现统筹治理。在快速城市化过程中，农地非农化产生的土地增值收益成为我国财政收入的重要组成部分，成为城市基础设施建设及城市管理过程中资金的主要来源。在新型城镇化建设中，要妥善处理好城市建设用地空间拓展过程中的土地级差收益分配，以推动农村人口市民化，实现土地城镇化与人口城镇化的协调互动，将新型城镇化建设中“以人为本”核心思想真正落到实处，实现国家“新型城镇化”战略目标。

因此，张耀宇等①在现有研究的基础上，以城市发展过程中的土地级差收益分配问题为核心，从经济学视角，将人口和土地纳入一个统一的理论分析框架，对城市人口增长与城市建设用地空间拓展二者之间的关系进行剖析，为城市建设用地管理与创新提供分析框架，为我国城市人口政策提供理论指导。

（1）未纳入城市人口因素的城市建设用地空间拓展理论假设。

理论假设：①假定存在一个单中心城市，线性且均质；②城市建设用地空间拓展的地租曲线为 $r(x)$，x 表示某地到城市中心的距离，一般情况下，距离城市中心越远，地租水平越低；③城市建设用地空间边界以外的农地地租曲线为 r_a，在农地非农化过程中，假设土地开发成本合计为 D；④城市建设用地空间拓展边界由城市地租曲线、农地地租曲线和土地开发成本——$r(x)+r_a+D$共同决定，如图 6－2 所示。

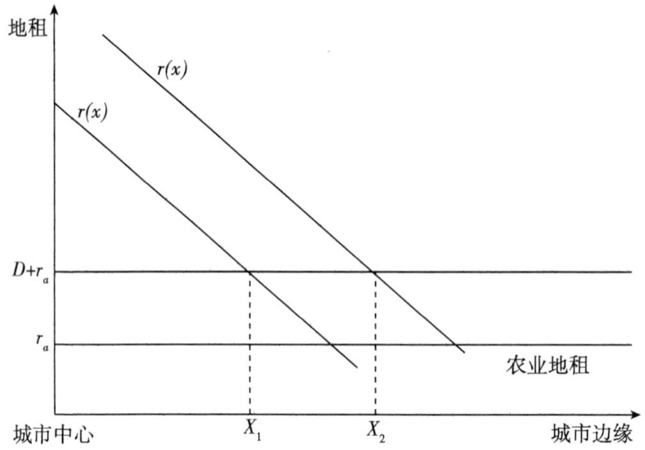

图 6－2　地租水平与城市建设用地空间拓展边界

（2）纳入城市人口要素的城市建设用地空间拓展理论假设。

上述模型在研究城市建设用地空间拓展过程中，只考虑了城市地租、距

① 张耀宇，陈利根，陈会广．“土地城市化”向“人口城市化”转变——一个分析框架及其政策含义[J]．中国人口·资源与环境，2016，26(3)：127－135.

城市中心距离、农地地租、土地开发成本这几个因素的影响，而没有将城市人口因素纳入理论分析框架，存在一定的片面性。本书将城市人口变量引入已有模型框架，对城市建设用地空间拓展中的人地要素进行统筹分析。现提出理论假设如下：①某城市人口数量为 n，平均每人消费 1 单位建设用地，此时城市人口规模 n 与城市建设用地开发数量 X 相等。如此处理能够将城市建设用地空间拓展与城市人口增长纳入一个统一的分析框架；②假设地方政府必须为每一个城市活动人口提供必要的公共服务和公用设施等公共物品，每人消费公共物品数量一样，设公共物品边际成本函数为 $MC=F(I_0,n)$，I_0表示已有的公共物品数量，其值为常量，公共物品边际成本函数曲线将随城市人口增长呈现出先减小后增加的变化趋势；③地方政府可以通过投资增加公共物品数量，将公共物品边际成本函数曲线 MC 右移；④在实际中，公共物品边际价格其实难以量化，因此，采用平均成本方式来代替；⑤已有公共物品数量一定条件下，城市土地开发收益主要取决于城市地租收益、农地地租水平、公共物品价格、土地开发成本等。为方便分析，将土地开发成本和农地地租取近似于零，此时，城市地租曲线将与公共物品边际成本函数曲线交于不同点，由平均成本确定的城市人口数量与边际成本函数确定的城市人口数量产生偏差，如图 6-3 所示。

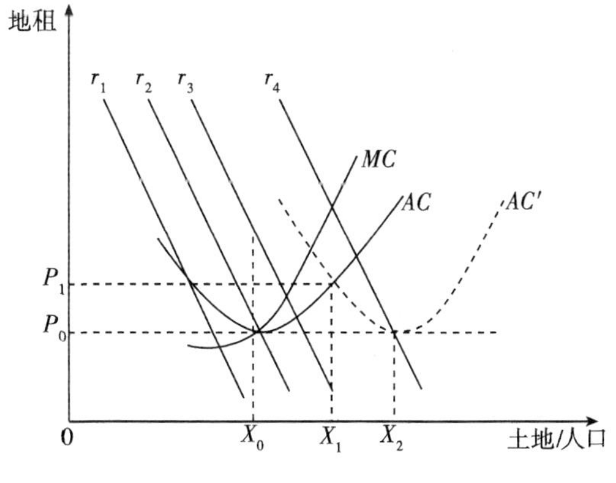

图 6-3　城市建设用地空间拓展、城市人口增长与公共物品

如图 6-3 所示，MC 为公共物品边际成本函数曲线，AC 为公共物品平均成本函数曲线,在 r_2 情况下,MC、AC、城市地租曲线三线相交于(X_0,P_0),此时达到最优均衡状态。但因为社会经济的快速发展,城市地租曲线会右移,如移动到 r_4 水平,这时城市地租虽然收益高但对应成本也高,此时地方政府可以通过对公共物品进行投资,增加城市公共物品数量,平均成本函数曲线 AC 将右移,并在(X_2,P_0)处达到新的最优均衡状态。而由图 6-3 可知,城市建设用地空间拓展边界为(X_1,P_1),即当城市人口数量增加到 X_1 时继续追加新的公共物品,可以降低城市公共物品的人均成本。这时,对图 6-3 模型进行重构,引入公共物品成本 C。城市建设用地空间拓展边界将由城市地租曲线和公共物品成本、土地开发成本及农地地租($r+C+D+r_a$)共同决定。因此,在新型城镇化进程中对城市地租收益进行分配时,一方面要考虑被征地农民共享城市地租收益,另一方面还要考虑城市新增加人口的城市公共物品供给情况。

从世界城镇化发展阶段来看,在城镇化快速发展阶段,集聚依然是该阶段的主旋律。从微观来看,我国城市新增人口主要来自农民,而我国地方政府可以决定城市建设用地的投入量,也能通过户籍制度,控制拥有城市公共物品的人口数量。我国以农民工为主体的城市流入人口一直被当作经济活动者,但是却没有市民身份,不能和城市居民一样享受城市公共物品和公共服务。其中户籍制度是导致这一现象的一个重要因素,对我国农村转移人口市民化产生重大阻碍,导致我国城镇化进程中土地城镇化和人口城镇化不匹配现象。

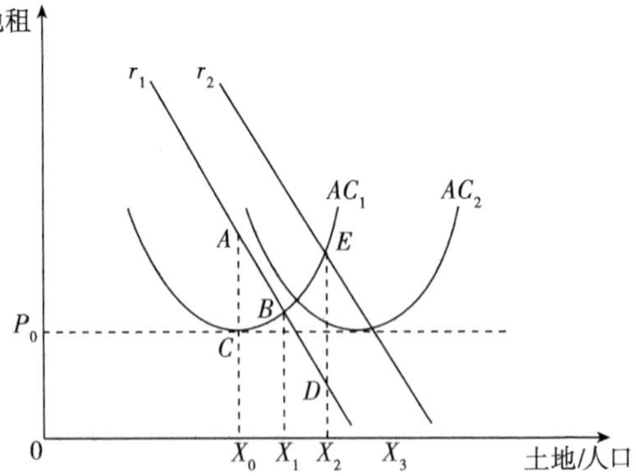

图 6-4　常住人口、户籍人口分离与城市建设用地空间拓展

如图6－4所示，地租曲线 r_1 与成本曲线 AC_1 相交于均衡点 B，由经济活动人口决定的土地开发数量为 X_1。但是，如果地方政府选择仅向数量 X_0 的户籍人口提供公共物品，那么单位公共物品成本将降低为 P_0。此时，城市建设用地空间拓展与城市人口增长之间出现偏离，地方政府通过公共物品供给，将获得额外地租收益 ABX_1X_0，其中包括“半市民化”群体的整体福利损失，即 BCX_0X_1 的公共物品支出；同时，在地租曲线为 r_2 与成本曲线为 AC_1 状态下，高地租收益与高成本同时存在。这时地方政府应投资 I_1，使基础设施数量增加到 $(I_0 + I_1)$，成本曲线将向右移动到 AC_2，新的均衡点城市人口数量为 X_3。但是，地方政府如果基于自身利益最大化考虑，可以开发 X_3 的建设用地作为城市建设，供经济活动人口使用，但同时仅向 X_2 的城市人口提供公共物品和公共服务，这时地方政府不仅可以获得额外的地租收益，还能节约城市基础设施投资。但这时，城市基础设施往往会出现过载现象，城市公共物品和公共服务的价格偏高，且出现城市拥挤等大城市病。

此外，如果在地租曲线 r_1 和成本曲线 AC_1 条件下，地方政府决定开发土地数量 X_2，但能够吸纳的经济活动人口仅为 X_1，这种过度开发土地将会导致土地浪费甚至“鬼城”这种极端情况的出现。另外一种情况是，在地租曲线 r_1 和成本曲线 AC_1 条件下，地方政府选择开发了 X_2 的土地，并成功吸纳到了经济活动人口 X_2，但地方政府仅向 X_1 的人口提供公共物品，额外获取了级差地租 BDX_2X_1 收益，此时地方政府实质上减少了至少为 BEX_2X_1 公共物品的支出，造成了社会的整体福利损失 BDE。进一步来讲，如果地方政府在城镇化阶段压低了 D 和 C 的支出，此时，$D' < D$，$C' < C$，实质上地方政府每获取一单位土地和吸纳一单位经济活动人口（有建设用地需求）成本都会低于真实成本，所以地方政府最终选择的城市建设用地空间拓展与城市人口增长边界将大于真实成本决定 $(D + C)$ 的边界，这时出现人地分离的情况，实际享受公共物品或公共服务的户籍人口将少于对城市发展做出贡献、决定实际城市建设用地规模的经济活动人口，出现城市建设用地空间拓展与城市人

口增长不协调,导致社会整体福利蒙受损失①。

6.2 城市建设用地空间拓展与城市人口增长关系实证研究

以往大多数研究仅仅关注城市建设用地空间拓展与城市人口增长的测度及二者之间的协调关系,对于二者相互作用机理、影响机制和途径,以及如何形成良性互动关系的研究并不多,城市人口增长与城市建设用地空间拓展之间的关系并没有被人们全面认识。鉴于此,本书选取福建省2000—2014年的相关数据,通过运用计量经济学的平稳性检验、协整理论、误差修正模型(ECM)和格兰杰因果关系检验等理论和方法,对我国新型城镇化进程中的城市建设用地空间拓展与城市人口增长之间的动态均衡关系进行研究,从而为二者之间良性互动发展提供对策和建议。

6.2.1 研究方法

(1)平稳性检验。

判断变量之间是否存在时间序列关系,必须先进行数据平稳性检验,以避免变量之间出现伪回归现象。若随机过程的方差和均值随时间变化是个常数,且任何两期协方差仅仅依赖于两期间的滞后或距离,而不是依赖于协方差实际的计算时间,那么这个时间序列就是平稳的。平稳性检验方法比较多,主要以ADF单位根检验为主,该方法的一般表现形式如下:

$$\Delta y_{t} = \alpha + \beta y_{t-1} + \gamma T + \sum_{k=1}^{n} \delta_{k} + \Delta y_{t-k} + \mu_{t} \qquad (6-1)$$

式中:y_t 为待检验时间序列,α 是常数项,T 为时间趋势,n 是滞后期,μ_t 是随机误差项。

(2)协整检验。

虽然很多时间序列数据都是非平稳的,但是变量可能受共同因素作用,在时间上表现出共同趋势,使其存在稳定关系,即协整关系。协整检验主要

① 张耀宇,陈利根,陈会广."土地城市化"向"人口城市化"转变——一个分析框架及其政策含义[J].中国人口·资源与环境,2016,26(3):127-135.

手段有 Engle - Granger 检验法和 Johansen 检验法。当系统中包含两个变量时，一般采用 Engle - Granger 检验法，检验两变量间存在的单一协整关系。

(3)误差修正模型。

对于非平稳的时间序列，一般通过差分方式将其转化为平稳时间序列，才能进行回归分析。然而，这样做就产生三个方面的问题：一是差分项可能存在序列自相关；二是采用差分方式进行估计，则变量的实际水平值信息将会被掩藏，模型只能表达出两变量间的短期关系，而不能揭示两者之间的长期均衡关系；三是使用差分形式常常不能得到令人满意的回归方程。为解决上述问题，误差修正模型应运而生。误差修正模型的一般表达形式如下：

$$\Delta x_t = \omega_1 + \lambda_1 ECM_{1t-1} + \sum_{i=1}^{k} \delta_{1i} \Delta Y_{t-i} + \sum_{i=1}^{k} \gamma_{1i} \Delta X_{t-i} + \varepsilon_{1t} \quad (6-2)$$

$$\Delta Y_t = \omega_2 + \lambda_2 ECM_{2t-1} + \sum_{i=1}^{k} \delta_{2i} \Delta X_{t-i} + \sum_{i=1}^{k} \gamma_{2i} \Delta Y_{t-i} + \varepsilon_{2t} \quad (6-3)$$

式中：ECM 是误差修正项，λ_1、λ_2 反映长期因果关系，δ_{1i}、δ_{2i} 反映短期因果关系，ε_{1t}、ε_{2t} 为随机误差项。

(4)格兰杰因果关系检验。

格兰杰因果检验由2003年诺贝尔经济学奖获得者 Clive W. J. Granger 提出，用来判断变量之间是否存在格兰杰因果关系。格兰杰因果关系检验的实质是向量自回归模型（VAR），要求必须是平稳时间序列或存在同阶单整协整关系，如果存在序列不平稳或不协整，那么很可能产生伪回归现象。格兰杰因果关系检验在对数据进行回归之前，必须事前确定模型的滞后阶数，滞后阶数确定一般从一阶开始，每增加一阶则与前一阶的 AIC 值进行比较，最后选择 AIC 值最小的模型作为最优滞后阶数方程。AIC 信息准则能够对含不同解释变量模型的拟合优度进行比较，当新增加的解释变量能够降低模型的 AIC 值时，则可以考虑在该模型中追加此解释变量。

6.2.2　变量选取及数据说明

基于城市人口增长与城市建设用地空间拓展二者之间的良性互动发展关系理论分析，在进行指标选取时应遵循主导性、代表性、完整性、动态性和可比性原则，并结合研究区域数据可获取性，从便于量化角度进行选择。在这里，参考以往文献，选取福建省城市建成区面积（UL）作为衡量城市建设用地空间拓展的指标，选取福建省常住人口数量（UP）作为衡量城市人口增长的指标。鉴于我国户籍制度的存在，常住人口更能精确地反映某一地区参与产业活动并且有住房、交通等需求的人口数量。为消除原始数据的非线性趋势，将城市建成区面积（UL）和城市常住人口数量（UP）取自然对数，在后续计算中，将采用 lnUL 和 lnUP 这两个指标。

本书原始数据主要来自《中国统计年鉴》（2001—2015）、《中国城市统计年鉴》（2001—2015）以及《福建省统计年鉴》（2001—2015）。其中，福建省城市建成区面积指标不是直接从统计数据直接获得，而是通过福建省各地级市加总综合计算获得；福建省常住人口数据则是来自《中国城市统计年鉴》，也是由各地级市的数据加和得到（见表 6－1）。

表 6－1　福建省城市建成区面积和城市人口数据统计

年份	2000	2001	2002	2003	2004	2005	2006	2007
建成区面积（平方千米）	330	349	371	467	488	488	564	625
常住人口（万人）	3410	3445	3476	3502	3529	3557	3585	3612
年份	2008	2009	2010	2011	2012	2013	2014	
建成区面积（平方千米）	666	698	827	926	934	981	1015	
常住人口（万人）	3639	3666	3693	3720	3748	3774	3806	

6.2.3　实证分析

（1）数据平稳性检验。

传统计量经济学方法适合处理平稳时间序列数据，而实际生活中时间序列、截面数据、面板数据等往往存在非平稳情况，这些数据如果不经处理就直接计算很有可能使模型结果产生偏差，研究的社会经济问题也将失去现实意义。因此，为避免出现伪回归现象，首先需要对时间序列数据进行单位根检验。本书在 Stata13.0 软件中对变量 ln*UP* 和 ln*UL* 进行单位根检验，结果如表 6－2 所示。

表 6－2　ADF 单位根检验和 PP 单位根检验结果

变量	ADF 检验			PP 检验		
	检验值	临界值（显著水平）	结论	检验值	临界值（显著水平）	结论
ln*UP*	－2.514	－2.630***	非平稳	－2.392	－2.630***	非平稳
Δ ln*UP*	－4.300	－3.750*	平稳	－5.300	－3.750*	平稳
ln*UL*	－0.966	－2.630***	非平稳	－1.234	－2.630***	非平稳
Δ ln*UL*	－3.956	－3.750*	平稳	－3.939	－3.75*	平稳

注：***、**、*分别表示 1%、5%、10% 的统计水平上显著，Δln*UP*、Δln*UL* 分别为 ln*UP* 和 ln*UL* 序列的一阶差分序列。

从表 6－2 可以看出，变量 ln*UP* 在 10% 显著性水平检验下临界值为 －2.630，ADF 单位根检验值为 －2.514，结果显示为非平稳时间序列；同时 PP 检验值为 －2.392，结果显示也为非平稳时间序列，因此，ADF 检验和 PP 检验均显示变量 ln*UP* 为非平稳时间序列。在 10% 显著性水平下，ln*UL* 的 ADF 检验值为 －0.966，PP 检验值为 －1.234，两种检验结果均显示 ln*UL* 为非平稳时间序列。经过一阶差分处理后，ln*UL* 和 ln*UP* 均在 1% 显著性水平检验下成为平稳时间序列，且两个序列都是一阶单整序列，ln*UP* ~ I(1)，ln*UL* ~ I(1)。而变量同阶单整说明它们之间可能存在协整关系，从经济学视角来看则意味着城市建设用地空间拓展与城市人口增长之间可能存在着长期均衡关系。

（2）协整检验。

一般情况下，原始时间序列通常是非平稳的，社会经济领域变量一般通过一阶差分，可以变成一阶单整时间序列。ADF 检验和 PP 检验结果都表明，ln*UP*和 ln*UL* 为一阶单整序列，如果在这种情况下对这两个时间序列进行回归分析，有可能出现伪回归现象，但是如果同阶单整序列存在协整关系，回归结果则变得有意义。因此，在对非平稳时间序列数据进行回归分析前，除了要进行单位根检验，还需要进行协整检验，以识别时间序列是否存在协整关系。学者 Engle 和 Grange 曾指出，如果存在一种平稳的线性组合，使得两个或两个以上非平稳的时间序列组合依然可能平稳,就认为这些非平稳时间序列之间存在协整关系。最常用来检验协整关系的两种方法分别是 EG 两步法和 JJ 检验法,前者是基于回归方程残差进行检验,后者是基于回归方程系数进行检验。在这里,采用 EG 两步法对 lnUP 和 lnUL 之间的协整关系进行检验。

1)将城市建成区面积作为被解释变量,以城市人口数量作为解释变量进行回归分析,得到方程:

$$\ln UL = -84.7207 + 11.1253\ln UP \quad (6-4)$$

$$t = (27.56)(-25.62)$$

$$\text{AdjR}^2 = 0.9819, \text{F} = 759.51$$

式(6-4)中各变量回归系数 t 值分别为 27.65、-25.62,回归系数的 P 值分别为 0.000、0.000,说明回归系数的 t 统计量高度显著;方程整体的 F 值为 759.51,P 值为 0.0000,R^2 为 0.9832,调整后的 R^2 为 0.9819,说明模型的整体拟合效果较好。假设 e_t 是回归方程的残差,采用 ADF 法对方程残差进行平稳性检验,根据 EG 两步法的相关原理,若 e_t 平稳,则表示城市建设用地空间拓展与城市人口增长之间存在协整关系;反之,则两变量之间不存在协整关系。残差 e_t 的 ADF 检验结果如表 6-3 所示。

表 6-3 残差 e_t 的 ADF 检验结果

序列	ADF 检验值	临界值(1%)	临界值(5%)	临界值(10%)	检验结果
e_t	-2.958	-3.750	-3.000	-2.630	平稳

表 6-3 检验结果表明,回归方程残差在 10% 显著水平上存在序列平稳,根据 EG 两步法检验结果,lnUL 和 lnUP 变量存在协整关系,即存在长期稳定的均衡关系。式(6-4)中,城市人口增长的建设用地空间拓展弹性系数为 11.12,表示长期内,城市人口每增长 1%,城市建设用地将扩张 11.12%,可见城市人口增长对城市建设用地空间拓展的拉动作用非常显著。其主要原因在于随着城市人口规模的扩大,将带来新的生活及生产用地需求,城市建设用地必须在空间上进行拓展,才能满足人们日益增长的生活和生产需要。

2)将城市人口数量作为被解释变量,城市建成区面积作为解释变量,得到方程：

$$\ln UP = 7.6248 + 0.088\ln UL \tag{6-5}$$

$$t = (370.45)(27.56)$$

$$AdjR^2 = 0.9819, F = 759.51$$

式中：从长期来看，城市建设用地空间每拓展1%，城市人口将增长0.088%，可见城市建设用地空间拓展对城市人口增长拉动作用非常有限，原因在于仅仅增加城市建设用地空间，而如果没有辅助的产业发展和配套政策作为支撑，将不能积极拉动城市人口增长。近年来各地不断涌现的"鬼城""睡城"也充分说明单纯的城市建设用地大规模拓展（"造城运动"）并不能有效促进城市人口的增长。

（3）误差修正模型。

上述分析表明，城市人口增长与城市建设用地空间拓展之间存在协整关系，即长期稳定均衡关系，那么两者之间是否存在短期动态关系？误差修正模型可以对短期动态关系进行识别，建立如下误差修正模型：

$$\Delta \ln UL_t = \beta_{11}\Delta\ln UP + \beta_{12}\Delta\ln UP_{t-1} + \beta_{13}\Delta\ln UL_{t-1} + \gamma_1 e_{t-1} + \varepsilon_{1t} \tag{6-6}$$

$$\Delta \ln UP_t = \beta_{21}\Delta\ln UL + \beta_{22}\Delta\ln UL_{t-1} + \beta_{23}\Delta\ln UP_{t-1} + \gamma_2 e_{t-1} + \varepsilon_{2t} \tag{6-7}$$

在 Stata 13.0 软件中计算得到误差修正模型1：

$$\Delta \ln UL_t = 0.47 + 6.31\Delta\ln UP + 7.03\Delta\ln UP_{t-1} + 0.58\Delta\ln UL_{t-1} - 0.59 e_{t-1} \tag{6-8}$$

$$t = (3.31)(-3.10)(0.49)(3.04)(-5.37)$$

$$AdjR^2 = 0.85, F = 11.36, P = 0.002, DW = 1.97$$

式中：各回归系数均在5%显著性水平上显著，且DW检验结果表明不存在自相关，调整后的R^2为0.85，说明模型整体拟合效果较好。$\Delta\ln UP$系数项为6.31，表明在短期内，城市人口每增加1%，城市建设用地空间规模将拓展6.31%，误差修正项系数为-0.59，P值为0.001，在1%显著性水平上显著，符合误差修正模型的反向修正机制，这说明城市建设用地在上一期偏离均衡的那部分波动在这一期将会有59%被重新调整回均衡状态。

同理,得到误差修正模型2:

$$\Delta \ln UP_t = 0.006 + 0.003\Delta \ln UL + 0.003\Delta \ln UL_{t-1} + 0.153\Delta \ln UP_{t-1} + 0.006 e_{t-1} \tag{6-9}$$

$$t = (5.27)(-3.10)(1.68)(1.40)(-2.34)$$

$$AdjR^2 = 0.67, F = 4.15, P = 0.04, DW = 1.93$$

其中,各回归系数均在5%显著性水平上显著,而且DW检验值结果表明不存在自相关,调整后的R^2为0.85,说明模型整体拟合效果较好。$\Delta \ln UL$系数项为0.003,表明在短期内,城市人口每增长1%,城市建设用地规模将扩展0.003%,从结果可看出,城市建设用地空间拓展对城市人口增长的拉动作用非常小,误差修正项系数为0.006,P值为0.001,在1%显著性水平上显著,说明城市人口的误差修正效果不明显,偏离均衡的那部分波动将难以在本期调整回均衡状态。

(4)格兰杰因果检验。

在Stata 13.0软件中,先使用命令varsoc确定变量的滞后阶数,得到结果如表6-4所示:

表6-4 格兰杰因果关系检验滞后阶数确定

lag	LL	LR	df	p	FPE	AIC	HQIC	SBIC
0	44.1693				1.6e-06	-7.66714	-7.71274	-7.59479
1	92.3087	13.652	4	0.000	5.4e-10	-15.6925	-15.8293	-15.4755
2	99.1347	13.652	4	0.008	3.6e-10	-16.2063	-16.4343	-15.8446
3	102.385	6.5009	4	0.165	5.7e-10	-16.07	-16.3893	-15.5636
4	138.436	72.101*	4	0.000	4.0e-12*	-21.8974*	-22.3078*	-21.2463*

注:*表示10%的统计水平上显著。

使用AIC信息准则,确定滞后阶数为4阶。在Stata 13.0软件中,使用命令vargranger进行格兰杰因果关系检验,得到结果如表6-5所示。

表6－5　格兰杰因果关系检验结果

原假设	滞后阶数	Chi2	P值	检验结果
ln*UL*不是ln*UP*的格兰杰原因	4	4.3508	0.037	接受H_0
ln*UP*不是ln*UL*的格兰杰原因	4	2.5189	0.112	拒绝H_0

从表6－5可以看出，当滞后阶数为4时，ln*UL*不是ln*UP*的格兰杰原因的概率达到了11.2%，这说明我国城市建设用地空间拓展不是城市人口增长的显著原因，城市建设用地空间拓展对我国城市人口增长的促进作用有限。ln*UP*不是ln*UL*的格兰杰原因的概率只有3.7%，这说明在5%的显著性水平下，我国城市人口增长是城市建设用地空间拓展的显著原因，即城市人口的快速增长能够显著促进城市建设用地空间的拓展。

6.3　城市建设用地空间拓展与城市人口增长协调发展研究

6.3.1　背景

在当前中国城镇化进程不断加快的背景下，随着国家新型城镇化战略的提出，城市建设用地空间拓展与城市人口增长之间的协调性问题受到了社会各界更加广泛的关注。

根据可持续发展的基本要求，城市人口增长与城市建设用地空间拓展应协调发展，否则容易出现城市建设用地过度扩张（即城市蔓延现象）或者城市人口增长过快。从根本上来讲，城市建设用地空间拓展与城市人口增长相协调表现在城市土地资源与城市人口的合理配置，土地资源得到合理利用，城市人口用地需求得到恰当满足，土地城镇化和人口城镇化处于持续健康稳定发展状态。在城市建设用地空间拓展与城市人口增长协调发展方面，已有学者往往通过紧凑程度指标、离差系数、异速生长模型、协调系数、脱钩分析等方法解析城市建设用地空间拓展与城市人口增长之间的关系，测度两者之间的相互协调特征。研究结果表明，我国城市建设用地空间拓展一般与城市人口增长不协调，大多数城市的城市建设用地空间拓展的速度要明显比城市人口增长的速度快。本章拟以海西地区的福建省各地级市为例，对福建省各地级市的城市建设用地空间拓展与城市人口增长的耦合协调关系进行实证分析。

6.3.2 研究方法

JulianD. Marshall 通过研究发现美国 1950—2000 年土地扩张速度比人口增长速度快 10%。国内学者通常用城市用地规模弹性系数来衡量城市建设用地扩张与人口增长之间的协调关系,一般认为城市建设用地规模弹性系数的合理值为 1.12。通过借鉴杨艳昭、张勇等研究中的建模方法,本研究在城镇土地弹性系数模型中加入人均城镇土地约束参数,构建了城镇建设用地扩张与人口增长协调性评价模型①:该模型公式为:

$$E = \frac{\sqrt[n]{(S_t - S_0)/S_0}}{\sqrt[n]{(P_t - P_0)/P_0}} \times I \qquad (6-10)$$

$$R = \frac{X_t}{Y_t} \div \frac{X_0}{Y_0} \qquad (6-11)$$

式中:E 表示城镇建设用地扩张与人口增长协调度(城镇建设用地扩张与人口增长的协调关系由其体现),S_0表示基期年城镇土地面积,S_t表示目标年城镇土地面积,P_0表示基期年市区人口数,P_t表示目标年市区人口数,$n = t - 0$(目标年 - 基期年);R 表示人均城镇土地约束系数,X_0表示基期年人均建成区面积,X_t表示目标年人均建成区面积,Y_0表示基期年理想人均建成区面积,Y_t表示目标年理想人均建成区面积。关于理想人均建成区面积的取值问题,本研究参考相关文献,并结合福建省所辖地级市规模及社会经济发展状况将城市划分为中等城市和小城市,将泉州、厦门、福州划分为中等城市,其他的城市则视为小城市。中等城市、小城市的基期年取值分别为 105 平方米/人和 110 平方米/人,中等城市和小城市的目标年取值则均设置为 100 平方米/人。

本书参考相关研究,城镇建设用地扩张与人口增长的协调度分级标准如表 6-6 所示。

① 张勇,汪应宏. 城镇土地扩张与人口增长协调性分析——以安徽省为例[J]. 城市问题,2015(2):15-20.

表6-6　城镇建设用地扩张与人口增长协调度分级标准

协调度级别	协调度区间	具体特征
土地显著扩张	(1.25, +∞)	城镇建设用地空间拓展速度远远高于城市人口增长速度，人均用地呈现显著增加趋势
土地明显扩张	(1.15,1.25]	城镇建设用地空间拓展速度远高于城市人口增长速度，人均用地呈明显上升趋势
人地基本协调	(1.10,1.15]	城市建设用地空间拓展速度和城市人口增长速度基本同步，二者相互协调，人均用地保持平稳
人口明显增长	(1.0,1.10]	城市建设用地空间拓展速度慢于城市人口增长速度，人均建设用地明显减少
人口显著增长	[0.0,1.00]	城市建设用地空间拓展速度远远低于城市人口增长速度，人均建设用地显著减少
人地收缩	(-∞,0)	城市建设用地规模或城市人口数量出现负增长，城市人口流出速度大于人口流入速度，城市建设用地规模或者人口规模下降

其中，$C_{LT}=1.12$ 表示城市建设用地空间拓展和城市人口增长达到最优协调。

6.3.3　实证分析过程

(1)研究对象。

福建省及下辖的九个地级市福州、莆田、泉州、厦门、漳州、龙岩、三明、南平、宁德。

(2)数据来源及数据描述。

通常情况下，衡量城市人口增长的指标有很多种，比如，年末人口总数、常住人口数量、非农人口数量，非农人口比例，城市人口密度，第二、第三产业劳动者比重，第二、第三产业产值占 GDP 的比重，恩格尔系数，人均可支配收入，城市每万人拥有公共交通车辆数，每万人拥有医院、卫生院床位数等。衡量城市建设用地空间拓展的指标也有多种，包括：城市建成区面积、人均建成区面积、建成区面积占市区面积比重、地均固定资产投入、地均年建设投资、地均第二、第三产业产值和地均财政收入。基于福建省实际发展情况，鉴于数据的完整性和可获得性，选取非农人口数量作为衡量城市人口增长的指标,选取城市建成区面积作为衡量城市建设用地空间拓展的指标。实证所用数据主要来自《中国城市统计年鉴》(2001—2015)以及《福建省统计年鉴》(2001—2015)。

(3)福建省及各地级市2000—2014年城市建成区面积和非农人口变化。

1)福建省整体情况(见表6-7,图6-5)。

表6-7 2000—2014年福建省非农人口数量及建成区面积统计

年份	2000	2001	2002	2003	2004	2005	2006	2007
非农人口数量(万人)	681	701	1025	995	1042	1062	1093	1129
建成区面积(平方千米)	330	349	371	467	488	488	564	632
年份	2008	2009	2010	2011	2012	2013	2014	
非农人口数量(万人)	1160	1180	1198	1208	1221	1235	1266	
建成区面积(平方千米)	666	698	827	926	934	981	1015	

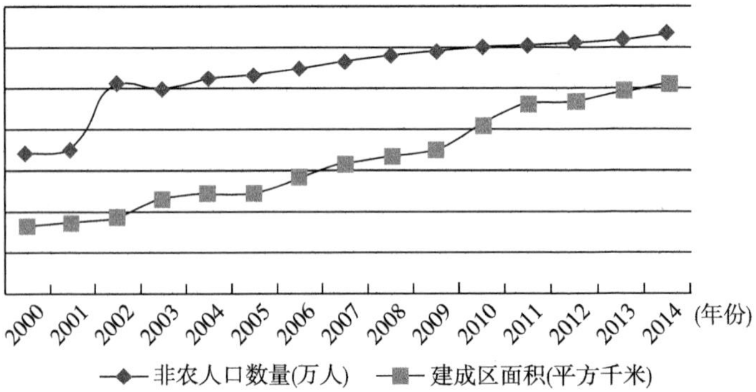

图6-5 福建省2000—2014年城市建设用地增长与城市人口关系

截止到2014年底,福建省地区非农人口数量为1266万人,城市建成区面积为1015平方千米,而在2000年,福建省地区非农人口数量为681万人,城市建成区面积为330平方千米。短短15年间,福建省城市建设用地面积增长了208%,其中年均增长率达到13.84;而福建省地区非农人口数量则增长了86%,其中年均增长率达到5.73%。从图6-5可以看出,2000—2014

年，福建省城市建设用地增长的幅度远远超过了城市人口的增长幅度，2000—2014 年，福建省城市建设用地规模弹性系数平均值为 2.42，超过国际公认的城市建设用地空间拓展合理系数 1.12。

2）福建省各地级市情况（见表 6－8、图 6－6）。

表 6－8　2000—2014 年福建省各地级市建成区面积变化　单位：平方千米

年份	2000	2001	2002	2003	2004	2005	2006	2007	2008	2009	2010	2011	2012	2013	2014
福州	92	97	102	160	166	166	177	177	177	183	220	232	240	248	254
厦门	82	87	94	104	112	112	127	180	197	212	230	246	264	282	301
莆田	26	26	28	29	30	30	47	49	52	53	55	55	55	55	57
三明	18	18	18	19	19	19	24	24	25	26	28	29	33	34	36
泉州	40	45	49	58	58	58	80	85	89	96	160	222	193	205	198
漳州	22	24	25	40	43	43	45	47	48	48	51	53	56	59	62
南平	17	17	20	20	20	20	20	20	26	26	26	28	28	28	30
龙岩	25	27	27	28	29	29	32	33	35	37	38	40	42	45	50
宁德	8	8	8	9	11	11	12	17	17	17	19	21	23	25	27

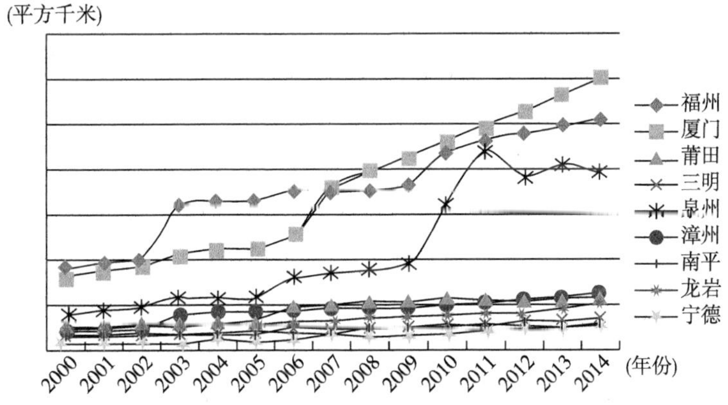

图 6－6　2000—2014 年福建省各地级市建成区面积变化

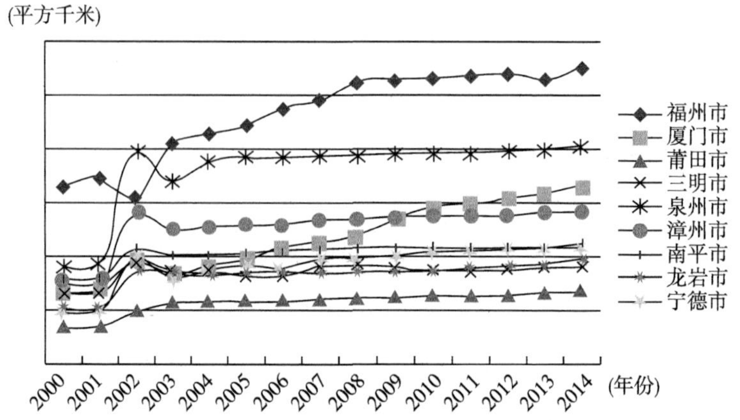

图 6－7　2000—2014 年福建省各地级市地区非农人口数量变化

表 6－9　2000—2014 年福建省各地级市地区非农人口数量变化 单位：万人

年份	2000	2001	2002	2003	2004	2005	2006	2007	2008	2009	2010	2011	2012	2013	2014
福州	165	173	151	205	214	222	238	245	263	264	266	268	270	265	276
厦门	66	70	96	84	91	96	109	114	119	135	145	150	155	160	166
莆田	34	36	49	57	58	59	59	60	61	62	63	64	64	67	68
三明	67	68	96	85	86	83	82	91	93	90	88	88	88	90	91
泉州	91	94	198	170	189	192	193	194	195	195	196	197	197	200	203
漳州	77	78	141	126	129	130	130	134	135	137	139	139	140	141	143
南平	80	81	107	102	102	103	105	107	107	108	109	109	109	109	110
龙岩	52	53	86	86	84	85	86	86	87	86	86	89	91	93	98
宁德	49	50	101	81	88	93	90	98	101	103	104	106	107	109	112

从图 6－7 和表 6－9 中可以看到，福建省各地级市 2000—2014 年城市建设用地面积整体呈上升趋势，其中，泉州市建设用地面积增长幅度为 395%，年均增长率为 26.33%；厦门城市建设用地面积增长幅度为 267%，年均增长率为 17.8%；宁德市城市建设用地面积增长幅度为 238%，年均增长率为 15.83；莆田市城市建设用地面积增长幅度为 119%，年均增长率为 7.95%；龙岩市和三明市城市建设用地增长幅度为 100%，年均增长率为 6.67%；南充市城市建设用地增长幅度为 76%，年均增长率为 5.10%。由此可见，福建省及各地级市在 2000—2014 年城市建设用地面积均保持了较高

幅度的增长，其中增长幅度最大的三个市分别是泉州市、厦门市和宁德市，增长幅度最小的三个市分别是龙岩市、三明市和南充市。

从表 6-7、图 6-9 中可以看到，福建省各地级市 2000—2014 年城市非农人口数量整体呈上升趋势，福建省 2000 年城市非农人口数量为 681 万人，2014 年增加到 1266 万人，总体增长率为 86%，年均增长率为 5.73%。其中，厦门市城市人口数量从 2000 年的 66 万人增加到 2014 年的 166 万人，增长幅度为 150%，年均增长率达到 105%；泉州市 2000 年非农人口数量为 91 万人，2014 年达到 203 万人，增长幅度达到 123%，年均增长率为 8.18%；莆田市 2000 年非农人口数量为 34 万人，2014 年增加到 68 万人，增长率达到 100%，年均增长率为 6.70%；宁德市 2000 年非农人口数量为 49 万人，到 2014 年增加为 112 万人，年均增长率为 8.65%；福州市 2000 年非农人口数量为 165 万人，2014 年增加到 276 万人，年均增长率为 4.49%；龙岩市非农人口数量年均增长率为 5.96%；漳州市非农人口数量年均增长率为 5.73%；三明和龙岩市非农人口数量年均增长率分别为 2.39% 和 2.42%。由此可见，2000 年到 2014 年，福建省非农人口数量增长幅度最大的三个地级市分别是厦门市、泉州市、宁德市，而非农人口数量增长最慢的三个城市分别为三明市、福州市和南平市。

（4）福建省及各地级市城市建设用地空间拓展与人口增长协调性结果分析。

根据 2000 年和 2014 年福建省各地级市城市建成区面积指标和城市人口数据，基于城市建设用地空间拓展与人口增长协调性评价模型和城镇建设用地扩张与人口增长协调度分级标准，对福建省城市建设用地空间拓展与人口增长的协调性进行评价，评价结果如表 6-10 所示。

表 6-10　福建省城市建设用地空间拓展与人口增长协调性评价结果

城市	2000 年（基期年）		2014 年（目标年）		协调性		
	建成区面积（平方千米）	非农人口（万人）	建成区面积（平方千米）	非农人口（万人）	协调度	协调度类型	协调度级别
福建	330	681	1015	1266	1.17	土地快速扩张	土地明显扩张
福州	92	165	254	276	1.12	人地协调	人地基本协调

续表

城市	2000 年（基期年）		2014 年（目标年）		协调性		
	建成区面积（平方千米）	非农人口（万人）	建成区面积（平方千米）	非农人口（万人）	协调度	协调度类型	协调度级别
厦门	82	66	301	166	1.09	人口快速扩张	人口明显增长
莆田	26	34	57	68	1.11	人地协调	人地基本协调
三明	18	67	36	91	1.18	土地快速扩张	土地明显扩张
泉州	40	91	198	203	1.14	人地协调	人地基本协调
漳州	22	77	62	143	1.16	土地快速扩张	土地明显扩张
南平	17	80	30	110	1.16	土地快速扩张	土地明显扩张
龙岩	25	52	50	98	1.11	人地协调	人地基本协调
宁德	8	49	27	112	1.14	人地协调	人地基本协调

由表6－10可知，2000—2014年福建省及各地级市城市建设用地空间拓展与城市人口增长协调度在1.09～1.17，其中，福建省协调度为1.17，属于土地快速扩张范围，福建省整体城市建设用地空间拓展速度快于城市人口增长速度；福州、莆田、泉州、龙岩、宁德五个地级市的协调度分别为1.12、1.11、1.14、1.11、1.14，属于人地基本协调范围，即这五个地级市城市建设用地空间拓展平均速度与城市人口增长平均速度处于协调发展状态；厦门市建设用地空间拓展与城市人口增长协调度为1.09，属于人口快速增长范围，即城市人口增长速度快于城市建设用地空间拓展速度；而三明市、漳州市、南平市城市建设用地空间拓展与城市人口增长协调度分别为1.18、1.16、1.16，属于土地快速扩张范围，即城市建设用地空间拓展速度快于城市人口扩张速度。从结果来看，福建省有接近一半地市城市建设用地空间拓展与城市人口增长处于基本协调状态，其中福州市协调度为1.12，代表城市建设用地空间拓展与城市人口增长达到最优协调，这主要是因为这类地区城镇建设用地利用比较合理高效，产业发展与人口发展比较均衡，这些城市坚持从本地人口、区位、产业等实际情况出发，将城镇化发展速度与发展质量相结合，注重提升城镇化发展的内涵，在城市建设用地规模扩展的过程中，有序推进农业人口市民化，使得城市建设用地空间在拓展的同时城市人口也

在同步增长，二者关系处于协调状态；厦门市人口增长速度快于城市建设用地空间拓展的速度，这主要是因为近年来厦门市经济发展速度非常快，吸引了大量的人口流入，农村人口大量向城市转移，超出了当地的就业吸纳能力，而厦门由于受自然资源禀赋的制约，城市建设用地扩张的速度还不能有效满足日益增长的人口用地需求；三明市、漳州市、南平市城市建设用地空间拓展的速度要快于城市人口增长的速度，这主要是因为这些城市城镇建设用地利用比较粗放，产业发展比较缓慢，非农就业能力有限，导致城市建设用地的非农人口承载能力比较弱。

6.4　城市建设用地空间拓展与城市人口协调发展空间分异研究

6.4.1　研究方法介绍

利用 ARCGIS 软件空间分析功能，采用探索性数据分析（ESDA）方法和重心模型分析海西地区城市建设用地空间拓展与城市人口协调发展空间分异规律，一般采用的空间分析方法如下：

（1）全局空间自相关指数。

检验区域变量的空间相关性存在与否，空间统计学一般使用空间自相关指数 MoranI，计算公式为：

$$\text{MoranI} = \frac{\sum_{i=1}^{n}\sum_{j=1}^{n} W_{ij}(X_i - \bar{X})(X_j - \bar{X})}{S^2 \sum_{i=1}^{n}\sum_{j=1}^{n} W_{ij}} \tag{6-12}$$

$$S^2 = \frac{1}{n}\sum_{i}(X_i - \bar{X})^2 \tag{6-13}$$

$$\bar{X} = \frac{1}{n}\sum_{i=1}^{n} X_i \tag{6-14}$$

式中，MoranI 表示空间邻接或空间临近的区域单元的属性值的相似程度，数值一般在[-1,1]，W_{ij}表示二进制的相邻空间权值，X_i和 X_j表示变量在相邻配对空间单元的取值，$\bar{X}$ 表示 n 个单元属性平均值，S^2表示 n 个单元属性方差，一般邻接标准为两个地区相邻取值为 1，否则为 0。当 MoranI > 0

时，体现出正的空间自相关性，说明目标区域数据在空间邻接的区位上具有相似的属性值；当 MoranI =0 时，体现出零空间自相关性，说明属性值的分布与区位数据的分布相互独立；当 MoranI <0 时，体现出负的空间自相关性，说明目标区域数据在空间邻接的区位上具有不相似的属性值。检验 n 个区域是否存在空间自相关关系，可以利用标准化统计量 Z 进行检验，公式如下：

$$\sqrt{Z = \frac{I - E(I)}{VAR(I)}} \tag{6-15}$$

当 Z 为正值且表现为显著时，存在正的空间自相关，即相似的观测值（高值或低值）在空间趋于集聚；而当 Z 为负值且显著时，则表明存在负的空间自相关，即相似的观测值在空间中趋于分散分布；当 Z 值为零时，观测值则呈独立随机分布。

（2）局部空间自相关指标。

局部空间自相关分析可以用于检测局部空间自相关指标是否存在观测值的局部空间集聚，各区域单元对全局空间自相关的贡献大小和空间自相关的全局评估在多大程度上掩盖了局部不稳定性，其中包括空间联系的局部指标（LISA）、G 统计、Moran 散点图。

1）空间联系的局部指标（LISA）。

LISA 有着特定意义，每个区域单元的 LISA 可以描述该区域单元周围显著的相似值区域单元之间空间集聚程度，同时所有区域单元 LISA 的总和与全局的空间联系指标成比例。LISA 分为局部 Moran 指数和局部 Geary 指数。

局部 Moran 指数计算公式为：

$$I_i = \frac{(X_i - \bar{X})}{S^2} \sum_j W_{ij}(X_j - \bar{X}) \tag{6-16}$$

局部 Moran I 指数检验的标准化统计量为：

$$Z(I_i) = \frac{I_i - E(I_i)}{\sqrt{VAR(I_i)}} \tag{6-17}$$

2）G 统计。

全局 G 统计量的计算公式为：

$$G = \sum_i \sum_j W_{ij} X_i X_j \div \sum_i \sum_j X_i X_j \tag{6-18}$$

每个区域单元的统计量为：

$$G_i = \sum_i W_{ij} X_j \div \sum_i X_j \tag{6-19}$$

G统计量的检验值为：

$$Z(G_i) = \frac{G_i - E(G_i)}{\sqrt{VAR(G_i)}} \tag{6-20}$$

显著的正值表示在该区域单元周围，高观测值的区域单元区域空间集聚，而显著的负值表示低观测值的区域单元区域空间集聚。

3）Moran 散点图。

Moran 散点图主要用于研究局部空间的不稳定性，它可以对空间滞后因子数据进行可视化的二维表示。Moran 散点图通过其四个象限来分别表示区域单元与其邻居单元之间的4种局部空间联系形式。第一象限表示的空间联系形式为高观测值的区域单元被同是高值的区域所包围；第二象限表示的空间联系形式为低观测值的区域单元被高值的区域所包围；第三象限表示的空间联系形式为低观测值的区域单元被同是低值的区域所包围；第四象限表示的空间联系形式为高观测值的区域单元被低值的区域所包围。

6.4.2　实证分析

（1）研究对象。

海峡西岸城市群（又名海峡西岸经济区，简称海西地区），由位于四省的20个地级市组成，其中包括广东省的潮州、揭阳、梅州、汕头，江西省的赣州、上饶、鹰潭、抚州，福建省的福州、厦门、三明、南平、龙岩、宁德、漳州、莆田、泉州和浙江省的衢州、丽水、温州。

（2）数据来源。

实证分析所需的城市建成区面积数据来源于《中国城市统计年鉴》（2001—2015），城市人口数据来源于《福建省统计年鉴》（2001—2015），矢量图形数据来源于《中国行政区划图》（shp 格式），经过一定的处理得到。

(3)实证分析过程。

1)海峡西岸城市群城市建成区面积及城市人口分布空间格局(2000 年和 2014 年)。

表 6-11、6-12 显示了 2000 年和 2014 年海西城市群城市建成区面积空间分布格局。2000 年,海西地区各地级市城市建成区面积分布在 8~108 平方千米之间,城市建成区面积整体差异较小。其中,城市建成区面积在 8~22平方千米的城市有 7 个,分别是鹰潭市、上饶市、丽水市、南平市、宁德市、三明市、漳州市;城市建成区面积在 23~45 平方千米的城市有 9 个,分别是衢州市、抚州市、赣州市、龙岩市、泉州市、莆田市、梅州市、潮州市、揭阳市;城市建成区面积在 46~108 平方千米的城市分别是温州市、福州市、厦门市、汕头市。而到 2014 年,海西地区各地级市建成区面积分布在27~301平方千米,城市与城市之间的建成区面积差异进一步扩大。其中,城市建成区面积在 27~69 平方千米的城市有衢州市、丽水市、上饶市、鹰潭市、抚州市、宁德市、南平市、梅州市等 13 个城市,建成区面积分布在 70~137 平方千米的城市有赣州市、揭阳市,建成区面积分布在 138~301 平方千米的城市有温州市、福州市、泉州市、厦门市和汕头市。

表 6-11　2000 年海西城市群城市建成区面积分布　单位:平方千米

城市	福州市	莆田市	泉州市	厦门市	漳州市
建成区面积	46~108	23~45	23~45	46~108	8~22
城市	宁德市	龙岩市	三明市	南平市	温州市
建成区面积	8~22	23~45	8~22	8~22	46~108
城市	丽水市	衢州市	赣州市	抚州市	鹰潭市
建成区面积	8~22	23~45	23~45	23~45	8~22
城市	上饶市	潮州市	揭阳市	汕头市	梅州市
建成区面积	8~22	23~45	23~45	46~108	23~45

表 6-12　2014 年海西城市群城市建成区面积分布　单位:平方千米

城市	福州市	莆田市	泉州市	厦门市	漳州市
建成区面积	138~301	27~69	138~301	138~301	27~69

续表

城市	宁德市	龙岩市	三明市	南平市	温州市
建成区面积	27～69	27～69	27～69	27～69	138～301
城市	丽水市	衢州市	赣州市	抚州市	鹰潭市
建成区面积	27～69	27～69	70～137	27～69	27～69
城市	上饶市	潮州市	揭阳市	汕头市	梅州市
建成区面积	27～69	27～69	70～137	138～301	27～69

表 6－13、表 6－14 显示了 2000 年和 2014 年海西城市群城市非农人口空间分布格局。2000 年，海西地区各地级市城市非农人口数量分布在 34 万～165 万人，各城市人口规模差异较大。其中，城市非农人口数量小于 67 万人的城市有衢州市、丽水市、宁德市、三明市、鹰潭市、龙岩市、莆田市、厦门市、潮州市；城市非农人口数量分布在 68 万～105 万人的城市有抚州市、上饶市、南平市、泉州市、漳州市、梅州市、揭阳市；城市非农人口数量分布在 106 万～165 万人的城市有温州市、福州市、赣州市、汕头市。而到 2014 年，海西地区各地级市人口分布在 32 万～541 万人，各市之间的人口规模差距进一步扩大。其中，城市非农人口数量在 32 万～133 万人的城市有衢州市、丽水市、上饶市、鹰潭市、抚州市、宁德市、南平市等 11 个城市，城市非农人口数量在 134 万～276 万人的城市有温州市、福州市、泉州市、厦门市、漳州市、梅州市、赣州市，城市非农人口数量在 277 万～541 万人的城市有揭阳市和汕头市。

表 6－13　2000 年海西城市群城市非农人口分布　　单位：万人

城市	福州市	莆田市	泉州市	厦门市	漳州市
非农人口	106～165	34～67	68～105	34～67	68～105
城市	宁德市	龙岩市	三明市	南平市	温州市
非农人口	34～67	34～67	34～67	68～105	106～165
城市	丽水市	衢州市	赣州市	抚州市	鹰潭市
非农人口	34～67	34～67	106～165	68～105	34～67
城市	上饶市	潮州市	揭阳市	汕头市	梅州市
非农人口	68～105	34～67	68～105	106～165	68～105

表 6－14　2014 年海西城市群城市非农人口分布　　单位：万人

城市	福州市	莆田市	泉州市	厦门市	漳州市
非农人口	134～276	32～133	134～276	134～276	134～276
城市	宁德市	龙岩市	三明市	南平市	温州市
非农人口	32～133	32～133	32～133	32～133	134～276
城市	丽水市	衢州市	赣州市	抚州市	鹰潭市
非农人口	32～133	32～133	134～276	32～133	32～133
城市	上饶市	潮州市	揭阳市	汕头市	梅州市
非农人口	32～133	32～133	277～541	277～541	134～276

根据海西地区 20 个地级市的城市非农人口的重心坐标，采用重心模型方法，可以得到海西地区城市人口增长的轨迹偏移情况。结果显示，2000—2014 年，海西地区城市人口重心向东南偏移了大约 15 千米，这是因为随着海西经济区的快速发展以及广东经济发展的辐射带动作用，东南沿海地区的经济发展速度进一步加快，城镇化水平得到提高，吸引了更多的人口流入，促进了城市人口的增长。

2）海西城市群建设用地空间拓展与城市人口增长冷热点演化分析。

通过局部空间关联指数 Getis－Ord G_i^*，分别以海西城市群城市建成区面积及城市非农人口数量为测度依据，测算城市建设用地空间拓展速率和城市人口增长速率的局域空间关联指数，用 Jenks 最佳自然断裂法将 G_i^* 统计值从低到高分为 4 类，生成城市建设用地空间拓展及人口增长的空间格局热点分布（见表 6－15、表 6－16）。

表 6－15　海西城市群建成区拓展速率分布

城市	福州市	莆田市	泉州市	厦门市	漳州市
建成区拓展速率	10.52%～18.52%	1.19%～10.52%	18.52%～29.87%	10.52%～18.52%	10.52%～18.52%
城市	宁德市	龙岩市	三明市	南平市	温州市
建成区拓展速率	10.52%～18.52%	1.19%～10.52%	1.19%～10.52%	1.19%～10.52%	1.19%～10.52%

续表

城市	丽水市	衢州市	赣州市	抚州市	鹰潭市
建成区拓展速率	10.52% ~ 18.52%	10.52% ~ 18.52%	18.52% ~ 29.87%	1.19% ~ 10.52%	10.52% ~ 18.52%
城市	上饶市	潮州市	揭阳市	汕头市	梅州市
建成区拓展速率	10.52% ~ 18.52%	0.90% ~ 1.19%	18.52% ~ 29.87%	1.19% ~ 10.52%	0.90% ~ 1.19%

表6－16　海西城市群城市人口增长速率分布

城市	福州市	莆田市	泉州市	厦门市	漳州市
建成区拓展速率	2.73% ~ 6.70%	2.73% ~ 6.70%	6.70% ~ 10.00%	6.70% ~ 10.00%	2.73% ~ 6.70%
城市	宁德市	龙岩市	三明市	南平市	温州市
建成区拓展速率	6.70% ~ 10.00%	2.73% ~ 6.70%	1.06% ~ 2.73%	1.06% ~ 2.73%	1.06% ~ 2.73%
城市	丽水市	衢州市	赣州市	抚州市	鹰潭市
建成区拓展速率	1.06% ~ 2.73%	1.06% ~ 2.73%	1.06% ~ 2.73%	1.06% ~ 2.73%	1.06% ~ 2.73%
城市	上饶市	潮州市	揭阳市	汕头市	梅州市
建成区拓展速率	1.06% ~ 2.73%	1.06% ~ 2.73%	10.00% ~ 17.10%	10.00% ~ 17.10%	2.73% ~ 6.70%

2000—2014年，海西城市群城市建成区拓展速度最快的城市是赣州市、泉州市和揭阳市，是海西地区城市建设用地空间拓展最具活力的热点地区，三市城市建设用地年均拓展速度分别为29.87%、26.33%和22.96%，福州市、厦门市、漳州市、宁德市、衢州市、丽水市、上饶市、鹰潭市和汕头市年均建设用地拓展速度在10% ~20%，年均拓展速率分别为11.74%、17.80%、12.12%、15.83%、11.73%、18.52%、12.94%、12.22%和10.52%，这些城市由于具有较发达的交通网络和良好的经济发展基础，城镇化进程往往较快，导致城市建设用地空间拓展速度较快。而莆田市、三明市、南平市、龙岩市、温州市、梅州市和潮州市年均拓展速度在10%以下，其中，梅州市年均拓展速度仅为1.19%，潮州市的建设用地年均拓展速度仅为0.90%，是海西城市

群城市建设用地空间拓展最慢的两个城市,为海西地区城市建设用地空间拓展的冷点区。这些城市或受自然环境制约,或因经济发展动力不足,与经济发达地区的距离较远,无法受其辐射带动,因此自身难以形成发展极化区,导致城市建设用地空间拓展缓慢。

2000—2014 年,海西地区城市人口增长速率呈现出一定的空间分布规律,沿海城市的人口增长速度明显快于内陆城市,是海西地区城市人口增长的热点地区。其中,宁德市、泉州市、厦门市、揭阳市、汕头市的年均城市非农人口增长速度达到 10% 以上,这是因为随着城镇化和工业化的进一步推进,城市沿海地区的经济发展速度进一步加快,吸引许多外来人口工作和居住,导致城市非农人口数量出现较大幅度增长。福州市、莆田市、龙岩市、漳州市、梅州市的城市年均人口增长速度在 5% ~10% ,增长速度比较平稳。其他城市的人口增长速度则在 5% 以下,城市人口增长速度缓慢,城市活力不足,属于海西地区城市人口增长的冷点地区。

3)海西城市群城市建设用地空间拓展与城市人口增长协调性空间分异。

由表 6 - 17、表 6 - 18、表 6 - 19 可以看出,海西城市群城市建设用地空间拓展与城市人口增长协调性指数在 0. 98 ~ 1. 33,可以看到海峡西岸城市群城市建设用地空间拓展与城市人口增长的总体协调性较好。按照前文划分的协调性等级,处于土地显著扩张状态的城市有丽水市、赣州市、上饶市、鹰潭市,主要分布在内陆地区;处于土地明显扩张状态的城市有三明市、漳州市、南平市、衢州市、温州市、抚州市,主要分布在福建省中部地区,这些城市积极探索存量用地开发,同时加大新增建设用地开发力度,城市建成区得到快速增长,但是人口集聚并不明显,导致城市人口增长滞后;处于人地基本协调状态的城市有福州市、莆田市、泉州市、龙岩市、宁德市和揭阳市,主要分布在福建沿海及广州沿海地区;处于人口显著扩张状态的城市是梅州市,而厦门市、汕头市和潮州市人口明显扩张,主要是因为这些地区行政区面积较小,可供开发利用的土地有限,但由于经济发展比较好,人口集聚明显,城市建设用地空间拓展的速度无法跟上城市人口增长速度,导致出现人口明显扩张现象，有必要在这些地区进一步加大土地的开发力度，在新增建设用地无法满足需求的情况下，着力挖掘存量建设用地潜力。

表 6 – 17　海峡西岸城市群建设用地空间拓展与城市人口增长协调性评价结果

城市	2000 年（基期年）		2014 年（目标年）		协调性		
	建成区面积（平方千米）	非农人口（万人）	建成区面积（平方千米）	非农人口（万人）	协调度	协调度类型	协调度级别
福州	92	165	254	276	1.12	人地协调	人地基本协调
厦门	82	66	301	166	1.09	人口快速扩张	人口明显扩张
莆田	26	34	57	68	1.11	人地协调	人地基本协调
三明	18	67	36	91	1.18	土地快速扩张	土地明显扩张
泉州	40	91	198	203	1.14	人地协调	人地基本协调
漳州	22	77	62	143	1.16	土地快速扩张	土地明显扩张
南平	17	80	30	110	1.16	土地快速扩张	土地明显扩张
龙岩	25	52	50	98	1.11	人地协调	人地基本协调
宁德	8	49	27	112	1.15	人地协调	人地基本协调
衢州	25	39	69	54	1.23	土地快速扩张	土地明显扩张
丽水	9	35	34	45	1.29	土地快速扩张	土地显著扩张
温州	108	131	215	172	1.19	土地快速扩张	土地明显扩张
抚州	24	75	58	99	1.22	土地快速扩张	土地明显扩张
赣州	25	134	137	178	1.33	土地快速扩张	土地显著扩张
上饶	17	105	50	133	1.27	土地快速扩张	土地显著扩张
鹰潭	12	28	34	32	1.31	土地快速扩张	土地显著扩张
梅州	45	100	53	184	0.98	人口快速扩张	人口显著扩张
揭阳	27	105	120	347	1.13	人口快速扩张	人地基本协调
汕头	97	152	250	541	1.06	人口快速扩张	人口明显扩张
潮州	37	64	42	90	1.02	人口快速扩张	人口明显扩张

表 6-18 海西城市群城市建设用地空间拓展与人口协调性指数

城市	福州市	莆田市	泉州市	厦门市	漳州市
协调性指数	1.10~1.15	1.10~1.15	1.10~1.15	1.00~1.10	1.15~1.25
城市	宁德市	龙岩市	三明市	南平市	温州市
协调性指数	1.10~1.15	1.10~1.15	1.15~1.25	1.15~1.25	1.15~1.25
城市	丽水市	衢州市	赣州市	抚州市	鹰潭市
协调性指数	1.25~1.35	1.15~1.25	1.25~1.35	1.15~1.25	1.25~1.35
城市	上饶市	潮州市	揭阳市	汕头市	梅州市
协调性指数	1.25~1.35	1.00~1.10	1.10~1.15	1.00~1.10	0.00~1.00

表 6-19 海西城市群城市建设用地空间拓展类型

城市	福州市	莆田市	泉州市	厦门市	漳州市
拓展类型	人地基本协调	人地基本协调	人地基本协调	人口明显扩张	土地明显扩张
城市	宁德市	龙岩市	三明市	南平市	温州市
拓展类型	人地基本协调	人地基本协调	土地明显扩张	土地明显扩张	土地明显扩张
城市	丽水市	衢州市	赣州市	抚州市	鹰潭市
拓展类型	土地显著扩张	土地明显扩张	土地显著扩张	土地明显扩张	土地显著扩张
城市	上饶市	潮州市	揭阳市	汕头市	梅州市
拓展类型	土地显著扩张	人口明显扩张	人地基本协调	人口明显扩张	人口显著扩张

总体来看,海峡西岸城市群城市建设用地空间拓展与城市人口增长协调性指数存在显著的非均衡性和空间差异性,该区域仍然有数量不少的城市面临城市建设用地空间拓展过快的问题,出现城市用地蔓延的不合理现象,也有部分城市面临城市人口增长过快而建设用地空间拓展不足的问题。对于海峡西岸城市群而言,面对城市建设用地空间拓展与城市人口增长不相协调的现象,要兼顾城镇化的速度和城镇化的质量。对于协调性指数过高的城市,尤其要充分认识到虚假城镇化和贫困城镇化的现象,要严格制止城市的不科学盲目扩张,并且依法实施最严格的土地管理制度,防止出现大规模的变相圈地造城运动;此外,也要更加关注城镇化发展的内涵,营造良好的城市空间,争取能够吸引人口、实现产业集聚,带动城市可持续发展。而对于协调性指数偏低的城市,既要及时出台新的有活力的城镇规划方案,

引导实现城市建设用地空间优先拓展，为城市人口增长提供空间支撑，也要加快发展地方经济，为城市人口增长提供动力和经济保障。

6.5　本章小结

本章以新型城镇化背景下城市建设用地空间拓展与城市人口增长协调发展为主题，探讨了城市建设用地空间拓展与城市人口增长的关系。

首先，基于诺瑟姆城市化曲线及经济学视角对城市建设用地空间拓展与城市人口增长关系进行了理论探讨与梳理，并总结了城市人口增长促进城市建设用地空间拓展的机制。

其次，以福建省为例，采用计量经济学领域的协整理论、误差修正模型、格兰杰因果关系检验对我国新型城镇化进程中的城市建设用地空间拓展与城市人口增长的动态关系进行实证研究，研究发现，城市建设用地空间拓展对城市人口增长的促进作用有限，而城市人口增长在很大程度上能够促进城市建设用地空间拓展，这与许多学者的研究结论保持一致。

再次，本章对城市建设用地空间拓展与城市人口协调发展评价模型进行了总结与归纳，并采用改进后的城镇建设用地空间拓展与城市人口增长协调性评价模型，对福建省及各地级市的城市建设用地空间拓展与城市人口增长协调性水平进行了分析，结果表明，2000—2014 年福建省及各地级市城市建设用地空间拓展与城市人口增长协调度在 1.09 ~ 1.17，其中，福建省协调度为 1.17，属于土地快速扩张范围，福建省整体城市建设用地空间拓展速度快于城市人口增长速度；福州、莆田、泉州、龙岩、宁德五个地级市的协调度分别为 1.12、1.11、1.14、1.11、1.14，属于人地基本协调范围，即这五个地级市城市建设用地空间拓展平均速度与城市人口增长平均速度处于协调发展状态；厦门市建设用地空间拓展与城市人口增长协调度为 1.09，属于人口快速增长范围，即城市人口增长速度快于城市建设用地空间拓展速度；而三明市、漳州市、南平市城市建设用地空间拓展与城市人口增长协调度分别为 1.18、1.16、1.16，属于土地快速扩张范围，即城市建设用地空间拓展速度快于城市人口扩张速度。

最后，利用 GIS 空间分析功能，采用探索性数据分析（ESDA）方法分析城市建设用地空间拓展与城市人口协调发展空间分异规律，研究表明，海峡西岸城市群城市建设用地空间拓展与城市人口增长的总体协调性较好。处于土地显著扩张状态的城市有丽水市、赣州市、上饶市、鹰潭市，主要分布在内陆地区；处于土地明显扩张状态的城市有三明市、漳州市、南平市、衢州市、温州市、抚州市，主要分布在福建省中部地区，这些城市积极探索存量用地开发，同时加大新增建设用地开发力度，城市建成区得到快速增长，但是人口集聚并不明显，导致城市人口增长滞后；处于人地基本协调状态的城市有福州市、莆田市、泉州市、龙岩市、宁德市和揭阳市，主要分布在福建沿海及广州沿海地区；处于人口显著扩张状态的城市是梅州市，而厦门、汕头和潮州市人口明显扩张，主要是因为这些地区行政区面积较小，可供开发利用的土地有限，但由于经济发展比较好，人口集聚明显，城市建设用地空间拓展的速度无法跟上城市人口增长速度，导致出现人口明显扩张现象，有必要在这些地区进一步加快土地的开发力度，在新增建设用地无法满足需求的情况下，着力挖掘存量建设用地潜力。

参考文献

[1]张勇，汪应宏．城镇土地扩张与人口增长协调性分析——以安徽省为例[J]．城市问题，2015(2)：15－20.

[2]郭付友，李诚固，陈才，等．2003 年以来东北地区人口城镇化与土地城镇化时空耦合特征[J]．经济地理，2015，35(9)：49－56.

[3]吴次芳，陆张维，杨志荣，等．中国城市化与建设用地增长动态关系的计量研究[J]．中国土地科学，2009，23(2)：18－23.

[4]张耀宇，陈利根，陈会广．“土地城市化”向“人口城市化”转变——一个分析框架及其政策含义[J]．中国人口·资源与环境，2016，26(3)：127－135.

第7章　城市建设用地空间拓展与经济协调发展研究

我国正处在城市化快速发展阶段，对城市建设用地的需求不断增加且与经济发展的关系越发密切。因此，对城市建设用地空间拓展与经济协调发展的研究有利于经济，有着重要的理论和实践意义。

本章分析不同经济增长阶段与土地利用的管理，根据相关理论分析，提出城市经济发展过程中，城市建设用地空间拓展与经济增长之间可能存在类似于 Kuznets 曲线的关系，通过实证分析发现福建省城市建设用地空间拓展整体上已经出现了 Kuznets 曲线效应。建立建设用地空间拓展与经济增长协调发展度模型，并以海峡西岸城市群为例测算两系统间的协调发展状态。

随着城市经济的增长，第二、第三产业比重不断上升，且第三产业在城市发展中的作用逐渐增大，土地利用结构也发生变化，在此过程中，注重土地利用与经济发展的协调关系，既促进土地的高效集约利用，又能有效保证经济发展过程中的用地需求。

7.1　城市建设用地空间拓展与经济增长关系分析

土地资源是经济发展、城市发展的重要依托和载体支撑，土地资源优化配置和利用与经济发展之间存在很强的相关性。我国正处于工业化、信息化、新型城镇化建设的关键时期。鉴于经济活动中建设用地需求的加大，土地利用与经济增长之间关系的日益密切，目前我国对建设用地的需求也在不断增加。对我国建设用地空间拓展与城市经济增长之间的关系进行判断，掌握其发展变化规律，是我国制定和实施土地资源开发与保护、利用与控制政策的重要依据，影响我国宏观经济的正常运行、土地政策的稳定以及社会经济环境的可持续发展。由此可以看出，研究我国城市建设用地空间拓展与经济增长之间的关系，具有十分重要的理论价值和实践意义。

关于土地利用与经济增长之间关系的研究,国外起步较早。最早可以追溯到1662年,古典经济学家 William Petty 提出"土地是财富之母,劳动是财富之父"①,古典经济学派早期认为土地、劳动力和资本三大要素是促进经济增长的核心要素,该学派最早从定性角度描述了土地与经济增长之间的关系,认为土地要素位置固定、供给有限且缺乏弹性,无法自由流动,而劳动力和资本则不受此限制。因此,经济发展必须充分考虑该地的土地资源禀赋状况,土地利用与经济发展之间存在相互促进的关系。

国内学者对土地利用与经济发展之间的关系也进行了大量相关研究。如姜海和曲福田(2009)对江苏省不同发展阶段建设用地扩张对经济增长的贡献与响应进行了经济计量分析②;张佰林等(2011)根据经济发展阶段理论,将重庆市在空间上划分为工业化中期向后期过渡(Ⅰ)、工业化中期加速发展(Ⅱ)、工业化初期向中期过渡(Ⅲ)三大经济发展阶段区域,探讨各区域土地利用变化及对经济发展的影响③;郭瑞敏等(2016)根据广东省地级市生态位值的变化情况,从不同的角度对不同等级城市用地扩张和经济发展之间的关系进行了研究,研究发现:生态位的方法能够恰当地区分城市扩张与经济发展之间关系的级别,不同生态位的城市用地扩张和经济发展具有不同的关联机制④;邓楚雄等(2008)通过定量分析长沙市区土地利用与经济协调发展程度判断经济发展系统与土地利用间的演进模式⑤;陆效平等(2014)引入建设用地综合扩展模型和弹性系数法,对江苏省及地级市建设用地扩展类型及建设用地增长对经济增长的贡献进行了研究,发现经济发展水平

---

① 威廉·配第(W. Petty). 赋税论献给英明人士货币略论[M]. 陈冬野,译. 北京:商务印书馆, 1978.

② 姜海,曲福田. 不同发展阶段建设用地扩张对经济增长的贡献与响应[J]. 中国人口·资源与环境,2009,19 (1):70-75.

③ 张佰林,杨庆媛,鲁春阳,孙丕苓,宗会明. 不同经济发展阶段区域土地利用变化及对经济发展的影响——以重庆市40个区县为例[J]. 经济地理,2011,31(9):1539-1544.

④ 郭瑞敏,千怀遂,张灵,李明霞. 不同生态位城市用地扩张和经济发展的互动关系研究——以广东省为例[J]. 自然资源学报,2016(5).

⑤ 邓楚雄,谢炳庚,吴永兴,张海燕,张鸿辉. 长沙市土地利用与经济协调发展定量评价[J]. 经济地理, 2008(4):151-155.

越高，经济增长对建设用地扩展的依赖越小①；张兴榆等（2011）根据区域重心的计算方法对江苏省土地利用与经济重心进行了计算，分析了影响土地要素和经济要素动态迁移的因素②；潘竞虎等（2011）采用重心模型和ESDA分析了甘肃省市域土地经济集约利用、经济发展水平的时空差异特征以及二者的相关度③。

赵可和张安录（2011）通过动态计量分析（协整检验、脉冲响应函数及方差分解等）对我国城市建设用地、经济发展与城市化之间的长期均衡和短期动态关系进行了检验和分析，研究发现城市建设用地对经济发展起到重要作用④；李鹏和濮励杰（2012）通过基于AR模型修正的线性回归法和协整分析法，指出通过小城市的"人口分流"作用抑制人口向大城市集聚，从而控制建设用地的扩张⑤；盛业旭等（2014）在借鉴耕地非农化与经济发展Kuznets曲线效应的基础上，提出城市土地扩张与经济发展的Kuznets曲线效应假说⑥；张虹鸥等（2008）认为建设用地类型的不同对经济增长的拉动与效率也不同。稳定型建设用地增长对经济增长的拉动最大，其后依次是弱扩展型、剧烈扩展型⑦。李鑫和欧名豪（2012）从索洛增长模型出发，推出建设用地扩张对经济持续增长能力影响，研究认为，在经济转型期，中国应严控建设用地扩张，以减小经济增长对土地资源的依赖程度，进而促进技术进步，倒逼

---

① 陆效平，王静，金志丰．江苏省建设用地扩展类型及对经济增长的贡献研究[J]．上海国土资源，2014(3)：43－46．

② 张兴榆，黄贤金，赵雲泰，王倩倩．近10年江苏省土地利用重心与经济重心迁移轨迹对比分析[J]．长江流域资源与环境，2011，20(1)：14－20．

③ 潘竞虎，郑凤娟，杨东．甘肃省土地集约利用与经济发展的时空差异分析[J]．资源科学，2011，33(4)：684－689．

④ 赵可，张安录．城市建设用地、经济发展与城市化关系的计量分析[J]．中国人口·资源与环境，2011，21(1)：7－12．

⑤ 李鹏，濮励杰．发达地区建设用地扩张与经济发展相关关系的探究——基于与全国平均水平的比较[J]．自然资源学报，2012，27(11)：1823－1832．

⑥ 盛业旭，刘琼，欧名豪，佴伶俐．城市土地扩张与经济发展的Kuznets曲线效应分析——以江苏省13个地级市为例[J]．资源科学，2014，36(2)：296－302．

⑦ 张虹鸥，叶玉瑶，杨丽娟，吴旗韬．广东30年建设用地增长对经济发展的贡献[J]．经济地理，2008(6)：904－908．

经济增长方式转变[①]；高魏（2013）认为传统计量分析低估了区域社会经济发展对建设用地增长的作用，也忽略了一个区域经济社会发展对邻近区域建设用地增长的"溢出效应"，因此须考虑引入空间变量对传统模型进行修正[②]；叶玉瑶等（2011）发现珠三角建设用地扩展所表现出的阶段特征和空间特征都与其粗放型、外向型的经济增长模式紧密相关。想要实现经济的可持续增长和土地资源的永续利用，需要建立起土地与经济之间的良性互动。这种良性互动可以通过转变经济增长方式、优化土地资源配置来达到[③]。

7.1.1 经济增长、产业结构与土地利用关系

我国现阶段经济发展和产业结构转型升级，推动城市建设用地空间拓展模式转型。20 世纪 40 年代，美国社会学家贝尔将人类社会演进过程划分为前工业社会、工业社会和后工业社会三个历史时期。1959 年美国经济学家 Rostow 进一步提出了"经济发展进化序列 5 阶段模型"，五阶段模型包括：传统社会阶段（即过渡阶段）、起飞阶段、成熟阶段、高消费阶段和高质量阶段，三次产业变化与经济增长的阶段性有着直接联系[④]，如表 7－1、图 7－1 所示。

表 7－1　经济发展阶段与产业结构

产业结构类型	前工业化阶段	工业化阶段			后工业化阶段
		早期	成熟期	后期	
第一产业	>80%	下降至 50%	下降至 20%	下降至 10%	<10%
第二产业	<20%	上升至 40%	上升至 50%	下降至 25%	<25%
第三产业	<10%	上升至 20%	上升至 40%	上升至 70%	>70%
非农人口/总人口	<20%	上升至 30%	上升至 50%	上升至 70%	>70%

① 李鑫，欧名豪．建设用地扩张对经济持续增长能力影响［J］．经济地理，2012，32（11）：126－130.

② 高魏．上海市建设用地与经济社会发展的空间计量经济分析［J］．上海国土资源，2013，34（3）：11－15.

③ 叶玉瑶，张虹鸥，许学强，周春山．珠江三角洲建设用地扩展与经济增长模式的关系［J］．地理研究，2011，30（12）：2259－2271.

④ Rostow W．The Stages of Economic Growth［J］．The Economic History Review（New Series），1959，12（1）：1－16.

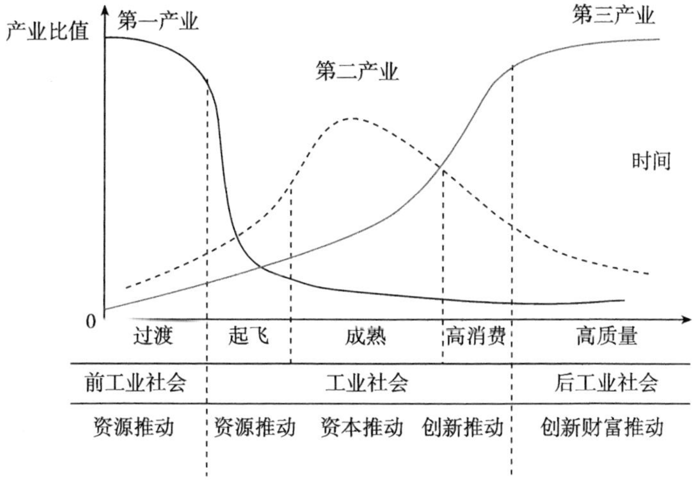

图 7－1　经济发展与产业结构演替规律

我国城市建设用地空间拓展与城市经济增长之间的互动关系呈现如下特点:

(1)农业用地减少,建设用地扩张。

随着社会经济的发展,工业化和城镇化进程的加快,第二、第三产业产值比重上升,第一产业产值比重下降,农业对经济增长的贡献份额显著减少,造成耕地面积被占用,非农业用地面积不断增加。特别是城镇用地规模和工业用地规模持续扩大。

但经济增长与城市规模并不是一直同步扩张,它只是工业化初期及迅速发展时期所特有的。随着工业化进入成熟时期,建设用地的外延扩张将转向以内涵挖潜为主,集中型的城镇化过程将转向分散型城镇化过程,城市规模甚至呈缩小态势,如伦敦、纽约。

(2)中心城工业用地减少,现代服务业用地增加。

工业的迅速发展得益于第一、第二、第三次的技术革命。产业增长从最初的劳动密集型转变为资本密集型再到最终的技术知识密集型。相应地,工业结构也经历了轻工业化、重工业化,高度加工化和技术集约化的演变,与此同时,工业产值比重由上升开始下降,第三产业跃为主导产业。中心城分布的那些耗能高、耗水高、污染高的工业，不利于改善城市环境，同时也不利于发展第三产业。客观上要求减少中心城工业用地比例，退二进三。在进行土地利用安排时，因为调整产业结构的成本远低于调整产业用地空间，所以更要高瞻远瞩。有预期地根据产业结构调整的方向配置用地，加快非都市型工业用地外迁，合理配置现代服务业用地和城市型工业用地。

(3)服务性和生活性用地增加，住宅和绿化等用地比例提高。

一开始，生产和各种服务性、辅助性活动在生产机构内部存为一体。第三产业是随着专业化和社会化程度的提高，而从生产中分离出来的各种服务性、辅助性劳动。第三产业带来了各种资源在城市中心的集中，包括人口、资金、信息等，这进一步促进了各部门的发展，如运输、通信、商业等为流通服务的部门，金融、保险、水、电、煤、房地产、旅游等为生产和生活服务的部门和教育、文化、卫生、体育、机关等为提高文化素质与公共服务的部门。第三产业产值比重开始上升，各部门用地不断增多，城市土地结构发生新的变化。商业服务业用地面积扩大的直接原因是零售商业的增加、各类批发市场的增多、专业街的出现和金融机构、旅馆、饭店的涌现等。就现代化城市而言，城市基础设施是城市发展的支撑体，只有完善基础设施，才能发挥城市效益，实现集约式增长，促进生产条件和生活水平的改善。所以，对基础设施的建设应给予足够的重视。产业增长还将带来生活水平的提升，住宅用地、公益设施用地以及休闲游憩用地将大幅增加。新的增长方式追求质量和品质，推动环境意识的高涨，将促使公园、绿化、生态保护用地配置增多，绿化率不断提高。

7.1.2 土地要素与经济增长相互作用关系

(1)土地要素促进经济增长。

在经济学领域，土地要素是经济增长的三大核心要素之一。关于土地要素对经济增长的贡献和作用，许多学者通过理论和实证分析进行了论证。学者在构建理论模型时，常用道格拉斯生产函数模型为基础模型。生产函数模型是经济学投入产出法的一种，在经济学领域占据重要位置。它不仅能够反映经济要素的诸多特征，如边际产量、规模报酬不变等内容，而且能够对规模效率进行测算，该方法现在被广泛应用于各学科领域，经典柯布—道格拉斯生产函数（Cobb - Dauglas）①表达式如下：

$$Y = A(t)\ L^{\alpha}\ K^{\beta}\mu \tag{7-1}$$

式中：Y 代表工业总产值，$A(t)$ 代表综合技术水平，L 代表劳动力投入量，K 代表资本投入量，α 是劳动力产出的弹性系数，β 是资本产出的弹性系数，μ 表示随机干扰项的影响，$\mu \leqslant 1$ 。

将土地要素引入生产函数，以此分析城市建设用地对经济增长的贡献，该包含土地要素的生产函数可表示为：

$$Y = A(t)\ L^{\alpha}\ K^{\beta}\ S^{\gamma}\mu \tag{7-2}$$

式中：S 代表土地面积，γ 是土地产出的弹性系数。可得到各要素对经济增长的贡献率。

（2）经济增长促进城市建设用地扩张。

关于经济增长促进城市建设用地空间拓展，有部分学者采用定性方法对这一问题进行了研究。从理论上来讲，经济增长从两个方面改变城市土地需求的结构，并增加其需求量：①刺激消费和投资。社会总产品需求增加使人们对生产性建设用地空间的需求增长，促进城市建设用地空间拓展。②产业结构演变和转型升级。改变各种用途建设用地的需求量，使得城市建设用地需求结构变化。最终促使城市建设用地空间拓展模式由外延式扩张向内涵式拓展转变。鉴于上述原因，可以看到经济增长与产业结构密不可分，而产业结构转型升级及变动直接影响城市土地利用规模和结构，产业结构转型对城市建设用地结构的调整已经成为现阶段沿海半城市化地区开展旧城改造及城市更新的重要动因。

（3）两者之间的互动关系。

城市建设用地空间拓展能够促进城市经济增长，而城市经济增长反过来对城市建设用地空间拓展也会产生影响，这两点已经得到学者广泛共识。

---

① 董晓花，王欣，陈利．柯布—道格拉斯生产函数理论研究综述［J］．生产力研究，2008，164（3）．

因此，城市建设用地空间拓展与经济增长之间存在互动关系，(见图7－2)。

在城市建设用地空间无序扩展阶段，城市建设用地空间拓展呈现高速扩展、无序蔓延、低效利用、地价上升、用地紧缺的特点。此时，将会导致经济增长外向粗放型发展，出现外部不经济现象，造成经济增长模式不可持续。这种经济增长模式反过来又会加剧城市建设用地空间的无序拓展，从而进一步加剧经济发展的外部不经济。为改善这种恶性循环状态，需要将转变经济增长方式与优化土地资源配置结合，重塑经济增长与建设用地空间拓展之间的关系，从而达到城市建设用地空间拓展与经济增长的协调可持续发展。

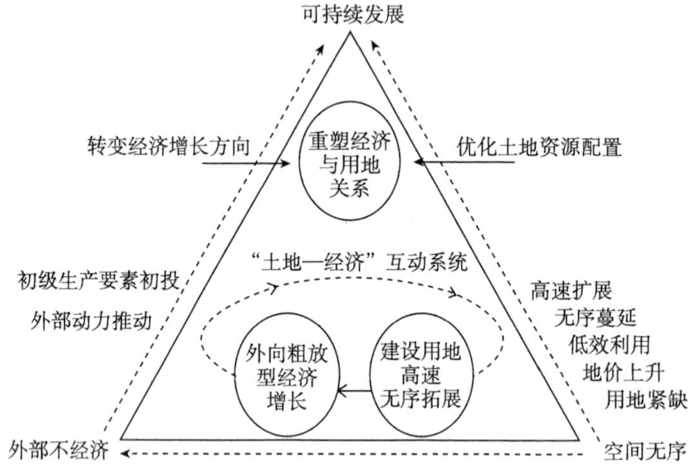

图7－2　城市建设用地空间拓展与经济增长模式互动关系模型

7.2　城市建设用地空间拓展与经济增长关系实证分析

7.2.1　基础理论分析

经济发展以经济增长为核心和基础，不同经济发展阶段，经济增长方式和产业结构对城市建设用地需求类型和结构也不同，将会导致不同的城市建设用地空间拓展模式。一般来说，经济发展初期，由于资本稀缺，土地资源丰富，投资者往往倾向于投入更多土地，这时城市建设用地空间拓展以外延式扩张为主，土地利用粗放；但随着经济的进一步发展，资本要素开始逐渐积累，同时土地资源日益稀缺，土地价格越来越高，这时投资者对土地要素的投入意愿下降，而对资本要素投入的意愿开始上升，土地资源利用效率得到大幅提高，土地利用方式开始由粗放型向集约型转型；但是，土地要素与资本要素之间存在着不完全替代关系，当城市建设用地空间拓展外延和内涵到达某一极限时，投资者对资本要素的投入意愿逐渐降低，对土地要素投入意愿开始进入稳定状态。世界许多国家和地区（如日本、韩国及我国台湾）在经济发展过程中，都存在建设用地投入先增加后减少的现象，类似于生态环境领域的库兹涅茨曲线。

库兹涅茨曲线（Kuznets 曲线）是在 20 世纪中期由 Simons Kuznets 提出的，最早用于研究经济发展与收入差距变化关系，属于发展经济学中的一个重要概念。它以经济发展程度为横轴，以收入分配不平等程度为纵轴，该曲线反映了收入分配随经济发展的变化过程，二者之间关系用图形表示是一条向上弯曲再向下弯曲的曲线，又称“库兹涅茨曲线”或“库兹涅茨倒 U 形曲线假说”①。90 年代后，“Kuznets 曲线”最早在生态环境领域得到应用，相关研究发现随着经济发展，环境质量呈现“先恶化后改善”的变化趋势。耕地作为生态环境的一个重要组成部分，于是开始有学者将“Kuznets 曲线”引入耕地非农化与经济发展关系研究，证明耕地非农化与经济发展之间确实存在 Kuznets 曲线效应。如今，Kuznets 曲线已被学者广泛应用于诸多领域，如经济增长与环境质量关系研究、耕地非农化与经济增长关系研究、经济增长与碳排放关系研究等方面。

7.2.2　理论假说

城市建设用地空间拓展作为耕地非农化的一个重要组成部分，基于上述城市建设用地空间拓展、经济增长与库兹涅茨曲线关系理论分析，提出城市建设用地空间拓展与经济增长库兹涅茨曲线假说。

---

① Kuznets S. Economic Growth and Income Inequality[J]. American Economic Review, 1955, 45: (1): 1 – 28.

在城市经济发展过程中,在城市建设用地投入数量与经济增长之间存在着一种关系,这个关系可能类似于库兹涅茨曲线。也就是说,在经济发展初期阶段,城市建设用地空间拓展规模可能会呈现出先快速拓展,后缓慢拓展,当经济增长达到一定临界值水平后,城市建设用地空间拓展趋于稳定甚至出现下降趋势,此时经济增长对城市建设用地空间拓展的促进效应将逐渐减弱甚至消除,城市建设用地空间拓展与经济增长呈现“倒U型曲线”,即库兹涅茨曲线。可围绕规模效应、结构效应和消除效应三方面展开其理论解释①。

(1)规模效应:经济的迅速发展导致工业规模急剧扩大,随着第二产业比重不断提高,到一定阶段后工业活动趋于大型化、集聚发展。这导致对城市建设用地需求的加大,特别是工业活动所需生产场所及其配套设施。城市建设用地必须向城市周边地区进行空间拓展以满足经济需求,维持正常经济活动。由此可见,经济的集聚效应和规模效应将导致城市建设用地空间的迅速拓展。

(2)结构效应:当经济发展进入到一定阶段后,产业结构不断演化,三大产业中工业产业的比重开始下降,第三产业比重逐渐上升,服务业在国民经济中所占比重继续增加。在这个阶段,经济发展水平、劳动生产效率都在持续提升。经济增长对城市建设用地空间的依赖程度开始降低,方式从粗放转为集约,同时,技术进步推动土地利用水平和效率提升,进一步降低增量土地需求,转而更多依靠存量用地的开发与利用。基于此可知,经济发展的结构效应也将使城市建设用地空间拓展由快速扩张向缓慢扩张转变,直到趋于平稳。

(3)消除效应:因为没有积累,在经济发展的初级阶段,地方政府的财政收入都有限。因此地方政府会将经济发展放在首位,更多考虑的是推动经济快速增长。而地方政府对城市建设用地需求膨胀缺乏一定约束,导致城市建设用地空间迅速扩张。此时社会对土地的可持续利用也还没有引起足

① 盛业旭,刘琼,欧名豪,等. 城市土地扩张与经济发展的 Kuznets 曲线效应分析——以江苏省 13 个地级市为例[J]. 资源科学,2014,36(2):296-302.

够重视。随着国民经济的持续发展,政府财力不断增加,管理能力不断加强,这时可能会通过制定一系列政策加强对城市建设用地空间拓展的管制,比如说实行开发许可政策、设立土地发展权、划定城市增长边界、对旧城区进行城市更新或者旧城改造等。随着国民经济的进一步发展,经济将实现更加多元化发展,技术进步将在经济发展中占据主导地位,此时城市建设用地空间拓展与经济增长之间的关系可能逐渐减弱,甚至出现脱钩效应。由此可见,消除效应可能会对城市建设用地空间拓展产生一定的抑制作用。

三种效应在经济发展的不同阶段的作用强度具有一定差异。规模效应在初级阶段发挥主要作用,城市建设用地空间拓展速度较快,这个阶段结构效应和消除效应的作用不明显;当经济发展到一定阶段后,规模效应作用减弱,其他两种的作用开始显著,此时,城市建设用地空间拓展的速度开始放慢;到经济发展达到较高水平后,结构效应和消除效应发挥主导作用,此时经济增长对建设用地空间拓展的促进作用将会减弱甚至消失。

7.2.3　模型构建

为验证城市建设用地空间拓展与经济增长之间是否存在 Kuznets 曲线效应,根据库兹涅茨曲线理论和以往相关研究,建立包含一次项、二次项、三次项的库兹涅茨曲线回归模型:

$$L = \beta_0 + \beta_1 G + \beta_2 G^2 + \beta_3 G^3 + \varepsilon \tag{7-3}$$

式中:L 为城市建设用地空间拓展状况;G 为经济发展状况;ε 为随机误差干扰项;β_0 为影响城市建设用地空间拓展的其他控制变量。

β_1、β_2、β_3 代表自变量的估计系数,其取值可以反映城市建设用地空间拓展与经济发展之间是否存在 Kuznets 曲线效应以及城市建设用地空间拓展的具体类型(线性、U 形或倒 U 形、N 形或倒 N 形)见表 7－2。

表 7－2　城市建设用地空间拓展与经济发展之间的曲线关系

类型	β_1	β_2	β_3	是否存在 Kuznets 效应	曲线类型
1	>0	=0	=0	否	斜直线(正相关性)
	<0	=0	=0	否	斜直线(负相关性)

续表

类型	β_1	β_2	β_3	是否存在 Kuznets 效应	曲线类型
2	>0	<0	=0	是	倒U形
	<0	>0	=0	否	U形
3	>0	<0	>0	否	N形
	<0	>0	<0	否	倒N形

为使研究一方面更具可操作性，另一方面克服指标之间的相关性可能对模型的分析结果造成影响，在模型估计过程中，本书将采用单指标进行计算，以人均 GDP 水平反映经济增长状况，以城市建成区面积作为城市建设用地空间拓展指标。

7.2.4 实证研究

本章以福建省为例，探索福建省各地级市城市建设用地空间拓展与经济增长之间是否存在 Kuznets 曲线效应。

(1)数据来源与数据描述。

考虑到研究区域数据的完整性、连续性及可获得性，选取福建省作为实证样本，时间跨度为 2000—2014 年。根据以往学者的研究经验，以 2000—2014 年城市建成区面积代表城市建设用地空间拓展状况，以城市人均 GDP 表征经济发展状况，人均 GDP 数据由 GDP 数据和地区年末人口数量计算得到。研究中涉及的社会经济发展数据主要来源于《中国城市统计年鉴》(2001—2015)、《福建省统计年鉴》(2001—2015)。后续数据处理将在 Stata 13.1 软件中进行。为消除原始数据的非线性趋势，将城市建成区面积(L)和人均 GDP(PGDP)取自然对数，在后续计算中，将采用 lnL 和 lnPGDP 两个指标(见表 7-3)。

表 7-3 变量描述

变量名称	单位	符号	变量说明
城市建成区面积	平方千米	L	反映城市建设用地空间拓展情况
人均 GDP	元/人	PGDP	反映区域经济发展水平

（2）模型检验与估计。

1）单位根检验。

为避免时间序列数据出现伪回归现象，在进行回归分析之前需要对各组数据进行单位根检验和协整检验，看自变量和因变量之间是否存在长期均衡关系。ADF单位根检验结果如表7-4所示。

表7-4　变量ADF单位根检验

区域	变量	T统计量	临界值			P值	结果
			1%	5%	10%		
福建省	ln*L*	-0.966	-3.750	-3.000	-2.630	0.7653	不显著
	Dln*L*	-3.756	-3.750	-3.000	-2.630	0.0034	显著
	ln*PGDP*	0.442	-3.750	-3.000	-2.630	0.9830	不显著
	Dln*PGDP*	-3.318	-3.750	-3.000	-2.630	0.0141	显著

通过表7-4可以看出，在水平10%的显著性检验下，ln*L*和ln*PGDP*都是非平稳序列，存在单位根。对其进行一阶差分后的结果表明，Dln*L*在1%的显著性水平检验下，Dln*PGDP*在5%的显著性水平检验下，原假设被拒绝，两个序列均为平稳序列。由此可以断定这两个序列均是一阶单整ln*L*～I(1)，ln*PGDP*～I(1)。变量的同阶单整表明它们之间可能存在协整关系。而从经济学的角度是指城市化进程中城市建设用地空间拓展与人口增长之间可能存在着长期的均衡关系。

2）协整检验。

协整关系检验最常用的两种方法是EG两步法和JJ检验法，前者是基于回归方程残差进行检验，后者基于回归方程系数进行检验，在这里，采用EG两步法对ln*L*和ln*PGDP*之间的协整关系进行检验。将城市建成区面积（ln*L*）作为被解释变量，以城市经济增长（ln*PGDP*）作为解释变量进行回归分析，得到方程：

$$\ln L = -0.418 + 0.668\ln PGDP \qquad (7-4)$$

式（7-4）中：各变量回归系数t值分别为23.82、-1.46，回归系数的P值分别为0.000、0.069，说明回归系数的t统计量高度显著；方程整体的F值为567.27.51，P值为0.0000，R^2为0.9776，调整后的R^2为0.9759，说明模型的整体拟合效果较好。假设e_t是回归方程的残差，采用ADF法对方程残差进行平稳检验，根据EG两步法的相关原理，若e_t平稳，则表示城市建设用地空间拓展与城市经济增长之间存在协整关系；反之，则两变量之间不存在协整关系。残差e_t的ADF检验结果如表7-5所示。

表7-5　残差e_t的ADF检验结果

序列	ADF检验值	临界值(1%)	临界值(5%)	临界值(10%)	检验结果
e_t	-2.753	-3.750	-3.000	-2.630	平稳

表7-5检验结果表明，回归方程残差在10%显著水平上存在序列平稳，根据EG两步法检验结果，ln*L*和ln*PGDP*变量存在协整关系，即存在长期稳定的均衡关系。式(7-4)中，城市经济增长的建设用地空间拓展弹性系数为0.668，表示在长期内，城市经济每增长1%，城市建设用地将扩张0.668%，这与提升0.6936(以全国数据为例)个百分点相比差异不大，研究表明，在同等经济增长速度下，福建省的城市建设用地空间拓展速度与全国均值相当，实证表明城市经济增长对城市建设用地空间拓展的拉动作用确实存在。

3)模型估计。

上述检验表明，福建省城市建成区面积和城市经济增长两个变量之间存在长期均衡关系，可用于时间序列回归，采用普通最小二乘法对福建省数据进行回归，回归时分为包含三次项和不包含三次项的两个模型，计算结果如表7-6所示。

表7-6　普通最小二乘法回归结果

区域	模型	β_0	β_1	β_2	β_3	Adj R^2	F	D-W
福建省	模型1	-18.144	4.133	-0.169		0.9890	540.42	2.04
		(4.21)	(-3.53)	(-3.61)				
	模型2	-160.542	45.926	-4.251	0.133	0.990	372.50	2.29
		(1.30)	(-1.23)	(1.18)	(-1.33)			

由表7-6可知，模型1各回归系数值均通过显著性检验，且模型调整后

的 R^2 为0.9890，说明模型整体的拟合效果较好，F值较大，D-W值为2.04，通过10%显著性水平下的德宾—沃特森检验，基本排除序列自相关。而模型2计算结果显示，各回归系数都不能通过显著性检验，因此选择模型1作为最终结果。回归方程如下：

$$\ln L = -18.144 + 4.133\ln PGDP - 0.169\ln PGDP^2 \qquad (7-5)$$

（3）结果分析。

福建省回归模型一次项系数为4.133，P值为0.001，在1%水平下显著为正；二次项系数为-0.169，P值为0.004，在1%水平下显著为负，说明福建省城市建设用地空间拓展整体上已经出现了库兹涅茨曲线效应，城市建设用地空间拓展曲线呈现出倒U形特征，人均GDP达到219173元/人时，城市建设用地空间拓展达到最大值1432平方千米，拐点将在2035年左右出现。目前福建省整体建设用地空间拓展正位于倒U形曲线的左侧，且已经越过快速拓展期，正处于减速拓展期。随着经济的进一步发展，福建省建设用地空间还将继续拓展，但拓展的速度逐渐减缓、拓展幅度逐渐减小，经济增长对福建省建设用地空间拓展的促进效应将会逐渐减弱甚至消失，直到2035年，福建省建设用地空间拓展规模达到最大值1432平方千米。

7.3　城市建设用地空间拓展与经济增长耦合协调研究

7.3.1　城市建设用地空间拓展与经济协调发展内涵

目前，国内关于城市建设用地空间拓展与经济增长时空耦合协调研究成果还较少。面对城市用地空间的剧烈变化和国民经济的迅速发展，对城市建设用地空间拓展与经济增长系统间的关联、互动关系科学评价和准确衡量成为土地可持续利用的一个关键环节，也成为我国新型城镇化建设的重要内容。传统测算城市建设用地与经济增长关系的经济模型一般认为土地是经济系统内部的要素。认为空间扩张与经济增长之间存在因果关系，从而测算城市建设用地空间扩张对经济系统的贡献份额。实际上，土地不只是经济系统的内部要素，两者间不仅存在因果关系，还存在着系统互动关系。区域可持续发展受城市建设用地系统与经济系统两者是否协调发展的影响巨大。

本章节将城市建设用地空间拓展及经济增长视为两个相互影响的系统，基于物理学及系统学的协调发展理论，分析两系统协调发展的内涵，并建立协调发展度模型。以海峡西岸城市群为例测算两系统间的协调发展状态。按照协调发展的定义，城市建设用地空间拓展与经济增长协调发展既是各类土地要素，也是相对资本、劳动力等生产要素的投入比例与经济的协调发展。其实质是土地要素投入与经济的协调发展。可以通过土地利用结构、地均劳动力投入量、地均资本投入量表示。土地要素投入必须满足一个前提，那就是不能突破生态底线。

7.3.2 城市建设用地空间拓展与城市经济增长耦合协调发展模型

作为一个物理学概念，耦合协调度是指两个（或两个以上）系统通过受自身和外界各种相互作用而彼此影响的现象。它们之间是相互依赖、相互促进的动态关联关系。耦合协调度模型即

$$C_n = \{(m_1 \times m_2 \cdots m_n) \div [\prod (m_i + m_j)]\}^{1/n} \qquad (7-6)$$

由于各个系统之间的耦合关系存在相似性，协调度现在被广泛应用到研究两者之间的关系中，即：

$$C = \{f(x) \times g(x) \div \left(\frac{[f(x) + g(x)]}{2}\right)^2\}^{1/k} \qquad (7-7)$$

构造城市建设用地空间拓展与城市经济增长的协调发展度模型，来判别协调发展程度，即

$$T = \alpha f(x) + \beta g(x) \qquad (7-8)$$

$$D = \sqrt{C \times T} \qquad (7-9)$$

式中：T 表示发展度；D 是城市建设用地空间拓展与城市经济增长的耦合协调发展度；α、β 分别表示城市建设用地空间拓展与城市经济增长系统的贡献份额，一般情况下，认为两个子系统是相辅相成的，处于同等重要的位

置，因此取 $\alpha=\beta=0.5$；k 为调节系数，一般 $2\leqslant k\leqslant 5$，结合以往研究，通常情况下取 2。$f(x)$ 为城市建设用地空间拓展系统指数函数，$f(x)=\sum_{i=1}^{m} w_i u_i$，$\sum_{i=1}^{m} w_i=1$。城市建设用地空间拓展系统的横向评价指标为变量 $u_i(i=1,2,\cdots,m)$。取值为 $X_j(j=1,2,\cdots,n)$，A_j 是 X_j 的上限值，B_j 为 X_j 的下限值。因而描述变量值 X_j 对系统发展度的功效，即贡献值 u_i 为：

$$u_i=\begin{cases}\dfrac{X_j-B_j}{A_j-B_j};u_i\text{ 具有正功效}\\ \dfrac{A_j-X_j}{A_j-B_j};u_i\text{ 具有负功效}\\ \dfrac{X_{适}-|X_i-X_{适}|}{X_{适}};u_i\text{ 具有适度功效}\end{cases}\tag{7-10}$$

$f(x)$ 取值范围为 $[0,1]$；$g(x)$ 为城市经济增长系统指数函数，取值范围为 $[0,1]$；根据耦合协调发展度 D 及城市建设用地空间拓展与城市经济增长的函数关系，借鉴物理学关于协调类型的划分，参照刘琼等（2013）的研究成果，城市建设用地空间拓展与城市经济增长的耦合协调类型划分见表 7－7。

表 7－7　城市建设用地空间拓展与城市经济增长耦合协调类型划分

类型	协调发展度	阶段描述	函数关系	阶段划分
高度协调	$0.8<D\leqslant 1$	经济增长数量和质量都达到比较高的水平，建设用地空间拓展从粗放走向节约	$g(x)-f(x)>0.1$	高度协调—经济增长滞后
			$f(x)-g(x)>0.1$	高度协调—建设用地滞后
			$0\leqslant\lvert f(x)-g(x)\rvert\leqslant 0.1$	高级协调
中度协调	$0.5<D\leqslant 0.8$	经济增长速度开始下降，经济结构开始优化，经济效益得到提升，同时建设用地空间拓展速度减慢	$g(x)-f(x)>0.1$	中度协调—经济增长滞后
			$f(x)-g(x)>0.1$	中度协调—建设用地滞后
			$0\leqslant\lvert f(x)-g(x)\rvert\leqslant 0.1$	中度协调

续表

类型	协调发展度	阶段描述	函数关系	阶段划分
初步协调	$0.3<D\leq0.5$	二者关系极不稳定,经济增长导致建设用地出现蔓延,而建设用地的蔓延又带来一系列生态环境问题,制约经济发展	$g(x)-f(x)>0.1$	初步协调—经济增长滞后
			$f(x)-g(x)>0.1$	初步协调—建设用地滞后
			$0\leq\lvert f(x)-g(x)\rvert\leq0.1$	初步协调
失调	$0<D\leq0.3$	经济发展还处于初级阶段,土地利用粗放,土地投入结构与经济结构不匹配	—	不协调

7.3.3 实证分析

(1)数据来源与数据说明。

以海峡西岸城市群为例进行实证研究,参考已有文献衡量城市建设用地空间拓展的指标,本研究选取以下指标,包括:人均建成区面积,城市建成区面积,建成区面积占市区面积比重,地均固定资产投入,地均年建设投资,地均第二、第三产业产值和地均财政收入等,以地区生产总值,人均地区生产总值,第二、第三产业产值比,第三产业比重,第二、第三产业从业人员比重,万元工业增加值消耗的能源表征经济发展水平,其中万元工业总产值消耗的能源为负向指标,其余均为正向指标。社会经济数据均来源于《中国城市统计年鉴》(2001—2015)、《福建省统计年鉴》(2001—2015),部分指标经过原始数据计算得到。

(2)实证分析过程。

1)协调度 C、发展度 T、耦合协调发展度 D 计算结果。

利用前面城市建设用地空间拓展与城市经济增长耦合协调发展模型,计算得到海峡西岸城市群建设用地空间拓展与城市经济增长协调度 C、发展度 T、协调发展度 D 分别如表 7-8、表 7-9、表 7-10 所示。

表7-8　海峡西岸城市群城市建设用地空间拓展与城市经济增长协调度 *C* 计算结果

年份	2000	2001	2002	2003	2004	2005	2006	2007	2008	2009	2010	2011	2012	2013	2014
福州市	0.94	0.93	0.91	0.92	0.92	0.88	0.85	0.86	0.89	0.91	0.89	0.89	0.91	0.93	0.94
厦门市	0.99	0.99	0.99	0.95	0.96	0.96	0.98	1.00	1.00	1.00	1.00	1.00	1.00	1.00	1.00
莆田市	0.96	0.95	0.93	1.00	1.00	1.00	0.94	0.97	0.97	0.98	0.99	1.00	0.99	0.98	0.97
三明市	0.96	0.96	0.98	0.91	0.83	0.86	0.94	0.82	0.78	0.78	0.75	0.69	0.71	0.66	0.64
泉州市	1.00	1.00	1.00	1.00	0.99	1.00	0.99	1.00	1.00	1.00	0.97	0.92	0.96	0.97	0.98
漳州市	0.98	0.99	1.00	1.00	1.00	0.99	0.98	0.99	1.00	1.00	1.00	0.99	0.98	0.97	0.96
南平市	0.99	0.99	1.00	0.97	0.94	0.96	0.96	0.79	0.94	0.92	0.87	0.84	0.73	0.59	0.57
龙岩市	0.99	0.98	0.97	1.00	0.99	0.99	1.00	0.97	0.95	0.95	0.94	0.89	0.88	0.87	0.88
宁德市	0.55	0.55	0.60	0.47	0.47	0.49	0.52	0.50	0.47	0.44	0.42	0.38	0.35	0.31	0.30
衢州市	0.96	0.96	0.92	0.99	1.00	1.00	0.99	1.00	1.00	1.00	1.00	1.00	1.00	1.00	1.00
丽水市	0.81	1.00	1.00	0.94	0.98	0.98	0.99	0.93	0.92	0.97	0.94	0.90	0.85	0.77	0.73
温州市	0.79	0.80	0.79	0.92	0.93	0.93	0.85	0.84	0.86	0.86	0.87	0.85	0.85	0.88	0.88
抚州市	0.70	0.59	0.49	0.59	0.67	0.71	0.72	0.71	0.73	0.72	0.79	0.79	0.84	0.91	0.92
赣州市	0.51	0.40	0.17	0.42	0.26	0.27	0.26	0.35	0.38	0.31	0.25	0.31	0.44	0.51	0.40
上饶市	0.03	0.03	0.03	0.03	0.02	0.02	0.03	0.03	0.02	0.02	0.32	0.56	0.71	0.80	0.81
鹰潭市	0.99	1.00	0.99	1.00	0.99	0.98	0.99	0.86	0.87	0.92	0.86	0.80	0.55	0.70	0.65
梅州市	0.47	0.45	0.33	0.50	0.59	0.41	0.41	0.54	0.48	0.28	0.02	0.02	0.02	0.02	0.02
揭阳市	0.88	0.85	0.78	1.00	0.89	0.76	0.73	0.55	0.71	0.68	0.71	0.77	0.81	0.72	0.71
汕头市	0.77	0.73	0.68	0.66	0.64	0.62	0.64	0.64	0.66	0.67	0.66	0.61	0.62	0.61	0.62
潮州市	0.91	0.90	0.70	0.98	0.98	0.97	0.94	0.96	0.99	0.99	1.00	1.00	1.00	0.98	0.96

表7-9　海峡西岸城市群城市建设用地空间拓展与城市经济增长发展度 *T* 计算结果

年份	2000	2001	2002	2003	2004	2005	2006	2007	2008	2009	2010	2011	2012	2013	2014
福州市	0.62	0.62	0.62	0.60	0.61	0.58	0.65	0.65	0.61	0.60	0.65	0.64	0.64	0.64	0.58
厦门市	0.87	0.88	0.91	0.76	0.78	0.78	0.85	1.00	1.00	1.00	1.00	1.00	1.00	1.00	0.92
莆田市	0.15	0.14	0.14	0.11	0.10	0.10	0.16	0.16	0.16	0.16	0.16	0.15	0.15	0.15	0.14
三明市	0.15	0.14	0.13	0.10	0.11	0.10	0.12	0.11	0.13	0.14	0.14	0.14	0.15	0.16	0.14
泉州市	0.35	0.36	0.37	0.28	0.31	0.29	0.37	0.38	0.39	0.40	0.53	0.64	0.55	0.56	0.49
漳州市	0.18	0.19	0.18	0.18	0.19	0.16	0.17	0.17	0.16	0.17	0.17	0.17	0.17	0.18	0.17
南平市	0.11	0.11	0.11	0.09	0.08	0.07	0.07	0.06	0.08	0.08	0.07	0.08	0.08	0.08	0.08
龙岩市	0.16	0.16	0.15	0.12	0.12	0.12	0.13	0.14	0.15	0.16	0.14	0.16	0.16	0.16	0.15
宁德市	0.06	0.06	0.05	0.05	0.05	0.04	0.04	0.04	0.05	0.05	0.05	0.06	0.07	0.08	0.07
衢州市	0.14	0.15	0.16	0.13	0.14	0.14	0.16	0.16	0.17	0.18	0.18	0.18	0.18	0.18	0.16

续表

年份	2000	2001	2002	2003	2004	2005	2006	2007	2008	2009	2010	2011	2012	2013	2014
丽水市	0.05	0.09	0.09	0.07	0.09	0.09	0.10	0.09	0.10	0.10	0.10	0.10	0.10	0.10	0.09
温州市	0.61	0.62	0.62	0.42	0.41	0.41	0.56	0.58	0.56	0.52	0.49	0.49	0.49	0.47	0.43
抚州市	0.10	0.12	0.11	0.07	0.06	0.06	0.08	0.09	0.09	0.10	0.09	0.09	0.09	0.09	0.08
赣州市	0.09	0.11	0.11	0.07	0.08	0.08	0.10	0.11	0.11	0.11	0.14	0.15	0.15	0.15	0.20
上饶市	0.05	0.06	0.06	0.04	0.07	0.07	0.04	0.03	0.05	0.04	0.05	0.05	0.06	0.06	0.05
鹰潭市	0.06	0.07	0.07	0.06	0.07	0.07	0.08	0.10	0.11	0.09	0.11	0.11	0.10	0.12	0.11
梅州市	0.20	0.19	0.20	0.12	0.11	0.11	0.08	0.06	0.07	0.07	0.06	0.06	0.05	0.05	0.05
揭阳市	0.13	0.12	0.11	0.10	0.06	0.06	0.06	0.14	0.10	0.11	0.11	0.10	0.12	0.19	0.19
汕头市	0.54	0.52	0.50	0.57	0.56	0.56	0.54	0.52	0.48	0.45	0.44	0.41	0.44	0.48	0.43
潮州市	0.21	0.20	0.34	0.14	0.13	0.12	0.15	0.13	0.12	0.11	0.10	0.09	0.09	0.09	0.07

表7-10　海峡西岸城市群城市建设用地空间拓展与城市经济增长协调发展度*D*计算结果

年份	2000	2001	2002	2003	2004	2005	2006	2007	2008	2009	2010	2011	2012	2013	2014
福州市	0.76	0.76	0.75	0.74	0.75	0.71	0.74	0.75	0.74	0.74	0.76	0.76	0.76	0.77	0.74
厦门市	0.93	0.93	0.95	0.85	0.86	0.86	0.91	1.00	1.00	1.00	1.00	1.00	1.00	1.00	0.96
莆田市	0.37	0.36	0.36	0.32	0.32	0.32	0.39	0.39	0.40	0.40	0.40	0.39	0.39	0.38	0.37
三明市	0.38	0.37	0.36	0.30	0.30	0.29	0.33	0.31	0.32	0.33	0.32	0.32	0.33	0.32	0.30
泉州市	0.59	0.60	0.60	0.53	0.55	0.53	0.61	0.62	0.62	0.63	0.71	0.77	0.73	0.74	0.70
漳州市	0.42	0.43	0.42	0.43	0.43	0.39	0.41	0.41	0.40	0.41	0.41	0.41	0.41	0.42	0.40
南平市	0.33	0.33	0.34	0.29	0.28	0.27	0.27	0.22	0.28	0.28	0.25	0.26	0.24	0.22	0.21
龙岩市	0.40	0.40	0.39	0.34	0.34	0.34	0.36	0.36	0.38	0.38	0.37	0.38	0.37	0.37	0.37
宁德市	0.18	0.18	0.17	0.15	0.15	0.14	0.15	0.15	0.15	0.15	0.15	0.15	0.15	0.15	0.15
衢州市	0.36	0.38	0.39	0.36	0.37	0.37	0.40	0.40	0.42	0.43	0.43	0.42	0.42	0.42	0.40
丽水市	0.20	0.30	0.30	0.26	0.30	0.30	0.31	0.30	0.30	0.31	0.31	0.30	0.29	0.27	0.25
温州市	0.69	0.70	0.70	0.62	0.62	0.62	0.69	0.70	0.69	0.67	0.65	0.65	0.65	0.65	0.62
抚州市	0.26	0.27	0.24	0.20	0.20	0.21	0.24	0.26	0.26	0.26	0.27	0.27	0.27	0.28	0.27
赣州市	0.22	0.21	0.14	0.17	0.14	0.14	0.16	0.19	0.20	0.19	0.18	0.21	0.25	0.27	0.28
上饶市	0.04	0.04	0.04	0.03	0.04	0.04	0.03	0.03	0.03	0.03	0.12	0.17	0.21	0.22	0.20
鹰潭市	0.23	0.26	0.27	0.25	0.26	0.27	0.28	0.29	0.31	0.29	0.30	0.30	0.23	0.29	0.27
梅州市	0.31	0.29	0.26	0.24	0.26	0.21	0.18	0.17	0.18	0.14	0.03	0.03	0.03	0.03	0.03
揭阳市	0.34	0.33	0.30	0.31	0.24	0.21	0.21	0.28	0.27	0.27	0.28	0.28	0.31	0.37	0.37
汕头市	0.64	0.62	0.58	0.61	0.60	0.59	0.59	0.58	0.56	0.55	0.54	0.50	0.52	0.54	0.52
潮州市	0.44	0.43	0.49	0.37	0.35	0.35	0.37	0.36	0.35	0.34	0.32	0.30	0.30	0.29	0.27

2) $f(x)-g(x)$ 计算结果见表 7－11。

表 7－11　城市建设用地空间拓展系统指数函数 $f(x)$ 与城市经济增长指数函数 $g(x)$ 计算结果

年份	2000	2001	2002	2003	2004	2005	2006	2007	2008	2009	2010	2011	2012	2013	2014
福州市	-0.26	-0.24	-0.19	-0.48	-0.45	-0.45	-0.31	-0.01	-0.01	-0.01	0.00	0.00	0.00	0.00	0.02
厦门市	0.08	0.09	0.11	0.02	0.01	0.01	0.11	0.08	0.07	0.06	0.03	0.00	-0.03	-0.06	-0.07
莆田市	-0.08	-0.08	-0.06	-0.08	-0.12	-0.10	-0.08	-0.13	-0.16	-0.17	-0.19	-0.21	-0.21	-0.24	-0.22
三明市	-0.05	0.00	0.05	-0.02	-0.09	-0.05	0.09	0.07	0.03	0.01	0.27	0.50	0.30	0.27	0.18
泉州市	-0.07	-0.06	-0.01	-0.02	-0.02	0.05	0.07	0.04	0.03	-0.01	-0.02	-0.04	-0.07	0.09	-0.09
漳州市	-0.03	-0.03	0.02	-0.04	-0.05	-0.04	-0.04	-0.08	-0.06	-0.06	-0.07	-0.09	-0.11	-0.13	-0.12
南平市	0.03	0.06	0.07	-0.02	-0.03	-0.03	-0.01	-0.07	-0.09	-0.10	-0.10	-0.14	-0.15	-0.16	-0.15
龙岩市	-0.10	-0.10	-0.07	-0.08	-0.08	-0.07	-0.07	-0.08	-0.08	-0.09	-0.09	-0.11	-0.12	-0.14	-0.14
宁德市	0.08	0.09	0.12	0.04	0.03	0.02	0.05	0.01	0.00	0.02	0.01	-0.01	-0.01	-0.02	-0.02
衢州市	-0.05	0.01	0.01	-0.05	-0.04	-0.04	-0.03	-0.07	-0.08	-0.05	-0.07	-0.09	-0.10	-0.12	-0.12
丽水市	0.76	0.75	0.75	0.32	0.31	0.31	0.58	0.63	0.58	0.53	0.49	0.51	0.51	0.45	0.41
温州市	0.14	0.20	0.20	0.11	0.09	0.09	0.11	0.13	0.13	0.13	0.11	0.11	0.09	0.07	0.06
抚州市	0.16	0.20	0.22	0.12	0.15	0.15	0.19	0.20	0.21	0.21	0.27	0.28	0.26	0.25	0.36
赣州市	0.10	0.11	0.12	0.07	0.14	0.14	0.08	0.06	0.10	0.08	0.09	0.09	0.09	0.07	0.06
上饶市	-0.01	0.01	0.02	-0.01	-0.01	-0.03	-0.03	-0.10	-0.10	-0.07	-0.11	-0.13	-0.17	-0.18	-0.17
鹰潭市	0.35	0.34	0.37	0.20	0.18	0.20	0.14	0.09	0.12	0.13	0.13	0.12	0.11	0.10	0.09
梅州市	0.13	0.13	0.14	0.01	0.06	0.07	0.08	0.23	0.14	0.16	0.16	0.13	0.14	0.27	0.26
揭阳市	0.69	0.70	0.73	0.85	0.87	0.87	0.83	0.80	0.73	0.68	0.66	0.64	0.70	0.76	0.67
汕头市	0.17	0.17	0.48	0.05	0.05	0.06	0.10	0.07	0.04	0.03	0.02	0.01	-0.01	-0.03	-0.04
潮州市	0.00	0.00	0.00	0.00	0.00	0.00	0.00	0.00	0.00	0.00	0.00	0.00	0.00	0.00	0.00

(3) 结果分析。

1) 协调度 C、发展度 T 和协调发展度 D 情况分析。

从海峡西岸城市群城市建设用地空间拓展系统与经济增长系统的协调度 C 值整体分布来看，2000—2014 年，整体协调度较高的城市主要有福州市、厦门市、莆田市、泉州市、漳州市、龙岩市、衢州市、丽水市和温州市，其各年度的协调度值均达到 0.8 以上，而整体协调度较低的城市主要有宁德市、赣州市、梅州市，其各年度的协调度值均在 0.5 以下，其他城市的协调度则处于中间状态；从2000—2014年各城市协调度值的年度波动情况来看，其中福州、厦门、莆田、泉州、漳州、衢州、潮州城市建设用地空间拓展与城市经济增长的协调度值总体保持平稳，三明市、南平市协调度出现较大幅度下降，宁德市、赣州市、鹰潭市呈现小幅下降，而温州市、抚州市、上饶市协调度出现上升。

2000—2014年，从区域整体的发展度 T 来看，福州、厦门、温州、汕头的整体发展度较高，超过0.5，而其他城市的发展度整体较低，一般在0.2以下。福州、莆田、三明、漳州、龙岩、宁德、衢州、丽水、上饶发展度基本保持稳定，波动不大；厦门、泉州、赣州、鹰潭的发展度呈现出上升趋势；南平、温州、梅州、汕头、潮州发展度则出现小幅下降态势。

从协调发展度 D 来看，2000—2014年，福州、厦门、泉州、温州、汕头的协调发展度水平较高，各年度城市建设用地空间拓展与城市经济增长协调发展度水平基本均在0.6以上；莆田、三明、漳州、龙岩、衢州、丽水、揭阳、潮州的协调发展度处于中等水平，数值在0.3～0.6；而南平、宁德、赣州、上饶、鹰潭、梅州等城市的协调发展度则处于较低水平，协调度水平大部分在0.3以下。从2000—2014年各城市协调发展度 D 的波动情况来看，福州、莆田、三明、漳州、龙岩、宁德、泉州、丽水、温州、抚州、鹰潭、揭阳、汕头等城市的协调发展度水平变化幅度不大，总体比较平稳；而泉州、上饶协调发展度水平呈现出小幅上升趋势；南平、梅州、潮州等城市的协调发展度水平则出现小幅下降态势。

2）海峡西岸城市群城市建设用地空间拓展与城市经济增长协调发展度类型分析（见表7－12）。

表7－12　海峡西岸城市群城市建设用地空间拓展与城市经济增长协调发展度类型

年份	2000	2001	2002	2003	2004	2005	2006	2007	2008	2009	2010	2011	2012	2013	2014
福州市	中度	中度	中度	中度	中度	中度	中度	中度	中度	中度	中度	中度	中度	中度	中度
厦门市	高度	高度	高度	高度	高度	高度	高度	高度	高度	高度	高度	高度	高度	高度	高度
莆田市	初级	初级	初级	初级	初级	初级	初级	初级	初级	初级	初级	初级	初级	初级	初级
三明市	初级	初级	初级	初级	初级	不协调	初级	初级	初级	初级	初级	初级	初级	初级	初级

续表

年份	2000	2001	2002	2003	2004	2005	2006	2007	2008	2009	2010	2011	2012	2013	2014
泉州市	中度	中度	中度	中度	中度	中度	中度	中度	中度	中度	中度	中度	中度	中度	中度
漳州市	初级	初级	初级	初级	初级	初级	初级	初级	初级	初级	初级	初级	初级	初级	初级
南平市	初级	初级	初级	不协调	不协调	不协调	不协调	不协调	不协调	不协调	不协调	不协调	不协调	不协调	不协调
龙岩市	初级	初级	初级	初级	初级	初级	初级	初级	初级	初级	初级	初级	初级	初级	初级
宁德市	不协调	不协调	不协调	不协调	不协调	不协调	不协调	不协调	不协调	不协调	不协调	不协调	不协调	不协调	不协调
衢州市	初级	初级	初级	初级	初级	初级	初级	初级	初级	初级	初级	初级	初级	初级	初级
丽水市	不协调	不协调	不协调	不协调	不协调	不协调	初级	不协调	初级	初级	初级	初级	协调	不协调	不协调
温州市	中度	中度	中度	中度	中度	中度	中度	中度	中度	中度	中度	中度	中度	中度	中度
抚州市	不协调	不协调	不协调	不协调	不协调	不协调	不协调	不协调	不协调	不协调	不协调	不协调	不协调	不协调	不协调
赣州市	不协调	不协调	不协调	不协调	不协调	不协调	不协调	不协调	不协调	不协调	不协调	不协调	不协调	不协调	不协调
上饶市	不协调	不协调	不协调	不协调	不协调	不协调	不协调	不协调	不协调	不协调	不协调	不协调	不协调	不协调	不协调
鹰潭市	不协调	不协调	不协调	不协调	不协调	不协调	不协调	不协调	初级	不协调	初级	不协调	不协调	不协调	不协调
梅州市	初级	不协调	不协调	不协调	不协调	不协调	不协调	不协调	不协调	不协调	不协调	不协调	不协调	不协调	不协调
揭阳市	初级	初级	不协调	初级	不协调	不协调	不协调	不协调	不协调	不协调	不协调	不协调	初级	初级	初级
汕头市	中度	中度	中度	中度	中度	中度	中度	中度	中度	中度	中度	初级	中度	中度	中度
潮州市	初级	初级	初级	初级	初级	初级	初级	初级	初级	初级	初级	初级	不协调	不协调	不协调

从表 7－12 的协调发展度类型来看，各年度海峡西岸城市群的协调发展度类型在时间序列上变化不是很明显，而在城市与城市之间差别比较显著。其中属于城市建设用地空间拓展与城市经济增长高度协调的城市是厦门市，这是因为厦门市大力推进产业结构转型升级，积极发展旅游业等服务行业，而且一直注重环境，经济发展逐渐向科技和服务驱动转型，同时，厦门不断加强规划控制，严格建设用地供应，在违法用地整治、存量土地开发利用

等方面取得不错成效。城市建设用地粗放扩展的态势得到控制,土地利用结构不断优化,土地利用效率不断提高,使城市建设用地空间拓展与城市经济增长处于协调发展的良好状态。

处于中度协调状态的城市有福州、泉州、温州和汕头,这四个城市的城市建设用地空间拓展与城市经济增长处于中度协调状态,即磨合阶段。这四个城市的共同特点是经济发展比较快速,且城市比较注重调整产业结构和布局,城市经济系统在保持经济总量稳步增长的同时,也实现了产业结构逐步优化和效益逐步提升。同时,城市建设用地空间拓展逐步实现结构优化,也在效益方面得到一定提升,且土地生态环境日渐改善,两系统协调发展情况比较良好。

属于初级协调状态的城市主要有莆田、三明、漳州、龙岩、衢州、潮州,这些城市建设用地空间拓展与城市经济增长处于初级协调发展状态,即拮抗状态。这些城市经济增长虽然在不断提高,但是工业依然占较大比重,经济增长主要依靠消耗资源为代价;伴随着经济的快速发展,建设用地空间拓展比较明显,土地粗放利用问题突出,生态环境遭到严重威胁。

除上述城市外,南平、宁德、抚州、上饶、鹰潭、梅州等市则处于两系统失调状态,此时,城市建设用地空间拓展和城市经济增长都处于较低发展水平,土地要素的投入与经济增长结构不匹配,经济增长对建设用地拓展的驱动作用和土地要素投入对经济增长的促进作用都不明显。

3)海峡西岸城市群城市建设用地空间拓展与城市经济增长滞后类型分析(见表7-13)。

表7-13　海峡西岸城市群城市建设用地空间拓展与城市经济增长协调滞后类型

年份	2000	2001	2002	2003	2004	2005	2006	2007	2008	2009	2010	2011	2012	2013	2014
福州市	地滞后	地滞后	地滞后	地滞后	地滞后	地滞后	地滞后	协调	协调	协调	协调	协调	协调	协调	协调
厦门市	协调	协调	经滞后	协调	协调	协调	经滞后	协调	协调	协调	协调	协调	协调	协调	协调
莆田市	协调	协调	协调	协调	地滞后	协调	协调	地滞后	地滞后	地滞后	地滞后	地滞后	地滞后	地滞后	地滞后

续表

年份	2000	2001	2002	2003	2004	2005	2006	2007	2008	2009	2010	2011	2012	2013	2014
三明市	协调	协调	协调	协调	协调	协调	协调	协调	协调	协调	经滞后	经滞后	经滞后	经滞后	经滞后
泉州市	协调	协调	协调	协调	协调	协调	协调	协调	协调	协调	协调	协调	协调	协调	协调
漳州市	协调	协调	协调	协调	协调	协调	协调	协调	协调	协调	协调	协调	地滞后	地滞后	地滞后
南平市	协调	协调	协调	协调	协调	协调	协调	协调	协调	协调	协调	地滞后	地滞后	地滞后	地滞后
龙岩市	协调	协调	协调	协调	协调	协调	协调	协调	协调	协调	协调	地滞后	地滞后	地滞后	地滞后
宁德市	协调	协调	经滞后	协调	协调	协调	协调	协调	协调	协调	协调	协调	协调	协调	协调
衢州市	协调	协调	协调	协调	协调	协调	协调	协调	协调	协调	协调	协调	地滞后	地滞后	地滞后
丽水市	经滞后	经滞后	经滞后	经滞后	经滞后	经滞后	经滞后	经滞后	经滞后	经滞后	经滞后	经滞后	经滞后	经滞后	经滞后
温州市	经滞后	经滞后	经滞后	经滞后	协调	协调	经滞后	经滞后	经滞后	经滞后	经滞后	经滞后	协调	协调	协调
抚州市	经滞后	经滞后	经滞后	经滞后	经滞后	经滞后	经滞后	经滞后	经滞后	经滞后	经滞后	经滞后	经滞后	经滞后	经滞后
赣州市	协调	经滞后	经滞后	协调	经滞后	经滞后	协调	协调	经滞后	协调	协调	协调	协调	协调	协调
上饶市	协调	协调	协调	协调	协调	协调	协调	地滞后	地滞后	协调	地滞后	地滞后	地滞后	地滞后	地滞后
鹰潭市	经滞后	经滞后	经滞后	经滞后	经滞后	经滞后	经滞后	协调	经滞后	经滞后	经滞后	经滞后	经滞后	经滞后	协调
梅州市	经滞后	经滞后	经滞后	协调	协调	协调	协调	经滞后	经滞后	经滞后	经滞后	经滞后	经滞后	经滞后	经滞后
揭阳市	经滞后	经滞后	经滞后	经滞后	经滞后	经滞后	经滞后	经滞后	经滞后	经滞后	经滞后	经滞后	经滞后	经滞后	经滞后
汕头市	经滞后	经滞后	经滞后	协调	协调	协调	协调	协调	协调	协调	协调	协调	协调	协调	协调
潮州市	协调	协调	协调	协调	协调	协调	协调	协调	协调	协调	协调	协调	协调	协调	协调

注：表中的“经滞后”意为“经济增长滞后”，“地滞后”意为“建设用地空间拓度滞后”。

从表7－13可以看出，从2000—2014年，海峡西岸城市群中城市建设用地空间拓展与经济增长基本协调的城市有：厦门市、泉州市、宁德市、潮州市。这些城市在城市化过程中，建设用地空间拓展与经济增长始终保持基本协调的状态。城市建设用地空间拓展与经济增长由二者协调到建设用地空间拓展滞后的城市有莆田市、漳州市、南平市、龙岩市、衢州市、上饶市。

这些城市早些年土地与经济二者保持良性互动,但是由于经济的快速增长,建设用地扩展的速度赶不上经济增长的速度,导致城市建设用地空间拓展滞后于经济发展。城市建设用地空间拓展与经济增长由二者协调到经济增长滞后的城市有三明市。三明市在经济发展过程中,最初能与建设用地保持协调,但是后来建设用地持续拓展,经济增长却赶不上建设用地拓展的速度,造成经济增长滞后于建设用地空间拓展。由建设用地空间拓展滞后到城市建设用地空间拓展与经济增长二者协调的城市有福州市。福州市在2000—2006年建设用地空间拓展滞后于城市经济发展,但是随着建设用地进一步的开发利用,二者之间的关系趋于协调。由经济增长滞后到城市建设用地空间拓展与经济增长二者协调的城市有温州市、赣州市、汕头市。这些城市早期经济增长滞后于城市建设用地空间拓展,但是随着经济的进一步发展和建设用地的有效控制,二者之后渐趋协调。而持续处于经济增长滞后的城市有丽水市、抚州市、鹰潭市、梅州市、揭阳市。这些城市经济增长的速度一直滞后于建设用地空间拓展速度,建设用地空间拓展相对于当地的经济发展,处于超前扩张的状态。

7.4 城市建设用地空间拓展与经济增长协调发展空间分异研究

7.4.1 研究方法

利用ARCGIS软件空间分析功能,采用探索性数据分析(ESDA)方法分析城市建设用地空间拓展与城市经济增长协调发展空间分异规律(具体研究方法见第6章第4节研究方法介绍)。

7.4.2 实证分析

(1)海峡西岸城市群城市建设用地空间拓展指数空间分布见表7-14、表7-15。

表 7-14　2000 年海峡西岸城市群城市建设用地空间拓展指数

城市	福州市	莆田市	泉州市	厦门市	漳州市
拓展指数	0.37~0.99	0.11~0.20	0.20~0.37	0.37~0.99	0.11~0.20
城市	宁德市	龙岩市	三明市	南平市	温州市
拓展指数	0.00~0.05	0.11~0.20	0.05~0.11	0.05~0.11	0.37~0.99
城市	丽水市	衢州市	赣州市	抚州市	鹰潭市
拓展指数	0.00~0.05	0.11~0.20	0.11~0.20	0.11~0.20	0.00~0.05
城市	上饶市	潮州市	揭阳市	汕头市	梅州市
拓展指数	0.05~0.11	0.20~0.37	0.11~0.20	0.37~0.99	0.20~0.37

表 7-15　2014 年海峡西岸城市群城市建设用地空间拓展指数

城市	福州市	莆田市	泉州市	厦门市	漳州市
拓展指数	0.38~0.93	0.09~0.15	0.38~0.93	0.38~0.93	0.09~0.15
城市	宁德市	龙岩市	三明市	南平市	温州市
拓展指数	0.00~0.03	0.03~0.09	0.00~0.03	0.00~0.03	0.38~0.93
城市	丽水市	衢州市	赣州市	抚州市	鹰潭市
拓展指数	0.00~0.03	0.09~0.15	0.38~0.93	0.09~0.15	0.00~0.03
城市	上饶市	潮州市	揭阳市	汕头市	梅州市
拓展指数	0.03~0.09	0.03~0.09	0.15~0.38	0.38~0.93	0.03~0.09

从海峡西岸城市群城市建设用地空间拓展指数空间分布可以看到，2000 年城市建设用地空间拓展指数总体呈现出由南向北递减，由沿海向内陆递减的空间分布态势；而到 2014 年，则呈现出由四周向中心递减的空间分布态势，丽水、宁德、三明、南平城市建设用地空间拓展指数处于洼地，相对于其他城市，这些城市空间拓展速度较慢。

(2)海峡西岸城市群城市经济增长指数空间分布见表 7-16、表 7-17。

表 7-16　2000 年海峡西岸城市群城市经济增长指数

城市	福州市	莆田市	泉州市	厦门市	漳州市
增长指数	0.23~0.40	0.06~0.14	0.23~0.40	0.40~1.00	0.14~0.23
城市	宁德市	龙岩市	三明市	南平市	温州市
增长指数	0.06~0.14	0.06~0.14	0.14~0.23	0.06~0.14	0.14~0.23

续表

城市	丽水市	衢州市	赣州市	抚州市	鹰潭市
增长指数	0.06～0.14	0.06～0.14	0.00～0.06	0.00～0.06	0.00～0.06
城市	上饶市	潮州市	揭阳市	汕头市	梅州市
增长指数	0.00～0.06	0.06～0.14	0.06～0.14	0.14～0.23	0.00～0.06

表 7－17　2014 年海峡西岸城市群城市经济增长指数

城市	福州市	莆田市	泉州市	厦门市	漳州市
增长指数	0.26～0.40	0.06～0.17	0.26～0.40	0.40～0.91	0.17～0.26
城市	宁德市	龙岩市	三明市	南平市	温州市
增长指数	0.06～0.17	0.17～0.26	0.17～0.26	0.06～0.17	0.17～0.26
城市	丽水市	衢州市	赣州市	抚州市	鹰潭市
增长指数	0.06～0.17	0.06～0.17	0.00～0.06	0.00～0.06	0.17～0.26
城市	上饶市	潮州市	揭阳市	汕头市	梅州市
增长指数	0.00～0.06	0.06～0.17	0.00～0.06	0.06～0.17	0.00～0.06

从 2000 年和 2014 年海峡西岸城市群城市经济增长指数空间分布情况来看，指数分布差异不大，均呈现从沿海向内陆衰减的趋势，厦门、泉州、福州等沿海城市的经济增长速度和经济增长幅度明显高于内陆城市，经济发展更加活跃。

（3）海峡西岸城市群协调度 C 空间分布见表 7－18、表 7－19。

表 7－18　2000 年海峡西岸城市群协调度 C 分布

城市	福州市	莆田市	泉州市	厦门市	漳州市
协调度 C	0.81～0.94	0.94～1.00	0.94～1.00	0.94～1.00	0.94～1.00
城市	宁德市	龙岩市	三明市	南平市	温州市
协调度 C	0.03～0.55	0.94～1.00	0.94～1.00	0.94～1.00	0.55～0.81
城市	丽水市	衢州市	赣州市	抚州市	鹰潭市
协调度 C	0.55～0.81	0.94～1.00	0.03～0.55	0.55～0.81	0.94～1.00
城市	上饶市	潮州市	揭阳市	汕头市	梅州市
协调度 C	0.00～0.03	0.81～0.94	0.81～0.94	0.55～0.81	0.03～0.55

表7-19 2014年海峡西岸城市群协调度C分布

城市	福州市	莆田市	泉州市	厦门市	漳州市
协调度C	0.88~1.00	0.88~1.00	0.88~1.00	0.88~1.00	0.88~1.00
城市	宁德市	龙岩市	三明市	南平市	温州市
协调度C	0.02~0.40	0.73~0.88	0.40~0.73	0.40~0.73	0.73~0.88
城市	丽水市	衢州市	赣州市	抚州市	鹰潭市
协调度C	0.40~0.73	0.88~1.00	0.02~0.40	0.88~1.00	0.40~0.73
城市	上饶市	潮州市	揭阳市	汕头市	梅州市
协调度C	0.73~0.88	0.88~1.00	0.40~0.73	0.40~0.73	0.00~0.02

从2000年和2014年海西城市群城市建设用地空间拓展和经济增长的协调度来看，整体空间分布形态差异较大。2000年协调度表现为中间高、四周低的空间分布状态，南平、三明、龙岩、鹰潭等市的协调度水平明显高于南部梅州、潮州、汕头等市。2014年，协调度则呈现从沿海向内陆递减的趋势，福州、莆田、泉州、厦门、漳州等市的协调度属于较高水平，协调度水平较低的区域则出现在赣州市和梅州市。

(4)海峡西岸城市群协调发展度T空间分布见表7-20、表7-21。

表7-20 2000年海峡西岸城市群发展度T分布

城市	福州市	莆田市	泉州市	厦门市	漳州市
发展度T	0.54~0.87	0.06~0.15	0.21~0.54	0.54~0.87	0.15~0.21
城市	宁德市	龙岩市	三明市	南平市	温州市
发展度T	0.00~0.06	0.15~0.21	0.06~0.15	0.06~0.15	0.54~0.87
城市	丽水市	衢州市	赣州市	抚州市	鹰潭市
发展度T	0.00~0.06	0.06~0.15	0.06~0.15	0.06~0.15	0.00~0.06
城市	上饶市	潮州市	揭阳市	汕头市	梅州市
发展度T	0.00~0.06	0.15~0.21	0.06~0.15	0.21~0.54	0.15~0.21

表7-21 2014年海峡西岸城市群发展度T分布

城市	福州市	莆田市	泉州市	厦门市	漳州市
发展度T	0.20~0.58	0.11~0.20	0.20~0.58	0.58~0.92	0.05~0.11
城市	宁德市	龙岩市	三明市	南平市	温州市
发展度T	0.00~0.05	0.05~0.11	0.05~0.11	0.00~0.05	0.20~0.58

续表

城市	丽水市	衢州市	赣州市	抚州市	鹰潭市
发展度 T	0.00 ~ 0.05	0.05 ~ 0.11	0.05 ~ 0.11	0.00 ~ 0.05	0.00 ~ 0.05
城市	上饶市	潮州市	揭阳市	汕头市	梅州市
发展度 T	0.00 ~ 0.05	0.00 ~ 0.05	0.05 ~ 0.11	0.20 ~ 0.58	0.00 ~ 0.05

从2000年和2014年海西城市群城市建设用地空间拓展和经济增长的发展度来看,2000年发展度表现为东南沿海向西北内陆递减的趋势,温州、福州、厦门、汕头、泉州等市的发展度水平明显高于上饶、鹰潭等内陆城市。2014年,大部分城市的发展度水平有所提高,发展度整体比较均衡,空间变化情况并不明显。

(5)海峡西岸城市群协调发展度D空间分布见表7-22、表7-23。

表7-22　2000年海峡西岸城市群协调发展度D分布

城市	福州市	莆田市	泉州市	厦门市	漳州市
协调发展度 D	0.44 ~ 0.76	0.26 ~ 0.44	0.44 ~ 0.76	0.76 ~ 0.93	0.26 ~ 0.44
城市	宁德市	龙岩市	三明市	南平市	温州市
协调发展度 D	0.04 ~ 0.26	0.26 ~ 0.44	0.26 ~ 0.44	0.26 ~ 0.44	0.44 ~ 0.76
城市	丽水市	衢州市	赣州市	抚州市	鹰潭市
协调发展度 D	0.04 ~ 0.26	0.26 ~ 0.44	0.04 ~ 0.26	0.04 ~ 0.26	0.04 ~ 0.26
城市	上饶市	潮州市	揭阳市	汕头市	梅州市
协调发展度 D	0.00 ~ 0.04	0.26 ~ 0.44	0.26 ~ 0.44	0.44 ~ 0.76	0.26 ~ 0.44

表7-23　2014年海峡西岸城市群协调发展度D分布

城市	福州市	莆田市	泉州市	厦门市	漳州市
协调发展度 D	0.52 ~ 0.96	0.30 ~ 0.52	0.52 ~ 0.96	0.52 ~ 0.96	0.30 ~ 0.52
城市	宁德市	龙岩市	三明市	南平市	温州市
协调发展度 D	0.03 ~ 0.21	0.30 ~ 0.52	0.21 ~ 0.30	0.03 ~ 0.21	0.52 ~ 0.96
城市	丽水市	衢州市	赣州市	抚州市	鹰潭市
协调发展度 D	0.21 ~ 0.30	0.30 ~ 0.52	0.21 ~ 0.30	0.21 ~ 0.30	0.21 ~ 0.30
城市	上饶市	潮州市	揭阳市	汕头市	梅州市
协调发展度 D	0.03 ~ 0.21	0.21 ~ 0.30	0.30 ~ 0.52	0.30 ~ 0.52	0.00 ~ 0.03

从 2000 年和 2014 年海西城市群城市建设用地空间拓展和经济增长的协调发展度来看,2000 年协调发展度呈现出由东南沿海向西北内陆递减的强烈趋势,温州、福州、厦门、汕头、泉州等市的协调发展度水平明显高于其他城市。2014 年,大部分城市的协调度发展水平有所提高,协调发展度整体比较均衡,协调发展度水平较高的城市开始向内陆蔓延。

(6)海峡西岸城市群协调发展度 D 高低值集聚见表 7－24、表 7－25。

表 7－24　2000 年海峡西岸城市群协调发展度 D 高低值集聚

城市	福州市	莆田市	泉州市	厦门市	漳州市
高低值集聚	HH	(不显著)	HH	HH	(不显著)
城市	宁德市	龙岩市	三明市	南平市	温州市
高低值集聚	(不显著)	LL	LL	LL	(不显著)
城市	丽水市	衢州市	赣州市	抚州市	鹰潭市
高低值集聚	(不显著)	(不显著)	LL	LL	LL
城市	上饶市	潮州市	揭阳市	汕头市	梅州市
高低值集聚	LL	(不显著)	(不显著)	(不显著)	(不显著)

表 7－25　2014 年海峡西岸城市群协调发展度 D 高低值集聚

城市	福州市	莆田市	泉州市	厦门市	漳州市
高低值集聚	HH	(不显著)	HH	HH	(不显著)
城市	宁德市	龙岩市	三明市	南平市	温州市
高低值集聚	(不显著)	(不显著)	(不显著)	(不显著)	(不显著)
高低值集聚	(不显著)	(不显著)	LL	LL	LL
城市	上饶市	潮州市	揭阳市	汕头市	梅州市
高低值集聚	LL	(不显著)	(不显著)	(不显著)	(不显著)

通过局部空间自相关检验,可以看到,2000 年,海西城市群的城市建设用地空间拓展与经济增长协调发展度的高值集聚区主要分布在福州、泉州、厦门等市,而低值集聚区主要分布在上饶、鹰潭、抚州、南平、三明、赣州等市;到 2014 年,高值集聚值依然分布在福州、泉州、厦门等市,低值集聚区则缩减到上饶、鹰潭、福州、赣州等市,其他地区的协调发展度高低值集聚特征并不显著。

7.5 本章小结

本章以新型城镇化背景下城市建设用地空间拓展与城市经济增长协调发展为主题,探讨了城市建设用地空间拓展与城市经济增长的协调发展关系。

首先,本章对已有相关研究成果进行了比较系统的总结与归纳,在成果梳理的基础上,分析了经济增长、产业结构与土地利用之间的协调互动关系,并阐述了二者之间的三种关系:土地要素促进经济增长、经济增长促进建设用地空间拓展、二者之间互动关系。

其次,根据相关理论分析,提出了城市建设用地空间拓展与经济增长的库兹涅茨曲线假说:在城市经济发展过程中,城市建设用地投入的数量与经济增长之间的关系可能存在类似于库兹涅茨曲线的关系,即城市建设用地空间拓展曲线呈倒 U 形。在经济发展初期阶段,城市建设用地空间规模可能会呈现出先快速扩张,后缓慢扩张,当经济增长到一定临界水平值,城市建设用地空间拓展趋于稳定抑或出现下降趋势,最终将逐渐减弱甚至消除。针对这种理论假说,以福建省为例,对我国新型城镇化进程中城市建设用地空间拓展与城市经济增长的库兹涅茨关系进行实证研究,研究发现,福建省城市建设用地空间拓展整体上已经出现了库兹涅茨曲线效应,城市建设用地空间拓展曲线呈现出倒 U 形特征,人均 GDP 达到 219173 元/(人·时),城市建设用地空间拓展达到最大值 1432 平方千米,拐点将在 2035 年左右出现。

再次,利用城市建设用地空间拓展与城市经济增长协调发展度模型对海峡西岸城市群的城市建设用地空间拓展与经济增长的耦合协调发展情况进行了评价与分析。结果表明,年度海峡西岸城市群的协调发展度类型在时间序列上变化不是很明显,而在城市与城市之间差别比较显著。其中属于城市建设用地空间拓展与城市经济增长高度协调的城市是厦门市;处于中度协调状态的城市有福州、泉州、温州和汕头,这四个城市城市建设用地空间拓展与城市经济增长处于中度协调状态,即磨合阶段;属于初级协调状态的城市主要有莆田、三明、漳州、龙岩、衢州、潮州，这些城市建设用地空间拓展与城市经济增长处于初级协调发展状态，即拮抗状态；南平、宁德、抚州、上饶、鹰潭、梅州等市则处于两系统失调状态，此时，城市建设用地空间拓展和城市经济增长都处于较低发展水平，土地要素的投入与经济增长结构不匹配，经济增长对建设用地拓展驱动作用和土地要素投入对经济增长促进作用不明显。

最后，利用 GIS 空间分析功能，采用探索性数据分析（ESDA）方法分析了海峡西岸城市群建设用地空间拓展与城市经济协调发展空间分异规律。结果表明：①从 2000 年和 2014 年海西城市群城市建设用地空间拓展和经济增长的协调度来看，整体空间分布形态差异较大。2000 年协调度表现为中间高、四周低的空间分布状态，南平、三明、龙岩、鹰潭等城市的协调度水平明显高于南部梅州市、潮州市、汕头市等。2014 年，协调度则呈现出从沿海向内陆递减的趋势，福州、莆田、泉州、厦门、漳州等城市的协调度属于较高水平，协调度水平较低的区域则出现在赣州市和梅州市。②从 2000 年和 2014 年海西城市群城市建设用地空间拓展和经济增长的发展度来看，2000 年发展度表现为东南沿海向西北内陆递减的趋势，温州、福州、厦门、汕头、泉州等城市的发展度水平明显高于上饶、鹰潭等内陆城市。2014 年，大部分城市的发展度水平有所提高，发展度整体比较均衡，空间变化情况并不明显。③从 2000 年和 2014 年海西城市群城市建设用地空间拓展和经济增长的协调发展度来看，2000 年协调发展度呈现由东南沿海向西北内陆递减的强烈趋势，温州、福州、厦门、汕头、泉州等城市的协调发展度水平明显高于其他城市。2014 年，大部分城市的协调度发展水平有所提高，协调发展度整体比较均衡，协调发展度水平较高的城市开始向内陆蔓延。

参考文献

[1]威廉·配第（W. Petty）. 赋税论献给英明人士货币略论[M]. 陈冬野，译. 北京：商务印书馆，1978.

[2]姜海，曲福田. 不同发展阶段建设用地扩张对经济增长的贡献与响应[J]. 中国

人口·资源与环境,2009,19(1):70-75.

[3]张佰林,杨庆媛,鲁春阳,孙丕苓,宗会明. 不同经济发展阶段区域土地利用变化及对经济发展的影响——以重庆市40个区县为例[J]. 经济地理,2011,31(9):1539-1544.

[4]郭瑞敏,千怀遂,张灵,李明霞. 不同生态位城市用地扩张和经济发展的互动关系研究——以广东省为例[J]. 自然资源学报,2016(5).

[5]邓楚雄,谢炳庚,吴永兴,张海燕,张鸿辉. 长沙市土地利用与经济协调发展定量评价[J]. 经济地理,2008(4):151-155.

[6]陆效平,王静,金志丰. 江苏省建设用地扩展类型及对经济增长的贡献研究[J]. 上海国土资源, 2014(3):43-46.

[7]张兴榆,黄贤金,赵雲泰,王倩倩. 近10年江苏省土地利用重心与经济重心迁移轨迹对比分析[J]. 长江流域资源与环境,2011, 20(1):14-20.

[8]潘竟虎,郑凤娟,杨东. 甘肃省土地集约利用与经济发展的时空差异分析[J]. 资源科学,2011, 33(4):684-689.

[9]赵可,张安录. 城市建设用地、经济发展与城市化关系的计量分析[J]. 中国人口·资源与环境,2011, 21(1):7-12.

[10]李鹏,濮励杰. 发达地区建设用地扩张与经济发展相关关系的探究——基于与全国平均水平的比较[J]. 自然资源学报,2012,27(11):1823-1832.

[11]盛业旭,刘琼,欧名豪,佴伶俐. 城市土地扩张与经济发展的Kuznets曲线效应分析——以江苏省13个地级市为例[J]. 资源科学,2014,36(2):296-302.

[12]张虹鸥,叶玉瑶,杨丽娟,吴旗韬. 广东30年建设用地增长对经济发展的贡献[J]. 经济地理, 2008(6):904-908.

[13]李鑫,欧名豪. 建设用地扩张对经济持续增长能力影响[J]. 经济地理,2012,32(11):126-130.

[14]高魏. 上海市建设用地与经济社会发展的空间计量经济分析[J]. 上海国土资源, 2013, 34(3):11-15.

[15]叶玉瑶,张虹鸥,许学强,周春山. 珠江三角洲建设用地扩展与经济增长模式的关系[J]. 地理研究, 2011,30(12):2259-2271.

[16]Rostow W . The Stages of Economic Growth[J]. The Economic History Review (New Series), 1959, 12(1):1-16.

[17]董晓花,王欣,陈利. 柯布—道格拉斯生产函数理论研究综述[J]. 生产力研究,2008,164(3):148-150.

[18]Kuznets S . Economic Growth and Income Inequality[J]. American Economic Review, 1955, 45(1):1-28.

第8章 建设用地空间拓展与生态协调发展研究

国务院2017年发布的《全国国土规划纲要(2016—2030年)》提出:要落实节约优先战略,坚持陆域开发与海域利用相统筹;到2030年,国土开发强度不超过4.62%,城镇空间控制在11.67万平方千米以内①。根据《全国国土规划纲要》和《全国主体功能区规划》②,我国经济发达、人口密集区域的城市建设用地开发利用强度③较高,资源环境承载力已经接近环境承受极限。按照国际一般标准,城市建设用地开发强度为20%时,是最宜居的。城市建设用地开发强度为30%时,则是警戒线,某城市建设用地开发强度若超过此标准,则生态环境将会遭受严重威胁。因此,合理控制城市建设用地开发强度,理清与生态环境之间的关系,科学确定城市建设用地空间拓展边界,对于保护生态环境,促进我国城市建设用地空间拓展与生态协调可持续发展尤为重要。

国外关于建设用地扩张与生态环境的研究主要表现为城市蔓延,Pope(1999)认为,城市蔓延导致了空气污染程度的提高,并威胁到了野生动物的生存。其直接成本就是大量的土地资源被钢筋、水泥、混凝土永久地转变为城市建筑环境,导致自然环境和开放空间的数量减少、空间缩小④。Goldberg(1999)认为,蔓延式的发展格局使城市中的人们不得不花费大量的时间在机动化出行上。低密度开发导致出行距离增加,设计不合理导致交通拥堵,最终导致出行时间增加⑤。Mander Ü 和 Nasrallah 等(1998)认为城市化发展

---

① 国务院. 国务院关于印发全国国土规划纲要(2016—2030年)的通知[L]. 2017-01-03.

② 国务院. 国务院关于编制全国主体功能区规划的意见[L]. 2007-07-26.

③ 城市建设用地开发利用强度以某城市建设用地空间占该市总面积之比来表示,解释来源于:赵亚莉,刘友兆,龙开胜. 城市土地开发强度变化的生态环境效应[J]. 中国人口·资源与环境,2014,24(7):23-29.

④ Pope C. Americans are Saying No to Sprawl[R]. PERC Reports,1999(1):5-8.

⑤ Goldberg D. Rethinking the American Dream: Covering Urban Sprawl[M]. Fredericksburg, RT-NDF,1999:1-25.

在对自然生态景观产生重大影响的同时也约束了自身发展。总的来说是20世纪以来人类社会最重要的特征①。

王家庭等(2014)分析了快速城镇化进程中我国城市蔓延的主要表现，包括城市扩张速度高于城市人口的增长速度、城市内部人均建成区面积指标过高、城市用地粗放、城市道路投资加快、公共交通发展滞后等，并研究了城市蔓延对生态环境的负面影响，包括占用耕地、损害湿地、环境污染、资源利用效率低下、吞噬开敞空间等②。赵亚莉等(2014)认为城市土地开发强度的大小影响着生态环境的变化。其中，城市土地开发强度高时将导致大量的资源消耗和污染物排放。城市土地开发强度低时生态系统服务价值高。与城市土地开发强度由低到高相对应的是，生态环境的效应指标变化先快后慢，所以要在城市土地开发强度较低时就要强化生态环境保护③。吴健生等(2014)认为需要同时运用两种管控政策，因为数量控制的生态政策虽然可以提高土地利用的集约性，遏制景观破碎化和生境质量的下降趋势并能增强景观连通性，但对城市用地周边生态环境造成影响。而空间控制的生态政策虽然可以维护生态用地格局并遏制景观破碎化和生境质量下降趋势，却在维护景观连通性方面作用有限。④ 张浩和赵智杰(2011)进一步完善了评价框架，在评价指标体系中增加了生态足迹分析和生态服务价值两个重要指标。城市用地生态适宜性分区研究以生态足迹和生态服务功能为重要指标，更具有针对性，分区结果更加合理，有助于地区的可持续发展⑤。肖

① Mander Ü, Kull A. , Tamm V. et al. Impact of Climatic Fluctuations and Land Use Change on Runoff and Nutrient Losses in Rural Landscapes[J]. Landscape and Urban Planning, 1998(41):229-238; Nasrallah H. A. , Brazel A. J. , Balling R. C. Analysis of the Kuwait City Heat Island[J]. Climate, 1987(7):185-192.

② 王家庭，赵丽，冯树，赵运杰. 城市蔓延的表现及其对生态环境的影响[J]. 城市问题，2014(5).

③ 赵亚莉，刘友兆，龙开胜. 城市土地开发强度变化的生态环境效应[J]. 中国人口·资源与环境，2014，24(7):23-29.

④ 吴健生，冯喆，高阳，彭建. 基于DLS模型的城市土地政策生态效应研究——以深圳市为例[J]. 地理学报，2014，69(11):1673-1682.

⑤ 张浩，赵智杰. 基于GIS的城市用地生态适宜性评价研究[J]. 北京大学学报(自然科学版)，2011，47(3):531-538.

长江等(2015)运用景观安全格局方法构建区域综合生态安全格局,采用最小累积阻力模型对区域建设用地开发经济适宜性进行评价,从“生态—经济”比较优势视角提出了一种优化配置建设用地空间的方法,可以作为土地利用规划和生态保护规划编制的科学依据①。段学军等(2009)通过建立建设用地配置适宜性评价指标体系,采用蒙特卡洛(Monte Carlo)法构建优化模型,模拟了 2030 年泰州市建设用地分布,该配置方案使得经济发展适宜地区的经济潜力可以得到充分的发挥,同时对因建设用地拓展而产生的生态敏感空间压力和优质农业空间压力起到缓解作用②。陈绪冬等(2008)将环境经济学中的损益分析方法引入城市用地生态适宜性评价当中,通过建立“潜力—阻力”模型,定量化揭示和反映福建长汀城市用地的生态适宜性空间分布特征与差异③。李广娣等(2013)认为与传统城镇化相比,新型城镇化的发展应该与区域自然基础和生态环境格局相匹配,科学判别和保护城市空间增长的生态底线④。金杰和张洪(2014)认为高原湖滨区域经济可持续发展及城市化要维持湖泊流域生态系统良性循环,必须节约集约用地、控制城镇村建设用地规模、保留生态用地和绿色空间⑤。张健等(2008)在总结国内外研究基础上,分析了城市用地扩展对城市生态安全的影响⑥。

8.1　城市建设用地空间拓展与生态关系理论

城市土地开发强度的增长过程，就是一个城市建设用地不断扩张的过

① 肖长江,欧名豪,李鑫. 基于生态—经济比较优势视角的建设用地空间优化配置研究——以扬州市为例[J]. 生态学报,2015,35(3):696－708.

② 段学军,秦贤宏,陈江龙. 基于生态—经济导向的泰州市建设用地优化配置[J]. 自然资源学报,2009(7):1181－1191.

③ 陈绪冬,李剑,陈眉舞,宗跃光. 基于损益分析的城市用地生态适宜性评价研究——以福建长汀为例[J]. 规划师, 2008, 24(7):86－90.

④ 李广娣,冯长春,曹敏政. 基于土地生态敏感性评价的城市空间增长策略研究——以铜陵市为例[J]. 城市发展研究,2013,20(11):69－74.

⑤ 金杰,张洪. 生态约束下的城市用地扩张与土地集约利用模式　以滇池流域为例[J]. 城市发展研究,2014,21(2):42－48.

⑥ 张健,高中贵,濮励杰,彭补拙. 经济快速增长区城市用地空间扩展对生态安全的影响[J]. 生态学报,2008, 28(6):2799－2810.

程。而城市建设用地如果开发强度超标,将会严重影响生态环境。两者之间的关系如图 8-1 所示:一方面,随着城市建设用地空间拓展,大量自然资源被占用和消耗。自然资源大量消耗的同时也导致了废弃物排放增加。另一方面,城市人口和产业扩张消耗了大量水资源、电力等资源且废弃物排放与资源消耗量成正比。最终,城市过度开发利用带来的环境污染将超过生态环境容量。① 对于如何合理开发城市建设用地,保护生态环境来说,理清与生态环境之间的关系至关重要。这有助于促进我国城市建设用地空间拓展与生态协调可持续发展,构建"绿色城市"。

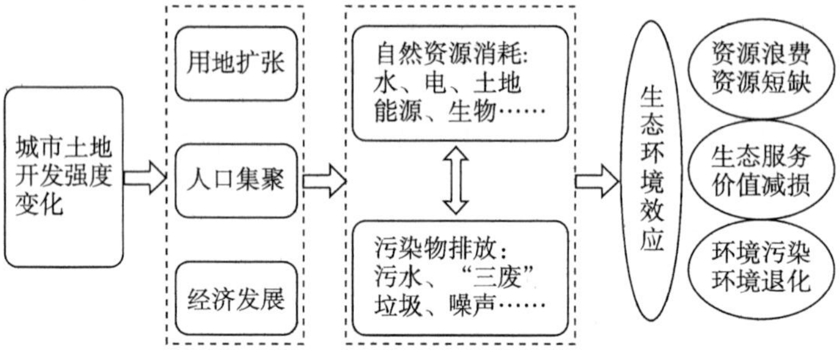

图 8-1　城市土地开发强度变化与生态环境关系

资料来源:赵亚莉,刘友兆,龙开胜. 城市土地开发强度变化的生态环境效应[J]. 中国人口·资源与环境,2014,24(7):23-29.

可持续发展理论:可持续性发展包含两个概念——可持续和发展。可持续发展强调的是经济、社会和环境的协调发展,既满足当代人的需求,同时也要保证其可持续性,不影响满足后代的需要的能力。可持续发展理论认为,生态是自然界中各种资源之间的相互关系,人类任何时候都不能以牺牲生态与环境为代价去换取经济的一时发展。可持续发展的重要内容是自然环境的持续能力,土地作为人类生存和社会经济发展的物质载体,是人类世代相传所不能出让的生存和再生产条件。而有限的土地数量使土地资源的持续利用显得十分必要,土地的可更新性和利用永续性则使土地资源的

① 赵亚莉,刘友兆,龙开胜. 城市土地开发强度变化的生态环境效应[J]. 中国人口·资源与环境,2014,24(7):23-29.

持续利用成为可能。因此，土地资源承载力及其持续利用能力的研究是目前国际研究自然环境持续能力的热点之一。当今世界人类面临的人口、粮食、能源、资源和环境问题或多或少地、直接或间接地与土地资源及其利用有关。[①] 如何保护和合理利用稀缺的土地资源，统筹城乡发展、区域发展、经济社会发展，实现经济、社会、生态、环境的可持续发展十分重要。

人地协调理论：人地关系是人们对人类与地理环境之间关系的一种简称。德国地理学家拉采尔是人地关系经典解释的奠基人，他把生物与环境的关系类推为人类与自然环境的关系。英国学者罗士培最先提出了"协调"的思想，他在美国学者罗巴斯强调人地关系中人对环境的认识和适应的观点基础上发展了这种思想，认为人地关系应包括两方面的含义：一是人们对其周围自然环境的适应；二是一定区域内人和自然环境之间的相互作用。并在此基础上提出人类需要互动地、不断地适应于环境对人类的限制，而这种"适应"实际上是一种不断地调整，是人类有意识地对人地关系的协调。[②] 作为人地系统中的人，是生产者、建设者，也是消费者、破坏者，人类活动对自然的影响已十分重要。人地协调理论认为既不应该以减少人类利益的方式保护自然，也不应损害自然来满足人类。人们应该在利用土地资源时做到在开发中保护，在保护中合理开发，积极协调人地关系。

8.2　城市建设用地空间拓展对生态环境的影响

我国城市建设用地空间拓展对生态环境的影响主要体现在以下几个方面。

8.2.1　占用耕地，对耕地数量和质量造成双重影响

对比高效紧凑的城市建设用地空间拓展模式，城市建设用地空间低效拓展模式需要更多的空间以承载人类生产生活活动，这使得城市周边农地

---

① 郭艳红．北京市土地资源承载力与可持续利用研究[D]．中国地质大学(北京)，2010.

② 卓玛措．人地关系协调理论与区域开发[J]．青海师范大学学报(哲学社会科学版)，2005(6)：24－27.

不断向城市建设用地转变,耕地数量持续减少。城市建设用地空间拓展对耕地的影响主要表现在两方面:①从数量上来看,城市建设用地空间拓展减少了耕地数量。我国城镇化水平已经超过50%,城镇人口数量已经超过农村人口数量,在这个过程中,我国耕地面积出现逐年递减的趋势。目前,我国人均耕地面积还不到世界平均水平的一半,仅为1.38亩。②从质量上来看,城市建设用地空间拓展占用了大量优质耕地。虽然国家通过出台耕地占补平衡制度来抑制耕地面积减少,但是减少的耕地主要是分布在东部质量较好的耕地,而增加的耕地却普遍质量较差,难以有效利用。从资源配置的角度来理解,位于城市边缘的耕地配置到了能获得最大经济收益的主体(如开发商),而耕地的生产潜力以及社会生态效益却没有被重视。

8.2.2 损害湿地,扰乱野生动植物繁衍和迁移模式

湿地被称为"地球之肾",是地球上具有多重功能的不可或缺的独特系统,对于塑造自然景观、保护生物多样性、调节生态环境、涵养水源、调蓄洪水等方面具有重要作用。在城市建设用地空间拓展过程中,随着耕地不断减少,人们物质欲望不断膨胀,促使人类不断发展第二、第三产业,土壤和植被严重退化。而对地下资源过度开发及水源污染,给湿地带来了不可承受之损害。一直以来,我国湿地面积相比世界其他国家和地区,湿地占国土面积比例远低于它们,且伴随着城市化进程的推进,许多湿地遭受破坏,造成湿地退化,我国与其他国家的差距越来越大。城市建设用地空间的高速无序拓展还给野生动植物栖息环境造成影响,扰乱了野生动植物的繁衍和迁移模式,打乱了大自然生态系统的平衡。

8.2.3 污染环境,对人类居住健康造成严重威胁

国内外相关研究表明,推动城市建设用地空间外延式拓展的重要驱动因素之一是机动车普及。随着城市建设用地空间低密度、蔓延式发展,城市居民对机动车的依赖性加大,城市机动车数量不断增多。机动车数量增加不仅造成交通拥堵,而且增加了尾气排放,造成严重空气污染,同时也加剧了城市的噪声污染。如今,雾霾天气成为我国大部分地区普遍存在的现象,

据有关专家测算，由机动车尾气导致的空气污染占一半以上；同时，城市建设用地空间的低密度拓展还对水资源造成危害，硬化路面的增加减少了土壤可吸收水分；另外，随着建设用地空间的进一步拓展，酸雨出现的频率及酸雨强度也在不断增加。

8.2.4　盲目拓展，导致土地资源利用效率极其低下

自改革开放以来，我国发生了两次大规模的圈地运动，一次在 1992 年前后，另一次在 2000 年前后。经过这两次圈地运动，政府以公共利益名义征收土地，并用于商业用途，造成我国耕地面积急剧萎缩，直逼 18 亿亩红线，我国粮食安全受到威胁。圈地运动带来的负面效益如下：城市建设用地空间快速拓展，城市建设用地开发强度加大；新开发区域土地闲置现象严重，监督管理宽松；盲目的外延拓展忽略了土地的集约节约利用，导致大量土地低效开发，降低了城市土地开发利用效率，也对经济结构的转型升级带来不利影响。

8.2.5　快速拓展，导致大量绿色开敞空间被吞噬

绿色开敞空间是城市空间范围内不可或缺的重要组成部分。在城市建设用地开发强度日益增大、人口密度越来越大的情况下，城市绿色开敞空间对人类生产和生活来说显得弥足珍贵。如果说湿地是“地球之肾”，那么城市绿色开敞空间就是人的“呼吸系统”，它能够吸收城市的废气，调节城市的气候，也可以净化城市的空气。随着城市建设用地空间拓展边界不断向外拓展，低密度的城市建设用地区域入侵了大量城市的绿色开敞空间，使城市生态系统遭受损害，从而失去自然生态系统的自我调节能力，导致空气污染、城市热岛、城市水涝等城市病频发。

8.3　城市建设用地空间拓展的生态环境效应实证分析

8.3.1　研究区域与指标选取

本节以福建省各地级市为例，实证分析城市建设用地空间拓展强度对生态环境效应的影响。可以用城市建设用地面积占市区面积的百分比来表

示城市建设用地空间拓展强度。它反映了城市区域范围内土地的整体开发利用水平，这与《全国主体功能区规划》中设定的土地开发强度内涵保持一致。

根据已有的研究成果，通过对城市建设用地空间拓展与生态环境关系的梳理，城市建设用地空间拓展的生态环境效应主要可以通过三大影响因素来反映：一是污染物排放水平；二是生态系统服务价值变化；三是生态资源消耗水平。考虑到数据的完整性与可获得性，具体指标选取如下：

(1)污染物排放水平(EP)。污染物排放量与其对生态环境的威胁成正比，而生态环境的恶化程度也与一个城市污染物排放量多少密切相关。工业废弃物排放是城市的主要污染源，本研究采用工业废水排放量、工业二氧化硫排放量和工业烟尘排放量三个方面的指标衡量污染物排放水平。

(2)生态系统服务价值(EV)。生态系统整体的服务价值会被城市建设用地严重影响，而以往许多研究忽略了城市建设用地的生态系统服务价值。本研究通过考察城市建设用地的生态系统服务价值，揭示城市建设用地空间拓展强度的生态环境效应。参考以往研究，生态系统服务价值计算公式为①：

$$EV = \sum A_i \times R_i \tag{8-1}$$

式中：EV 为城市建设用地生态系统服务价值总和；A_i 为第 i 类城市建设用地面积；R_i 为第 i 类城市建设用地的生态服务价值系数。本书在研究中将城市建设用地划分为城镇及工矿用地以及城市园林绿地两类，城镇及工矿用地生态系统服务价值系数为 -5372 元·公顷/年；城市园林绿地生态系统服务价值系数为 2696 元·公顷/年。

(3)生态资源消耗水平(ER)。一个城市资源消耗的越多，相对应承受的生态环境压力越大，其中尤以水和电资源为重。本研究中采用地均用水量(1 万吨/平方千米)、地均用电量(1 万千瓦时/平方千米)表示生态资源消

① 赵亚莉，刘友兆，龙开胜．城市土地开发强度变化的生态环境效应[J]．中国人口·资源与环境，2014，24(7)：23-29.

耗水平。

8.3.2　数据来源及处理

本章以福建省及各地级市为例，涉及的城市建设用地面积、市区土地面积来自《中国城市统计年鉴》(2004—2015)，分类型城镇及工矿用地面积和城市园林绿地面积来源于《中国城市建设统计年鉴》(2004—2015)，其中，城镇及工矿用地包括居住用地、工业用地、交通用地、道路官场用地、公共设施用地和特殊用地等类型，污染物排放量涉及的各项指标来自《中国城市统计年鉴》(2004—2015)、《中国环境统计年鉴》(2004—2015)，前文所涉及的地均指标由各指标与城市市区面积之商计算而来，地均指标能够更好地反映城市单位面积所承受的生态环境压力。

8.3.3　城市建设用地空间拓展强度及生态环境效应变化趋势分析

2000—2014 年，福建省及各地级市城市建设用地空间拓展强度变化如表 8 –1 所示。

表 8 –1　2000—2014 年福建省及各地级市城市建设用地强度变化　　%

年份	2000	2001	2002	2003	2004	2005	2006	2007	2008	2009	2010	2011	2012	2013	2014
福建省	2.81	2.97	2.73	3.98	4.16	4.16	4.07	4.45	4.69	4.91	5.82	6.50	6.57	6.92	7.16
福州	8.82	9.30	9.78	15.34	15.92	15.92	16.97	16.97%	16.97	17.55	21.09	22.24	23.01	23.78	24.35
厦门	5.24	5.56	6.01	6.65	7.14	7.14	8.09	11.44	12.52	13.48	14.62	15.64	16.78	17.93	19.14
莆田	18.71	18.71	1.39	20.00	20.69	20.69	2.06	2.15	2.28	2.32	2.41	2.40	2.40	2.40	2.49
三明	1.53	1.53	1.53	1.61	1.61	1.61	2.04	2.04	2.12	2.21	2.38	2.46	2.80	2.95	3.13
泉州	7.55	8.49	9.25	10.94	10.94	10.94	15.12	10.00	10.47	11.29	18.82	24.89	22.18	23.98	23.16
漳州	5.49	5.99	6.23	9.98	10.72	10.72	11.22	11.72	11.97	11.97	12.72	13.22	13.97	14.71	15.46
南平	0.64	0.64	0.75	0.75	0.75	0.75	0.75	0.75	0.98	0.98	0.98	1.05	1.05	1.06	1.13
龙岩	0.93	1.01	1.01	1.05	1.08	1.08	1.19	1.23	1.31	1.38	1.42	1.49	1.57	1.68	1.87
宁德	0.52	0.52	0.52	0.59	0.72	0.72	0.78	1.11	1.11	1.11	1.24	1.37	1.50	1.63	1.76

由表 8 –1 可以看出，2000—2014 年，福建省各地级市平均建设用地空间拓展强度从 2.81% 增加到 7.16%，总体上呈现出连续增长的趋势，而福建省各地级市之间的城市建设用地空间拓展强度差异比较明显。到 2014 年，

福州、厦门、泉州市的城市建设用地空间拓展强度已经接近或超过 20%,逼近国际警戒线;漳州市城市建设用地空间拓展强度在 10% ~20%,逼近 20% 的国际公认宜居标准;莆田、三明、南平、龙岩、宁德等城市建设用地空间拓展强度则在 5% 以下。

随着城市建设用地空间拓展强度的增加,福建省整体的城市生态资源消耗呈现下降趋势。2000—2014 年,福建省福州市、三明市、南平市地均用水量出现较大幅度的下降,厦门、泉州、漳州、龙岩、宁德出现小幅下降,其中莆田市城市地均用水量则出现一定波动,呈小幅上升趋势;2000—2014 年,福建省部分城市的地均用电量出现上涨,比如厦门市、莆田市、三明市、漳州市、南平市、龙岩市、宁德市,而福州市、泉州市的城市地均用电量则出现下降。

在污染物排放方面,部分城市的地均二氧化硫排放量出现下降趋势,如福州市、厦门市、莆田市、三明市、南平市、龙岩市,其中福州市 2000 年的地均二氧化硫排放量为 396 吨/平方千米,2014 年则下降到 243 吨/平方千米;而泉州市、漳州市、宁德市地均二氧化硫排放量则出现上升趋势。

随着城市开发强度的增长,导致城市单位面积土地上的生态系统服务价值不断减少。如福州市 2000 年的地均生态服务价值损失为 20.76 万元/(平方千米·年),到 2014 年,地均生态服务价值损失则达到 48.35 万元/(平方千米·年),生态服务价值损失增加超过一倍。其他各地级市的生态系统服务价值也在不断减少。

从福建省整体情况来看,城市建设用地空间拓展强度的生态环境效应所呈现的基本特征是:城市建设用地空间拓展强度越大,不同城市的地均生态资源消耗水平和地均污染物排放情况呈现出不同的变化趋势,而随着城市建设用地空间的进一步拓展,生态系统服务价值不断降低。

8.3.4 福建省各地级市建设用地空间拓展强度对生态环境效应的线性回归分析

前文已对 2000—2014 年福建省城市建设用地空间拓展强度和生态环境效应的变化趋势和整体特征进行了分析,为进一步探讨城市建设用地空间拓展强度与生态环境效应之间的关系，根据城市建设用地空间拓展强度与生态环境效应各指标，构建能够表征两者之间关系的线性关系模型，并采用2000—2014年福建省9个地级市的数据进行计量分析。模型表达如下：

$$E = \alpha + \beta \times QT + \varepsilon \tag{8-2}$$

式中：E 为生态环境效应指标，具体可以用 ER、EP 和 EV 来代替；QT 为城市建设用地空间拓展强度；α 为常数项；β 为估计系数，表示城市建设用地空间强度每变化1个单位，引起生态环境效应指标平均变化 β 个单位，反映了城市建设用地空间拓展强度变化对生态环境效应的影响程度；ε 为随机误差。

由于福建省各地级市建设用地空间拓展强度及生态资源消耗情况、污染物排放状况、生态系统服务价值等方面都存在明显差异，因此，将模型设定为固定效应模型并进行OLS估计（见表8-2）。

表8-2　模型回归结果

变量	ER_1	ER_2	EP_1	EP_2	EP_3	EV
C	161.85***	8319.4***	364.36***	1000.32***	385.47***	-11.77***
	(13.35)	(21.63)	(9.2)	(8.98)	(5.67)	(-6.37)
QT	-68.13	-7835.0*	-849.28*	65.74	296.85	-40.44**
	(-0.50)	(-1.81)	(-1.91)	(0.05)	(0.39)	(-1.95)
Adj R^2	0.303	0.963	0.956	0.112	0.176	0.9660
F	14.05	26.23	55.03	22.47	11.85	12.22

注：***、**、*分别表示1%、5%、10%的统计水平上显著。

从表8 2可以看出，以地均用水量 ER_1、地均工业二氧化硫排放量 EP_2、地均工业烟尘排放量 EP_3 作为被解释变量，以城市建设用地空间拓展强度作为解释变量时，QT的回归系数不能通过显著性检验，说明模型的线性回归关系并不明显，这三个变量与城市建设用地空间拓展强度之间的关系并不明确。而地均用电量 ER_2、地均工业废水排放量与生态系统服务价值EV作为被解释变量，以城市建设用地空间拓展强度作为解释变量时，所有模型调整后的 R^2 均大于0.95，且F值较大，模型D-W值接近2或者超过2，基本上可以认为无序列自相关，模型的整体拟合效果比较好。从各回归系数情况来看，ER_2 模型的 QT 回归系数为 -7835.0，在 10% 显著性水平下显著；EP_1 模型的 QT 回归系数为 -849.29，在 10% 显著性水平下显著；EV 模型的 QT 回归系数为 -40.44，在 5% 显著性水平下显著。从结果来看，对于福建省各市，城市建设用地空间每拓展 1 平方千米，每平方千米城市地均用电量将减少 7835 千瓦时，地均工业废水排放量将减少 849.29 吨/平方千米，生态系统服务价值损失将增加 40.44 万元/（平方千米·年）。福建省实证分析表明，城市建设用地空间拓展强度与生态资源消耗和污染物排放的关系尚不明确。城市建设用地空间拓展强度的提高，可能导致生态资源消耗和污染物排放出现正向或负向变化。这与当地的产业类型和经济结构紧密相关。但与生态系统服务价值却呈现显著负相关，即生态系统服务价值随着城市建设用地空间拓展强度的提高而降低。

因此，我国建设用地空间拓展与生态环境能达到可持续发展的基础就是提高土地资源利用效率，充分利用存量建设用地，对城市建设用地：①合理控制拓展强度；②限制空间无序蔓延；③科学安排结构、布局。处于城市建设用地拓展高强度水平的城市，已经不适合城市空间的增量拓展。对城市建设用地空间拓展低强度水平的城市，需要形成科学的用地结构，合理安排绿地、水域等用地数量和比例。在进一步城市空间拓展过程中避免造成对生态环境的不可逆损害。

8.4 城市建设用地空间拓展与生态环境协调发展

8.4.1 城市建设用地空间拓展与生态协调发展理论分析

城市建设用地空间拓展与生态协调发展研究涉及两方面：一是建设用地数量的协调；二是城市建设用地与生态空间布局的协调。前一章节对城市建设用地空间拓展强度（数量方面）进行了分析，研究表明，30% 为城市建设用地空间拓展强度的国际警戒线，建设用地开发利用过程中如超过此标准，城市生态环境将受到严重影响。那么，对于空间布局方面，如何做到城市建设用地空间拓展与生态环境的协调发展呢？本书认为应该在土地生态适宜性评价的基础上划定城市建设用地空间拓展范围，也就是进行城市建设用地空间拓展的适宜性评价。以往的土地适宜性评价模式缺乏对生态环境的影响和评估，该模式下的建设用地空间拓展容易破坏环境并导致资源的浪费。该适宜性评价模式以土地是否适合开发为导向，通过综合评价土地的自然、经济属性来判断土地对某种用途是否适宜以及适宜的程度。而生态敏感性分析量化人类对城市建设用地开发利用的可承受能力，以保证城市建设用地空间拓展与生态环境的可持续发展。为建设用地空间拓展提供了理论指导和科学依据。随着国家"资源节约型、环境友好型"社会构建战略的提出，国土开发利用开始从"先开发后治理"模式向"先保护后开发"利用的模式转型。因此，开展城市建设用地空间拓展与生态协调发展研究，基于生态敏感性分析进行城市建设用地适宜性评价具有重要的理论意义和实践价值。

基于生态敏感性分析的城市建设用地空间拓展适宜性评价是一种从环境保护和土地可持续利用的视角，定量分析不同土地利用方式的适宜程度并划分等级的综合过程，其理论基础是景观生态学，评价的前提是生态的合理性。基于生态敏感性的城市建设用地空间拓展适宜性评定是把生态规划的思想运用到建设用地适宜性评价中，从生态保护和土地可持续利用的角度对城市建设用地空间拓展方式的适宜度进行定量分析，在不破坏生态敏感区的前提下，通过不同区域的适宜开发程度以确定城市建设用地的范围，可以防止过度、无序的城市建设用地空间拓展对自然生态环境造成不利影响。基于生态敏感性评价划定城市建设用地空间拓展空间范围的步骤一般分为五步：①评价指标体系构建；②指标权重确定；③确定评价单元；④构建评价模型；⑤确定城市建设用地空间拓展适宜性等级。

8.4.2　研究区域及评价方法

(1)研究区域。

晋江市是福建省经济和社会发展的核心区域之一，与我国台湾地区一水之隔，素有"泉南佛国""海滨邹鲁"的美誉。晋江市位于福建省东南沿海，三面临海，东北与泉州湾相邻，东与泉州石狮市接壤，东南临台湾海峡，地理位置十分优越。鉴于此，晋江在历史上，经济、文化、军事等方面都占据重要位置，是古代"海上丝绸之路"重要起点之一。晋江市是福建省经济实力最强的县市之一，位于全国百强县前十名，在福建省占据重要位置，集闽南金三角经济开放区、全国著名侨乡、台湾同胞主要祖籍地于一体。

（2）数据来源。

本章节所用的社会经济属性数据主要来源于《中国城市统计年鉴》（2001—2015）、《福建省统计年鉴》（2001—2015），而图形矢量数据则来源于晋江市国土局、填海办、农业局、住建局、水利局、市政局、气象局、交通局、规划局、环保局、发改局等部门的矢量现状图或者规划图。

（3）评价方法。

在本书分析中，采用最小累积阻力模型来对基于生态敏感性分析的城市建设用地空间拓展适宜性进行评价。最小累积阻力模型指的是物种在从源到目的地运动的过程中所耗费代价的模型，模型表达如下：

$$MCR = f_{\min}\left(\sum_{j=n}^{i=m} D_{ij} \times R_i\right) \qquad (8-3)$$

式中：MCR 为最小累积阻力值；D_{ij} 为物种从源 j 到景观单元 i 的空间距离；R_i 为景观单元 i 对某物种运动的阻力系数；$\sum$ 为单元 i 与源 j 之间穿越所有单元的距离和阻力的累积；min 为被评价的斑块对不同的源取累积阻力最小值；f 为最小累积阻力与生态过程的正相关关系。该模型可以在 arcgis10.0 软件中通过 cost - distance 模块来实现。

1）确定城市建设用地空间拓展的"源"。

经济活动的选址和城市建设用地空间拓展的起点常常位于交通可达性良好或者城镇经济人口吸引力较大的区域，因此，选择交通可达性良好的地点或者城镇建成区作为城市建设用地空间拓展的"源"。一般来说，越靠近城市建设用地空间拓展源地区，城市建设用地空间拓展的能力就越强。

2）城市建设用地空间拓展阻力面的确定。

按照以往研究可将阻力面分为两种类型：生态阻碍和生态阻力①。生态

① 邱从毫，李阳兵，冯元嵩．贵阳市城市土地扩展空间的生态适宜性与优化［J］．应用生态学报，2015，26（9）：2777－2784．

阻碍包括自然生态保护区、野生动植物保护区、森林公园、名胜古迹、水源保护地、风景名胜区、基本农田保护区、河流、湖泊等各类禁止开发的区域，一旦确定则成为城市建设用地空间拓展的刚性约束，阻力系数设为无穷大，刚性约束对城市建设用地空间拓展的速度和方式影响极大。生态阻力则包括地形条件、生态敏感性和地质灾害等方面，一般情况下，相对高程越大，阻力值越大；相对坡度越大，阻力值越大；平原、盆地等地貌阻力值小，山地、丘陵等地貌阻力大；某地的自然灾害和地质灾害突发的频率越高，阻力值越大。由于不同的建设用地空间拓展"源"克服阻力的能力大小存在区别，因此，在研究中需要根据不同的建设用地空间拓展"源"分别构建不同的阻力面类型，然后根据不同建设用地拓展"源"克服阻力的差异综合得到城市建设用地空间拓展的综合阻力面。

8.4.3　实证分析过程

(1)评价指标体系构建。

为全面综合地评价区域城市建设用地空间拓展的生态适宜性，依据可量性、主导性、超前性和因地适宜性等原则并参照目前国内城市生态适宜性评价研究的有关指标体系，综合考虑晋江市的实际情况和相关数据的可获得性和重要性，确立基于生态敏感性分析的城市建设用地空间拓展适宜性评价指标体系，将城市建设用地空间拓展源分为两类，城市建成区和交通可达性，越靠近城市建成区和交通干线，城市建设用地空间拓展的能力越强；将城市建设用地空间拓展适宜性评价的生态阻力影响因素分为生态敏感性因素、地形条件因素和地质灾害因素三个因素层，生态敏感性因素因子层有风景名胜及特殊用地，自然保护区，沿海滩涂，天然林、国防军事林、沿海防护林基干林等林地，基本保护区；地形条件因素包含的因子主要有高程、坡度；地质灾害条件因素包含的因子主要有地质、洪水、台风。这些因素因子共同构成了生态阻力面，指标体系如表8－3所示。

表 8-3 生态阻力因素因子指标体系

因素	因子	分级标准（敏感度、分值）			
		不敏感	低度敏感	中度敏感	高度敏感
		0	40	70	100
生态敏感性因素	风景名胜及特殊用地	距离>2000 米	1000~2000 米	500~1000 米	<500 米
	自然保护区	距离>2000 米	1000~2000 米	500~1000 米	<500 米
	沿海滩涂	距离>3000 米	2000~3000 米	1000~2000 米	<1000 米
	天然林、国防军事林、沿海防护林基干林等林地	距离>1000 米	800~1000 米	500~800 米	<500 米
	基本农田保护区	距离>1000 米	800~1000 米	500~800 米	<500 米
地形条件	高程	0~25 米	25~100 米	100~300 米	>300 米
	坡度	<5 度	5~15 度	15~25 度	>25 度
地质灾害条件	地质	距离>5000 米	3000~5000 米	1000~3000 米	<1000 米
	洪水	距离>5000 米	3000~5000 米	1000~3000 米	<1000 米
	台风	距离>5000 米	3000~5000 米	1000-3000 米	<1000 米

（2）评价因素因子权重确定及评价单元划分。

各指标权重主要通过 AHP 层次分析法确定，通过邀请专家，结合以往的研究经验，判断各指标的重要性程度。每位专家对评价因素因子体系构成的判断矩阵进行两两因素、两两因子之间的对比，逐一比较两个指标之间的相对重要性程度，然后对初始的判断结果进行一致性检验，最终确定各指标的权重。

在评价时，为便于在 Arcgis 中进行空间操作，选取 100m×100m 网格作为空间评价单元，进行晋江市城市建设用地空间拓展适宜性评价（见表 8-4）。

表 8-4 生态阻力因素因子指标体系权重确定

因素	因素权重	因子	因子权重
生态敏感性因素	0.6	风景名胜及特殊用地	0.2
		自然保护区	0.2
		沿海滩涂	0.2
		天然林、国防军事林、沿海防护林基干林等林地	0.2
		基本农田保护区	0.2

续表

因素	因素权重	因子	因子权重
地形条件	0.1	高程	0.3
		坡度	0.7
地质灾害条件	0.3	地质	0.3
		洪水	0.35
		台风	0.35

(3)评价结果及城市建设用地空间拓展边界的划定。

通过上述的评价模型,可以计算出各评价单元的生态阻力分值,该分值越高表明生态敏感性越强,地块受到人类活动干扰后发生生态环境问题的可能性越大,因此地块越不适宜进行城市建设用地空间拓展。在Arcgis10.0软件中,根据评价模型分别计算拓展"源"和生态阻力两个过程的最小累积阻力表面,并用城市建设用地空间拓展生态阻力的最小累积阻力减去城市建设用地空间拓展"源"的最小累积阻力,得到两种面的差值,然后根据差值的正负关系将生态敏感性分为四类,对晋江市城市建设用地空间拓展适宜性进行评价,并根据实际情况进行适度调整,最后得到的评价结果如表8-5所示。

表8-5　生态敏感性与城市建设用地空间拓展适宜性对应表

生态敏感性	建设用地适宜性	建设用地综合评定
非敏感区	高适宜性	适宜开发用地
中敏感区	中适宜性	较适宜开发用地
低敏感区	低适宜性	适度开发用地(潜在开发区)
高敏感区	非适宜性	不宜开发用地(生态保护区)

对于生态高度敏感的区域,比如风景名胜及特殊用地,自然保护区,沿海滩涂,天然林、国防军事林、沿海防护林,基本农田保护区等区域,即使这些区域地块处于城市建设用地空间拓展的适宜范围内,也应该一票否决,以区域生态安全为重,以保障人类与资源环境的协调可持续发展;对于中度敏感地区,基本上可以满足城市建设用地拓展的基本要求,一般处于生态高度敏感区的外围,作为城市建设用地与生态环境保护之间的缓冲带,这类区域

可以视为适度开发用地,即潜在开发区;对于生态低度敏感的区域,随着经济的发展和土地开发技术的不断成熟,这些地块将成为未来城市建设用地空间拓展的来源,称为较适宜开发区;而对于生态不敏感的区域,若交通可达性较好,地质条件符合要求,则可以作为适宜开发区,成为城市建设用地空间拓展的核心区域。

(4)不同城市建设用地空间拓展边界的发展与管控策略。

城市建设用地空间拓展边界是应对城市建设用地空间无序拓展和高速蔓延的重要手段之一,可以分为刚性边界和弹性边界,能够将城市建设用地空间拓展与生态限定在合理的空间范围之内,以保障城市发展与生态协调可持续。针对刚性边界和弹性边界应该采取不同的用地管制策略。

刚性边界主要是针对不宜开发用地,这类用地主要以生态保护区形态存在。在此边界内,由于存在许多生态要素,生态敏感程度高,因此成为城市建设用地空间拓展的生态安全底线,即城市建设用地空间拓展的极限,超过此界限,生态将遭受不可逆转的损害。在刚性边界内,应该实施最严格的生态保护政策,禁止一切形式的城市开发建设行为,保证该区域内土地资源的可持续利用。

弹性边界主要针对城市适宜开发用地、较适宜开发用地和适度开发用地。在城市发展过程中,如果需要进行建设用地空间拓展,在弹性边界以内的土地可以适度开发,但需要经过严格的科学论证及审批流程,只有符合规划和管理要求,才能够进行开发建设。该区域因为和生态敏感区距离很近或者本身也存在部分生态敏感因素,因此要严格根据生态环境资源承载能力,科学合理确定城市建设用地空间拓展规模、模式及强度。

城市建设用地空间拓展边界在技术上已经比较成熟,但是该手段能不能得以顺利实施,还需要管理上的配套。在我国,城市建设用地空间拓展边界划定法律法规还不够完善,部门之间缺乏协调,所以实施效果比较欠缺。因此,如果采用城市建设用地空间拓展边界的方式协调城市建设与生态环境之间的关系,首先,应从立法开始,确定城市建设用地空间拓展边界的法定地位;其次,建立部门之间的协调机制,形成各部门之间的良性互动格局;

最后，还需要建立公众参与机制，加大公众的参与力度，让相关利益主体能够全程参与到边界的制定中。

8.5　本章小结

本章以新型城镇化背景下城市建设用地空间拓展与城市生态协调发展为主题，探讨了城市建设用地空间拓展与城市生态环境的协调发展关系。

首先，本章分析了城市建设用地空间拓展与生态环境之间的关系，探讨了城市建设用地空间拓展的生态环境效应，城市建设用地空间拓展对生态环境影响主要表现在五个方面：占用耕地，对耕地数量和质量造成双重影响；损害湿地，扰乱野生动植物繁衍和迁移模式；污染环境，对人类居住健康造成严重威胁；盲目拓展，导致土地资源利用效率极其低下；快速拓展，导致大量绿色空间被吞噬。

其次，以福建省为例，实证研究了城市建设用地空间拓展对城市生态环境的影响效应。研究发现，城市建设用地空间拓展强度与生态资源消耗（地均用水量）和污染物排放（地均工业二氧化硫排放量、地均工业烟尘排放量）关系视各城市具体情况而定，随城市建设用地空间拓展强度的提高，生态资源消耗和污染物排放有可能出现正向变化，也可能出现负向变化，这与当地产业类型、经济结构以及土地、产业发展政策等紧密相关。但从整体来看，城市建设用地空间拓展与地均用电量、地均工业废水排放量、生态系统服务价值显著负相关，即随着城市建设用地空间拓展强度的提高，地均用电量、地均工业废水排放量、生态系统服务价值随之降低。

最后，基于生态敏感性分析，采用最小累积阻力模型对晋江市城市建设用地空间拓展与生态环境的协调发展关系进行了实证研究。研究表明，基于生态敏感性分析对城市建设用地空间拓展进行生态适宜性评价，使用最小累积阻力模型，划定城市建设用地空间拓展的刚性边界和弹性边界，是应对城市建设用地空间无序拓展和高速蔓延的重要手段之一。针对城市建设用地空间拓展刚性边界和弹性边界，应当采取不同的用地管制策略。

参考文献

[1]国务院．国务院关于印发全国国土规划纲要(2016—2030年)的通知[L]. 2017 - 01 - 03.

[2]国务院．国务院关于编制全国主体功能区规划的意见[L]. 2007 - 07 - 26.

[3]赵亚莉,刘友兆,龙开胜．城市土地开发强度变化的生态环境效应[J]. 中国人口·资源与环境,2014,24(7):23 - 29.

[4]Pope C. Americans are Saying No to Sprawl[R]. PERC Reports,1999(1):5 - 8.

[5]Goldberg D. Rethinking the American Dream:Covering Urban Sprawl[M]. Fredericksburg, RTNDF,1999:1 - 25.

[6]Mander Ü. , Kull A. , Tamm V. et al. Impact of Climatic Fluctuations and Land Use Change on Runoff and Nutrient Losses in Rural Landscapes[J]. Landscape and Urban Planning,1998(41):229 - 238.

[7]Nasrallah H. A. ,Brazel A. J. ,Balling R. C. Analysis of the Kuwait City Heat Island [J]. Climate, 1987(7):185 - 192.

[8]王家庭,赵丽,冯树,赵运杰．城市蔓延的表现及其对生态环境的影响[J]. 城市问题,2014(5).

[9]吴健生,冯喆,高阳,彭建．基于DLS模型的城市土地政策生态效应研究——以深圳市为例[J]. 地理学报,2014,69(11):1673 - 1682.

[10]张浩,赵智杰．基于GIS的城市用地生态适宜性评价研究[J]. 北京大学学报(自然科学版). 2011, 47(3):531 - 538.

[11]肖长江,欧名豪,李鑫．基于生态—经济比较优势视角的建设用地空间优化配置研究——以扬州市为例[J]. 生态学报, 2015,35(3):696 - 708.

[12]段学军,秦贤宏,陈江龙．基于生态—经济导向的泰州市建设用地优化配置[J]. 自然资源学报, 2009(7):1181 - 1191.

[13]陈绪冬,李剑,陈眉舞,宗跃光．基于损益分析的城市用地生态适宜性评价研究——以福建长汀为例[J]. 规划师, 2008, 24(7):86 - 90.

[14]李广娣,冯长春,曹敏政．基于土地生态敏感性评价的城市空间增长策略研究——以铜陵市为例[J]. 城市发展研究,2013,20(11):69 - 74.

[15]金杰,张洪．生态约束下的城市用地扩张与土地集约利用模式——以滇池流域为例[J]. 城市发展研究,2014,21(2):42 - 48.

[16]张健,高中贵,濮励杰,彭补拙．经济快速增长区城市用地空间扩展对生态安全的影响[J]. 生态学报,2008, 28(6):2799 - 2810.

[17]邱从毫,李阳兵,冯元嵩．贵阳市城市土地扩展空间的生态适宜性与优化[J]. 应用生态学报,2015,26(9):2777 - 2784.

第4篇　城市建设用地空间拓展实现路径

本篇基于福建省经济发展与土地资源后备不足的矛盾局面，从拓展模式、技术手段与实现机制角度提出城市建设用地空间拓展实现路径。福建省经过多年的研究探索，提出了一条切合自身实际情况的城市建设用地空间拓展路径——“挖潜 + 上山 + 下海”。福建省对建设用地拓展的探索极大地缓解了土地资源后备不足的问题，但是日后若想稳妥、有序地推进建设用地拓展工作应重视切实可行的制度建设，立足科学规划，合理有序拓展，集约用地，禁止盲目扩张。福建省建设用地空间的具体拓展模式有以下五种：合理开发低丘缓坡，兼顾开发与生态；综合开发滨海地带，科学全面拓展；构建 TOD 发展模式，提高城市紧凑度；开发城镇低效用地，集约高效发展；开展农村土地整治，城乡一体发展。

建设用地合理拓展离不开技术的支持与保障，政府要加强新型科技手段在建设用地拓展中的应用，也需要加强建设用地拓展过程的管理和监督，将硬技术和软技术相结合，共同促进和保障建设用地拓展有序进行。首先要应用信息技术，为建设用地拓展提供技术保障；其次要加强监督管理，促进建设用地拓展有序进行；最后要建立评价考核体系，完善建设用地拓展制度。

福建省建设用地拓展需要投入大量人力、物力和资金成本，并且在实施过程中涉及多方的利益，需要不同的政府部门协调，单独依靠政府的力量或是单一的政府部门无法完成复杂的建设用地拓展工程。因此，需要明确管理部门，协调多方利益，建立市场机制，引入社会资本，城乡统筹发展，优化用地布局，坚持统一规划，落实空间管制。

第9章　城市建设用地空间拓展政策手段

福建省位于中国东南沿海，与我国台湾地区隔海相望，具有天然的区位优势。近年来，随着国内、国际形势变化，福建省逐渐成为我国区域发展、对外交流、打造新经济增长极的重要战略要地。

2011年3月，国务院正式批准《海峡西岸经济区发展规划》，文件要求"通过持续努力，到2020年海峡西岸经济区综合实力显著增强，文化更加繁荣，社会更加和谐，成为我国新的经济增长极①。"2015年3月24日，中共中央政治局召开会议，审议通过福建自由贸易试验区总体方案。要求福建省"经过三至五年改革探索，力争建成投资贸易便利、金融创新功能突出、服务体系健全、监管高效便捷、法制环境规范的自由贸易园区"②。2015年3月28日，国家发展改革委、外交部、商务部联合发布了《推动共建"丝绸之路经济带"和"21世纪海上丝绸之路"的愿景与行动》，福建被定位为"海上丝绸之路"核心区③。

海峡西岸经济区、自由贸易试验区、"一带一路"是我国全面深化改革、构建对外开放新格局的重大战略措施，而福建省在这些国家战略规划中均占有举足轻重的地位，承担着重要的责任。在国家政策、区位、经贸优势下，福建省的基础设施建设、产业结构升级、海洋经济势必迎来跨越式发展。但同时值得注意的是，福建省人多地少，山地丘陵多，平地少，坡度小于15度的土地面积约295万公顷，分布着全省97万公顷耕地和39万公顷建设用地，建设用地空间与农业生产、宜居生活空间高度重叠，适宜开发建设的土地空间狭小，建设用地供需矛盾严重④。因此，未来福建省要实现经济发展，完成国家战略任务，必须要在节约集约利用建设用地基础上，通过建立完善、合

① 海峡西岸经济区发展规划[Z].

② 国务院关于印发中国(福建)自由贸易试验区总体方案的通知[Z].

③ 推动共建"丝绸之路经济带"和"21世纪海上丝绸之路"的愿景与行动[Z].

④ 福建省"十三五"国土资源开发利用专项规划[Z].

理的制度,加强管理和监督,全方位地拓展建设用地空间,以保障经济发展对建设用地的需求。

9.1 城市建设用地空间拓展模式总结

9.1.1 低丘缓坡地开发

我国山地高原丘陵地区占全国陆域面积的69%,平原只占约12%,依赖狭小的平原地区拓展建设用地空间难以为继。因此,低丘缓坡地的开发利用具有重大意义,建设山地城镇、发展坡地工业,有利于优化城镇体系和空间布局,同时也有利于实现坡地农村的就地城镇化。推进低丘缓坡地的开发需要选择具有一定规模而且具备成片开发利用条件的低丘缓坡荒滩区域,进而确定区域土地开发利用的用途、规模、布局与时序,发挥低丘缓坡荒滩土地本身的资源优势,因地制宜地创新和优化管理方式,不断完善政策支撑体系,推进未利用土地的科学有效开发,提升未利用地资源的生态、经济、社会效益。

9.1.2 滨海地带开发

对于海陆空间资源的多样特性,需要综合开发滨海地带。要综合协调考虑生态保护和发展之间的关系,处理好开发空间有限性的问题,对生态脆弱敏感的地方实行合理紧凑型开发,尽可能减少人类活动和滨海地区可持续发展之间的矛盾,形成"大开敞、小集中"的城镇空间布局。同时,要合理配置海洋和陆地的资源,提高要素的流动和交流,实现经济、生态、文化等多元价值的最大化。围填海造地对于各个地方拓展城市发展空间,满足城市对于城镇化过程当中的建设用地和用海需求有着重要的意义,可以帮助落实占补平衡,促进经济发展。

9.1.3 城镇低效用地开发

开展城镇存量建设用地调查,调查清楚城镇低效用地的现状和再开发潜力以及权属关系。盘活企业存量用地,对于厂区用地未开发或低效利用的以及企业长期空置的厂房场地,鼓励企业通过依法转让、等价置换等措施盘活闲置的土地。对不符合生产和环保要求的产业用地进行整改治理，对国家禁止或淘汰的产业用地进行腾退处理，推进城镇低效用地再开发利用。将交通、水利等基础设施废弃地和工矿废弃地的复垦与城镇新增建设用地挂钩，在改善环境的同时提高土地的有效供给，促进生态、经济和社会效益的实现。

9.1.4　农村土地整治

大规模建设高标准农田，统筹乡村土地利用，优化农村居民点布局，加强缩并村庄土地整理，推动城乡土地置换，整治、复垦和开发空心村，解决城乡建设用地供需不匹配，结构布局不合理的问题，有效推动乡村城镇化发展进程。要坚持规划统筹引导，调整优化城乡建设用地布局，切实维护农民权益，确保农民共享发展成果，拓展增减挂钩范围，支持脱贫攻坚和易地扶贫搬迁，加强监督管理，确保增减挂钩规范有序开展。同时，要加入社会力量，除了政府监督以外，还有社会参与监督，确保增减挂钩获得的利益回馈于农村。

9.2　福建省建设用地空间拓展制度建设

建设用地拓展不能盲目、无节制地在数量和空间上向外扩张，要树立科学发展观念，以可持续发展为理念，拓展自然、宜居、低污染的建设用地；以土地生产效率为前提，拓展高效利用的建设用地；以生态保护为底线限制肆意扩张、污染环境、破坏生态系统的建设用地。实现福建省建设用地科学的空间拓展，需要建立合理的制度，规范建设用地拓展，既满足经济发展的要求，又不破坏生态环境。

9.2.1　立足科学规划，合理有序拓展

根据2014年福建省土地变更调查结果显示，福建省建设用地为80.14万公顷，占土地总面积的6.47%，而林地面积为834.16万公顷，占土地总面积的67.3%，耕地和其他农用地为177.55万公顷，占土地总面积的14.32%。福建省林地和农用地面积远远高于建设用地面积，这是由于地理、

环境、生态等因素制约的结果。建设用地拓展要突破自然条件的制约，但也要顺应客观条件的现实。通过制定《土地利用总体规划》和《土地利用年度计划》，从战略和具体实施两个层面合理安排建设用地拓展。通过《土地利用总体规划》合理确定建设用地总量红线，科学确定建设用地规模、布局、结构和时序安排，强化建设用地拓展、生态环境保护与土地利用规划的衔接。此外，加强和改进土地利用的年度计划管理，合理调节年度建设用地增量，保障重点能源、水利、交通等基础设施用地，支持高附加值、低能耗的新产业、新技术用地。这样，科学制定土地利用总体规划和土地利用年度计划，对建设用地拓展做到有保有控，在符合自然条件，不破坏生态环境的前提下，合理规划、拓展建设用地。

9.2.2 节约集约用地，禁止盲目扩张

福建省建设用地拓展要在节约集约用地的基础上，禁止建设用地粗放利用，禁止建设用地盲目扩张，保障和促进经济社会可持续发展。首先，政府要进一步完善土地有偿使用制度，缩小土地行政划拨范围，比如，农村宅基地粗放利用现象严重，会出现少批多建，一户多宅或是房屋空置现象，应研究、探索宅基地有偿使用办法，保障宅基地节约集约利用。其次，加强建设用地市场化配置。比如，对工业用地全面实行“招拍挂”制度，防止地方政府为了区域竞争、招商引资和维护政绩的需要，低价甚至不收取费用供应工业用地的行为。并且，在供应工业用地时，将产业类型、用地定额、建筑容积率与地价相挂钩，符合经济社会发展的高新技术企业在供地时提供优惠政策，企业用地实际用地面积低于国家定额标准的，可适当减免一定比例的土地出让金，企业用地在符合城乡规划和国家有关标准的情况下，提高容积率可在出让价格上给予优惠。此外，针对各用地主体节约集约利用土地要形成完善的监督和考核机制，要组织开展建设用地集约节约利用评价工作，对完成集约节约利用土地工作的地区，给予相应的奖励措施，并且要将土地集约节约利用完成情况纳入地方干部考核范围中去，提高地方干部集约节约利用土地的意识。拓展建设用地需要外延式的数量扩张，更需要树立节约集约的思想，提高土地利用效率。

9.2.3　探索增量途径，实现多方拓展

福建省有着大量可供开发的建设用地，其中包含大量可供开发的低效用地。根据统计资料显示，省内可供开发的低丘缓坡地有2550万亩（170万公顷），可供开发利用的低效用地约9500公顷（待改造低效闲置城镇用地约4400公顷，旧厂房低效用地约2000公顷，旧村庄低效闲置用地约3100公顷）①。同时，省内有着约20万公顷的沿海滩涂面积，部分滩涂适于围填造地，其中60%的滩涂适宜发展水产养殖产业，这些土地有助于增加其他行业发展用地。因此，根据福建省的土地利用现状和地理条件，其提出了三条土地拓展路径，分别为“挖潜”（中小城市和村镇土地集约利用）、“上山”（低丘缓坡地合理开发）、“下海”（滨海地带和海岛适当利用）。

福建省的建设用地拓展有着巨大的潜力，根据不同地区自然条件和经济条件，基于以上三条路径，因地制宜地创新建设用地拓展的新途径。

9.3　福建省建设用地空间拓展模式

9.3.1　合理开发低丘缓坡，兼顾开发与生态

福建省位于我国东南沿海，地形以山地丘陵为主，依赖狭小的平原地区拓展建设用地空间难以为继。因此，推进低丘缓坡地的开发利用势在必行，建设山地城镇、坡地工业，有利于建立科学合理的城镇体系和空间布局，也有利于实现坡地农村就地城镇化。面对如此丰富的低丘缓坡地资源，需要进一步完善山坡地开发的相关法律法规，积极探索科学的开发技术，明确规定山坡地开发的具体条件和要求，包括诸如坡度、土壤有效深度、土壤冲蚀程度、母岩性质等方面，严格限制山坡地开发的选址与评估，合理开发和利用海西地区低丘缓坡地，重视水土保持和生态保护，提倡人与自然相结合的核心发展理念。在具体实施过程中要根据需要做好土地利用总体规划评估修改，同步开展土地利用总述规划评估修改试点，经评估需要调整规划建设

---

① 叶剑平，高峰．全方位拓展城市发展新空间——以福建省为例[J]．中国土地，2016(1)：33－35.

用地规模的，要依据全国土地调查成果、城镇常住人口及用地标准合理确定，并依法定程序修改和报批。安排专项新增建设用地计划，在分解下达年度土地利用计划指标的时候，专项安排新增建设用地指标需要根据实际低丘缓坡荒滩等未利用土地的开发建设情况及现实情况进行制定。完善土地审批管理方式，要按照统一的规划安排，分时期进行开发，控制开发的规模。

9.3.2 综合开发滨海地带，科学全面拓展

福建省境内海域面积广阔，有大规模的滩涂用地，因此通过科学填海来合理拓展建设空间是福建省建设用地空间拓展的重要途径。对于海陆空间资源的多样特性，需要综合开发滨海地带。要综合协调考虑生态保护和发展之间的关系，处理好开发空间有限性的问题，对生态脆弱敏感的地方实行合理紧凑型开发，尽可能减少人类活动和滨海地区可持续发展之间的矛盾，形成“大开敞、小集中”的城镇空间布局。同时，要合理配置海洋和陆地的资源，提高要素的流动和交流，实现经济、生态、文化等多元价值的最大化。在填海造陆的开发过程中，要十分重视海洋生态平衡，维持海底生态系统的稳定，减少对水环境的干扰，加强对于生态环境保护的重视，坚持开发和保护并重，关注建设开发中带来的一系列污染防治和生态修复工作，加强滨海地带的开发管理工作，完善滨海地区开发与保护机制，通过科学的管理和合理的保护来实现海西地区滨海地带的综合开发。在保持滨水地区空间形态完整的同时针对不同地区的特点提出不同的开发控制策略，科学合理拓展建设用地空间。

9.3.3 构建 TOD 发展模式，提高城市紧凑度

发展紧凑型城市，增加土地容积率，通过交通基础设施结构的构建，提高公共交通的普及率，防止城市进一步扩张。海西地区各城市在建设用地需求上存在不同特征，针对其中较为突出的城市蔓延问题，通过公共交通发展为导向的高密度混合开发实现紧凑城市土地利用，使住宅与工作地点均可临近公共交通服务设施，为步行及共享单车交通提供良好的环境，提高土地使用密度。通过实施密集化建设，制定一系列鼓励低碳交通的措施；建立

商业走廊，促进土地用途的高密度混合使用；尤其是在轨道交通的建设和运营都是在国家大量补贴下采用公私合营模式（PPP）进行的情况下，通过沿交通运输廊道的建设，提高城市的集约度。紧凑型城市发展防止都市蔓延可采取多种做法，包括公共交通导向、完善公共服务、提供市中心工作机会、混合用途、迁离生态脆弱地区、明确城市区位选址等。

9.3.4　开发城镇低效用地，集约高效发展

注重城镇低效用地的开发，尤其是推进城镇低效用地再开发。确定城镇低效用地再开发范围，通过城镇定位和目标要求进行确立，着力于提升城镇发展质量和土地利用效率，实现城市功能提升、产业结构优化升级和居民生活质量提升。对特定区域进行重点改造开发，对不符合生产和环保要求的产业用地进行整改治理，对国家禁止或淘汰的产业用地进行腾退处理，推进城镇低效用地再开发利用。对于开发的城镇土地要实现节约集约利用，盘活企业存量用地，鼓励企业通过依法转让、等价置换等措施盘活闲置的土地。坚持统一规划，集中连片开发，改善区位环境，提升土地利用效率。建立完善再开发激励机制，统筹兼顾多方利益，实现多方共赢的目标。在满足规划的要求下，鼓励原国有土地使用权人通过多种方式对国有建设用地进行改造开发，如联合、转让等。鼓励和引导社会资本的参与，积极调动市场主体参与开发改造低效用地的积极性。

优化城镇的产业和用地结构，提高城镇的宜居环境和生态空间规模建设，加强绿道、绿网等建设，提升城市系统的自我循环和净化能力。同时，控制生产用地的规模，减少污染，推动城镇向循环、绿色、低碳方向发展。保障生活用地规模，按照功能分区，合理配置各种房屋类型，合理配置公共服务设施，创建宜居生活环境，提高居民的生活质量。

加强人文历史文化保护，重点保护历史文化街区、历史文化名城名镇等，禁止不合理的大拆大建破坏历史风貌的行为；在新城镇建设中，同样得重视人文历史文化内涵，融入传统文化元素，保有当地人文魅力元素，延续历史文脉，实现福建省的可持续发展。

实施旧城改造项目，改善市中心功能。许多国家通过多样化的旧城改

造和更新项目，进一步完善了城市功能。据统计资料显示，近年来福建省可供开发利用的低效用地约 9500 公顷，“旧城改造”项目对于海西地区而言，有诸多借鉴意义。通过制定和实施相关法律法规，改造旧厂房、旧公共基础设施等，促进海西地区建设用地的进一步拓展。

盘活闲置土地，节约集约用地。德国、美国、日本等国家在积极改善办公或工业用地使用率方面，积极探索新思路，实践新途径。对于海西地区而言，企业长期空置的厂房场地，也可以通过多种手段盘活再开发。如通过适当增加容积率提高城市土地利用效率；进行产业结构转型，由劳动密集型产业转变为知识密集型产业来提高土地集约度，进一步提升土地利用效率。

9.3.5 开展农村土地整治，城乡一体发展

通过农村土地整治合理有序拓展建设用地空间。一是统筹乡村土地利用。根据新农村建设和城乡发展一体化的要求，基于经济社会发展规划和土地利用总体规划，研究探索乡村土地利用规划编制，将各级规划衔接起来，实现生产发展、生活宽裕、乡风文明、村容整洁、管理民主的目标。坚持公共服务均等化，完善公共服务和基础设施，推进城乡一体化发展。坚持县古城内风貌保护，特别是人文历史文化的保护，实现自然环境和人文环境的和谐发展。二是优化农村居民点布局。力争完成发展中心村、保护特色村、整治空心村的目标，建成规模适度、设施完善、生活便利、产业发展、生态环保、管理有序的新型农村社区，积极吸引农民到村镇和中心村集中，改善优化土地用地结构，提升节约集约用地水平。在城镇规划的建设范围之内，提倡农民有偿腾退宅基地，实行农村居民点社区化建设，推动城乡一体化发展。村庄建设用地的优化调整有助于形成功能结构和空间布局合理协调的农村居民点体系，从而改善农村面貌。三是优先开展“空心村”等土地整理。推动农村建设用地的整理，根据节约土地，改善人们生活，因地制宜的原则，重点改造空心村和危旧房。如果有已经超出了标准的村内空闲地或宅基地，原则上不能够再增加宅基地，需要依据法律引导闲置的宅基地在本集体经济组织成员之间合理地流转，提高宅基地的土地利用效率。四是加强缩并村庄土地整理。根据土地利用规划的要求，合理科学地划定农村居民点

的扩展边界，加快中心村的建设工作，对分散或者零星的居民点进行合并工作，严格禁止农村建设用地盲目扩张。同时，充分考虑农民的意愿和利益，结合农民的意见进行土地整理工作，鼓励农民退出原有的宅基地，复垦为耕地，而腾出的建设用地可以优先用于公共设施建设、农民安置，支持和鼓励发展非农产业，为农民的创业和就业提供机会和空间。

9.4　福建省建设用地拓展技术手段

建设用地合理拓展离不开技术的支持与保障，政府要加强新型科技手段在建设用地拓展中的应用，也需要加强建设用地拓展过程的管理和监督，将硬技术和软技术相结合，共同促进和保障建设用地拓展有序进行。

9.4.1　应用信息技术，为建设用地拓展提供技术保障

由于福建省建设用地扩展受到地域的限制，可以利用的建设用地有限，土地开发和利用也存在着外延式扩展低效等问题。因此，利用现代信息技术，如遥感(RS)和地理信息系统(GIS)等空间信息技术进行城市时空扩展监测和动态模拟分析，加强对福建省建设用地拓展的研究，将有利于福建省各城市有效地控制建设用地拓展规模，合理地调整土地，优化土地利用布局和结构，调整土地政策，更好地适应当地经济发展的需要。

9.4.2　加强监督管理，促进建设用地拓展有序进行

建设用地拓展内部挖潜过程中，涉及不同主体巨大的经济利益，在推进过程中，政府要充分考虑到不同利益主体的诉求，建立政府、开发商、土地使用权人之间多方利益分配机制。加强过程和事后监督，防止在建设用地内部挖潜过程中损害土地使用权人和开发商的行为。此外，低丘缓坡开发是一项复杂的系统性工程，相关部门要查清区域内低丘缓坡数量和质量分布情况，根据当地经济、环境的现实，制定低丘缓坡综合开发利用方案。福建省各级政府对低丘缓坡利用情况进行监督，在多个过程中进行严格监督，包括在方案报批过程中把关，在方案实施过程中审查，在方案实施后验收，多层保障，严格落实保障低丘缓坡开发利用的相关政策法规，确保这部分用

地的合理开发利用。最后,由于特殊的地理位置,滨海地带处于陆地和海洋的交界处,需要在生态环境条件允许下进行合理开发,同时要为土地利用提供足够的后备资源。所以,必须要制定严格的滨海地带开发规划,严格监督规划的实施过程,发现以及及时制止各种超前、低效、无序开发建设的情况。

9.4.3 建立评价考核体系,完善建设用地拓展制度

上一级政府要对下一级政府建设用地拓展情况进行评价考核,首先,应建立科学的评价指标体系。评价指标体系不仅要考虑到建设用地拓展对当地经济发展的影响,也要考虑到建设用地拓展效率以及对生态的影响,如建设用地拓展的经济效益、环境影响、生态保护情况等都要列入考核范围,通过全面评估反映一个地区建设用地拓展的实际情况。其次,根据考核结果,制定奖惩办法。对建设用地拓展高效的地区给予政策支持,财政奖励,而对于建设用地拓展低效的地区进行通报,责令改进。最后,通过考核发现问题,不断完善建设用地拓展政策。针对各地区建设用地拓展情况的奖惩只是手段,并非目的。要善于总结问题,改进问题,从而制定出最贴合实际和最有效的建设用地拓展政策。

9.5 福建省建设用地拓展实现机制

福建省建设用地拓展,如上山、下海、挖潜都需要投入大量人力、物力和资金成本,并且在实施过程中涉及多方的利益,需要不同的政府部门协调,单独依靠政府的力量或是单一的政府部门无法完成复杂的建设用地拓展工程。因此,需要建立自上而下、统一的管理部门,统筹矛盾和利益。并且建立市场机制,引入社会资本,助力福建省建设用地拓展的有效实现。

9.5.1 明确管理部门,协调多方利益

建设用地拓展工作涉及不同主体的众多利益,比如,建设用地挖潜工作,由于存量建设用地产权关系复杂,涉及的相关利益主体多元。所以要

充分考虑各方利益主体的合理诉求，协调土地使用权人、农村集体经济组织、开发商、政府之间的多方利益分配，而单一的行政部门由于职能限制，很难胜任这项复杂的工作。因此，福建省应设立建设用地拓展建设领导小组来统筹全省的建设用地拓展工作，由一名省级干部担任组长，相关厅局的一把手担任副组长，组成领导小组的核心层，主要职能是定期召开例会，全面部署全省范围内建设用地拓展的重大战略工作，统一审议各个地区呈报的建设用地拓展方案，制定有关建设用地拓展工作的规范，等等。此外，在领导小组下设办公室、土地开发组、拆迁安置补偿组等专职部门，由各厅局副职担任各专职部门的负责人，主要职责是，处理和协调建设用地拓展工作实施过程中的具体问题，监督建设用地拓展工作的有效实施，向领导小组呈报建设用地拓展工作实施情况等。在全省范围内设立统一的领导组织有利于集中审批权，整合部门政策，进而提升政府的统筹干预能力和执行效率。

9.5.2　建立市场机制，引入社会资本

由于建设用地拓展工作周期长、资金投入大，单靠政府自有资金无力支撑如此重大的工程，应该积极探索多元融资模式，引入市场主体参与到建设用地拓展工作中去，这样可以缓解政府的风险和资金压力，也有助于提高建设用地拓展工作的效率。比如，建设用地内部挖潜工作可以学习深圳地区的“整村统筹”土地整备制度①，建立“政府引导、社区主导、开发商参与”的模式。另外，建设用地拓展的“上山、下海”工作可以利用ppp模式或者更为创新的证券化模式，将政府的力量和市场的力量充分结合起来，改变过去的“政府主导”模式，转变为“政府引导，市场运作”模式，两者合理分工合作，政府主要做好政策规划制定，监督引导和服务工作，市场进行运作，充分利用社会主体的力量，考虑社会主体的需求和意愿，由此降低建设用地拓展工作中的成本，提高效率。

---

①　高峰，叶剑平．新型城镇化时期我国建设用地拓展的路径选择与政策建议：基于亨利·乔治理论的改进与实践[J]．现代管理科学，2016(8)：6－8.

9.5.3 城乡统筹发展,优化用地布局

促进新农村建设和城乡统筹发展,以及改善居民生活环境和农业生产条件,必须严格保护耕地和节约集约利用土地,根据农村环境和发展要求循序渐进进行综合整治,优化用地结构布局,促进美丽新乡村的城镇化建设。城乡建设用地增减挂钩有助于农村建设用地的节约集约利用,推动城乡土地置换,整治、复垦和开发空心村,并且解决城乡建设用地供需不匹配、结构布局不合理的问题,有效推动乡村城镇化发展进程。在增减挂钩的用地规模方式、安置补偿、利益分配等方面,充分考虑到农民的意愿和利益,坚决维护农民权益,力争农民愿意、参与、受益、满意。坚持城乡统筹发展,科学使用土地,安排合适的生产、生活、生态用地,促使农村全面发展。坚持公共服务均等化,完善公共服务和基础设施,推进城乡一体化发展。统筹安排城乡用地,为农村的发展留足后备土地,确保农民可以共享发展成果。

9.5.4 坚持统一规划,落实空间管制

坚持规划的统筹引导,调整优化建设用地布局。建立完善的规划体系,注重平面设计和结构功能布局。参考不同国家和城市的做法,充分结合自然资源禀赋条件和土地利用特点,实现空间拓展、优化土地资源配置。按照城乡规划以及土地利用总体规划的要求,需要考虑新型城镇化的发展以及人口转移的实际情况,综合统筹安排增减挂钩规模、时间,不断推进城乡土地资源和要素的合理流动,使土地的城镇化和人口的城镇化能够相互协调。

在海陆资源利用的过程中,会出现资源利用冲突、规划打架等问题,需要将滨海地带范围内相互联系和相互影响的因素进行综合考虑,推行一个可持续、协调、交互、多方参与的管理模式和过程,令实现的战略、目标、要求一致。滨海地区的开发首先要利用3S 技术对陆海资源进行充分的调查。通过对生态、资源和社会经济等数据的收集和研究,构建一个动态更新的综合数据库,利用数据从多个角度对前期专项研究提供基础。以湾区为单元统筹"三生"空间,通过科学填海合理拓展建设空间,盲目不科学的填海造地不

仅破坏了生态环境，而且容易造成工程质量问题。沿海开发应当按照节约集约利用海洋资源的原则，统筹规划填海工程，科学有序地确定填海规模和时间，引导城市新区和重点工业区在填海区中进行布局。

基于生态安全开展强度管制分区。自然、社会和经济等多个因素会影响滨海地带海陆生态系统承载力，按照多因素叠加的办法对生态系统的服务功能进行加权评估，对具有不同生态系统承载力的地区实施不同的开发管制。滨海地区的生态系统比较脆弱，所以要实施开发用地强度管制分区，将新的聚居地引导至其他非破坏性的区域，同时需要抑制城市的无目的性扩张蔓延。

9.6　本章小结

伴随着国家战略的聚焦，经济的发展，福建省现处于城镇化和工业化的关键时期，在这样的背景下，福建省面临着经济发展与土地资源后备不足的矛盾局面。为了解决这个问题，福建省经过多年的研究探索，提出了一条切合自身实际情况的城市建设用地空间拓展路径——“挖潜 + 上山 + 下海”，希望利用这条路径解决土地资源不合理配置的问题。

福建省对建设用地拓展的探索极大地缓解了土地资源后备不足的问题，但是日后若想稳妥、有序地推进建设用地拓展工作，最主要的还是建立切实可行的制度，科学规划，在不影响生态环境的前提下，保质保量地推进建设用地拓展工作。另外，在建设用地拓展工作实施过程中，要将硬技术和软技术相结合，利用信息技术和管理技术保障建设用地拓展工作的顺利开展。而建设用地拓展工作最终的实现，离不开统一的管理部门和市场机制的引入。

参考文献

[1]海峡西岸经济区发展规划[Z].

[2]国务院关于印发中国(福建)自由贸易试验区总体方案的通知[Z].

[3]推动共建“丝绸之路经济带”和“21 世纪海上丝绸之路”的愿景与行动[Z].

[4]福建省“十三五”国土资源开发利用专项规划[Z].

[5]叶剑平,高峰. 全方位拓展城市发展新空间——以福建省为例[J]. 中国土地,2016(1):33-35.

[6]高峰,叶剑平. 新型城镇化时期我国建设用地拓展的路径选择与政策建议:基于亨利·乔治理论的改进与实践[J]. 现代管理科学,2016(8):6-8.